陕西出版资金资助项目

余良明／著

中國古代車文化

喆鑫署

西安交通大学出版社
XI'AN JIAOTONG UNIVERSITY PRESS
国家一级出版社
全国百佳图书出版单位

内 容 提 要

本书旁征博引大量史书及文化典籍中与车相关的历史人物、历史事件、历史故事，阐释了中国古代不同时期的车所展现或潜藏的有关军事、礼制、交往、外交、商业、旅游等方面的文化内涵，重点挖掘和弘扬了中国传统文化中生生不息、富有内在价值的“车士”精神。本书在叙述事实的同时坚持价值评判，是一部史论相兼而又更倾向于文化性的学术论著。本书史料丰富、史论严谨，可供专业文化、历史学者参考；本书知识广博、见解独到、文辞考究、娓娓道来，普通读者亦可作为文化消遣类读物来阅览品读。

图书在版编目(CIP)数据

中国古代车文化 / 余良明著. —西安：西安交通大学出版社,2021.12
ISBN 978-7-5693-1548-6

Ⅰ.①中… Ⅱ.①余… Ⅲ.①车辆—文化研究—中国—古代 Ⅳ.①K875.34

中国版本图书馆 CIP 数据核字(2020)第 001885 号

书　　名 中国古代车文化
Zhongguo Gudai Che Wenhua
著　　者 余良明
责任编辑 贺峰涛
责任校对 张静静

出版发行 西安交通大学出版社
(西安市兴庆南路 1 号　邮政编码 710048)
网　　址 http://www.xjtupress.com
电　　话 (029)82668357 82667874(发行中心)
(029)82668315(总编办)
传　　真 (029)82668280
印　　刷 西安五星印刷有限公司

开　　本 720 mm×1000 mm 1/16　**印张** 23.75　**字数** 387 千字
版次印次 2021 年 12 月第 1 版　2021 年 12 月第 1 次印刷
书　　号 ISBN 978-7-5693-1548-6
定　　价 118.00 元

读者购书、书店添货或发现印装质量问题，请与本社发行中心联系、调换。
订购热线:(029)82665248　(029)82665249
投稿电话:(029)82664954
读者信箱:eibooks@163.com

良明以中國古代車文化書稿見示余老眼不能細讀粗覽喜其系統明而取材豐有自創獲讀序文思廣其心境因題

車登禮節繁趨簡車製藝工窮入繁纖物推遷歲百態書寰得失更多元依從此起推心痛移考通遠代步源載復唐君循蓋道理然人境對驚號

癸巳夏陳祥耀時年九二

福建师范大学陈祥耀（喆盦）教授为本书题词

自 序

“中国古代车文化”是个冷门题材，本来它只是我撰写的《中国古代文化》讲义中的一节，题目拟作“广舆服志”，压根没想到要把它写成一本书。真是“无心插柳柳成行”。2008 年夏，我为了生活而想去打工赚点钱，便找多年不见的朋友叶建霖帮助介绍零工，没想到他已改行当了《福建人车路》杂志的编辑部主任。他劝我为他们的杂志写稿赚点小稿费，我当时一门心思都在打工的事上，只是有口无心地答应着。后来打工的事不成，不到一个月我母亲因我照顾不周而摔伤，我又因为经济拮据而没敢送她进高费用的医院（那时农村人没有医保而医药费用又高），因此只好在家疗养，没想到不久她就不幸去世了。这是我永远不能原谅自己的不孝而愚蠢的行为！整整三个月的自弃之后，我决定为《福建人车路》杂志写稿，目的不为那点稿费，只为了转移心中的悲痛。这就是“中国古代车文化”的来历。它的诞生是与我母亲的去世紧密相连的，所以当它在杂志上连载三年完成时，我情不自禁地写了一首律诗作为结尾，至今伤痛还是无法自已，便将它移在这里，以记其事：

失恃方深陟屺悲，哀情岂是笔能移。
伤心莫向途穷泣，逆道偏从日暮施。
昏御谬辕悖南北，逸民迷驾昧东西。
且将新罢平章课，说与路人车族知。

（自注：典用《诗经》《战国策》及主父偃、逢萌、阮籍诸事。）

现在它即将以书的形式出版，与刊物连载之文章相比，除了结构上作了相应的调整外，也借此机会作了一些补充和修改。但原来的行文风格和内容上所要求的知识性、思想性、可看性兼容的特点，就没有办法改变，也无需改变了；而其学术性的主要内容和基本面貌还是掩抑不住的。虽然《福建人车路》并非学术性杂志，但却仍然宽容了这么多的学术内容，这是非常不容易的，特在此表示感谢！

本书不是考古著作，而几乎全部使用古文献材料；也不是纯粹的历史著述，而是史论相兼但更倾向于文化性的论著。借用现在的话说，是“车子搭台、文化唱戏”。通过古车这个平台来再现传统文化，使“大文化”在“车文化”中得到体现的同时也反映了“车文化”对“大文化”的影响。

此书虽属冷门之列，但自认为尚有某些独到之处，现摘芹如下：

1. 本书提出了一些新的观点。其重大者如：“黄河流域的长期高度文明与车文化密不可分，也是车文化的重要体现”“汉以后中国古代车文化停滞退化的内外部原因”“车战消亡造成贵族消亡、贵族精神消亡，对中国文化造成重大影响”“卤簿的崛起与‘夸富宴’和‘独尊儒术’的关系”等等，都是新观点。

2. 本书填补了中国古代车文化在专著方面的空白，开辟了一些新的研究对象。如车士精神、车文化对《诗经》《楚辞》等中国古代文学的影响、政治与车文化、卤簿的历史等方面，都是首次垦荒。在中国古代车文化的制度特色（车礼）、车文化在战争中的功能（车战）等方面，虽不能说完全是人迹罕至的处女地，但其资源则基本上未被开发动用过。故本书在这些领域上的拓垦开掘私获亦独多。

3. 本书的论述运用了四种语言：社会科学的、文化批判的、自然科学的和文学批评的。尤其是文化批判语言较突出常用。在千里马精神、汉以后开倒车的原因、驰道与霸道、公路与公德、三十六计与小人文化、楚汉正邪之争及卤簿、花车等问题上都表现了鲜明的批判性。这些文化批判是帮助接近事实真相的手段。

以上提取其大者要者献曝于读者，权当本书的内容特色简介。本书基本上写于 2011 年 4 月我首次上网之前（此前我拒绝上网），一切的资料搜集和运用等都靠传统的手段，其缺点和不足甚至错误之处肯定不少，但批评是读者和专家的事，因此真诚希望海内外读者和学术界同仁不吝赐教。

我要感谢西安交通大学出版社的贺峰涛先生为此书的出版给予的帮助。我也要感谢我的老同学郑龙热情地为我提供资料并解决电脑问题。

最后要感谢我的研究生导师喆盦先生（福建师范大学中文系陈祥耀教授）为本书题写书名并题辞。本来我想请先生为本书作序批评，但他已九十多岁高龄，不便打扰。明镜虽不疲于屡照，散材已多负于惠风。故以此“自序”唐突读者，希见谅。

余良明

2020 年 8 月

目　录

第二篇　中国古代车文化的制度

第三篇　中国古代车文化的功能

第四篇　中国古代车文化的演变

第五篇　中国古代车文化的精神影响

引　言

中国的车与中国的文化

这里所说的文化是“大文化”概念，车文化是“大文化”这个概念的组成部分。“大文化”无所不包。它按结构一般分为物质文化、制度文化与精神文化三个部分，也有物质、精神两分法者。在它们中包含了不同的范畴，如经济文化、政治文化、社会文化、伦理文化、宗教文化、科学文化、艺术文化等。这些范畴按不同的类别又可以再细分出许许多多系统和子系统。这些都是为了理论上的分析方便而做的相对划分，但实际上它们在具体的内容中却是相互渗透，彼此交叉甚至重叠在一起的。车文化这个子系统按逻辑来说应属于交通文化，而交通文化又可属于经济文化范畴或与之交叉，经济文化又属于或重叠于物质文化层次。放到整个“大文化”中来看，车文化在文化结构中属于物质文化或技术系统，但它也有自己的物质文化、制度文化和精神文化之分。这是部分包含全体的全息现象，类似于细胞中的基因片段与生物的某个组织乃至整体的关系。

从这些错综复杂的关系中将原来被包含在“大文化”中的车文化抽象出来作为单独的一项，而与排除车文化后的其余整体文化相对，绝不意味着它们的关系可以割裂开来，可以片面地孤立看待，恰恰相反，这样做正是为了强调它们之间的普遍联系和相互影响。当然也不否认，这同时也包含有突出车文化特殊性的意义。

车文化在“大文化”中的特殊属性与地位

作为“文化物”，车处在一种很特殊的位置。它是器物，是器物中具有特殊性的器具。但当它被列入器具中的一种工具（交通工具）时，它的“身份”犹疑（其实是人的理性概念在归类问题上的矛盾）就开始出现了。它不像锄头、织机一样直接生产出别的东西，更不像斧头、锯子、锤子一样通过它们可以再制造出别的器具。总之，它是一种非生产性工具，因而从这个方面看，它是与衣服、住房一样的“终端物”。但是从另一方面看，它也非衣服、住房那样的作为纯粹的消费品和耐用品的“终端物”，而是间接地参与了生产性活动，即参与物流领域的运输活动，从而跨入了“事体系”①。从它参与了部分生产工作的情况来看，它可以算是具有“工具”的性质，但它也不是坛坛罐罐之类容器那样被动的消极性器具性质的“用具”，而是具有积极性功能的器具、用具，因为它通过流通过程带来了新价值。坛坛罐罐是石器时期出现的，而车是青铜时期的产物。不仅制作车需要具备比制作陶器更高级的文化、更高度的技术性，使用车也包含相当难度的技巧性，不像穿衣吃饭，只要是正常人，自然都会。因此专门制造车的专业集团和驾车人职业——御者就出现了。

车是人类最伟大、最重要也是非常古老的发明之一。古车这个“天工人代”的人工物，是集中反映人类文化发展水平即文明程度的标志物。它反映了人类追求速度、征服时空的意志，并第一次实现了阶段性的理想。从某种意义上说，它是“全球化”的历史与逻辑的起点。同时，它也是最早的社会化分工合作和工业化、标准化生产的“大辂椎轮”。

它不仅是承运物质（包括人的肉身）的交通运输工具，也是折射人类的语言、心智、技能技巧、风俗习惯、规则制度、伦理规范、观念形态等工具理性和价值理性的精神载体。车所承载的不仅是物流，它也是精神信息流的载体。如果没有车，文化传播的范围和速度就十分有限。

如果说人类的直立行走与其他动物相比是解放了人的双手因而开始了“劳动”的话，那么车的创造发明和使用则是解放了人的双脚，获得舒适、休息的“去

---

① 这是笔者自编文化史讲义中自创的一个范畴。

劳动”。“劳动”与“去劳动”，二者相反相成地推动文化向前发展，正如走路前进中的双腿。人靠双腿走路久了就会累，速度也会变慢；靠双肩挑担承担不了多少东西就感觉压迫难受，不但时间花费多、成本高，而且走不了多远。使用车固然也是一种劳动（驾车），但比起挑担子，它的劳动强度大大降低了，而效果、效率却明显大大提高了。这对于乘车者来说就是休息。不但如此，人们乘车出游和驾车本身也可以是一种娱乐。所以车可以将劳动与休闲娱乐合于一体，与旅游文化的关系也因此从古至今密不可分。

作为器具，车不但是民用工具，而且也是军事、国防的重要战略武器。以战车为中心成建制的军民一体化战斗单位，是古代军队和地方的组织形式，而车战曾经是古代战争的主要方式。

在没有车的时代，大家都靠两条腿走路，从这个意义上说，人人平等；但是有了车以后，等级制度也就多了一个表现形式。

由于古车的系统是外在联系的，其结构的部分元素之间具有自然的独立性，这就从结构内部提供了自身分裂的可能性。当车的主要结构发生变化，而动力部分——马独立突出取代车驰骋战场时，与战车紧密相连的社会阶层和精神文化便发生了重大变化。

上述这些主要特点构成了车文化的本质属性。

进入时空中的车文化

当车文化的本质属性在进入东方时空中展开时，就是一部逻辑与历史相统一的中国古代车文化史。

至少在公元前2500年左右，车就出现在西亚的两河流域即美索不达米亚平原（今伊拉克境内），距今已有4500多年历史了。中国的车也出现得很早，并且一出现就已呈现成熟的形态。已出土的中国最早的马车是商代晚期的产品，距今也有3000多年的历史了。但关于车的传说要更早。据先秦古籍记载，夏代或夏代之前中国已有车了。《墨子》《荀子》《吕氏春秋》《左传》《世本》等文献均谓“奚仲作车”。而《古史考》则将车的发明权更上溯至中国人的始祖黄帝身上，说“黄帝作车，引重致远”。黄帝号轩辕氏，从字面就体现出黄帝部落已然是“有车一族”了。当然，这只是传说，不能代替历史，但从中也可以看出，车在中国也有很悠久的历史。

中国出土的最早马车见于安阳殷墟等地。安阳殷墟的考古发掘表明,我国至少在商代晚期已使用双轮马车。但比起西亚两河流域苏美尔人的马车仍晚了至少五个世纪左右,并且马车在中国是突然崛起,此前没有任何发展过渡的痕迹。学术界关于中国马车的起源问题,一直存在"外来说"与"本土说"两种观点,长期悬而未决。但从上世纪 70 年代起,有越来越多的考古证据(如在苏联中亚地区及我国新疆、内蒙古等地发现了许多有关古代马车的实物与岩画)支持中国马车是由西亚经中亚通过欧亚草原于商代晚期辗转传入我国的观点。

不管是"外来说"还是"本土说",车文化的功能性都是显而易见的。从车在中国出现起,就对中国文化产生了巨大的影响。车文化除了具有推动工商业繁荣发展等巨大的经济功能外,还具有强大的军事功能和广泛的社会功能。中国古代特别是春秋战国以前的战争主要是由车战决定胜负,因此战车在战场上扮演了主要角色,占据极其重要的位置。车文化还渗透、影响和体现在日常社会生活的各个方面,诸如婚丧喜庆、社交往来、旅行出游等,甚至影响到社会阶层的流动变迁与学术思想的交流,春秋时期"士"阶层的崛起和孔子等人的周游列国都与车文化的发展分不开。如果没有车文化,春秋战国时期士不怀居、周游列国,诸子蜂起、百家争鸣的现象就难以出现;作为中国文学源头的《诗经》也将枯萎三分之一的花冠。车文化当然更发挥了重要的政治功能,列国诸侯的盟会和朝觐以及使节的"聘问"等外交活动之频繁,都是车文化促成的。国内的军情与政令的传达更是直接依靠了车文化功能的行使。与政治功能紧密相连的是,中国古代的车文化还有一个鲜为今人所知的象征功能,以等级制度为核心的礼制把这个功能发挥到了极致,形成了中国车文化与官本位政治文化紧密结合的鲜明特色,成为一个具有重大意义的文化质点。

黄河流域文明的崛起与中国车文化的关系

从发生学的观点来看车文化与中国文化的关系,可以发现,车文化不但参与了中国文化史的塑造进程,而且单独诠释了中国古代文化发生学的地貌特征,那就是车的空间限制性与中国文化的空间扩展。

我认为中国古代文化之所以在北方黄河流域地区繁荣而不率先发展于长

江流域，不是因为黄河的水利（长江水更多、利更大），而是因为黄河流域是中国最大的平原。我们知道，车是陆地交通工具，而它的先天条件或概念结构就包含了道路元素在内，即它依赖于一定坡度和宽度的道路，这是车在征服空间距离时的一个自我空间限制。广阔平坦的关中平原和华北平原从地貌上提供了开拓便利、经济、优质的行车道路的天然条件，使得车文化在黄河流域平原上畅通无阻地发展起来。正是这个必要条件使黄河流域文明在中国率先得到了繁荣崛起。“要想富，先修路。”上世纪 80 年代中国改革开放初期的口号是商周时期车文化开拓者的心声在 3000 多年后的回响。伴随着车文化而来的首先是青铜文化的突然灿烂大放异彩（必须指出，青铜文化在中国是与车文化同时出现的）。车不但输送物质，拉动经济繁荣，它发出的轰轰巨响[①]还震醒了车道沿线两旁沉睡了多少个世纪的小国寡民！那状态应当和清末由西方传来的火车刚开进中国大地时的情形一样。因此，不是河流水系而是车路网络打破了各自为政的原始部落的闭塞局面，建立起了跨地缘（自然也包括跨血缘）的沟通联系管道，唤起了大一统的政治意识，进而形成了以青铜文化为物质基础、以礼俗社会为国家雏形、以“礼乐文明”为精神特征的中华文化共同体。中原文明的崛起是和车文化同步发展起来的！

车文化在带来黄河流域的政治经济社会文明大繁荣的同时也引起了战争风云的突变。车道上跑的不仅是欢歌笑语的客车和满载而归的货车，也有紧随而来的隆隆战车。战争是除商业之外最大的文化传播媒介。随车战而来的则是雄关漫道和带有围墙的城镇建设的大规模崛起。这是文明发展中凝聚收缩与扩散放大的双向运动的节点。

如果说西亚的马车最早是通过欧亚“草原通道”自北向南传入中原的，那么中国马车也是从北向南传播的。车文化的传播遇到的最大障碍在当时是河流。周昭王南征楚国欲将中原文化推广到江南，但在由车换船渡江时沉没，葬身于长江流域的一条支流——汉江，从此终春秋、历战国，七八百年间中原文化不复有南下扩张的大规模壮举，就连“九合诸侯、一匡天下”的齐桓公、管仲也只能到汉江北岸与楚国隔空打打口水战，虚张声势地做些责问为何“包茅不贡”之类的抗议而已。而周昭王的儿子周穆王听说徐偃王另立中央自成王权，便命造父驾

① “轰”的概念是巨响，其繁体字“轟”就是由三个车构成。

车“一日千里”赶赴徐国成功镇压。之所以成功，正因为那是车文化所及之地。周穆王“欲肆其心，周行天下，将皆必有车辙马迹焉”[①]。但他的宏愿可以北伸却无法推行到江南。其实当时楚国的真正势力范围主要集中于汉水平原一带，这就给楚国提供了引进、实习中原车文化的可能性和积极性。但是楚国学习了车文化之后不是将它用于长江以南的开发而是北上问鼎，与中原各国争锋，主动地卷入了中原文化，为黄河流域文明增添了辉煌。后来的吴国也是主动学习中原的车文化[②]。吴国学习成功后也不是南下扩张，和楚国一样也是用于北上争霸。这说明中国古代车文化的发展始终局限在黄河流域，而在长江流域没有多大的用武之地。因此受车文化所引领、以车文化为代表的黄河流域文明长期成为中国古代文化的中心就可以得到合理的解释了：黄河流域的长期高度文明与车文化密不可分，也是车文化的主要体现。

中国车文化衰变的历时性

只有当车文化遇到来自外部严峻的挑战，它才不惜以壮士断腕的决心否定自我，从内部发生裂变，让“车头”挣脱车身的羁绊，轻骑纵策，饮马长江；这时黄河流域中原文化才随之骎骎南下，终于以贵族文化消亡的质的代价换得了农民文化空间上量的大发展。此后的三次“衣冠南渡”大潮（西晋末、唐末、北宋末）就把中国的文化中心从黄河流域彻底地南移到了江南和岭南，加上后来的南宋末、明末的君臣大逃亡，中国文化甚至星流海外，在东南亚一带溅起浪花。这一系列“多米诺效应”固然有复杂的多种原因，然循节披源，其第一作用力就不能不说与“车变”有着内在的重大关系。中国文化的历史于是因中国车文化的突变而发展，中国的车文化也随中国文化的特征而异化。

秦汉以后的车文化虽然在形、神上都发生了重大的改变，但它的巨大惯性力仍然向四周发送着冲击波。我们从中国的制度文化可以看出，车文化仍在国家政治领域彰显着它的深远影响。中国的社会经济和行政组织始终向车道两旁倾斜与集结。汉代开始，将随着向西南、西北新开拓地区延伸的车道聚居的

---

① 见《左传·昭公十二年》。

② 吴国请求晋国派专家帮助指导车战，应邀到吴国传授车文化的是从楚国逃到晋国的贵族巫臣。

少数民族郡县如零陵、广汉、越雋、武都、陇西、天水等称为“道”；唐代径分全国大行政区为十个“道”：关内道、河南道、河东道、河北道、山南道、陇右道、淮南道、江南道、剑南道、岭南道；清代在省与州府之间也设“道”；宋代则以“路”来区划行政，总分天下为二十三“路”①。可见车文化仍对中国文化具有强大的结构化作用力。但中国文化的特殊性终于使车文化从衣、食、住、行四个重要的日常生活文化排行榜上退隐下来，从原来的文化中心滚向了它的边缘，让其他三个“原极性文化”②继续主导中国文化的方向。车沦落到可有可无的边缘化境地在农业社会似乎是不可避免的，即使在西方工商业社会的资本主义阶段，马克思、恩格斯所强调的人类生活首要前提即必要条件、必需品也仍然只包含“吃喝住穿”而不包括“行”③。从文化空间来看，许多原始、落后的文化圈都只有衣、食、住三个元素而没有“行”，但并不妨碍他们的基本生活。而从时间（文化史）来看，中国文化在车文化繁荣兴盛之后仍然可以回落到“以食为天”的原始必需品的“原极性”文化中去。农业社会巨大的“原极性文化”引力与中国文化先天的一些缺陷相叠加，使中国的车文化塌缩退行，以至于当西方社会发明创造出汽车、公路，火车、铁路一个多世纪之后的1900年，京津地区的老百姓在八国联军进入北京城时，运送人员物资所使用的交通工具竟然清一色仍是汉末三国时的独轮车！而中国古代车文化的后期代表“卤簿”车队则与帝国王朝的封建文化一路结伴而行，直至开进历史博物馆……

车文化的结构功能与本书的结构

我们已经知道，中国古代车文化史是一部历史与逻辑相统一的过程，它的具体内容将展现在本书中，而本书的结构则反映了中国古代车文化的逻辑。

什么叫车文化？开头说过，它是“大文化”的一个组成部分或分支，套用一般流行的文化概念定义，车文化是指人类所创造的与车有关的物质财富（包括车、马、路）和精神财富的总和，它以反映人车关系为内容，包括人类对车的制

① 许倬云撰：《中国文化发展的点和线》，见许悼云著：《中国文化与世界文化》，广西师范大学出版社，2006年。

② 笔者杜撰的概念，指衣、食、住文化。

③ 参见马克思、恩格斯《德意志意识形态》及恩格斯《在马克思墓前的演说》。

作、使用和车在战争、政治、文学、经济、旅游、文化传播等领域中所发挥的功能，以及在其中体现出的社会制度、风俗习惯和价值观念等。

车文化是一个真正的复文化丛，不但包括生产制作系统和使用规则系统，还直接涵盖了马和路这两个本身可以自成一系的文化丛，并且还间接地延伸至其他文化域，使之产生种种副现象，构成一个超级文化丛，这是其他各种时髦的简文化丛所不可同日而语的。作为一个文化丛，它具有符合一般文化结构要求的条件，如物质层次、制度层次、精神层次等，当然，这些层次的划分只是为了理论上的方便所作的概念分析，实际上它们是一个相互渗透的整体。但中国古代的车文化除了一般文化规律之外又具有其自身的结构层次和元素特点。首先是物质层次，包括车、马、路这三个基本元素。这三个元素虽看起来似乎是以狭义的“车”为中心，但实际上是并列、平行的关系，共同组成古代车文化的物质层次。而其中的“马”是变项。在先秦的马车时代，马无疑是车的主要动力，但也有其他动力如牛等；在汉代以后情况又有所变化。其次是制度层次，包括路政、车制、礼制等规则性的东西，而以礼制为最具中国车文化特色。至于精神层次的东西，其实贯穿、渗透、弥漫分布于整个车文化中，而在以人（主要是“乘御者”即乘车者和驾车者）为中心的功能层次上表现得最为直接明显，当然最后它会走回自身的本质。

如果我们将对中国古代车文化结构功能的描述作为一个整体静态地把握的话，可以发现这些结构要素和功能基本上集中具备于先秦时期并大体已趋成熟完备，那么与其相应的动态叙述则是汉代以后的变化即“车变”了。连接这二者的内部桥梁是制度。因为它既是汉以后“车变”的突破口和主要内容，又是先秦车文化中唯一未得到进一步发展的元素，因而这个“车变”也是中国文化本身的缺陷在车文化中的必然表达。我们可以看出其间逻辑与历史的高度内在对应。对于中国古代车文化来说，这不能不说是十分凑巧但又符合历史事实的事。文者，纹也。《中国古代车文化》的车轮基本上就是循着这个自然纹路行进的。

第一篇

中国古代车文化的物质结构

第一章　车　身

中国古代车文化的物质结构有三个部分,它们分别是车、马、路。但是车、马、路三者无论是在实物还是概念上确实是可以各自独立且并列地存在的,因此我们便按照这样的自然结构分为三个部分分别进行叙述。

中国最古老的文字甲骨文以及稍后的金文,均已出现了“车”字。甲骨文作,金文作。古代汉字是象形文字,亦即如鲁迅所说的画画,这个“车”字,其主要画面就是突出两个车轱辘。因此,这个字在古代汉语中的概念既指车又指轮,车就是轮,轮就是车。这个概念的遗音至今还在现代汉语中回响着:缫车、纺车、水车、风车等,今天我们还是把带有轮子以作圆周运动的机械设备叫作“车床”。

从甲骨文与金文的“车”字可以看出,车最重要、最突出的部分就是轮子。因此,《周礼·冬官考工记》(以下简称《考工记》)中说:“察车自轮始。”那么,我们对古代车文化的考察也就从轮子开始吧。

第一节　车　轮

古车的轮子是由许多零部件构成的,有毂、辐、辋、轴、軎、辖等。毂是车轮中央的一根圆木,中心凿成圆孔以穿车轴,外有凿孔以安辐条。辐即连接毂和辋（车轮的外圈）的直木条。其一端人毂，另一端入辋。《说文解字》说“毂，辐所凑也”，故有“辐凑”一词。《老子》有“三十辐共一毂，当其无，有车之用”[①]之说。但古车的辐条到底用多少，却不一定，从出土文物来看，十几条、二十几条到三十条辐的都有。这些辐条以毂为中心朝四周直入辋中，其状恰如太阳放射光线，故有“辐射”一词以状其形。

轮子的外围圆框叫辋，也叫輮，亦叫牙。这些名称恰好透露了轮子制作的发展史。轮子是圆的（这是废话但也是必须的），它的创造可能是受到自然界圆木滚动的启发。最早的轮子是用自然界中整块的圆木截成的坚实的圆木盘，没有毂和辐之分，这种轮子叫“辁”，也叫“椎轮”。成语“大辂椎轮”的字面意思是无辐的椎轮是华美辂车的创始，比喻事物的演进是由粗到精、由简到繁的。椎轮既笨重又不灵活，很容易损坏断裂，于是逐渐改进，用辐条来联结辋与毂，以为车轮。但这除了需要有天启般的创意外，还要具备高超的手艺才能制作出来。毂可以利用原来的圆木加以削小，而外围的辋怎么做成圆的呢？在春秋以前，我国尚未出现锯子等制作圆弧形的木工工具，只能用火烤的办法来使直木弯曲。《管子·七法》曰：“不明于化，而欲变俗易教，犹朝揉轮而夕欲乘车。”《晏子春秋·内篇》记载：“今夫车轮，山之直木也，良匠煣之，其圆中规。”《荀子·劝学》也说“木直中绳，輮以为轮，其曲中规”。均谓轮之圆辋，必以揉曲之木制成。车轮的外周曰輮，其名词动词化的用法也通“揉”字。孔颖达注疏《周易》曰：“使曲者直为矫，使直者曲为輮。”这样看来，到底是因“揉”曲之动作工序而名轮为輮，还是因轮之名輮而赋予揉轮之工序亦曰輮，就不得而知了。但有一点是肯定的，即制作轮子外周圆圈的辋是用揉的办法实现的。揉直木为曲，不但要用手力，还必须借助火力烘烤。这从上引《晏子春秋》中的“煣”字也可以看出。烤失火候，则内面容易折皱，外面容易爆裂，两旁又会肿胀。所以能做到“外不廉而内不挫[②]，旁不肿”者，才能“谓之用火之善”[③]。所以揉轮是要有相当的经验和技巧的。此外，根据是行山之车还是行泽之车，还有“行泽者反輮、行山者仄輮”[④]的“反輮”与“仄輮”法之别。按郑众、郑玄的解释，所谓“反輮”，是

① 见《老子》第十一章。

② 不廉：不破裂。不挫：不拗折。

③ 见《周礼·冬官考工记》“轮人”条。

④ 见《周礼·冬官考工记》“车人”条。

指揉木材为车辋时，将木心向外、木边向内的鞣法，因木心较坚硬光滑，行于泽地时不易沾上泥浆；所谓“仄鞣”（仄即侧），是木心木边一齐向外的鞣牙法，可表里相依、坚柔兼用，行车于沙石硬地。

在把自然物——木——制作为符合人类理性要求的人工物——车——的过程中，这个“鞣木为轮”的工艺是制作车轮中的一道非常重要的工序。最关键的是它改变了木的自然属性（英语中“nature”一词的含义既有“自然”也有“本性”），即化直（木）为曲（轮）的变形改造。这个改变自然物的“天工人其代之”的成功现象，为改造人类本性和社会提供了参照典范，成为中国教育文化孜孜以求的梦想。上面所引管子、晏子、荀子等人之所以强调和重视“鞣轮”，其目的都是着眼于对人性和社会的改造功夫。管子的目的是“变俗易教”；晏子在曾子临行时不赠车而赠言所说的那段话是希望君子“慎隐煣、慎所修”；荀子干脆就直接将“木直中绳，鞣以为轮，其曲中规”的比喻放在“劝学”中并得出结论说：“虽有槁暴，不复挺者，鞣使之然也。……君子博学而日参省乎己，则知明而行无过矣”。移植“鞣轮”工艺于人性和人类社会的改造，于是成为中国几千年来的文化传统。从先秦儒家到宋明的程朱理学与陆王心学，直至上世纪“文化大革命”的“斗私批修”“狠斗私字一闪念”“灵魂深处闹革命”，都是这个“鞣轮”文化的延展。

后来出现了铁锯和铁斧，便将坚木锯解为片，裁削为弧形，再将弧形木衔接为圆圈，其弧形木片相交之处谓之“牙”[①]。《考工记》曰：“牙也者，以为固抱也。”其众木片之间相交之处，必作犬牙交错之状以齿相交以固定，故谓之“牙”。不管何种解释，牙都指车辋。从“椎轮”到“鞣轮”再到“牙轮”的语言符号能指变化正反映了车轮制作技术的发展历史。

古代车轮的直径据《考工记》记载为古尺的六尺六寸，相当于今天的 1.3 米。河南辉县出土的战国车轮直径正好是 1.3 米。而其他地方出土的车轮直径则大小不等，大的将近 1.7 米，小的则在 1 米以下。《考工记》之所以只记取六尺六寸这个数值，是有依据的：“轮已崇，则人不能登也。”轮子的直径太大，自然也就是车身太高，人就难以登上去。而 1.3 米高的车轮其半径为 65 厘米，加

---

① “牙”通“迓”，指对接。

上车箱底座和"伏兔"的厚度,大约为四尺,正好方便一般身高七到八尺[①]的中国人上下车。

中国古代的车基本上都是双轮车,连接两轮之木曰"轴"。轴横贯于两轮的毂中并出于毂外,其露出毂外的部分用铜铁制成一筒状以套之,谓之曰"軎"。軎与轴端有一孔相通,曰"轵"。将一个称为"辖"的东西插人其中,使軎、轴、毂三者固定,以防轮子脱出。"管辖"一词就出自这里。这个"辖"是个关键的东西,其重要性相当于今天车轮的气门芯,没有它车就走不了。《汉书·陈遵传》记载:"遵嗜酒,每大饮,宾客满堂,辄关门,取客车辖投井中,虽有急,终不得去。"这个好饮又好客的陈遵,为了尽兴而欢,不让客人逃席,竟出此下策,把客人车轮的"气门芯"给拔掉扔到了水井里,客人即使有急事也走不了了。但"投辖"这个恶作剧在当时却传为美谈,后来则成了主人留客的佳话典故,常常应用于诗文之中。

两轮间的距离谓之"轨"。车行驶时两轮在地面上压出的印迹称为"辙"。辙宽与轨宽是一样的,因此这两个词可以互用,所以从前老上海行驶的有轨电车实际上它的"轨"是凹陷下去的"辙"。所以"出轨"常常意味或预示着"覆辙",二者的引申语义不同,但在本义上却有深层的联系。中国古车两轮间的距离即轨的宽度不一,据殷墟二里头考古发现的车辙,商代马车的轨距有1米的,也有2米的。到了秦始皇统一六国后实行"车同轨"。人人都道"车同轨",但到底秦始皇时"车同轨"的轨宽是多少,迄今笔者所见到的学术论著都未见有人提及。据郑玄《周礼郑氏注》,"轨宽为八尺",约合今1.84米。郑玄的数据是根据《考工记》"轮崇、车广、衡长,参如一,谓之参称"的车广六尺六寸旁加各七寸的算法而得出的。必须指出的是,这个算法是指两轮外缘之间的距离。但郑玄《周礼注》的说法究竟是否就是指秦始皇时"车同轨"的轨宽,此事还需后来者的进一步考证。

大家都知道古车除了辖、軎等极少数零件和一些装饰品如"五末"[②]用金属包装之外,都是用木头做的,但到底是用哪些木材制作的,古今学者文本罕见专题述及。一般近现代民间制车多用杨木、槐木之类的硬木制作。晋石崇的《奴券》里说:"作车当取高平荚榆之毂……大良白槐之辐,河东茱萸之辋,乱柠桑

① 一古尺约合今23厘米,七到八尺约合今天的160~180厘米。

② 指轴两端、衡两端与辕前端。

辕。”[①]但古代尤其是殷周秦汉时期的好车是用檀木制作的。《诗经》中就多处明确提到檀木与车的关系：“坎坎伐檀”“坎坎伐辐”“坎坎伐轮”[②]。《诗经·小雅·杕杜》：“檀车幝幝，四牡痯痯。”《诗经·大雅·大明》：“牧野洋洋，檀车煌煌。”朱熹注皆谓“檀木坚，宜为车”“檀，坚木，宜为车也”。汉代学者王充在《论衡·状留篇》中提及“树檀以五月生叶，后彼春荣之木，其材强劲，车以为轴”。古车，尤其是车轮这个最大的“耗材”，多选用坚硬的上等材料檀木来制作，看来是普遍的现象。

木车轮至少在晋代之前罕有用铁皮来包扎保护的。汉代倒是有用蒲草来包扎车轮的，称为“蒲轮”，但其目的却不是用以保护车轮，而是用来减轻车的震动，这是朝廷专门为了优待那些被征召的年事已高的贤者而特制的车轮。《汉书·霍光传》载博陆侯霍光夫人显“广治第室，作乘舆辇，加画，绣絪冯，黄金涂，韦絮荐轮，侍婢以五采丝挽显，游戏第中”。这个“韦絮荐轮”，晋灼注曰：“御辇以韦缘轮，著之以絮。”倒有点像现在的汽车轮胎，不过它的外胎是皮做的，内里充的不是空气，而是塞满丝絮。师古曰：“取其行安，不摇动也。”目的就是为了减少车的震荡。可以说这是现代汽车轮胎的雏形。

轮子一半是人一半是神的产物。它与人类的另一伟大发明——火，具有可以相提并论的重要地位，其价值在古代远远超出人类所有其他造物。轮子是高级文化才有的东西。美洲印第安人在 1492 年哥伦布登陆之前根本不知车为何物，因为他们不会制作和使用轮子。其他如澳大利亚等地的土著也一样。所以他们的文化一直停留在原始文化阶段，直至殖民时代前都未进入文明社会。所以车轮在文化史上的重要性再怎么高度估量都不为过。

第二节　车辕、车厢及其他构件

车轴的两头略小以便入毂，中间粗大部分上安有连接车厢的“朴”，亦名“伏兔”。伏兔朝上的部分是平的，以承接车厢；朝向车轴的部分作拱形，以伏于轴上，故曰“伏兔”。伏兔左右各一，当中还有一个形状与伏兔相同的称为“当兔”，它也起连接车厢的作用，但主要是为了固定车辕。

车辕是联系车舆与拉车的牲口之间的连杠，也称为辀。它和衡、轭以及靷

---

① 见《全上古三代秦汉三国六朝文·全晋文》卷三十三。

② 见《诗经·魏风·伐檀》。

等一起构成车的传动系统。辀或辕以长木为之，一端为方形，直穿车厢底部固定于轴中央的当兔上并伸出舆后[①]，作为拖动整部车的传动杆。大车即牛车，有两辕，一牛居中而驾。在中国，人们早就知道用两根辕杆了，而在西方世界，据说要到公元3世纪的出土文物中才首次见到。马车仅一辀，骈驷夹之而行。古代行军野营扎寨时，常列车为屏障，在出入口处架起双车，两辕仰交，称为“辕门”。车辕靠近马的部分弯曲隆起，故有“轩辕”之名，言其高昂之状。先秦时期的中国马车用的都是这种曲辕辀，这其中也包含了某些力学知识。《周礼·冬官考工记》说：“辀欲颀典。辀深则折，浅则负。”对辀的弧度曲率提出了严格的要求，既要有一定的弯曲度，又要有坚韧的强度。辀的弧度太深则易于折断，太浅了又会磨压牲口的后股，增加重负。因此，只有做得深浅适中，才能使人、马皆适意，而车行既快速又平稳。《周礼·冬官考工记》记载了辀人对直辕牛车在上下坡时的缺陷的仔细观察：“其登又难，既克其登，其覆车也必易”“及其登阤，不伏其辕，必缢其牛”“及其下阤也，不援其邸，必緧其牛后”。并揭示了产生这种现象的原因：“此无故，唯辕直且无桡也。”弊病就出在没有曲度的直辕上。同样的问题也曾经困扰了西方人很长一段时间，而中国古代的辀人在2000多年前所采用的弯曲适度的曲辕术就解决了这个问题[②]。但中亚地区的岩画和出土的实物马车均表明它们也是采用这样的曲辕，且时间更早[③]。

辕之前端设有一长横木曰“衡”，有曲、直两种。连接辕与衡的是一销钉，大车上的称为“輗”，小车上的称为“軏”。别小看这个小东西，我国古代两个大人物都曾给予它很高的评价。一个是儒家的祖师爷孔子，另一个是当时与儒家分庭抗礼的显学墨家的教主墨子。墨子指出，它虽是“咫尺之木”，却能“引三十石之任，致远力多，久于岁数”。[④] 真是所谓“四两拨千斤”，小巧之器却发挥了巨大的功能，而且持之以恒，经久不变。这不有点像我们过去常常倡导的“螺丝钉精神”吗？其实墨子也是伟大的工程师，他看重的是它的实用价值，而孔子则赋予它更高的精神价值，把它比作社会的基础和人际关系的纽带——信。《论语·为政》说：“人而无信，不知其可也。大车无輗，小车无軏，其何以行之哉！”个人无信，不能在社会上立足；社会无信，行将崩溃——正如车无輗軏不可行一样！

---

① 伸出的部分名为“踵”，兼作上车时踏脚之用。

② 闻人军著：《考工记导读》，巴蜀书社，1988年。

③ 夏含夷：《中国马车的起源及其历史意义》，《汉学研究》1989年第7卷第1期。

④ 见《韩非子·外储说左上》。

輗軏虽小,是古车上最小的零件,几乎不为人所知,也不为人所道,然而两位大人物却非常器重它。而这也正是伟人之所以伟大之处,他们能够在普通人所不注意或不屑于重视的地方(包括人和物)发现其价值,并予以揭示。这种借小见大的"形而上"的超越眼光虽然"出牛背之上"(这里更准确的说法应该是"出马背之上"),但毕竟也得借助于对"形而下"之器的认识才得以启发。所以话说回来,车文化的影响之大,功不可没。

衡上有銮、轙。銮是音响,轙以穿辔,衡下结轭如"人"字状,用来扼制畜项以驾车。两畜分左右夹辕共一衡负轭挽车而行。如果是四马,则只有居中的两马即服马各有一轭,在它们两旁的骖马则无衡无轭,唯有"靳"系在身上。"靳"是一种用以拉车的皮带挽具,一端系在畜胸前的皮套上,另一端系在舆底。服马的内侧也各有一皮带挽具,叫作"靷",但它们的前端是系在轭上的,后端结在舆前的环上,再连接到轴中央。动力(畜力)通过轭传到衡上,再通过衡传到辕上,以引轭负衡,拉车向前;又通过靷和靳把马的牵引力传到接近车厢部位的辕上,这样可以使动力均匀分配。有专家把这种中国古代早期马车的系驾方法叫作"轭靷式",认为是中国独创的特色。但是也有学者指出,这种系驾法在中亚和北欧等地所发现的比中国古代马车要原始得多的岩画中很常见,西式马车不少都系有靷带①。

车厢在古时也称为"舆"②。载人的"乘车"之舆一般为横长方形,也有极个别的为椭圆形和正方形。运物的"大车""辎车"则一般是纵长方形。马车之舆横广六尺六寸,纵深四尺四寸,与今日车厢纵长横短正好相反。唯牛车则与今车一样纵长横短。然而牛车在春秋时期是装货物之车,通常一驾,故而其舆纵长;而马车可以并排多驾,故而其舆横宽。车厢门自后开,人从车后上下车。古车厢四周有围栏和拦板。舆的各部分有专名:底框曰"轸",一说是后厢板;围栏前面的横木曰"轼",供乘车人前瞻或俯视时用以扶手,但更多的时候是作为行礼之用的。古人乘车遇到该行礼的对象时,常常会停车,车上的人就倾身靠前手扶轼站立以示敬意,或注目,或倾听,这种行为称为"轼",亦作"式"。《礼记·檀弓下》中就有"孔子过泰山侧,有妇人哭于墓者而哀,夫子式而听之"的句子,其中的"式"就是指行为的动词。这个"轼"或"式"是很重要的车文化质点,本书

① 龚缨晏:《车子的演进与传播——兼论中国古代马车的起源问题》,《浙江大学学报》2003年第3期。

② 此字既指整体的车,也单指车厢部分。

后面还会回到这个质点专辟一节介绍。在轼的后面，左右两边有两根略高于轼的横木，称为“较”（读音同觉悟的觉），也是供人扶手用的。古人乘车基本上是站着的，因此必须要有扶手。除了前面讲的行礼时要扶轼之外，在一般情况下都是扶较的。承接较下的部分曰“辄”，亦曰“輢”。春秋时期许多贵族很时兴用“辄”来取名，如秦公子辄、卫公子辄、鲁叔孙辄、郑公子辄等。也有用舆的其他部件为名的，如著名的“春秋五霸”之一的晋文公名“重耳”，就因较上有装饰物形似两只耳朵而取以为名的。还有以舆的底框为名的，如晋国名将先轸、战国时楚国的策士陈轸等。后代以车舆部件为名而最为人所知的当数苏轼了。至于古人何以如此时髦以车舆部件为名，实在也是匪夷所思的事情，大约都是属于有爱车癖的车迷吧，这也可以看出车文化的影响之深入人心了。

如果说车轮属于机器的“发动”系统部分，辕、衡、轭、靷等属于“传动系统”部分，那么车厢的地位就相当于一般机器的“工作机”部分。但正是在这里最明显地显示出了车与一般工具相区别的独特性质。车厢具有容器那样被动的消极性器具的性质，而不具有积极器具、工具那种主动地作用于工作对象以改变其外在形状或内在性质的功能；但它却又有运载人或物将之从 A 点运送至 B 点以改变时空形式的巨大积极性。从这点上说，车改变了主观和客观的双重世界，是一种超级工具。

第三节　古车制造技术

作为车文化物质结构的中心元素，车身是典型的人工物。人工物是技术的结果，也就是说，技术赋予车（车身）以类本质[①]。技术又包含三个维度：知识、技巧、工具。前两者分别属于理论与实践范畴，但都是属人的，并且在古代这两者又常常是合于一个具体的个人身上。关于古代制作车的工具，文献记载阙如，其详细情况无法全面得知，但斧头、凿子、圆规、直尺等应该是基本的和必需的。其实工具也是人凭借知识、技巧制造的。所以人是所有技术的主体（技术人）。但作为知识性、客观性的技术，已经形成了卡尔·波普尔所谓的“第三世界”即“知识世界”中的一个客体存在[②]。因而技术也就成为附着在车文化物质

① 从柏拉图和亚里士多德的学说的意义上说．是技术为车身提供了形式。

② （英）卡尔·波普尔著，舒炜光译：《客观知识——一个进化论的研究》，上海译文出版社，1987 年。

结构上的构成要件(软件)。

中国古代的车制造业是所有手工业中最繁荣最发达的行业。据《考工记》记载,"一器而工聚焉者,车为多"。按今天的话来说,它不但是"劳动密集型产业"(技巧性技术),而且应该是当时"科技含量"最高、吸引"高科技人才"最多的"知识密集型产业"(知识性技术)。不仅如此,在制车行业内部已出现了分工合作现象,《考工记》中有专门制作轮子的"轮人"、专门制作车厢的"舆人"和专门制作车辕的"辀人"等。这些制作车的"轮人""舆人""辀人""车人"等古代专业人才都是些什么人,史书没有记载。但中国古代有"奚仲作车"的传说[①]。奚仲是传说中夏代的"车正",可是至今地下出土文物没有夏代的车。因此从考古角度看,"奚仲作车"还只是传说。但是往后看却有一些车与"奚"[②]有关联的信息。直到唐宋时期,"奚车"还经常出现在大街小巷,为史家与诗人所提及。

中国制造古车的知识性技术主要集中记载在《考工记》中。制车技术最关键的部分是车轮。从《考工记》来看,我国古代车轮制作技术已达到相当精湛的水平了。最为人所称道的是,古人在车轮和车辐的制作上,发明了利用水的浮力原理来检查车辐、车轮质量的"水验法":将制作好的车辐或车轮平放浮在水面上,如果车辐或车轮浮露在上的各部分均匀地与水平面相平行,则辐和轮的质量分布是均匀的,也就是说是符合质量要求的。如果辐、轮相对于水平面一部分低、一部分高,则说明车辐、车轮的材质密度分布不均匀,或制作不当,用这样的辐、轮制作的车行驶起来车轮就会偏斜歪曲,左右摇晃,属于不合格产品。此外尚有用"黍"法来检测车薮的容量、用"规"法来检测车辋及车毂是否很圆、用"矩"法来检测牙辐之间的角度是否符合规范、用"悬"法来检测车辐是否正直、用"权"法来检测两个车轮的轻重是否相等……使车轮的制作合乎规范标准,以保证质量。除了要求整体车轮的质量必须坚固耐久之外,古代制车业对车轮的性能也提出了很高的要求。《考工记》说:"凡察车之道,欲其朴属而微至。不朴属,无以为完久也;不微至,无以为戚速也。"文中的"朴属"即坚固,而"微至"则指车轮与地面的最小接触点。古人知道"微至"与速度(戚速)之间存在着正相关的必然关系:车轮与地面的接触面越少则摩擦力越小,车轮滚动的

---

① 另有"吉光是始以木为车"之说,但有人又认为吉光是奚仲的儿子。均见王谟辑:《世本·作篇》。

② 奚是姓氏,也是中国古代北方的一个少数民族。

频率越高则车速越快。这个“微至”是极限概念，因为绝对的圆在实物中永远无法达到，就像圆形之周长与其直径之比的圆周率永远无法达到两个整数之比一样，只能说是古人对车轮制作精益求精的完美理念。

除了前面所提到的那些之外，《考工记》还涉及了车的等级分类、对材料的鉴别选择与处理、各部件之间的比例关系等。关于末者，即关于车各部件之间的比例关系等数据记录占了《考工记》中更多的篇幅：

车有六等之数：车轸四尺，谓之一等；戈柲六尺有六寸，即建而迤，崇于轸四尺，谓之二等；人长八尺，崇于戈四尺，谓之三等；殳长寻有四尺，崇于人四尺，谓之四等；车戟常，崇于殳四尺，谓之五等；酋矛常有四尺，崇于戟四尺，谓之六等。车谓之六等之数。……故兵车之轮六尺有六寸，田车之轮六尺有三寸，乘车之轮六尺有六寸，……

……是故六分其轮崇，以其一为之牙围，三分其牙围，而漆其二。椁其漆内而中诎之。以为之毂长，以其长为之围，以其围之防捎其薮。五分其毂之长，去一以为贤，去三以为轵。……三分其毂长，二在外，一在内，以置其辐。……三分其辐之长而杀其一，则虽有深泥，亦弗之溓也。三分其股围，去一以为骹围，揉辐必齐，平沈必均，直以指牙，牙得，则无槷而固，不得，则有槷必足见也。六尺有六寸之轮，绠三分寸之二，谓之轮之固。……

…… ……

舆人为车，轮崇、车广、衡长，三如一，谓之三称。三分车广，去一以为隧。三分其隧，一在前，二在后，在揉其式。以其广之半为之式崇，以其隧之半为之较崇。六分其广，以一为之轸围。三分轸围，去一以为式围。三分式围，去一以为较围。三分较围，去一以为轵围。三分轵围，去一以为轛围。……

辀人为辀。辀有三度，轴有三理。国马之辀，深四尺有七寸；田马之辀，深四尺；驽马之辀，深三尺有三寸。轴有三理：一者，以为嫐也；二者，以为久也；三者，以为利也。軓前十尺，而策半之。凡任木、任正者，十分其辀之长，以其一为之围。衡任者，五分其长，以其一为之围。小于度，谓之无任。五分其轸间，以其一为之轴围。十分其辀之长，以其一为之当兔之围。三分其兔围，去一以为颈围。五分其颈围，去一以为踵围。凡揉辀，欲其孙而无弧深。……

…… ……

车人为车，柯长三尺，博三寸，厚一寸有半，五分其长，以其一为之首。毂长半柯，其围一柯有半。辐长一柯有半，其博三寸，厚三之一。……凡为辕，三其轮崇，三分其长，二在前，一在后，以凿其钩。彻广六尺，鬲长六尺。……

从上面《考工记》所列的资料我们可以看出，其最突出也最明显的地方就是数据化。车各部分的制作基本是采用比例方法，其设计原则实质是参数思想。譬如车轮制作，就是以轮径（轮崇）为基数，与牙、毂、辐等比例常数（即"几分之几"）相乘而获得具体的尺寸[①]。其他部分如舆、辀、衡、盖也是以同样方法制作并且互相联系。以这样的方式从事标准化生产，所以工人只要按照这些数据标准进行量化的"闭门造车"，就可"出门合辙"。

但是必须指出，《考工记》所记载的这些知识性技术，都仅停留在"解题式"的应用层面上，甚至有些碎片化。虽然中国制车技术客观上有一些符合近现代科学原理（如力学理论等）的地方，但知其然而不知其所以然，制车主体在主观上并没有将之上升到科学的理论高度进行原理化、系统化概括，这与当时的技术文化轻视抽象理论而重视实践经验、轻视知识技术而重视技巧性技术的倾向是一致的。《庄子 · 天道》中有一段"轮人"与齐桓公的对话正说明了这个倾向：

桓公读书于堂上，轮扁斫轮于堂下，释椎凿而上，问桓公曰："敢问，公之所读者何言邪？"公曰："圣人之言也。"曰："圣人在乎？"公曰："已死矣。"曰："然则君之所读者，古人之糟粕已夫！"桓公曰："寡人读书，轮人安得议乎！有说则可，无说则死！"轮扁曰："臣也以臣之事观之。斫轮，徐则甘而不固，疾则苦而不入，不徐不疾，得之于手而应于心，口不能言，有数存焉于其间。臣不能以喻臣之子，臣之子亦不能受之于臣，是以行年七十而老斫轮。古之人与其不可传也死矣，然则君之所读者，古人之糟粕已夫！"

① 刘克明著：《中国技术思想研究——古代机械设计与方法》，巴蜀书社，2004 年。

同样是肯定个人非语言认知的“默会知识”优于逻辑理性的言传理论知识，庄子借“轮人”之口道出的这一小段之“说”仅用了两百来个汉字，而英国的迈克尔·波兰尼的汉译本《个人知识》却用了相当于近50万个汉字的篇幅来演绎论证！这两“说”的差距之大，恰恰反映了中西文化在这个倾向性问题上的差别之深——波兰尼即使在极力推崇“默会知识”时，也仍然运用了逻辑理性的思维形式，并且是鸿篇巨制的言传理论。这也说明了为何忠实于印度佛教元典的教条主义者玄奘所建立的“法相宗”至其弟子窥基便二代而歇[①]，而有中国特色的禅宗“不立文字”却能传灯百代，从而不能不让人怀疑禅宗的祖师不是西来的达摩，而是两千多年前的东土“轮人”。

① 印度文化本质上属于西方文化，这不仅是因为印度高种姓人种和语言属于印欧系统，更重要的是其思维模式和理论体系也富有西方特征。

第二章　车　马

古车的动力主要是马,故沿用至今尚称汽车的发动机功率为“马力”,一些电器的功率还有几“匹”之说,而公路也叫“马路”。可见马车是古车的典型代表。马也就成为古代车文化物质结构的一个重要组成部分。据伦敦泰晤士图书公司于1978年出版的《泰晤士世界历史地图集》的“世界史大事年表”所载,人类约在公元前2500年的中亚就已驯化了马。《世本·作篇》说“相土作乘马”。相土是商始祖契的孙子,为商人先公之一,下距成汤十世,其时代约当重叠于夏朝之中早期①。但我国考古迄今为止尚未发现有夏朝至商代中期的家马信息。中国的家马几乎是与商代晚期突然大量出现的车马联系在一起的。驯马应该是游牧民族首创,这个发明权我们农耕民族不争也罢,但这并不说明中国的马文化不繁荣。

第一节　名数器物

古马车一般是驾两马或四马。两马谓之“骈”,即成双成对的意思,骈偶、骈文、骈俪即从此出。四马曰“驷”, 每匹马的负重减轻一半,跑得自然也就快了,

---

① 此据《史记》夏、商两本纪推算。

车速也就提高了，因而有"一言既出，驷马难追"的成语①。四匹马拉的车在古代算是接近最快的车了。最少的一马驾的车叫"轺车"，先秦以前比较少见，汉代以后才渐多。最多的据说有驾六匹马的，为天子所乘之车，许慎著《五经异义》力持此说，但很多学者包括著名的东汉经学家郑玄都不同意此说，因而引起了经学上的一场大论战。郑玄引经据典作《驳五经异义》，认为古无"天子驾六"之制，于经传无据："今帝者驾六，此自汉制。②"汉代确实存在"天子驾六"的制度。《汉书·王莽传》曰："或言黄帝时建华盖以登仙，莽乃造华盖九重，高八丈一尺，金瑵羽葆，载以秘机四轮车，驾六马，力士三百人黄衣帻，车上人击鼓，挽者皆呼'登仙'。莽出，令在前。百官窃言：'此似輀车，非仙物也。'"又云"五威将乘乾文车，驾坤六马"。在汉儒主流看来，似乎皆有异常之嫌。近年据说在河南洛阳考古已发掘出了东周时期六匹马拉的车马坑，看来"驾六"确有其事。有人说古车也有用三匹马的，两匹是服马，一匹是骖马，系于一侧，这倒有些像今日挂在汽车旁的备用轮胎。但也有人说没有这回事，而考古文物也似乎鲜有三马驾一车的例证。古代文献和出土文物所见基本上都是二马、四马驾的马车。"骈""驷"之驾必是单辕车，而双辕车在先秦一般是拉货的牛车，供庶民所用。如果是两马，就分左右夹辕共衡负轭挽车而行。如果是四马，则居中的两马便被称作"服"，外边的两马叫作"骖"。如果说骖马在拉车的同时还要抬头看路注意方向，服马则只负责埋头用力拉车。从上一章关于轭和靷的介绍中，我们知道服马显然是古车的主要动力，不但要比两旁的骖马负担重，而且也不自由。因此，有理由怀疑"服务""服役""服从"这些词汇之来源会与"服马"没有关系。

马具较复杂，除了上面所说轭、鞠为车马共器之外，纯粹的马具有络、辔、衔、镳等。络施于马首，以皮革为之，套在马头上，也称辔勒。衔以铜铁或木为之，衔于马口内，其出于口外的两端垂直地联结着两片金属物，这就是"分道扬镳"的镳。镳上一般系有红绸布之类的饰品。辔即马缰绳，一马有内、外两辔，一端联于镳衔辔勒并穿于轭上叫作轙的环子，另一端则操纵于御者即驾驶员的手中，以提控马车的行走方向及速度。四马共八辔。据古籍文献说，两匹骖马的内辔系在车轼，但秦始皇陵二号铜车马，乃是服马内辔系在轼前之环。应以

① 《邓析子·转辞篇》谓："一声而非，驷马勿追；一言而急，驷马不及。"

② 见《后汉书·舆服志》。

秦陵铜车马为正确，因为两边骖马的内辔是驾驶员牵动骖马调节方向之用的，不能系在车轼上。剩下的其余六辔揽在御者即驾驶员的手里。故古诗有“六辔在手”“六辔如组”等诗句。古人“登车揽辔，有澄清天下之志”。扬镳揽辔驾车让人联想起把握政权、掌控时局、转移国运的豪迈之情，今人也有“牢牢把握革命方向盘”的说法，都是以驾车比喻政治的。马车的马具还有用以固定马位的鞅，从股后勒于马腹的靽，用于防止服、骖之马乱行的游环、胁驱以及用来提速的策、鞭等。此外，尚有许多饰物，如施于马首前额的当卢、系于马腹上的繁缨以及用犛牛尾制作的立在左骖额顶的左纛等等。近来有人认为左纛是置于右骖马上①，但蔡邕的《独断》等古籍都说是在左骖马上。

马有各种各样的名称②。单单根据毛色来命名的马就让人“不胜‘毛’举”：马毛纯黑的叫“骊”，黄白相间的叫“皇”，黄骍的叫“黄”，阴白杂毛的叫“骃”，苍白杂毛的叫“骓”……更有甚者，“四蹢（即蹄）皆白，首。前足皆白，騱。后足皆白，䯄。前右足白，启；左白，踦。后右足白，骧；左白，馵。……”③这样的“毛举”真让今人不胜其烦，但亦可见古人对事物观察的细致入微，表现了古人对马的重视程度。《诗经·鲁颂》中有一首题作“駉”的颂马诗这样写道：

駉駉牡马，在坰之野。薄言駉者，有驈有皇，有骊有黄，以车彭彭。思无疆思，马斯臧。

駉駉牡马，在坰之野。薄言駉者，有骓有駓，有骍有骐，以车伾伾。思无期思，马斯才。

駉駉牡马，在坰之野。薄言駉者，有驒有骆，有骝有雒，以车绎绎。思无斁思，马斯作。

駉駉牡马，在坰之野。薄言駉者，有骃有騢，有驔有鱼，以车祛祛。思无邪思，马斯徂。

此诗最突出的特点就是强调驾车之马的各种毛色，给每一种具体的毛色取一个特殊的名称并兼指这种颜色的马：有黑马白胯的“驈”、黄白色的“皇”、纯

① 郭物著：《国之大事：中国古代战车战马》，四川人民出版社，2004年。

② 笔者认为这符合人类语言发展的规律，越远古专名越多。

③ 见《尔雅·释畜》。

黑色的“骊”、纯黄色的“黄”、苍白杂毛的“骓”、黄白杂毛的“駓”、赤红色的“骍”、青黑色相间的“骐”、青骊驎(青骊白驎)的“驒”、白马黑鬣的“骆”、赤身黑鬣的“骝”、黑身白鬣的“骓”、浅黑相杂白色的“骃”、彤白杂毛色如红霞的“騢”、骊马黄脊的“驔”、两眼长两圈白毛的“鱼”……在这样的马毛色彩世界面前,五光十色、五彩斑斓、五彩缤纷之类的成语真可谓“相形失色”了。

为什么古人这样重视马的毛色?除了上面说的时代越原始专名越多的人类语言发展规律之外,我认为还有一个市场因素在起作用。古代在对马的等级和价格的评定方面很大程度上是依照马的毛色来分的。《周礼·夏官司马》云:“马质掌质马。马量三物,一曰戎马,二曰田马,三曰驽马,皆有物贾,纲恶马。……凡受马于有司者,书其齿毛与其贾。”古代的“物”即色(也特指杂色牛),文中所谓“物贾”即谓马的毛色与价值。马的毛色与马的价值之间有直接的关系。其毛色不同,价值亦异。马质负责评定马的质量与价值,其根据就主要是马的毛色。马有三种:戎马、田马、驽马。无论哪一种都有不同的毛色和价值。凡向管理马匹处领用马匹的,马质都必须登记它的齿、毛与价值。马的毛色越好越纯,其价值也越高。这只看不见的市场推手所起的推波助澜作用就造成了只看皮毛爱面子的“时髦”现象。影响所及,所有畜牲的行情都一样,以毛色论价值,并持续至今仍在荡漾……

第二节　千里马符号的象征意义

也有古人认为这只是“皮毛之见”,不足以认识真正的良马,马的内在品质并不反映在这些表面现象上。真正识马的人与“皮毛之见”相反,忽视甚至无视这些表面现象而直探本质。《列子》记载了一则相马的故事:

秦穆公谓伯乐曰:“子之年长矣,子姓有可使求马者乎?”伯乐对曰:“……臣之子皆下才也,可告以良马,不可告以天下之马也。臣有所与共担纆薪菜者,有九方皋,此其于马,非臣之下也。请见之。”穆公见之,使行求马。三月而反,报曰:“已得之矣,在沙丘。”穆公曰:“何马也?”对曰:“牝而黄。”使人往取之,牡而骊。穆公不说,召伯乐而谓之曰:“败矣,子所使求马者!色物、牝牡尚弗能知,又何马之能知也?”伯乐喟然太息曰:“一至于此乎!是乃其所以千万臣而无数者也。若皋之所观,天机也,得其精而忘其粗,在其内而忘其外;见其所见,不见其所不见;视其所视,而遗其所不视。若皋之相者,乃有贵乎马者也。”马至,果天下之马也①。

相马大师伯乐向秦穆公举荐一位自己的接班人九方皋,使之去求“天下之马”。九方皋求马三个月后回来报告说找到“天下之马”了。秦穆公问他是什么颜色的马,是公的还是母的?九方皋回答说是黄色的母马。穆公派人去取马,回来报告说那匹马是公的,而且颜色是纯黑色的。秦穆公大为恼火,对伯乐说:“你看看,你推荐的相马人连马的毛色与公母都分辨不清,又怎能知道是好马还是坏马呢?”伯乐说:“九方皋是胜过我千万倍的超级相马大师,他相马根本不看公母与颜色,他看的是马的‘天机’,全神贯注于马的‘精’,注意力全集中于马的内在本质上,而忽略、无视马的粗浅外在的皮毛东西。”后来那匹马牵到秦穆公面前一试,果然是一匹不凡的“天下之马”!

九方皋的故事除了社会意义之外还具有认识论上的哲理意味,其“不辨玄黄牝牡”,忽视细部而只注重于总体把握事物本质的意知特点也与《庄子》中的“轮人”意识有共同的文化背景。

“天下之马”就是后世所谓的“千里马”。千里马的故事被唐代大文豪韩愈改写进《马说》一文而名闻天下,其中“世有伯乐,然后有千里马。千里马常有,而伯乐不常有”这句话在上世纪80年代初曾经家喻户晓,一度掀起了发现人才、赏识人才、提拔任用人才和尊重知识、尊重知识分子的高潮。而九方皋相马的故事则少有人提及。但江西诗派始祖黄庭坚则有一联诗句说:“世上岂无千里马?人中难得九方皋!”这两句诗自问自答,前后连贯单行直下,气机流畅却抑扬起伏,将人间千古不平之气化入这极其精炼的“流水对”中,浏亮而顿挫、工整而自然,足见其炉锤工夫,故被宋人吴聿以“尤为工致”来高度赞许,并被黄庭坚自己拿来教人写诗:“此可为律诗之法”②。好用能愿动词并以疑问句和感叹句形式从虚处摩荡取神以见出主体的心理态度、惯于捕捉事物的深层对立矛盾将它们捆绑在一联(更多的是在一句)的狭隘艺术空间中形成直接冲突张力以

① 见《列子·说符》。

② 陈永正选注:《黄庭坚诗选》,香港三联书店,1980年。

制造瞬间的折断感(常常伴随着心理上的挫折感)而获取近乎九十度转折的强烈艺术效果、善于以“夺胎换骨”“点铁成金”的手段运用典故[①],这些黄庭坚诗歌常见的创作方法并构成黄诗艺术的重要成就,皆可于此诗见一斑。更应指出的是,黄庭坚诗歌总体上最鲜明的特色恰恰正是“皮毛落尽见精神”![②] 如果说韩愈的《马说》是抒发古往今来怀才不遇者的悲愤心情的话,那么黄庭坚的诗句不但浓缩了韩文的精华,还蕴含了更深层、更沉痛的民族命运问题。千里马的美名、九方皋的英名和“江西始祖”的诗名通过这联名句的牵线而穿越千年时空相遇,所碰撞折射出的批判精神,将长期地拷问着我们的社会灵魂:千里马和九方皋问题,是文化还是所谓的制度[③]命题?

比九方皋故事更罕为人知的是《韩非子·说林下》记载的另一个伯乐相马的诡异故事:“伯乐教其所憎者相千里之马,教其所爱者相驽马。千里之马时一有,其利缓,驽马日售,其利急。”我们称这个伯乐为“伯乐2”。这个“伯乐2”深具当今举国趋之若鹜的市场经济学头脑,可以看出他是个十足的技术型商人。商人与文人不同,商业的价值观与人文关怀不同,经济学与文学不同,这些不同居然在“伯乐2”的相马术上表现得淋漓尽致!他居然教他所喜欢的人经营相驽马的买卖,而教其所憎恶的人相千里马,原因是“千里之马时一有,其利缓,驽马日售,其利急”。韩非子认为千里马极少,这与韩愈和黄庭坚的观点大相径庭。后者认为世上千里马不少,缺乏的是伯乐和九方皋。但从中也可以明白新伯乐的悲哀。这个“伯乐2”看透并适应了阳春白雪和者盖寡、下里巴人应者云集;创新事业孤苦冒险、“山寨”勾当坐享其成;精品真货穷途末路、伪劣产品门庭若市……的文化,终于放弃了对千里马的追求,开始了对驽马[④]的追逐!依《周礼·夏官司马》中“校人”条,马分三等或六等,为“种马、戎马、齐马、道马、田马、驽马”,依次而差,驽马排在最下等。同书的《周礼·冬官考工记》中“马质”条则分为“国马、田马、驽马”三等,驽马也是最下等。“伯乐2”青睐驽马的另一面是对千里马有意识的歧视,这比对千里马的无知更邪恶!在无知的情况下,千里马无非像东方朔《七谏·谬谏》所写的“驽骏杂而不分兮,服罢牛而骖

① 在此诗是夺韩愈《马说》之胎、点《列子·说符》之铁而炼成自己的金刚之骨与批判精神。

② 上述这一段话的大意是本书作者30年前硕士毕业论文中的一些评论,未发表。

③ 制度,也是属于文化的一个分支或层次,即制度文化。

④ 代表利益、金钱但是最下等的马。

骥”,不过不受重用,被当作平常凡马看待,怀才不遇罢了。而《韩非子》的“伯乐2”则是有意利用民众的信息不对称搞“劣币驱逐良币”的“逆淘汰”,在故意抬高驽马而贬低千里马的险恶用心下,纵使有千万匹千里马也只能“万马齐喑”,保持沉默了,否则将难逃“只辱于奴隶人之手,骈死于槽枥之间”①的悲惨命运,如《盐铁论·讼贤》所形容的“骐骥之挽盐车,垂头于太行之阪,屠者持刀而睨之”,挣扎在死亡线上,仅仅为了生存、为了在马槽里争一口草料而活着!这是千里马的最大悲剧。

然而话说回来,平心而论,中国古代贵族尤其是高层当政贵族,对千里马还是情有独钟的。秦穆公与九方皋的故事、燕昭王“千金市骨”的著名典故、汉武帝征取“汗血天马”的行动②都反映了最高层贵族是非常希望拥有真正千里马的。埋没千里马的不是高层贵族,而是生活在千里马周围的中下等凡马,甚至是千里马阶层本身。当然,直接埋没千里马的是假伯乐和“伯乐2”,他们是“逆淘汰”制度的化身,但并不代表高层贵族的个人意志。

高层贵族渴求千里马的真诚是毋庸置疑的,当然他们中的大部分人恐怕只是从功利的立场工具理性地看待千里马。真正“赏神骏”的还是“精神贵族”——诗人和画家等艺术家。唐代杜甫《房兵曹胡马诗》:“胡马大宛名,锋棱瘦骨成。竹批双耳峻,风入四蹄轻。所向无空阔,真堪托死生。骁腾有如此,万里可横行。”堪称是描写千里马的“入神”(严羽语)之诗。而《丹青引赠曹将军霸》则是全景式地人、马、画兼摄:“……先帝天马玉花骢,画工如山貌不同。是日牵来赤墀下,迥立阊阖生长风。诏谓将军拂绢素,意匠惨淡经营中。斯须九重真龙出,一洗万古凡马空!玉花却在御榻上,榻上庭前屹相向。至尊含笑催赐金,圉人太仆皆惆怅。弟子韩幹早入室,亦能画马穷殊相。幹惟画肉不画骨,忍使骅骝气凋丧……”这是为千里马传神写照的不朽杰作。诗人不但为千里马玉花骢传神,为画千里马的艺术家传神,为围观艺术家创作和欣赏千里马画作的反应者传神,也为传递这一切千里马信息和精神的审美主体——诗人自己传

---

① 见韩愈《马说》。

② 汉武帝为了取得大宛国的“汗血天马”而不惜发动一场行军万里、二度奔袭、历时四年、劳民疲卒的残酷战争,这在中国战争史上是少见的不以政权、经济为目的的战争,可与古希腊人为了一个女人海伦而打了十年的特洛伊战争相提并论。

神。这个千里马精神盛宴的辉煌场面不但是本诗的高潮①,也是数千年来千里马文化运动发展的高潮！之后北宋的苏东坡、黄山谷、李龙眠等艺术家都继续了这个千里马文化运动。

这里不妨再逸出一笔,谈谈马尤其是千里马符号在中国的象征意义。什么是千里马符号？千里马符号所指的就是中华民族自古以来所崇尚的“天行健,君子以自强不息”的勤奋努力、积极进取精神;就是象征“刚健中正”②充满生命力的龙马精神③;就是“天马行空,独来独往”的独立自由精神;就是马不停蹄、快马加鞭的自我超越精神;就是“老骥伏枥,志在千里”,生命不息,壮心不已的完全奉献精神;就是一马当先、不畏艰险、赴汤蹈火、勇往直前的勇敢精神……这些表现价值理性的千里马符号,与世俗权贵执政者出于工具理性计算、以功利目的为对象的千里马有本质的差异。

人类正是在价值理性的千里马符号意义的鼓舞鞭策下,才不断地提高车动力系统的“马力”,更新各种运载器的速度。从马车直到今天的汽车、火车、航空航天飞行器都是这个千里马符号在不同阶段的实现。从这个意义上说,千里马符号也反映了人类征服时空、追求更快速度的共同意志。

帝王的千里马有各种各样的名牌。古籍记载周穆王曾乘“八骏”所驾之车出访西方各国,还会见了西王母,乐不思归,但因为发生了徐偃王叛乱的事变,便由驾车神御造父驾着“八骏”之车,风驰电掣,从国外一日千里赶回国内平息叛乱。这“八骏”之名传说不一,有“骅骝”“骐骥”“騄耳”“翻羽”“奔霄”“越影”“超光”“绝地”等。秦始皇也有“追风”“蹑影”“追电”“飞翮”等宝马驾车载着他巡游天下。汉文帝从北方的代国回京当皇帝,带来九匹“天下骏”,有“浮云”“赤电”“超群”“绝尘”“逸群”“逸骠”等名。唐太宗李世民生前骑过的战马,分别名为“拳毛騧”“什伐赤”“白蹄乌”“特勒骠”“青骓”“飒露紫”。它们为唐朝开国立下了名副其实的“汗马功劳”。为表彰和纪念它们,李世民令画家阎立本和工艺家阎立德兄弟俩用高浮雕手法描绘这六匹战马,置于陵前,就是举世闻名的“昭陵六骏”。真是生前名扬天下,死后备享哀荣,与功臣名将画图入“凌烟阁”可以媲美。

---

① 陈祥耀著:《五大诗人评述》,福建人民出版社,1982 年。

② 见《易经》“乾卦”“说卦”。

③ 《周礼·夏官司马》“廋人”条:“马八尺以上为龙,七尺以上为騋,六尺以上为马。”

中国古人历来对马特别是名马有优礼善后的传统。孔子说:“吾闻之也,敝帷不弃,为埋马也。”这是指一般普通的马。《礼记·檀弓下》也说:“路马死,埋之以帷。”陈澔《礼记注》说:“君之乘马死以帷埋之,不用敝帷也。”替国君拉车服役的马死了要用新帷布覆盖上,就像国家要人去世了要覆盖党旗国旗一样,以示对马善始善终的尊重。《左传·昭公二十九年》:“卫侯来献其乘马,曰启服,堑而死。公将为之椟。子家子曰:‘从者病矣,请以食之。’乃以帷裹之。”鲁昭公甚至想为死马做“马棺”。战国时期,楚庄王的一匹爱马死了,决定要以大夫之礼来葬马,并要群臣来吊丧[①]。虽然这个高规格的葬礼最终被优孟以讽谏的办法取消了,但还是说明了贵族对爱马的特别感情和重视程度,足见中国马文化丰富多样的层次和深远的传统。

第三节　中国古代的马政

中国古代对马的高度重视不仅表现在生前之名、死后之礼,更重要的是落实在体制内的马政上。在先秦和秦汉后的一段时期,中央政府有一个实权很高的职位叫大司马,其职责主要分管军事,但实际上比后代的兵部要大得多,相当于今天政治局常委的级别。古代军事与战马有重大关系,所以这个职位的命名干脆就指涉向马,可见马的重要战略意义。大司马的副职是小司马。在军队中则有兼掌车卒的军司马。此外还有行司马、都司马和半官方性质的家司马等。《左传·定公十年》:“公南为马正。”“马正”即专司马政的高级官员。鲁国有马正,各诸侯国也应该有。

从全国马政系统来看,有从事促进马业生产繁荣发展的“牧人”,行政上属“地官司徒”分管。据《周礼·地官司徒》载,国家有专门分配给农牧民的牧田牧地。在《周礼·夏官司马》中也有与之相应负责掌管放牧马匹的“牧师”,还有参与统计和征收战马的“稍人”和“县师”也属“地官司徒”[②]。前面提及的专门针对马匹的等级鉴定、质量评价以及负责公证的“马质”属于“夏官司马”系统。而工作性质和范围与“马质”有交叉的“质人”则属于“地官司徒”系统。如

---

① 见《史记·滑稽列传》。

② 见《周礼·地官司徒》。

此看来，这两个系统的各条战线都有关于马政的职务与人员，虽然其中许多是兼职，但其涉及面之广也说明了马在公共事务中的重要性和政府对马政的重视。

《周礼·夏官司马》从“校人”以下到“圉人”以上集中记载了体制内专司马政管理的职位和详细明确的人员分工。“校人”是一个直属皇家养马机构的负责人。在“校人”下面，设有“趣马”“圉师”“圉人”。其管理层与具体办事人员均有详细的分工。如掌握马匹生活规律的“趣马”负责统筹安排良马的正确起居饮食及其在生长发育阶段所采取的“执驹攻特”[①]措施等；其下有分管范围更小的“圉师”和受役于圉师的“圉人”。“圉师掌教圉人养马，春除蓐，衅厩，始牧，夏庌马……”[②]“圉师”的职责是负责指导“圉人”精心照料马的生活环境：春天马在厩时，用草垫铺地，以避湿气，放牧于外时则除去旧蓐，入厩时则换上新蓐；夏天则让马移就凉棚。“圉人”的任务就是按“圉师”指导的去执行上面那些事务。此外还有“牧师”“廋人”以及专门治理马匹疾病的“巫马”等，其职务都有明确的规定：“牧师掌牧地，皆有厉禁而颁之。孟春焚牧，中春通淫，掌其政令。凡田事，赞焚莱。”牧师负责管理牧地，严禁无关人员和野兽擅入。初春要焚烧牧地的陈草，使新草得以生长。到了动物春情发动期，就要让公马母马交配，以增加马匹的繁殖。而“廋人”这时却必须负责“执驹”，即把未发育成熟、血气未定的两岁马驹看管、拘押好，不让它们到处乱发情以免伤损马的身体元气。

“廋人”还负有“教駣”“散马耳”等多项责任。三岁的马谓之駣，其时已成年，可以教习它驾车以备用，“廋人”就要开始“教駣”了。“散马耳”，郑众“谓聒马耳，毋令善惊也”。散，扰乱也，意为常以各种声音扰乱马耳，使之久习则闻声不惊。郑玄认为是“以竹刮押其耳”，也是为了训练它“不复惊”。庄子讲了一个似诞还真的“爱马者”故事：“夫爱马者，以筐盛矢（屎），以蜃盛溺。适有蚊虻仆缘，而拊之不时，则缺衔毁首碎胸，意有所至而爱有所亡，可不慎邪！”[③]这个“爱马者”故事的真实性从上面“圉师掌教圉人养马”的细心可以推出，只不过稍微出常了点。后半部分的悲剧肯定是来源于养马的经验教训，正印证了“散马耳”之类的驯马必须使之“久习”而“不复惊”的必要性。

古车有两个活性元素，一是拉车的马，另一是驾车的人。本来后者也是马

① “执驹”见后。“攻特”谓割去雄马之生殖器。

② 见《周礼·夏官司马》。庌，庑也，犹今之长廊。

③ 见《庄子·人间世》。

车的结构元素之一，但人是“万物之灵”，不能归入物质结构中。人想要按照自己的意志来驯服马的本性以让它屈服于人的意志，就像“轮人”鞣轮一样。但这不容易马上做到，因为马是有灵性的动物，有自己的本性和意志。即使是已经驯服了的马，在受到外界突发事件异常刺激的情况下，如上文的“拊之不时”，依然能激起本能反应而造成“缺衔毁首碎胸”的悲惨事故。更何况有些马的本真意志非常顽强，随时都可能“闉扼鸷曼诡衔窃辔”[①]，摆脱衡轭冲决一切牢笼羁绊。因此驾车的马必须经过严格的专门训练。驯马尤其是训练驾车的马是一项高难度的专业技术。在古代“高校”所设的六门课程即“六艺”中就有“御”这一门。《周礼・地官司徒》所载专司“高干子弟”教育的“保氏”所教的“六艺”之道，其第四曰“五驭”(驭即御)。“五驭”的内容据郑众说是：“鸣和鸾，逐水曲，过君表，舞交衢，逐禽左。”其中最重要的是“逐水曲”和“舞交衢”。“逐水曲”是关于行车转弯技术；“舞交衢”据贾公彦疏是驯马驾车于十字交叉路口时“骖服合作无间，车身运转自如，若应舞节也”。《庄子・达生》说：“东野稷以御见庄公，进退中绳，左右旋中规。庄公以为文弗过也，使之钩百而反。”进退直如绳，转弯圆如规，这两样基本功不及格就容易造成车祸危险。驾驭马车的技术关键就在学习如何调教训练马匹，但同时也是培训驾驶员。《左传・成公十八年》：“程郑为乘马御……使训群驺知礼。”驺是主驾车马的官吏。

马在人类文明的发展历史中作出了很大的贡献，但也承受了极大的痛苦。《庄子・马蹄》借伯乐之口道出了人类在驯服马的过程中所使用的残酷手段：“我善治马。烧之，剔之，刻之，雒之，连之以羁馽，编之以皁栈……前有橛饰之患，而后有鞭策之威……”庄子的这段话是文明自身发展出的“反文化”自忏和罪感意识。

好在人类文明发展到今天的汽车、火车时代已基本上解放了人类强加在马身上的枷锁，这个物种的后代现在可以按照它们自己的天性无拘无束地驰骋在蓝天白云下的草原上，自由自在地生活……我们应该怀着感恩的心情祝福这个为人类文明作出过重大牺牲的物种。

---

① 见《庄子・马蹄》。

第三章　车　道

车到山前必有路。其实车到哪里都必须有路。不能开动的车实质上不能算是车，而要开动就必须上路。因此，无论从结构还是功能上说，路都是概念和现实的车的必然组成部分。鲁迅曾经说过，“地上本没有路，走的人多了，也便成了路”。这话长期被当作至理名言，但是用在车道上则有些不对了。车道可不是人行小路，可以“走”出来的。它要求一定的宽度、长度、坡度、弯度，不可能单凭人走路自然形成，而且还需要大量的人力物力的投入和管理，绝非个人所能办到。特别是像中国这样幅员辽阔、地理条件复杂的国度，车道的建设、维修和管理从来都是国家政府的公共事务。

第一节　古代路政

中国古代自商周以来就形成了一套路政管理机制。传说夏代已设有“车正”一职专管车旅交通事务，《夏令》载：“九月除道，十月成梁。”[①]但至今尚无出土夏代的车马文物。商代出土的马车文物已具相当规模，但关于车道和路政情况的文献信息也极其缺乏，仅知道商代有一种极严厉的“弃灰法”：如果有人将

① 见《国语·周语中》。

"灰"即垃圾扔在道路上，将被斩断手指[①]。这一方面可以看出中国古代刑律的严酷性，另一方面也可以看出商代对保持道路整洁要求的严格性了。这条法令也被秦国继承了下来[②]。这堪称是世界上最古老的环境保护法和道路交通法了。

周代的行政系统中设有"野庐氏"一职，负责国野大道的修治和巡查、护卫等具体工作。"野庐氏"还负责维持交通秩序，在交通混乱的情况下进行有序疏导，让有"节"的车辆优先通行[③]。这种专用于道路的通行证叫"旌节"，规定在有效期限内使用并在返回时交还有司。没有这个"旌节"是很难到达目的地的[④]。著名的文物"鄂君启节"就是这方面的最权威物证。据郑注"小行人"云："有节乃得行，防奸私。"持节出行是为了公共安全，所以归"秋官司寇"管理；就像今天的交警属于公安部门一样，"秋官司寇"辖下的"脩闾氏"有点像交警："禁径逾者，与以兵革趋行者，与驰骋于国中者……"禁止横穿马路、携带武器赶路和在城中飙车。但"唯执节者不几"，对持有"节"者，不加盘查禁止，而任其通行。而《夏官司马》的"司险"则在"国有故"即发生自然灾变或人为事变的紧急情况下，"藩塞阻路而止行者，以其属守之，唯有节者达之"。看来"节"的用途无处不在，时时需要靠它"打通关节"。但是从另一面说明周代（先秦时代）的路政管理可以说是相当严格。

周代还有"列树以表道"的"绿化道路"政策以及"雨毕而除道，水涸而成梁""立鄙食以守路"等路政[⑤]。周王朝很重视道路建设和路政管理，甚至将道路建设提高到与国家兴衰存亡相联系的地步。周定王时单襄公出使宋、楚等国，途经陈国，看到陈国"道茀不可行""司空不视涂""道无列树"等道路荒废破败景象，回朝后报告周定王说，陈国"道路若塞"是"废先王之教""弃先王之法制"，因而怀疑"其能久乎"，并预言陈国"侯不有大咎，国必亡"[⑥]。后果然如此。可见道路果真关乎治国之道。同时从单襄公的报告中，也可以反映出周王朝确实存在一套完善的路政管理系统。

---

① 见《韩非子·内储说上》。

② 见《史记·李斯列传》。

③ 参见《周礼·秋官司寇》"野庐氏"条。

④ 参见《周礼·地官司徒》"掌节"及《周礼·秋官司寇》"小行人"条。

⑤ 见《国语·周语中》。

⑥ 见《国语·周语中》。

由于周王朝治道有“道”，路政管理很有成绩，人们在提到“周道”“周行”时都很是赞美。《诗经》中就有这样的诗句：“周道如砥，其直如矢。”[①]说周的道路修得像磨刀石那么平光，像箭一样的直。还将“周行”比作人生应走的大道：“人之好我，示我周行。”[②]《左传・襄公五年》中的一首逸诗也说：“周道挺挺，我心扃扃。”杜预注曰：“挺挺，正直也；扃扃，明察也。”可见周的道路状况确实很好，而人心也很阳光明亮。亦可见“世道人心”真有关系。

第二节　秦汉古道

中国古代的“径、畛、涂、道、路”，皆道路之名，惟大小不同。郑玄说：“径容牛马，畛容大车，涂容乘车一轨，道容二轨，路容三轨。”[③]中国古代车道在周代尤其是春秋战国时期就有了相当程度的发展和繁荣，但其高峰是在秦汉时期。随着大一统时代的到来，车道也四通八达地延伸向四面八方。秦统一六国后，在各国车道的基础上更加拓广完善，形成了东西南北纵横交错覆盖全国的道路网：以咸阳为中心从关中出发，东出函谷关，经洛阳径抵山东，为横贯东西的政治经济军事大动脉，这是在春秋战国时期就很发达的基础上连续发展起来的东西大轴线；由此向南北方向辐射出多条干线，其中向北直抵塞外九原、过黄河经晋阳以通云中的两条干线主要是军事要道，往南方的干线从咸阳经南阳以达江陵，再通湖南、广东等地，通四川的著名的“金牛道”早已开辟于战国时的秦国。汉代继“金牛道”以通西南夷与南越而扩展之，又筑褒斜道、子午道、回中道等以网络其间。东汉又筑飞狐道，接自洛阳至河北的干线向西延伸至山西。在这些干线上的各个站点，又分布出数不清的如毛细血管般的地方性车道，将全国各地的城乡连成一个有机体。值得一提的是，蜚声中外的国际通道——“丝绸之路”，也是在先秦时期开通、秦汉时期发达的。它也是从咸阳即汉代的长安出发，过河西走廊，通西域，经天山南北两路越流沙与雪域远至里海沿岸以达西亚而转欧洲。而东方则有“东穷齐燕，南极吴楚”的“驰道”贯通南北，也是以咸阳

---

① 见《诗经・小雅・大东》。

② 见《诗经・小雅・鹿鸣》。

③ 见郑玄注《周礼・地官司徒》“遂人”条。

为出发点，直达东、南诸地[①]。

被史学家津津乐道的所谓“驰道”是秦始皇二十七年（公元前220年）开始修筑的。它按照某些类似于今天高速公路的标准，如采取最近的直线距离，最大限度地减少弯曲路线等要求而建造，故又有人称之为“直道”。虽然驰道早已荡然无存，但据《汉书·贾山传》，“秦为驰道于天下，东穷燕齐，南极吴楚，江湖之上，濒海之观毕至。道广五十步，三丈而树，厚筑其外，隐以金椎，树以青松。为驰道之丽至于此，使其后世曾不得邪径而托足焉”。如果这些记载是事实的话，那么这驰道的质量与规模都堪与古罗马的道路相比拟了。但可惜的是，这条当时的“高速公路”却是专供秦始皇巡游天下使用的。推翻秦朝的汉代最高统治者也保留了对这条专线的继承权，并且用法律的形式明确下来，规定驰道为皇帝专用的“御道”，就连太子、公主都不得行车其中，如若犯禁，要没收车马。《汉书·江充传》：“充出，逢馆陶长公主行驰道中。充呵问之，公主曰：‘有太后诏。’充曰：‘独公主得行，车骑皆不得。’尽劾没入官。”颜注引如淳曰：“令乙，骑乘车马行驰道中，已论者，没入车马被具。”就是有太后诏书也照样罚没。同书又载“太子家使乘车马行驰道中，充以属吏”。这一次是连人带车一起被送官，太子来求情也没用。甚至连太子为了就近进宫面驾而穿越过去也不行[②]，更何谈百姓了，百姓误上驰道要受罚。“乘骑车马行驰道中，吏举苛而不止，以为盗马，而罪亦死。”[③]而大夫桑弘羊等却曰“今驰道不小也，而民公犯之，以其罚罪之轻也”[④]。大夫们认为百姓所以会犯这条禁令是因为罚得太轻；而“文学”（儒生）则曰“今驰道经营陵陆，纡周天下，是以万里为民阱也”[⑤]，认为驰道环绕天下，不啻是给百姓设下了几万里的陷阱。驰道的建筑工程所耗的人力物力不亚于万里长城，这样浩大的费用建成的公路，竟然不归公众所有而只供皇帝一人私用，这种奇迹也只有中国古人才能创造得出来！难怪黑格尔会说（古代的）中国只有一个人有自由，其余的人都没有自由，而所有的人都不懂得自由。

这条禁令实行了两百多年，直至公元元年西汉快要覆灭时才废除，但它存

---

① 傅筑夫著：《中国封建社会经济史》，人民出版社，1982年。

② 见《汉书·成帝纪》。

③ 见《盐铁论·刑德》。

④ 见《盐铁论·刑德》。

⑤ 见《盐铁论·刑德》。

在的基础和对中国路文化产生的长期影响却不容易清除。封建时期帝、王、公、侯、伯、子、男出行都要“清跸”。《周礼·秋官司寇》有“条狼氏”在帝、王、公、侯、伯、子、男出入时执鞭在前以驱赶行人并宣读誓词，有犯命者或鞭打三百下，或受墨刑，或杀头，或受轘刑即以车分裂其肢体。后代的官员也效仿着以“鸣锣开道”上下班，这虽然比不上秦汉皇帝的永久性“霸道”，但在一定的时间内该道路也成了某人的私人专线了，大众等一律要躲闪一旁，为他让路。车可以是私人的，但路却绝对、必然是公共的，哪怕是自己家门前的路也是如此。这是普天之下自明的公理，但私欲和愚蠢却让人看不见“公道”。

第三节　驿路兴衰

从周代开始，中国一直沿袭着一种驿站制度，就是在车道上每隔十里设置庐，三十里置遽（遽也是传车），五十里置馆。庐、遽、馆等又称为路室，或称邮、传、亭等等，后代则常泛称驿。《周礼·地官司徒》所说的“凡国野之道，十里有庐，庐有饮食；三十里有宿，宿有路室，路室有委；五十里有市，市有候馆，候馆有积。凡委积之事，巡而比之，以时颁之”，就是这种制度。驿站里储存有食物、柴草、马匹、车辆等物资，以提供行车方便，称作“委积”①。这些“委积”是由“遗人”负责落实的。这些驿站处备用的车马，是供兼程赶路的人换乘的。大约从春秋时期起，这些驿站就采用一种“接力”的办法来传送人员物资与信息，如田径比赛中的接力赛一样，一站一站地将“接力棒”往下传递，以保持高速度，保证在规定的时限内运达目的地。《左传·昭公元年》秦公子针流亡晋国用的就是这种办法：“十里舍车，自雍及绛。归取酬币，终事八反。”这些驿站点是集邮政通信、客旅住宿、政令军情传达、路政管理于一体的车站、兵站、客栈和养路班，可能还兼设囤积粮草的仓库②。从周初到清末维持了近3000年。

---

① 郑注云：少曰委，多曰积。

② 《睡虎地秦墓竹简·秦律十八种》“仓律”各条有“刍藁各一万石一积，咸阳两万石一积”“入禾仓，万石一积”“驾传马，一食禾，其顾来有（又）一食禾，皆八马共。其数驾，毋过日一食”。疑此“委积”之仓亦附于或建于驿站附近，以便于取用与转输。又《宋史·食货志》有“仓驿场务工使库之类”。

驿站在汉唐时期尤其是唐代规模相当庞大豪华①。我们从《刘禹锡集》卷第八“管城新驿记”一文所描述的一段文字里，可以看出其精装修劲头不亚于如今的“房奴”：“门衔‘周道’，墙阴竹桑，境胜于外也。远购名材，旁延世工，既涂宣皙，瓴甓刚滑，求精于内也。”李肇《唐国史补》“江南有一吏”条记江南一刺史参观某驿站的内部情形：“初见一室，署云‘酒库’，诸酝毕熟……又一室，署云‘茶库’，诸茗毕贮……又一室，署云‘葅库’，诸葅毕备。”②这简直就是酒家饭店了！读孙樵的《书褒城驿壁》、杜甫的《秦州杂诗》，我们知道唐代的驿站有沼、有鱼、有舟、有池、有林、有竹，宛如名园胜地。至于亭台楼阁更是一般的驿站都必不可少的了。安史之乱后，这些驿站除了驿卒，几乎全是由官方财政拨款支持，一切开支都由政府买单，主管人员也是官吏。而古代政府既不收养路费，也并未发明在路上设卡收买路钱之举，所以驿站这项路政经费开支是一笔很大的财政负担，因而到后来朝廷便常常支持不了，影响了道路的建设维修。本来是为了养路护路而设的驿站，反而成了吃路损路的蠹虫。到了封建社会末期，中国的道路建设也就每况愈下了。明末清初的顾炎武说：“宋以下所置，时弥近者，制弥陋。”③这包括驿站、道路等一切设施建设。而朝廷对驿站的负担也越发不堪承受，想方设法甩掉这个包袱。明代末年，朝廷下令将驿站人员裁汰大半，裁员名单上有一个名叫李自成的人。李自成“下岗”以后，崇祯朝廷君臣也跟着全部“下岗”了。天下大乱，官道更加荒废了，以至顾炎武说“今之驿舍殆于隶人之垣矣”④。清朝更是每况愈下。所谓“天下有道”的“康乾盛世”，中国的道路是怎样的“有道”情形，《独秀文存·答常乃惠》引吴稚晖先生的一段话可以一窥：“成周三代曾隆，汉唐之治曾盛，所谓满清康熙乾隆朝曾极治者，而其所留遗人间之幸福，即以洛阳、长安、北京之街道而言，‘天晴一香炉，下雨一酱缸’而已。使吾民拖泥带水，臭秽郁蒸之气，数千年祖祖宗宗鼻管亲尝而已。”到了清末，就连想尽办法力挺清腐朽王朝的张之洞也不讳言：“中国道路之政久已不讲，山行则荦确，泽行则泥淖，城市芜杂，乡僻阻绝，以故人惮于出乡，物艰于致远。”⑤马致远的《天净沙》所描绘的“古道西风瘦马，夕阳西下，断肠人在天涯”那种穷途末路感，正可以移作为“官道”荒凉的写照了。

---

① 严耕望撰：《唐代交通图考》，上海古籍出版社，2007 年。余英时著：《汉代贸易与扩张》，上海古籍出版社，2005 年。

② 刘广生主编：《中国古代邮驿史》，人民邮电出版社，1986 年。

③ 见《日知录》卷十二。

④ 见《日知录》卷十二。

⑤ 见《劝学篇·外篇》。

中国古代车文化的制度

第四章　体制化的车礼

众所周知，古代中国是等级分明的礼制社会。礼是贵族社会的产物，它的核心就是严格的等级制度，也包括有关的风俗习惯、行政律令以及伦理道德规范等。在这种社会中，礼文化渗透于各个领域，贯彻到衣食住行等日常生活物质文化之中。作为"行"的主要部分，车这种战略性物资自然体现了礼制的种种特点，成为表达礼制的载体和象征工具。因而车文化也就具有了礼文化的种种性质，这是中国古代车文化的重要特色。

车文化的制度即车礼，大体上可分为体制内与体制外两个部分。体制内的车礼在统治阶级（包括皇帝在内的皇室、贵族和庞大的官僚行政队伍）内部实行，一般具有法规的效力，带有一定的强制性。当然这些车礼也不一定以十分明确的成文法规（特别是春秋早期和之前）形式出现，而大部分是根据习惯法来实践。按照习惯或成文法规要求使用车或符合法规标准拥有车称为"法驾"。体制化车礼的这些标准和要求体现在以下诸多方面。

第一节　物饰与贵贱

从车的构件、饰物的有无以表现贵贱之别。如车盖表尊：华贵的马车在舆上立有盖，形如巨伞，可装可卸，用以遮雨蔽日并表尊严；盖柄有曲、直两种，上装盖弓，其上再蒙覆缯帛之类的盖帷；车盖唯大夫以上级别及其贵夫人者可用，非贵人不可用盖;戎车即军车则一律无盖。故后世以“冠盖”为卿大夫等达官贵人的代称。曲柄之盖,又更为尊贵。又如繁缨,即束马腹的五色大带,为天子、诸侯之车马专用之物,卿大夫以下除特赐,不许用。《左传・成公二年》记载有这么一件事:卫国与齐国发生遭遇战,卫国兵败,主帅孙桓子危殆,守新筑的大夫于奚救了孙桓子。战事结束以后,卫国君臣为了报答于奚,便赏赐他邑。但于奚却辞掉本应属于大夫这一级别所享有的邑,而恃功邀分外之赏——请“曲县(悬)、繁缨以朝”。“曲县”即“轩县”,是诸侯一级所用之乐器。繁缨也叫樊缨,是一种五彩的毛织品大带,绑在马肚子上(一说覆于马颈上,为加軶之用),是天子及诸侯的辂车才可以安装的马饰。而于奚竟敢提出这个要求,卫国朝廷也竟然允许了。孔子听到这事后,很遗憾地说:“惜也!不如多与之邑。唯器与名,不可以假人,君之所司也。名以出信,信以守器,器以藏礼,礼以行义,义以生利,利以平民,政之大节也。若以假人,与人政也。政亡,则国家从之,弗可止也已。”

孔子的意思是宁可多赏赐给于奚一些土地城镇,也不可以将繁缨这类有关爵位礼制的车服“名器”赐[①]给他。因为这类的“名器”象征着国君所掌握的权力。有了稳定不乱的各种级别的名分名位,才可以产生有序社会的资本“信”,包括维系人与人之间的信任、对国家社会的信心、政权的公信力以及统治阶级的威信等等(所以孔子首重“正名”);而“信”就可以、也必须保持“器”(车服之类)的所有权和使用权的不变性;因为这些“器”里包含着“礼”,而“礼”是为了实现“义”:包括组成国家的最高原则的“正义”、法律意义上的“权利”与“义务”概念的内涵和道德意义上的“应该”以及行为的适宜性、正当性等社会的普遍原则或准则。有了这样的“义”,就可以和谐地与人共处,从而和气生财、双赢互利,达到消除贫富差距以平定民心、稳定社会的目的,这是政治的关键。如果把车服这样象征着权力的“名器”随便送给他人,那就无异于把政权转让给他人,政权没了,国也跟着要灭亡。孔子将这事上纲上线,提高到政治、社会和国家兴亡的高度来看待。而孔颖达的注疏也说:“器,车服。名,爵号。礼明尊卑之别,车服以表尊卑。车服之器,其中所以藏礼,言礼藏于车服之中也。”可见繁缨这个轻微的车马饰物之“器”里居然藏着这么重要的礼制,承载着多么沉重的文化信息,真所谓“国之重器”了。因此,这繁缨就不是什么人、什么车都可以想安装就安装的。

---

① 这里甚至不能用“赐”,而只能用“假”即“借”字,表示暂时给他使用,可见“名”的重要性。

第二节　纹彩与尊卑

以车的颜色及花纹表达尊卑之等。天子及王室成员所乘之车为五色、黄色或绿色（皇孙之车）。诸侯所乘“夏篆”，其车有五彩加雕刻的花纹。卿所乘之“夏缦”，车仅绘五彩而不雕刻。“墨车”是大夫所乘之车，既无雕刻纹路也无五彩之色涂绘，只漆黑而已。而士所乘的“栈车”则更简单了，没有皮革包缠，只是简单油漆的竹木做车棚的车而已。至于普通平民所用的“役车”，可人货混装，类似于今日农村的拖拉机或“小四轮”之类，连油漆也不用，更无彩绘与雕刻了。可以很明显地看出，这个序列是“每况愈下”，等而差之的。《后汉书·舆服志》载：“景帝中元五年……三百石以上皂布盖，千石以上皂缯复盖，二百石以下白布盖……”汉代官员的级别是按实物工资即谷子多少石（担）来定的，石数越多表示级别越高。像二百石这样低级官吏的车盖只能用无色的白布来做；三百石级别官吏的车可以使用黑色的车盖；而千石以上官员的车盖则不但是黑色的，而且是使用丝织品来做的，并且是双层的。朝廷明确规定官位级别尊卑以车盖颜色来区别。以颜色来别尊卑不限于车马，也广泛推行于其他领域特别是服装上。“车服制度”并称成为古代中国礼制的重要组成内容和维持封建社会超稳定性运转的重要机制，颜色所起的象征作用，具有不容忽视的巨大功能。

我们来看历朝有关简况。《后汉书·舆服志》说得较分明，皇帝所乘的车如“金根”“立车”和“安车”（也叫“五时车”）都是“轮皆硃班重牙”，“各如方色，马亦如之。白马者，硃其髦尾为硃鬣云”。皇太子、皇子所乘的“安车”也皆“硃班轮，青盖”。皇子是王，“王青盖车”。“皇孙则绿车以从”。公、列侯的“安车”虽然“硃班轮”，但“黑轓”。“中二千石、二千石”的官员“皆皂盖，硃两轓”。其千石、六百石者则只有“硃左轓”。至于“大使车”“小使车”“近小使车”，这些“驺骑追捕考案”[①]的：“诸使车皆硃班轮，四辐，赤衡轭”。而“近小使车”则特地标明“兰舆赤毂，白盖赤帷”。从皇帝王公到各个等级官员乘的车都有不同的颜色标志。

《晋书·舆服志》则说“安车”有青立车、青安车、赤立车、赤安车、黄立车、

---

① 相当于今天的公安、纪检办案人员。

黄安车、白立车、白安车、黑立车、黑安车，合十乘，名为“五时车”。专讲皇帝皇室等“安车”的不同颜色。

《隋书·礼仪志》载北周“置司辂之职，以掌公车之政，辨其名品，与其物色”。在皇帝五辂上另加“碧辂”之外，又增加了六辂：一曰苍辂，二曰青辂，三曰硃辂，四曰黄辂，五曰白辂，六曰玄辂。此是北周车制，专以颜色名“六辂”。

隋开皇元年，制五辂：“玉辂，青质；金辂，赤质；象辂，黄质；革辂，白质；木辂，漆之。五辂之盖，旌旗之质，及鞶缨，皆从辂之色。盖之里俱用黄。……皇后、皇太后重翟，青质……皇太子金辂，赤质……公及一品象辂，黄质……侯伯及二品三品革辂，白质……子男及四品木辂，黑质。”规定了五辂和皇室成员及公、侯、伯、子、男车子的颜色。

唐与隋朝差不多，五辂颜色唯明确写出木辂，黑质，漆之，耕根车，青质外，余与隋朝同。《宋史·舆服志》记载则不同：“象辂色以浅黄，革辂色以黄，木辂色以黑……”北宋前期车制，亲王、群臣车辂之制与唐制有同异：“一曰象辂，亲王及一品乘之；二曰革辂，二品、三品乘之；三曰木辂，四品乘之；四曰轺车，五品乘之。”而“县令乘轺车，黑质”。宋代车制屡经修改，相较而言，有点江山“变色”的样子。

第三节　空间与爵位

以车的空间方位定爵位。空间本是四向同质均匀无差别的，但在中国古代文化中，东、西、南、北、中各有不同的象征意义，如配以五行、五色等，在古代礼制中则更有尊卑贵贱主客等具体的意指，如君王南面、臣子北向；宾客西阶上，东向立；主人阼(东)阶上，西向立；等等。反映到车文化上来，便是以车为坐标的“立朝之位”。这个陌生名称是我从《周礼·秋官司寇》“大行人”中自撰发明出来的：“上公之礼，执桓圭九寸，缫藉九寸，冕服九章，建常九斿，樊缨九就，贰车九乘，介九人，礼九牢。其朝位，宾主之间九十步，立当车轵……诸侯之礼，执信圭七寸，缫藉七寸，冕服七章，建常七斿，樊缨七就，贰车七乘，介七人，礼七牢。朝位，宾主之间七十步，立当前疾[①]……诸伯执躬圭，其他皆如诸侯之礼。

① 惠士奇曰：疾，当作侯。按，侯，谓帆前之轼曲中下垂者。

诸子执谷璧五寸，缫藉五寸，冕服五章，建常五斿，樊缨五就，贰车五乘，介五人，礼五牢。朝位，宾主之间五十步，立当车衡……诸男执蒲璧，其他皆如诸子之礼。凡大国之孤，执皮帛以继小国之君……朝位当车前……”公、侯、伯、子、男朝觐天子时，车马停在王宫大门前，上公下车立在车子东边的轴末，离王九十步；侯、伯立在车辕前面；子、男站立的位置在车衡的东边。大国之孤朝位在车前。据郑玄注，王站立在车轸前接受朝觐礼。

车文化在社会生活多个领域中都成了礼文化的载体或象征物，但有一些则是今天人们意想不到的。比如在宾主之礼中，它不仅仅是起像今天的车子这样一个运输代步的工具作用，而是直接参与了礼制的建构，成为礼文化的一个必要组成部分：“主君郊劳，交摈，三辞，车逆，拜辱，三揖，三辞，拜受，车送，三还，再拜。致馆亦如之。致飧如致积之礼，及将币，交摈三辞，车逆拜辱，宾车进，答拜，三揖，三让……宾亦如之，及出，车送，三请，三进，再拜，宾三还三辞……”[①]迎送礼规定了什么地点、什么时间必须用车成礼。这仅仅是外交礼仪中规定的必要细节，至于像《周礼·秋官司寇》“大行人”中以车为坐标的“立朝之位”，就完全是非车不成礼的构建物，车在这里一度驶进了礼场的中心。

第四节　数量与级别

从数量上对车马的使用和拥有作等差规定，以示等级差别，是车礼的重要而明确的特点。《宋书·礼志》：“天子所御驾六，其余副车皆驾四。案《书》称朽索御六马。逸礼《王度记》曰：‘天子驾六，诸侯驾五，卿驾四，大夫三，士二，庶人一。’”《韩非子·外储说左下》：“晋国之法，上大夫二舆二乘，中大夫二舆一乘，下大夫专乘。此明等级也。”这个句子里的“舆”指车，“乘”，音“剩”，是四匹马拉车。上大夫两部车都各配四匹马（共八匹马），中大夫两部车只配四匹马，下大夫只有一部四匹马拉的车。韩非子特地强调说，这是“明等级也”，这样细致地规定车的数量，目的是为了表明、彰显贵族内部的等级差别。车队的数量也有明确的等差规定。相应于主车的级别，从车[②]的数量也有不同。《礼记·少

---

① 见《周礼·秋官司寇》。

② 副车、属车、贰车皆从车。

仪》记载:“贰车者,诸侯七乘,上大夫五乘,下大夫三乘。”《后汉书·舆服志》则曰:“古者诸侯贰车九乘,秦灭九国,兼其车服,故大驾属车八十一乘。”这些礼制规定还体现在一些严肃的礼仪场合如葬礼祭祀等。《礼记·檀弓下》载:“君之嫡长殇,车三乘。公之庶长殇,车一乘。大夫之嫡长殇,车一乘。”“国君七个,遣车七乘,大夫五个,遣车五乘。”国君的嫡子在16至19岁死了,其出殡时装载陪葬牺牲的车子用三辆;如果是公一级的嫡子死了,就只能用一辆;同样情况下,大夫的嫡子死了,其车也只能用一辆。国君死了,要陪葬七包(包即个)的牲体,用七辆车来装运;大夫五包,用五辆车。礼数之等差自古以来一般都是差以二,唯唐有差以一者。《旧唐书·舆服志》载:“一品九旒,二品八旒,三品七旒,四品六旒,其鞶缨如之。”礼有以多为贵,也有以少为贵者。但在车问题上似乎都是以多为贵的。

车的数量与级别关系,实际上是一个度的问题。其实到了战国时期早已“礼崩乐坏”,从车的规定早已被践踏在地,被隆隆地从车队伍碾压得一塌糊涂,从车大大地超过了规定的数量。《韩诗外传》曰:“田子方之魏,魏太子从车百乘迎于郊。”《吕氏春秋·审应览》曰:“今公行,(从车)多者数百乘,步者数百人;少者数十乘,步者数十人。”甚至连最维护礼教的儒家人物也参加到破坏这条礼制的车队中。孔门弟子子路说:“亲殁之后,南游于楚,从车百乘。”[①]儒家的第二号人物孟子出国访问交流,也是“后车数十乘”。[②] 这一礼制规定看来在日常现实中只是一纸空文了,因为它成了阻碍车文化发展的一块绊脚石。同时也可以看出礼制最容易也更多地是在数量规定方面被突破,因为它仅仅是一种调控性规则。

第五节　过犹不及与不及犹过

对这些礼制规定,人们有时会遵守,有时会逾越超过,有时还会出现低于规定的情况,但少了也是不符合规定,也会招致批评的。譬如晏子身居相位,属卿大夫一级,他的父母死了,按礼制规定可以使用“遣车五乘”的风光排场来送葬,

① 见《说苑·建本》。

② 见《孟子·滕文公下》。

但他只“遣车一乘，及墓而反”，这就受到孔子的弟子有若的指责，说他“焉知礼”，虽然曾子为他辩解说是在提倡节俭，但从儒家宗师孔子所提倡的“死，葬之以礼”的原则来看，晏子的做法仍然有违于礼制。《韩非子·外储说左下》曰：“孙叔敖相楚，栈车牝马，粝饼菜羹……面有饥色，则良大夫也，其俭偪下。”栈车是士乘的车，孙是卿相，应乘更高级的轩车或“夏缦”，而孙叔敖却降尊纡贵乘士一级的栈车；不但如此，驾车的马还是母马[①]，吃的是粗饭菜汤。身为“总理”级的领导人，这样俭约，乘这么低级的车，你叫下级怎么办呢？你要把他们逼到什么地步呢？所以孔子也不赞许他，而说“不可，大（太）俭极偪（即逼）下”。[②]《汉书·韦贤传》附韦玄成事略，也记载说韦玄成曾官河南太守，爵至列侯，陪侍祭祀孝惠庙，因下雨道路泥泞“不驾驷马车”，而骑一马至庙，遂为有司弹劾而削爵。礼制规定“大夫乘官车驾驷”，而汉代鲍宣“行部乘传去法驾，驾一马，舍宿乡亭，为众所非，宣坐免”。[③] 鲍宣为“谏大夫”，曾官至“代二千石”的级别，是个省部级的“高干”，按规定完全可享受乘坐四匹马拉的车的待遇，可他只乘坐一匹马拉的车。这从现代的观点看，完全是厉行艰苦朴素的模范行为，应大力提倡和表扬。今天若有“高干”肯率先乘坐小排量的车，立即会受到媒体的大肆渲染报道和舆论的广泛赞扬。可是鲍宣却因此被罢官免职。颜师古注曰“言其单率不依典制也”，就是说他太简单草率了，没有依照典章礼制来乘车，故需免官降级。同一民族对同一事之评价处理，古今制度风气之别、价值观之不同有如此之大乃至相反者，甚可异也，“矛盾文化”[④]有以致之也。孔子说“过犹不及”，这条原则的可逆形式“不及犹过”在这里转换成了它的现实逻辑等价物。

“不及”礼同样可视为放弃、无视甚至蔑视礼制定规而受到一些人的指责，但与超过礼制规定的“僭礼”（即“过”礼）行为相比，后者所受到的舆论攻击和处理都要严厉得多。

“僭礼”之“过”在古代是有杀头的风险的。《左传·哀公五年》载：“郑驷秦富而侈，嬖大夫也，而常陈卿之车服于其庭。郑人恶而杀之。子思曰：‘诗曰：“不解于位，民之攸塈。”不守其位而能久者，鲜矣。商颂曰：“不僭不滥，不敢怠

---

① 古人驾车贵公马贱母马。

② 见《盐铁论》卷一。

③ 见《汉书·鲍宣传》。

④ 笔者自撰语。

皇。命以多福。"'"《汉书·韩延寿传》记韩延寿在东郡为太守时，"治饰兵车，画龙虎朱雀……驾四马，傅总，建幢棨，植羽葆，鼓车歌车；功曹引车，皆驾四马……"他的兵车上画着龙虎朱雀，用红色的丝织品缠饰车辖马镳，列着各种超大排场的仪仗，连他的属下"功曹引车，皆驾四马"，至少使用了王公一级的车队仪仗，大大超过了礼制规定的车礼，被御史大夫萧望之劾为"上僭不道"而遭弃市杀头。中国古代的礼是调控性的制度，常有出入而可松可紧，富有弹性；它能不能发挥功能，端赖监察、纪检系统会不会认真稽查、执法者会不会严格执法。平时他们对于"非礼"行为常常睁一只眼闭一只眼，即使有所"僭礼"也不要紧，但若认真计较起来就有事了。所以违礼时说没事就没事，说有事时就有事，而且可能是大事。韩延寿本来是个不错的官（他被杀时有很多老百姓来给他献酒送行，挥泪而别），而他出的这个问题也是从前的事了，但他偏偏和担任御史大夫的萧望之有过节，因此就倒了大霉，被"选择性执法"了。韩延寿被杀前曾经叮嘱他的儿子们不要再做官，他们在他死后也都辞职了。但到了他的孙子韩威，忘记了乃祖的遗嘱又去做官，做到了将军，而且也很受士兵的爱戴，但重蹈覆辙，"又坐奢僭诛"，连其原因都一样："奢僭"。所以史家会说他是"延寿之风类也"①。可能是基因遗传，爱奢华讲排场，这样就很容易发生超越礼制定规的"僭礼"行为，也容易遭人妒忌，他们祖孙两个都栽在了"僭礼"上。

第六节　名位对应

"名"是礼的一个重要元素，所以古代的礼教也称为名教。车礼也表现在车主的名位与车的名称上的对应关系。"名位不同，礼亦异数。"②古代贵族在天子以下大略分为公、侯、伯、子、男和卿、大夫、士这几个大的级别。不同级别身份的角色所乘的车也有不同的名称。天子所乘之车的名称有很多，最常见的是五辂："玉、金、象、革、木等路，是为五路，并天子之法车。"③除非天子特赐，卿、

① 见《汉书·韩延寿传》。
② 见《左传·庄公十八年》。
③ 见《晋书·舆服志》。

大夫是不许使用和称呼“路”车的。五辂前还有一种“大路”，即“大辂”。《白虎通》曰：“天子大路。路大也，道也，正也。”“大路”本来也是天子车名，诸侯不许用的，但“夷王以下，周室衰弱，诸侯大路”①。这是“礼崩乐坏”时的情况。而《礼记·郊特牲》仍然称：“乘大路，诸侯之僭礼也。”《公羊传》载：“昭公将弑季氏，告子家驹曰：‘季氏为无道，僭于公室久矣，吾欲弑之，何如？’子家驹曰：‘诸侯僭于天子，大夫僭于诸侯久矣。’昭公曰：‘吾何僭矣哉？’子家驹曰：‘设两观，乘大辂，朱干、玉戚，以舞《大夏》，八佾以舞《大武》，此皆天子之礼也。’”总之，“辂”本是天子所乘之车的专名，诸侯也可以分享其中的一部分，极少数的卿、大夫也可因赏赐而得此殊荣。而一般的卿、大夫和士以下的人所乘的车是绝对不可以称作什么“辂”的。《左传·昭公四年》载：“公使杜泄葬叔孙。竖牛赂叔仲昭子与南遗，使恶杜泄于季孙而去之。杜泄将以路葬，且尽卿礼。南遗谓季孙曰：‘叔孙未乘路，葬焉用之？且冢卿无路，介卿以葬，不亦左乎？’季孙曰：‘然。’使杜泄舍路。不可。曰：‘夫子受命于朝，而聘于王。王思旧勋而赐之路。复命而致之君，君不敢逆王命而后赐之，使三官书之。吾子为司徒，实书名。夫子为司马，与工正书服。孟孙为司空，以书勋。今死而弗以，同弃君命也。书在公府而弗以，是废三官也。若命服，生弗敢服，死又不以，将焉用之？’乃使以葬。”鲁叔孙是国卿，生前因功勋曾受周王命赐辂车，死时鲁君想以那部辂车为他陪葬，尚且受到这么大的反对和干扰，何况其他人？

天子的车，除五辂外还有“金根车”“耕根车”等名称。《汉宫仪》曰“天子有大驾、小驾、法驾。法驾上所乘，曰金根车”。“金根车”起于秦始皇。“耕根车”是皇帝行“籍田礼”时所乘的专车：“驾四马，建赤旗，十有二旒，天子亲耕所乘者也。”②其实就是做做样子，表示对农业生产的提倡与重视。虽然如此，但是帝王以下级别的角色所乘之车没有敢名曰“金根车”“耕根车”的。有之，则是犯上作乱的乱臣贼子。公、侯所乘车又有专名曰“夏篆”；卿所乘车曰“夏缦”；大夫所乘车曰“轩”，又曰“墨车”；夫人所乘车曰“鱼轩”；士车称“饰车”，又曰“栈车”；庶人所乘车叫“役车”。役车和栈车其实区别不大，所以《唐传》有云：“役

---

① 见《后汉书·舆服志》。

② 见《晋书·舆服志》。

车亦名栈车，以其同无革挽故也。”二者同样都没有皮革包缠车木（其他级别的车除木辂之外均有）。《诗经·大雅·文王之什·何草不黄》诗句：“有栈之车，行彼周道。”朱熹注曰：“栈车，役车也。”只是士人乘之叫“栈车”，庶民乘之就叫“役车”，仅从车名就可以知道车的主人是什么级别。当然庶民和士的车还是有一些区别的，如驾二马等，但在狭义的车舆上则一样。大概是因为“士”之子是自耕农[①]。《文献通考·王礼考》关于后妃以下车辇制度说：“陈氏《礼书》曰：‘（王后）五路言翟、言车而不言路，二翟言翟而不言车者。不言路，避王也；不言车，车不足以名之也。孤言夏篆，卿言夏缦，至墨车以下然后言车。是亦饰盛者以饰名，饰杀者以车名也。’”至确！

第七节　礼不下庶人

上述几点是官方体制内的乘车礼制，具有法规效力。“礼不下庶人”，在乘车上也对庶民有严格的禁令。对于平民百姓的乘车规定只有两条（其实可以合并为一）：一、“必有命民”，即必须得到朝廷的命令批准方可乘二马驾的饰车即体制内最低等级的士所乘之车；二、前提是只有能尊敬长者、怜恤孤寡、行为谦让，具备良好道德的人，才能得到这项许可命令。《尚书大传》说得很明白：“古之帝王者，必有命民，能敬长矜孤、取舍好让者，命于其君，然后得乘饰车、骈马、衣文锦。未有命者，不得衣、不得乘，乘衣者有罚。”“未命为士者，不得乘饰车朱轩，不得衣绣。庶人单马木车，衣布帛。”《尚书大传》又说“未命为士，车不得有飞軨。”平民百姓未获命令许可，不能使用两匹马驾车，不得乘只有士才能乘的饰车，更不能乘轩车，不能穿绣有花纹图案的衣服。如果违反了这些规定，要受到惩罚。没有得到命令许可的庶民只能乘一马驾的木车，车上连开个窗也不行。

商人的地位更低。汉代对商人的乘车限制尤其严厉，不许商人乘马车，只能用牛车，甚至连骑马也不行。《史记·平准书》曰：“高祖乃令贾人不得衣丝乘车。”《汉书·高帝纪》载：“贾人不得乘骑马。”《后汉书·舆服志》也曰：“贾人不

① 参见李学勤《缀古集》所引董增龄《国语·晋语四》正义“士食田”条。

得乘马车。”古人认为商人不事耕织，好逸恶劳，贪财懒做，唯利是图，见利忘义，败坏民风。自秦汉以后历代均奉行“重农抑商”政策，商人的社会地位属于平民中的最下等，权利不能与农民相等，而有服兵役的义务，与罪犯、奴隶相近同科，因而被剥夺了乘马车的权利，即使是拥有万贯家财也不行。

所谓“体制化之车礼”者，一是指体制内的官员基本上能默认或在公共理性（即舆论）上支持这些礼制成规；二是这些车礼在执行上又不严格，如无视从车规定的违规行为、对商人乘车禁令长期形同虚设等；三是这些规定并不一定都是成文的明确法规，有些只是潜规则，所以马虎不在意的官员就可能犯规。最明显的是，我们找不到一份历史上完整明确记载上述那些规定的成文法规。那些规定只是我们从各种零星的信息中搜集整理出来的一点示范，所以我们称之为“体制化”，就是说它们有成为体制内的定规的趋势或倾向，同时又与平民的乘车尤其是商人的乘车划开一道明确的界限。

然而，与上述不同的是，关于车文化管理的职位、职责和职务，却有明确的官方记载，那就是“三礼”即《周礼》《仪礼》和《礼记》。

第五章 “三礼”记载的车文化制度

与车文化有关的制度与习俗的记载，比较全面的主要有“三礼”，即《周礼》《仪礼》和《礼记》。其中详细记载车马官职和职务制度的莫过于《周礼》，所以下面的两节都谈《周礼》的体制内车文化的官职与职务，第三节谈《仪礼》和《礼记》的有关记载。

第一节 从《周礼》看车文化的“多头共管”现象

《周礼》中除了“天官”外，所有其他的各个行政系统都卷入了车文化管理权的“争夺”。从“地官”开始，到“春官”“夏官”“秋官”“冬官”，全部都设立了关于车文化的职位、职责。“冬官”不用说，那是主抓车子生产的，前面已介绍过。甚至连主管意识形态的“春官”也要插一手车文化的事情。下面我们就依这个顺序进行介绍和考察。

《周礼》说“地官司徒”是“帅其属而掌邦政，以佐王安邦国”。这个职位相当于现在中央政治局常委级的领导。但是“大司徒之职”中也负责分管“大宾客，令野修道、委积”这样具体而微的与车文化有关的事情。而“小司徒”是“大司徒”的副职，当有“小宾客”到时，“令野修道、委积。大军旅，帅其众庶。小军旅，巡役，治其政令”。这是“地官”系统的最高层次。它的直系下属有不同的各级职位或职称：乡师、族师、牧人、牛人、县师、遂师、均人、掌节、稍人、委人等。

他们虽然以“某人”的字眼出现，但是代表的是一个个职位或职称，承担这样职位或职称的角色可不是一两个人，而是很多人。下面所说的都是这个情况。他们涉及车文化的方面是与其他系统重叠交叉的。

主管意识形态的“春官”系统，同样也紧抓车文化不放，不过它仅限于贵族和中央最高一级。首先，“春官宗伯”和他的下属系统要了解和熟悉“王之五路：一曰玉路，钖，樊缨，十有再就，建大常，十有二斿，以祀。金路，钩，樊缨九就，建大旂，以宾、同姓以封。象路，朱，樊缨七就，建大赤，以朝、异姓以封。革路，龙勒，条缨五就，建大白以即戎，以封四卫。木路，前樊鹄缨，建大麾，以田，以封蕃国”[①]。知道什么时候和什么场合应用什么辂车，这是派车时“春官”应有的责任。同时，“春官”系统也掌“王后之五路”。《周礼·春官宗伯》中记载，“春官”下属的“典路”就“掌王及后之王路，辨其名物与其用说[②]”。“若有大祭祀，则出路，赞驾说。大丧、大宾客，亦如之。凡会同、军旅，吊于四方，以路从。”“春官”系统还掌管贵族的“服车五乘”：“孤乘夏篆，卿乘夏缦，大夫乘墨车，士乘栈车，庶人乘役车。”车马在古代算重要的国有资产，春官下属的“巾车”则“掌公车之政令，辨其用与其旗物而等叙之，以治其出入”；还负责管理登记公家车辆的使用情况：“凡车之出入，岁终则会之，凡赐阙之。毁折，入赍于职币。”如有毁坏折旧等要报告会计财务部门清算。

“春官”最后还管王之“丧车五乘”。遇到帝王大丧时，他们不但要“饰遣车，遂廞[③]之，行之。及葬，执盖，从车持旌”，到了“及墓，嘑启关”时还要负责“陈车”。王家从生到死的一系列用车仪式过程“春官”都要参与。

“春官”系统的“车仆”还是帮助王室军事车队“掌戎路之萃，广车之萃，阙车之萃，苹车之萃，轻车之萃”的总管[④]。

“春官”还有“司常”一职，“掌九旗之物名，各有属，以待国事。日月为常，交龙为旂，通帛为旃，杂帛为物，熊虎为旗，鸟隼为旟，龟蛇为旐，全羽为旞，析羽为旌”。这些旗帜都是要插在车上的，在国家大检阅时，“司常”要帮助“司马”颁发旗帜：“王建大常，诸侯建旂，孤卿建旃，大夫、士建物，师都建旗，州里建旟，

---

① 见《周礼·春官宗伯·巾车》。

② 说，脱也，即舍车不用。

③ 廞，兴作，读音“新”或“千”，有陈列与遣车义。

④ 周穆王有“七萃”，这里只有“五萃”。

县鄙建旐。”不能搞乱。“道车载旞，斿车载旌，皆画其象焉，官府各象其事，州里各象其名，家各象其号。凡祭祀，各建其旗。会同、宾客，亦如之，置旌门。大丧，共铭旌，建廞[1]车之旌。及葬，亦如之。”各种场合的旗帜要分清。

除了上面所述“春官宗伯”下属的“巾车”“司常”“车仆”之外，还有“掌国子之倅”的“诸子”：“国有大事，则帅国子而致于大子，唯所用之。若有兵甲之事，则授之车甲，合其卒伍，置其有司，以军法治之。”看来这国子太学确是车甲武装集团的军官学校了。

《夏官司马》是《周礼》中提供车文化职位最多的章节。除了“大司马”一职之外，有“司险”“候人”“诸子”“司右”“旅贲氏”“节服氏”“大仆”“御仆”“隶仆”“司兵”“司戈盾”“司弓矢”“缮人”“戎右”“斋右”“道右”“大驭”“戎仆”“斋仆”“道仆”“田仆”“驭夫”“都司马”等职位从事与车文化有关的职务，它们多是军事性质的。“司马”之名既与车相连，而且“司马”一职本就是军中的职位，带有强烈的军事色彩，因此“大司马”之职就负有地方上主要的军训任务：

> …… ……
>
> ……中夏，教茇舍，如振旅之陈，群吏撰车徒，读书契，辨号名之用，帅以门名，县鄙各以其名，家以号名，乡以州名，野以邑名，官各象其事，以辨军之夜事，其他皆如振旅，遂以苗田，如搜之法，车弊，献禽以享礿。中秋，教治兵，如振旅之陈，辨旗物之用，王载大常，诸侯载旂，车吏载旗，师都载旃，乡遂载物，郊野载旐，百官载旟，各书其事与其号焉，其他皆如振旅，遂以狝田，如搜田之法。……中冬，教大阅，前期，群史戒众庶，修战法，虞人莱所田之野，为表；百步则一，为三表，又五十步为一表，田之日，司马建旗于后表之中，群吏以旗物、鼓铎、镯铙，各帅其民而致，质明，弊旗，诛后至者，乃陈车徒，如战之陈，皆坐，群吏听誓于陈前，斩牲以左右徇陈曰：不用命者斩之。中军以鼙令鼓，鼓人皆三鼓，司马振铎，群吏作旗，振铎，鼓行，鸣镯，车徒皆行，及表乃止。三鼓，摝铎，群吏弊旗，车徒皆坐。又三鼓，振铎，作旗，车徒皆作，鼓进，鸣镯，车骤徒趋，及表乃止。坐作如初，乃鼓，车驰徒走，及表乃

---

① 此处读音为“干”，即遣车。

止。鼓戒三阕，车三发，徒三刺，乃鼓退，鸣铙，且却，及表乃止，坐作如初。遂以狩田，以旌为左右和之门，群吏各帅其车徒，以叙和出，左右陈车徒，有司平之。旗居卒间以分地，前后有屯百步，有司巡其前后，险野人为主，易野车为主。既陈，乃设驱逆之车，有司表貉于陈前，中军以鼙令鼓，鼓人皆三鼓，群司马振铎，车徒皆作，遂鼓行，徒衔枚而进。……若师有功，则左执律，右秉钺，以先恺乐献于社。若师不功，则厌而奉主车……

这一大段主要就是叙述士民参加车战训练的过程。从教他们野营的"茇舍"即"止草平地"过宿之法、群吏选数车徒、登记籍贯造册开始，到教他们辨别旗号，复习学习春蒐、夏苗、秋狝、冬狩的行列阵法，特别是熟悉令行禁止的"鸣鼓""振铎"与"车弊""弊旗"等纪律，然后进行"车徒皆行""车徒皆坐""车徒皆作""车骤徒趋""车驰徒走"以及"车三发，徒三刺"的一系列车战训练。以后我们在有关章节中还会提到这一点。这里主要是从《周礼・夏官司马》"大司马"的职责看他与车文化的关系。

至于《秋官司寇》，除了"大司寇"之职外，从"士师"到"乡士""遂士""方士""县士""讶士"，及"野庐氏""司寤氏""脩闾氏""行夫""小行人""司仪""环人""掌客""掌讶""掌交"等等，也有十几二十来个职务与车文化有关，是仅次于"夏官"的系统。

《周礼》中记载的职官的这种重叠交叉的制度设立为我们解释了两个现象：一是说明了车文化在古代的重要性；二有助于证明《周礼》记载的真实性。长期以来，人们怀疑其真实性的理由之一就是它的整齐划一的秩序。整齐划一仅表现在"天、地、春、夏、秋、冬"六官的形式上，这可能是受"五行"思想的影响在形式上所作的对应。但是现在我们从其对车马职官职务设立的混乱现象来看，其内容恰恰反证了当时车文化在管理上政出多门的事实，它反映的是真实的现象。此正如哈耶克所谓"自生自发的秩序"，并非人为设计的组织，但是出于人的行动的制度①。

① （英）哈耶克著，邓正来等译：《法律、立法与自由》第一卷，中国大百科全书出版社，2000年。

第二节 《周礼》中与车文化有关的其他具体职务规定

有关其他各“官”职务互相干涉车子管理的问题，我们可按车文化的物质结构——车、马、路这三个方面来看有关的车文化制度。

首先还是来看与车子使用有关的职务。

“大仆”：“建路鼓于大寝之门外，而掌其政，以待达穷者与遽令。闻鼓声，则速逆御仆与御庶子。……王出入，则自左驭而前驱。凡军旅、田役赞王鼓。……王射，则赞弓矢……”“大仆”是王辂的御者，具有王家车队的领头性质。

“司右”：“掌群右之政令。凡军旅、会同，合其车之卒伍，而比其乘，属其右。凡国内之勇力之士能用五兵者，属焉，掌其政令。”“司右”是所有“戎右”“斋右”“道右”的领导，同时负责检查整理他们车子和车队人员的次第，和选拔国内擅长各种兵器的勇士。

“虎贲氏”：是王的近卫军，所以国王死后“及葬，从遣车而哭”，“若道路不通，有征事，则奉书以使于四方”。同时也承担交通不便时的征兵任务等。

“旅贲氏”：是王的禁卫军，由中士指挥、下士组成。“掌执戈盾，夹王车而趋，左八人，右八人。车止，则持轮。凡祭祀、会同、宾客，则服而趋……”负责保护王车。

“戎右”：与王同车，除负责护卫王、帮助王击鼓外，还负责传达军中的使命。

“斋右”：“掌祭祀。会同、宾客、前斋车，王乘则持马，行则陪乘。凡有牲事，则前马。”这职务的内容包括王要乘车前先备好车，王乘车时站在马前头预防马惊奔，王上车后陪乘充当骖乘的角色。

“道右”：“掌前道车。王出入，则持马陪乘，如斋车之仪，自车上谕命于从车，诏王之车仪。王式，则下，前马。王下，则以盖从。”这个职务一半如“斋车之仪”，另一半还有联系后面的从车（此象辂之副车）和“王式前马、王下则以盖从”的任务。

当王要乘玉辂去祭祀时，“掌驭玉路以祀”的“大驭”需要在车下举行“犯軷”[①]即祭道神的一套仪式，这时为了控制车马，王只好在车上“自左驭”。等

① 《睡虎地秦墓竹简·日书》中“行祠”“行”各条亦多与“犯軷”有关。

"大驭"完成"下祝"的仪式后,才登车受辔。及"仆左执辔,右祭两轵,祭軓,乃饮"毕,车子就开始"犯軷",向那个泥土造的假山假神驱车碾压而去,以示无险阻之难。下面的"戎仆"也要如此。

"戎仆":"掌驭戎车,掌王倅车之政,正其服,犯軷,如玉路之仪。凡巡守及兵车之会,亦如之。掌凡戎车之仪。"

虽然上面这些记载的都是为王驾车的职位,但是中国古代也如后代一样,上有什么职务,下面也有同样性质的对应事务,如这"犯軷"的祭道神仪式就变为后来的"祖道",在秦汉魏晋送别时就很流行。

"斋仆":"掌驭金路,以宾。朝觐、宗遇、飨食,皆乘金路。其法仪,各以其等为车送逆之节。"

"道仆":"掌驭象路以朝、夕、燕出入,其法仪如斋车。掌贰车之政令。"

"田仆":"掌驭田路,以田以鄙,掌佐车之政。设驱逆之车,令获者植旌。及献,比禽。凡田,王提马而走。诸侯晋,大夫驰。"

以上三个职务分别是充当金辂、象辂和猎车的驾驶员,负责迎送贵宾、王的上下朝和宴会、打猎等。

"驭夫":职务繁忙,可充任掌驭象车之贰车,也可驾驭戎车、田(猎)车之从车和杂使之车,并负责驾驭"分公马而驾治之"的教练车。

"都司马":"掌都之士、庶子及其众庶车马、兵甲之戒令,以国法掌其政学,以听国司马。家司马,亦如之。"他们分管卿大夫士之子的车马兵甲以备军备战传达命令。

"掌客":任务是负责来宾的生活起居饮食,涉及用车。我们常常见到"车皆陈,车米视生牢,牢十车,车秉有五籔,车禾视死牢,牢十车,车三秅,刍薪倍禾,皆陈;……夫人致礼……米三十车,禾四十车,刍薪倍禾,皆陈;……子男三积……米二十车,禾三十车,刍薪倍禾"等文字出现在朝聘等礼节中。这是"掌客"的职责。

"稍人":地方行政官员。"掌令丘乘之政令。若有会同、师田、行役之事,则以县师之法作其同徒輂辇,帅而以至,治其政令,以听于司马。大丧,帅蜃车与其役以至,掌其政令,以听于司徒。"若遇军政要务和大丧如君王驾崩等,负责带领地方上的后勤车辆"輂辇"(前者是驾马的大车,后者是人力车)和"蜃车"(即柩车)到司马或司徒那里报到。

"隶仆":专门的清洁工。"王行,洗乘石,掌跸宫中之事。"他们负责清洗王上车时所蹬的"乘石"。

这些仅是直接服务于狭义车文化的职位及其职务、职责。如果是兵车还有"司兵""司戈盾""司弓矢"以及"槁人"①等职位。这些都是兵车作战的后勤补给。

专门掌管马匹的职务在第二章有过交代,这里再增叙"牛人"一职:"掌养国之公牛,以待国之政令。……凡会同、军旅、行役,共其兵车之牛与其牵彷,以载公任器。"后勤辎重车队主要用牛车。

"地官司徒"中的"乡师"之职,虽然主要是"各掌其所治乡之教",但也辨其"马牛之物,辨其可任者与其施舍者。……大军旅、会同,正治其徒役与其輂辇。……及葬,执纛以与匠师、御匶(同柩)而治役。及窆,执斧以莅匠师"。这与"稍人"的职责职务完全一样。"族师"也"各掌其族之戒令政事……及其六畜、车辇"。而"均人"也"掌均人民、牛马、车辇之力政",这些都是地方上统管车马的统治者的职责,车马兼顾。

《周礼》中与道路有关的职位、职务有"地官司徒"系统的,也有"夏官司马"系统的,但更多属于"秋官司寇"系统。其职位和职务开列于下,对于比较容易理解者就不多加辞费,不一一说明了。

"司险":"掌九州之图,以周知其山林、川泽之阻,而达其道路。设国之五沟、五涂,而树之林以为阻固,皆有守禁,而达其道路。国有故,则藩塞阻路而止行者,以其属守之,唯有节者达之。"属于"夏官"系统,职责应相当于今天的交警。

"候人":"各掌其方之道治,与其禁令。以设候人,若有方治,则帅而致于朝。及归,送之于竟。""候人"的职务在这里又相当于今天交警总队队长,也属于"夏官"系统。

"掌节":"掌守邦节而辨其用,以辅王命。守邦国者用玉节,守都鄙者用角节,凡邦国之使节,山国用虎节,土国用人节,泽国用龙节,皆金也。以英荡辅之,门关用符节,货贿用玺节,道路用旌节,皆有期以反节。凡通达于天下者必有节,以传辅之。无节者,有几则不达。"

---

① 《周礼》中有两个"槁人"职位,这个也管弓矢的"槁人"是在"夏官"系统中。

"委人":"掌敛野之赋敛薪刍。……以甸聚待羁旅。……军旅,共其委积、薪刍,凡疏材,共野委兵器,与其野囿财用。凡军旅之宾客馆焉。"

以上两个职位都属于"地官"系统,在《车道》章中曾述及。

以下的职位与职务都属于"秋官"系统了:

"乡士":"大祭祀、大丧纪、大军旅、大宾客,则各掌其乡之禁令,帅其属夹道而跸。"

"遂士":"若邦有大事,聚众庶,则各掌其遂之禁令,帅其属而跸。"

"县士":"掌野……若邦有大役,聚众庶,则各掌其县之禁令。若大夫有邦事,则为之前驱而辟。其丧亦如之。"

"讶士":"邦有宾客,则与行人送逆之。入于国,则为之前驱而辟。野亦如之。居馆,则帅其属而为之跸。……客出入则道之。"

"野庐氏":"掌达国道路,至于四畿。比国郊及野之道路、宿息、井、树。若有宾客,则令守涂地之人聚柝之,有相翔者,诛之。凡道路之舟、车轚互者,叙而行之。凡有节者及有爵者至,则为之辟。禁野之横行径逾者。凡国之大事,比修除道路者,掌凡道禁。邦之大师,则令扫道路。"在前面《车道》一章曾介绍过,此不赘述。

"蜡氏":"掌除骴①。凡国之大祭祀,令州里除不蠲……若有死于道路者,则令埋而置楬焉,书其日月焉,县其衣服、任器于有地之官,以待其人。掌凡国之骴禁。"这职务充分体现了卫生防疫的人道主义精神,在2000多年前甚至更早前我国古代车道交通上已出现。

"司寤氏":"掌夜时。以星分夜,以诏夜士夜禁,御晨行者,禁宵行者、夜游者。"

"条狼氏":"掌执鞭以趋辟。王出入则八人夹道,公则六人,侯伯则四人,子男则二人。凡誓,执鞭以趋于前,且命之。誓仆、右曰杀,誓驭曰车轘,誓大夫曰敢不关,鞭五百。誓师曰三百,誓邦之大史曰杀,誓小史曰墨。"

"脩闾氏":"掌比国中宿互柝者与其国粥,而比其追胥者而赏罚之。禁径逾者,与以兵革趋行者,与驰骋于国中者。邦有故,则令守其闾互。唯执节者不几。""脩闾氏"下面还管理着一群"国粥",即国家养的"游卒",相当于今天的城

---

① 骴,死人骨,读"cī"。

管之类。

“衔枚氏”:“掌司嚣。国之大祭祀,令禁无嚣。军旅、田役,令衔枚、禁嚣呼叹鸣于国中者,行歌哭于国中之道者。”本来是用于马嘴的“衔枚”,在这里却塞进了人的嘴巴里。

“小行人”:“掌邦国宾客之礼籍,以待四方之使者。……达天下之六节:山国用虎节,土国用人节,泽国用龙节,皆以金为之;道路用旌节,门关用符节,都鄙用管节,皆以竹为之。”

“行夫”:“掌邦国传遽之小事媺恶、而无礼者。凡其使也,必以旌节,虽道有难,而不时必达……”

“掌讶”:“掌邦国之等籍以待宾客。若将有国宾客至,则戒官修委积,与士逆宾于疆,为前驱而入。及宿,则令聚柝。及委,则致积……”

“司仪”:“掌九仪之宾客、摈相之礼……拜送主君郊劳,交摈,三辞,车逆,拜辱,三揖,三辞,拜受,车送,三还,再拜。致馆亦如之。致飧如致积之礼,及将币,交摈三辞,车逆拜辱,宾车进,答拜,三揖,三让……宾亦如之,及出,车送,三请,三进,再拜,宾三还三辞,告辞……”

“环人”:“掌送邦国之通宾客,以路节达诸四方。舍则授馆,令聚柝,有任器,则令环之。凡门关无几,送逆及疆。”《周礼》有两个“环人”,这个职位的“环人”是“秋官”系统的,“夏官”系统也有一个“环人”,是军队中管“致师”的,以后还会提到。

上述这些职位、职务都是因车文化的兴起、繁荣而设立的,这些职位编制从制度上巩固了车文化的战略性地位。

第三节 《仪礼》与《礼记》中关于车文化制度的记载

《仪礼》是关于礼制的一部很重要的古籍,但是它基本上是一本关于士大夫礼的经书,所以它在内容上就有很大的欠缺,不能全面地反映大夫以上车文化的信息,而且关于车文化的内容也比较少。但是它的文本具有很强的制度权威性,所以我们还是尽量采用。

在《仪礼·聘礼》中记叙使者或随车跟从人员的情况有:“及竟,张旜,誓。乃谒关人。关人问从者几人,以介对。君使士请事,遂以入竟。入竟,敛旜,乃展。"旗帜是车子的一部分，国际间出使聘问等宾客来到国境线时要打开红色的旃，表明身份。当彼国的入关手续完成并入境以后，要把旃收敛起来。等"宾至于近郊"时，又"张旃"，这个旗帜又高扬开来……以后还有一系列的庭实马乘、牵（献）马受马的仪式，主人也有"致馆"时所带来的停在门外的"米三十车，车秉有五籔。设于门东，为三列，东陈；禾三十车，车三秅"[①]等符合宾客身份地位的规定礼节。从头到尾都离不开车马文化的伴随。

《仪礼》中有《乡射礼》和《大射仪》两篇关于射箭比赛的制度。其实"乡射""大射"等运动都是车文化的组成部分，因为"射御"本是与车文化连在一起密不可分的常规社会行动。但是《乡射礼》和《大射仪》对这个运动场面的行为记录得太细太长，连射箭比赛时每一个动作都有详细的规定，我们只能节选一段以窥大概：

> （司射）曰："弓矢既具，有司请射。"……上耦揖进，上射在左，并行；当阶，北面揖；及阶，揖。上射先升三等，下射从之，中等。上射升堂，少左；下射升，上射揖，并行。皆当其物[②]，北面揖；及物，揖。皆左足履物，还视侯中，合足而俟。……乃射，上射既发，挟弓矢；而后下射射，拾[③]发，以将乘矢。……上射东面，下射西面。上射揖进，坐，横弓；却手自弓下取一个，兼诸弣[④]，顺羽，且兴；执弦而左还，退反位，东面揖。下射进，坐，横弓；覆手自弓上取一个，兴；其他如上射。既拾取乘矢，揖，皆左还……[⑤]

我们看这上射下射从升堂到发出射箭之间做了多少规定动作，尤其是"皆当其物，北面揖；及物，揖。皆左足履物，还视侯中，合足而俟"都很标准；当上下射按规定轮流射完四箭后，即使是休息时间的动作，也很规范："坐，横弓；却手自弓下取一个，兼诸弣，顺羽，且兴；执弦而左还，退反位……"从弓的摆放姿势、

---

① 秉、籔、秅皆量词，此不细说。
② "物"是标志。
③ "拾"读"绝"，有轮流意。
④ "弣"是弓把中间。
⑤ 见《仪礼·乡射礼》。

手的取矢方式、矢的安放位置、反位行为的方向等都作了分解动作式的规定。并且司射当众颁布了表明胜负者的行为方式:“胜者皆袒决遂,执张弓。不胜者皆袭,说决拾,却左手,右加弛弓于其上,遂以执弣。”胜者皆袒露穿于左臂的臂衣,即射鞲和用以钩弦的扳指,手上持的是张满的弓;而负者则加衣并把左臂的射鞲和扳指脱下来,缩回左手,右手握在弓把中间,但却是松弛的弓。

古代战争的远程武器就是弓箭。由于敌我双方的射箭都是在奔驰颠簸的战车上发射的,条件相当苛刻,要准确命中是极其不容易的,所以各国都很重视射箭技术。甚至国君都要参加射箭比赛,《大射仪》就描述了这样的场面。今天的奥林匹克运动会还有射击、射箭比赛项目。古代的射箭比赛实比现在的奥林匹克运动会更有特点,因为它是比赛与音乐、饮酒同时举行的,是融体育、军事、娱乐、社交、政治于一体的重大活动。

从上面这些引文中可以看出,在古代的礼制中,对方位的操作是有一套严格的标准规定并赋予其特殊价值意义的。如《仪礼·公食大夫礼》中有:“宾之乘车在大门外西方,北面立。”《仪礼·觐礼》中觐礼时天子赐侯氏以车服:“迎于外门外,再拜。路先设,西上,路下四,亚之,重赐无数,在车南。诸公奉箧服,加命书于其上,升自西阶,东面,大史是右。侯氏升,西面立。大史述命。侯氏降两阶之间;北面再拜稽旨,升成拜。”《仪礼·既夕礼》:“荐车,直东荣,北辀。……荐马,缨三就,入门,北面,交辔,圉人夹牵之,御者执策立于马后。哭成踊,右还,出。宾出,主人送于门外……公赗玄纁束,马两。摈者出请,入告,主人释杖,迎于庙门外,不哭。先入门右,北面,及众主人袒。马入设。宾奉币,由马西当前辂,北面致命。主人哭,拜稽颡,成踊。宾奠币于栈左服,出。宰由主人之北,举币以东。士受马以出。主人送于外门外,拜,袭,入复位,杖。”这些都是礼制中对方位的规定。

《仪礼·既夕礼》载:“……甸人抗重。出自道,道左倚之。荐马,马出自道,车各从其马,驾于门外,西面而俟,南上。……主人乘恶车,白狗幦,蒲蔽,御以蒲菆,犬服,木錧,约绥,约辔,木镳,马不齐髦。主妇之车亦如之,疏布裧。贰车,白狗摄服,其他皆如乘车。……车至道左,北面立,东上。柩至于圹,敛服载之。卒窆而归,不驱。……既正柩,宾出,遂、匠纳车于阶间。”这便是车文化制度中关于丧葬制度方面的详细报道了。

《仪礼·士昏礼》记载了婚礼中“六礼”的最后一道“亲迎”仪式时需要车马

出场：主人（即女婿）“乘墨车，从车二乘，执烛前马。妇车亦如之，有裧。至于门外”。墨车本来是大夫乘的车，但是这是婚礼，所以可以“摄盛”，即临时性借用、代用一下墨车以表婚礼的隆盛。女方家的车子也是这样盛装的墨车，但是车内有裧帷为异而已。当新娘经过了依依惜别的几道礼节降出时，“婿御妇车，授绥，姆辞不受。妇乘以几，姆加景，乃驱。御者代。婿乘其车先，俟于门外”。女婿要亲自在女车上为新娘驾车并授绥给新娘让她上车，同样授绥给保姆时，保姆谦辞不受。新娘在车上乘坐在几子上，保姆给新娘披上防尘的景衣后，才开始开车。这时候女婿就把辔绳交给新娘车的驾驶员，[1]换乘自己原来的车子在前头带路，先一步到达自家门前等待女车的到来。这种制度流传至今，已经成为传统。

《礼记》是“三礼”中最后的一部礼制典籍。它也有关于车文化的记载，不过都是碎片化的。它大部分内容显示的是制度性的信息，但也有一些是习俗。比如《礼记·王制》中的“用器不中度，不粥于市。兵车不中度，不粥于市”是制度；而同样是《礼记·檀弓下》中的“五十无车者，不越疆而吊人”就只能说是风俗或有理据的习俗了。

《礼记·月令》显然是“五行”说盛行以后的观念：

> 仲春之月……天子居青阳大庙，乘鸾路，驾仓龙，载青旗，衣青衣，服仓玉，食麦与羊……仲夏之月……乘朱路，驾赤骝，载赤旂……季夏之月……乘朱路，驾赤骝，载赤旗……中央土……天子居大庙大室，乘大路，驾黄骝，载黄旂……仲秋之月……乘戎路，驾白骆，载白旂……季秋之月……是月也，天子乃教于田猎，以习五戎，班马政。命仆及七驺咸驾，载旌旐、授车以级，整设于屏外。司徒搢扑，北面誓之。天子乃厉饰，执弓挟矢以猎，命主祠祭禽于四方……孟冬之月……乘玄路，驾铁骊，载玄旗……仲冬之月……乘玄路，驾铁骊，载玄旂……

这看来是车文化的制度，但古代的君王是否严格按照这个制度来实行，那就不得而知了，至少秦以前是很少的。

---

① 《礼记·昏义》作：“出御妇车，而婿受绥，御轮三周。”

《礼记·礼器》:“礼,有以多为贵者……有以少为贵者……大路繁缨一就,次路繁缨七就。……礼有以文为贵者……有以素为贵者……大路素而越席……”这是透露车文化制度的发展历史。

《礼记·玉藻》:“君赐车马,乘以拜赐;衣服,服以拜赐;君未有命,弗敢即乘服也。”这个赐车情况可能是早期的,后来赐车就很泛滥了。

《少仪》:“大白兵车,不入庙门。……车马之美,匪匪翼翼;鸾和之美,肃肃雍雍。……仆于君子,君子升下则授绥。始乘则式;君子下行,然后还立。……乘兵车,出先刃,入后刃。军尚左,卒尚右。……酌尸之仆,如君之仆。其在车,则左执辔,右受爵。祭左右轨、范,乃饮。……国家靡敝,则车不雕几,甲不组縢,食器不刻镂,君子不履丝屦,马不常秣。”这些都是关于车文化制度或习俗的只言片语,最后一段话则揭示国运与车运的关系,虽然是自然造成,但也是制度性的强制规定。

《杂记上》:“诸侯行而死于馆,则其复如于其国。如于道,则升其乘车之左毂,以其绥复。其輤有裧,缁布裳帷素锦以为屋而行。至于庙门,不毁墙遂入适所殡,唯輤为说于庙门外。大夫、士死于道……大夫以布为輤而行,至于家而说輤,载以輲车,入自门至于阼阶下而说车,举自阼阶,升适所殡。”这是习俗如此。至于“遣车视牢具”这句话,可不能呆板地把它看成是一成不变的制度,因为郑注孔疏都说“大夫以上乃有遣车,诸侯大夫位尊,虽无三命则有车马之赐。天子上士三命皆得有遣车,诸侯(之)士以下贱故无遣车”。所以这个车文化制度还没有固定成型。

《坊记》:“子云:‘君不与同姓同车,与异姓同车不同服,示民不嫌也。’以此坊民,民犹得同姓以弑其君。……子云:‘于父之执,可以乘其车,不可以衣其衣。君子以广孝也。’”这个是否制度或习俗不可知。

《大学》:“马献子曰:‘……百乘之家不畜聚敛之臣。与其有聚敛之臣,宁有盗臣。’此谓国不以利为利,以义为利也。”这个既不是制度也不是习俗,但是很有警示意义,说明车文化与权贵价值观的关系重大。

制度文化既可以由习俗发展而来,也可以重新弱化为习俗,但都属于“大文化”中的制度文化,车文化的制度亦然。《礼记》中既有车文化制度的记载,也有关于车文化习俗的记录。有些关于车文化习俗的文字我们保留在下一章中再作论述。

第六章　风俗习惯之车礼

礼在许多时候是以无言的风尚出现的。除了以法令形式规定的乘车礼制之外，尚有许多在传统制度和现实生活基础上形成的一些关于车马的风俗习惯之礼。

第一节　不成文的赐车之礼

春秋战国时期流行的上对下的"赐车"，就是由强制性的"车服制度"的影响所形成的一种惯例，就像大人给小孩发压岁钱一样。如《诗经》中的《采菽》与《韩奕》两首诗，都描写了周王赏赐豪华的车子给"来朝君子"以作赠礼的事。这个惯例的形成我想有三个原因：一是"车服制度"是上面定的，它的贯彻执行的手段——"礼器"按理也要由上面提供，至少也应该有一个统一的标准样品由上面发下来，就像制服一样；其二是古代的"工商食官"制度，一切战略性物资和优质产品都为中央政府所垄断，分配也只能自上而下地进行；第三是统治者驾驭臣下的一种权术，赏与罚为南面君人者所操的"二柄"之一，君王时常在常规制度外超等级赏赐，例外加恩以示宠，比如周天子有时将只有诸侯才能拥有的辂车牌照特赐给卿、大夫使用，以嘉奖或换取忠心等。这三个原因合起来形成了上对下赐车的惯例。这些不成文的礼俗习惯虽然不像行政律令似的硬性规定，但却具有无形的内在约束力，是一种"潜规则"。这些"潜规则"一旦形成往往能得到社会的承认和维护,并很好地得以遵守。即使是达官贵人甚至是天子本人如果违反了这些“潜规则”,也会受到社会舆论的批评。不知是周王室发生财政危机还是周天子想打破上对下赐车的惯例,周桓王居然派人向鲁国索要车子。这事一下子舆论哗然,成为头条新闻载入《春秋》,三《传》皆非之。《左传·桓公十五年》曰:“天王使家父来求车,非礼也。诸侯不贡车服。”《春秋公羊传·桓公》曰:“天王使家父来求车,何以书?讥,何讥尔?王者无求,求车非礼也。”《穀梁传·桓公十五年》曰:“古者诸侯时献于天子,以其国之所有,故有辞让而无征求。求车非礼也……”并被杜预作为例子写进《春秋序》中。杜预注《左传》此条曰“车服上之所以赐下”,正是被看成当然的惯例了。这条惯例于是照旧延续下去,到战国时蔚然成风,有一次赏车几十上百乘者,如见讥于庄子的曹商,为宋王出使秦国,出发的时候,宋王就赐了几辆车给他;到秦国后,大概是拍了秦王的马屁[1],秦王高兴,一次就赏了一百辆车子给他,使他的车队的车子一下子增加到一百多辆。[2]《说苑·臣术》记载了一件事:田子方去拜访翟黄,半路上遇见翟黄乘着轩车,他的车队中有八十辆豪华车,每辆车上都载着华盖,以黄金为辔头,豪华异常。远远望去,田子方误以为是国君出行,至近,才发现原来就是翟黄。田子方问翟黄怎么会有这么多豪华的车子。翟黄回答说:“此皆君之所以赐臣也,集三十岁故至于此。”三十年间,魏国的国君魏文侯单单赐给翟黄的车子就达到八十辆之多!《庄子》的话自称是“卮言”,意即随便说说,《说苑》的事也可能有夸张,但它们都反映了战国时期赏车赠车之风的盛行。

不过有一种情况是不能接受赐车的。《礼记·曲礼上》说:“夫为人子者,三赐不及车马。”陈澔注曰:“古之仕者,一命而受爵,再命而受衣服,三命而受车马。有车马则尊贵之体貌备矣。今但受三赐之命,而不与车马同受,故言不及车马也。君之有赐,所以礼其臣,子之不受,不敢并于亲也。”说的是古代即将出仕为官的人,要接受三次的任命仪式,前两次是接受爵位和官服,第三次是接受车马。有了车马,一个人就完全具备了尊贵、庄严的形象。但父亲还在世的人,作为儿子对第三次的任命是不敢接受车马之赐的,因为对于一般人而言,这是封顶的尊荣,他的父亲如果为官也不过如此。如果接受了国君的赐车,那就将

① 庄子比作“舐痔”,就是用舌头舔秦王的痔疮。

② 见《庄子·杂篇·列御寇》。

使儿子的地位提高到与父亲同等(如果他在官)或超过(如果他不在官)的地步了。所以这赐车的礼制遭遇到"孝道"并与之发生矛盾时,便不得不妥协让步,以求与这个中国最强大的文化相适应[①]。这个赐车的礼制于是便打了折扣,成为了礼俗惯例。

还有一种赐赠车叫作"赗",是用在丧事上的。古代贵族死了,国君或同僚或亲戚朋友会赠送礼物包括车马等以祭奠。赠送财物的称"赙",赠送车马的称"赗"。《左传·隐公元年》载:"秋,七月,天王使宰咺来归惠公、仲子之赗。"《仪礼·既夕礼》载:"公赗,玄纁束帛两马。"赗者,助丧之物。死者生前是什么级别该享有什么样的车马,"赗"也要与之相当。

《仪礼》其实是士礼,按士之车礼制度,只得驾两马,故赗也仅两马。大夫以上,皆驾四马,因此周天子使宰咺来赗鲁惠公和仲子,应该都是用四马。《公羊传》和《穀梁传》皆谓宰咺用乘马即四马来赗。古代不独君赗臣,兄弟朋友知道了,有能力者皆致赗。孔子出游,正逢一个老朋友即旅馆的馆主死了,便命弟子解下一匹骖马作为助丧之"赗"[②]。丧家接受赗礼时要将赗者的姓名和所赗之物及数量多少写在板上。可见车马助丧之"赗"是很普遍的一种礼俗。这也就为一些出土的贵族墓里为什么会有那么多的陪葬车马提供了另一种解释的可能。

第二节　不好理解的乘车风俗

有些关于车马的礼俗看上去似乎很奇怪。《礼记·少仪》载:"有贰车者之乘马服车不齿。观君子之衣服,服剑,乘马,弗贾。"有贰车[③]的人,不能问为他驾车的马的年龄,也不能检查它牙口;观看君子的车马以及他的衣服和佩剑,也不能谈论它的价格。这个礼俗里包含有等级意识,并且是破落贵族的虚荣心在作怪;但也带有要尊重人隐私的意思,是一种礼貌的表现,就像西方文明中的不要打听别人的工资、不要问女士的年龄一样。这也是在一定的社会制度和现实生活条件下所形成的习俗,有一些背景信息可寻。

---

① 连宗教也得与"孝道"妥协,遑论其他!观佛教之中国化与《圣经》之早期翻译便可知。

② 见《礼记·檀弓上》。

③ 贰车,即随从车辆。

如果说上述的礼俗还有一定的理据的话，那么下面这些习俗看起来就似乎是无理性的了。“诸侯行而死于馆……士死于道，则升其乘车之左毂，以其绥复。”“大夫、士死于道，则升其乘车之左毂，以其绥复”[①]。古人无论国君还是士、大夫半路死在车上，都要将车子左边的车毂升起，然后拿着死者所用的绥回去报告。这就有点像今天公路上出了车祸，要保持现场，报告交警和当事人家属一样。但为什么要升起左边的车毂呢？这问题实在无解。古人乘车“尚左”，就是以左边的位置为尊贵，除了在战场上国君或元帅要居战车之中以便击鼓挥旗指挥外，其余都要“尚左”。如《史记·魏公子列传》载：“坐定公子从车骑，虚左，自迎夷门侯生。”杨子《法言》说茅焦死谏，使始皇“奉虚左之乘”以迎其母；《说苑》也说“秦王乃自驾千万骑，虚左自迎太后”。这是一条特殊的习俗规则，因为古人在其他场合都是“尚右”，独独乘车“尚左”。可能因为古车的驾驶员要居中，而右边是骖右，即负责扶持尊者的人所居，因而尊者只能居左。但为何尊者一定要居左而骖右只能居右呢？如果说这样便于骖右扶持尊者，但情况恰恰相反，因为骖右居右边，要用左手才能扶持尊者，而一般的人都是用右手做事更方便，除非骖右个个都是左撇子才能讲得通。也许是战争的需要造成的习惯，但战争时最尊者如国君和元帅都是居中而不居左，并且何以规定“戎右”即“车右”不能在左边战斗呢？这些疑问也无从索解。所以“乘车尚左”这条潜规则是无理据的习俗。习俗一旦形成，就普遍化了，要改变是很难的。

古人登车不能当众，尤其要避免在尊者面前上车；但尊者上车时，众人也要避开。《礼记·曲礼上》载：“君车将驾，则仆执策立于马前。已驾，仆展軨。效驾，奋衣由右上，取贰绥；跪乘，执策分辔，驱之五步而立。君出就车，则仆并辔授绥，左右攘辟。”[②]这是国君登车前仆御的准备动作，包括展軨、效驾、御者上车、试运行、授绥等程序。仆授绥，国君执绥登车时，陪侍左右的人员都要回避。

尚秉和先生在其所著《历代社会风俗事物考》中曾引王莽在太后前攻击淳于长骄佚无礼，其中罪状之一就是“对莽母上车”[③]。王莽母亲是淳于长的舅母，属于尊者。颜师古注曰：“上车当于异处，便于前上，言不敬。”于是淳于长被免职罢官。

---

① 见《礼记·杂记》。

② 展軨，检查车轮、车辖头；效驾，报告准备完毕；绥，登车的拉绳，“正绥”为“车左”即尊者如国君等所用，“车右”和御者用的为“贰绥”。

③ 见《汉书·佞幸传》。

为什么不能当众上车,从来无人寻究其因,也不见典籍记载其故。笔者推测可能与古代的服装有关。秦朝以前古人的服装不论男女都分上衣和下裳,男人下半身所穿的“裳”,类似于今天女人穿的裙子的样式,这在今日的泰国和昔日的苏格兰也是如此,而不是今天的双筒有裆的裤子。有些学者甚至认为先秦时期的裤子没有像后代这样的裤裆,如许慎《说文解字》之解“绔”字及段玉裁之注认为“绔”(裤)是“胫衣”,即只是两条裤管而无裆,像现代女性的长统袜一样,从前称为“套裤”;有裆的叫“裈”,即西汉司马相如和卓文君私奔到四川去开酒店卖酒时所穿的“犊鼻裈”,但这“裈”又只有裤头而没有裤管。有些学者如王国维则不同意这个说法[1];今人更以《史记·赵世家》的“夫人置儿绔中”一语证古袴(绔)有裆。不管有裆无裆,是长是短,是“胫衣”还是“犊鼻裈”,即使内着有裆之裤,外面也还是要用“裳”覆盖之,就像民国时期的人们内穿西裤外面加罩长衫一样,使不外见,否则就近乎裸露身体般地很不文明。这是华夏文明的正统服装。仅仅着裤以为外服,那是“胡人”的服装,古代的华人是没有这样穿法的。华人有这种穿法是从战国中后期赵武灵王推行“胡服骑射”运动才开始的,但那也仅限于军队为了骑兵作战的方便而采取的权宜之计。王国维说:“此服(指“胡服”)之起,本于乘马之俗。盖古之裳衣本乘车之服。”[2]一般的人于平常的时候尤其是乘车外出时,是必定要穿“裳衣”的。古车较高(由必须拉着绥才能登车可以看出),如果当众上车,无论“裳”里穿的是长“胫衣”还是短“裈”,都极易走光暴露下体内裤,有失体统。若对着尊者上车,则是失礼不敬;若是尊者登车,被卑者看到,也不雅观。因此才有国君登车而左右攘辟,一般人也要避免在人前登车这样的习俗。这在《礼记》中也还可以寻出一些信息以资佐证:如“坐毋箕”“暑毋褰裳”等禁忌。至于战国赵武灵王“胡服骑射”时代之后还继续这个风俗,则完全是习惯作用。再次说明,这个解释纯粹出于个人推测。

第三节　男女乘车与授绥执绥习惯

男女有别在古代中国是一项严格的禁忌性规定。《礼记·王制》载:“道路,

---

① 王国维著:《观堂集林》,中华书局,1959 年。

② 参见《观堂集林》卷二十二“胡服考”。

男子由右，妇人由左，车从中央。”男女走路要分左右各走半边，车子在路中央行驶。但要同一车呢？古代有时也免不了男女同车。春秋时期男女同车的现象还不少，《诗经》中就有“有女同车”的诗。女子乘车同样是居左边。我们已经知道左边是尊位，可见古人在乘车时也是很尊重女士的。可是古代驾车的都是男人，这时“男女有别”的禁忌就要求驾驶员要用左手操“方向盘”了。《礼记·曲礼上》载：“仆御、妇人则进左手、后右手。”驾驶员在中间，妇人在左边，如果驾驶员出右手操缰绳驾车的话，那就会形成与妇人面对面的情形，除非是恋人关系，否则便很尴尬。为了避嫌，改为出左手揽辔驾车，为了不违背“男女有别”的礼教，只好背对着妇人了。

与御妇人相反，“御国君，则进右手、后左手而俯”[①]。因为面对国君驾车为尊敬，而背对国君为不恭，进右手就面对国君了。

古人登车必授绥、执绥，这也是车礼的一个礼节。绥是帮助上下车用的绳索。《礼记·少仪》载：“仆于君子，君子升下则授绥。”仆作为名词即御者，作为动词即指驾车。古代驾“乘车”[②]的御者都有一定的级别，受过专门的训练，一般都由士一级的人担任。“仆于君子”即为君子驾车的御者，有义务向上下车的君子递绥，并用力帮助拉升。《礼记·曲礼上》载：“凡仆人之礼，必授人绥。若仆者降等，则抚仆之手，必授人绥，不然则否。若仆者降等，则抚仆之手，不然则自下拘之。”如果授绥者地位等级比受绥者低，那后者就可以接受前者的授绥，否则就应表示辞谢；但即使御者的地位等级比受绥者低，受绥者在接受绥时也应当用手抚止一下御者的手，以示谦让之道，然后受绥登车。如果御者不比受绥者的地位等级低，虽然受绥者表示不欲接受前者的授绥，但对方坚持一定要授，那么就退手从御者的手下自己拘取绥索登车，以示客气。《礼记·昏义》记古人结婚迎亲时，新郎要亲自为新娘驾车并向新娘授绥：“出御妇车，而婿授绥，御轮三周。”可见授绥是很受古人重视的一个乘车的礼节。《左传》载：“僖公三十三年春，秦师过周北门，左右免胄而下。超乘者三百乘。王孙满尚幼，观之，言于王曰：‘秦师轻而无礼，必败。轻则寡谋，无礼则脱，入险而脱。又不能谋，能无败乎？’”秦师无礼即表现在“超乘”上。“超乘”即直接从车下跳上车，近乎

① 见《礼记·曲礼上》。

② 指载人的车，相对于载货的牛车、“役车”等。

作秀般地表现了秦国军士的“轻功”。史传为何突出“超乘”这个现象，王孙满为何批评它呢？前人对此语焉不详。我想就是因为它脱略了授绥、执绥这个礼节，因此才被讥为“轻而无礼”。这个“轻”不是指“轻功”，而是“轻率”无礼的表现。秦国军队果然惨败。

上车后仍需手不释绥，以保持身体不倾堕，因为古代除了女人可以坐着乘车外，男子一般是站立着的①，所以《论语》说：“升车，必正立，执绥。”

在车上的举止行为也有许多规仪礼数。《礼记・曲礼上》载：“车上不广欬，不妄指。立视五巂②，式视马尾，顾不过毂。”在车上不要发出很大的咳嗽声，也不要用手乱比划，以免骇人视听，影响驾车。视线也要有一定的范围，乘车站立视线半径为“五巂”。我们已知道古车轮子直径是六尺六寸，按“径一周三”之比，轮周为十九尺八寸，再乘以五，为古尺九十九尺；六尺为一步，大概在十六步左右，约合今二十米。如果要行式礼时，则要俯首，目光就必须注视车前的马尾上。转头时视线也不能超过车毂。这简直就是《论语》“非礼勿视、非礼勿听、非礼勿言、非礼勿动”在车礼实践中的翻版。

第四节　不容忽视的式礼

车主遇到该行礼的对象场合时必须行式礼，即低头抚轼，以示敬意。除了兵车不要行式礼外③，乘车要行式礼的对象场合很多：遇到老年长者要行式礼（“君子式黄发”），进入社区或乡村大门必须式（“入里必式”），过贤者住的地方也要式④，遇到悲哀之人事要式⑤，遇稠人广众甚至二三人以上也要式，过墓地或逢祭祀要式⑥，甚至遇到“斋牛”⑦和“路马”⑧也要式。《礼记・曲礼上》载：

---

① 也有极特殊的“安车”可卧可坐，秦陵二号坑出土的铜车马就是，但那是供特殊的人如秦始皇一类使用的。《宋书・礼志》载：“凡妇人车皆坐乘，故《周礼》王后有安车而王无也。汉制乘舆乃有之。”

② 巂：古通“规”，意为车轮转一周。“五巂”即车轮周长的五倍。

③ 《礼记・曲礼上》：“兵车不式。”《礼记・少仪》：“武车不式”“乘贰车则式，佐车则否。”佐车即兵车。

④ 如魏文侯式段干木之庐，见《史记・魏世家》，《新语・本行》作“魏文侯过其闾而轼之”。

⑤ 《礼记・檀弓下》：“孔子过泰山侧，有妇人哭于墓者而哀，夫子式而听之。”

⑥ 《礼记・檀弓下》：子路曰：“吾闻之也，过墓则式，过祀则下。”

⑦ 即用于祭祀而受斋戒之礼的牛。

⑧ 驾国君辂车的马。

"国君下斋牛，式宗庙。[①] 大夫、士下公门，式路马。"车主抚轼行式礼时车右要下车，位尊者抚轼时位卑者要下车："国君抚式，大夫下之。大夫抚式，士下之。"[②]车右下车走到马前面一段的地方慢慢地倒退，使车马缓缓行进以示敬意。行式礼时车不但要减速，而且常常要停下车来。在有些场合甚至连车主也必须下车步行，如上引"国君下宗庙，大夫士下公门"就是。著名的"夜车止阙"故事生动地描述了"大夫士下公门"之礼：

> （卫）灵公与夫人夜坐，闻车声辚辚，至阙而止，过阙复有声。公问夫人曰："知此谓谁？"夫人曰："此必蘧伯玉也。"公曰："何以知之？"夫人曰："妾闻：礼下公门式路马，所以广敬也。……蘧伯玉，卫之贤大夫也。仁而有智，敬于事上。此其人必不以闇昧废礼，是以知之。"公使视之，果伯玉也。[③]

国君遇见臣民也有下车行礼的，虽然罕见，但也不是完全没有。《盐铁论》卷四"贫富"条载："晋文公见韩庆下车而趋。"不但下车，而且还"趋"！"趋"是少见长、下见上、卑见尊时少、下、卑者朝长、上、尊者加快步伐行走的行为礼。晋文公为何对韩庆行此异数之礼？据《盐铁论》中的"文学"说："以其富于仁，充于德也。"在这句话前面"文学"还特地强调说："非以其财多。"晋文公是个提倡以德服人、以德治国的贤君，他为了表达对韩庆"富于仁，充于德"的敬意，竟然以这样的车礼来提倡"以仁德为财富"的价值观，虽然这样的式礼行为极罕见，但却是非常有可能的。式礼是古代行车主体用来表达对值得尊敬的贤德之人和事情的敬意的，但对于有违式礼精神的对象则不这样做。《说苑》卷四"立节"说："楚伐陈，陈西门燔，因使其降民修之。孔子过之，不轼。子路曰：'礼过三人则下车，过二人则轼；今陈修门者人数众矣，夫子何为不轼？'孔子曰：'丘闻之，国亡而不知，不智；知而不争，不忠；忠而不死，不廉；今陈修门者不行一于

---

① 按，据《周礼·夏官司马》"凡有牲事，则前马"句郑注及贾疏，则此文有误，应作"国君下宗庙，式斋牛"。

② 《礼记·曲礼上》，郑注贾疏释"凡有牲事，则前马"句，谓国君乘车见斋牲行式礼时，车右（在这里是"斋右"，此外还有"戎右""道右"）要下车。

③ 刘向：《列女传》卷三"卫灵夫人"。

此，丘故不为轼也。'"对于精神奴隶，先秦儒家认为即使人再多，也没有必要向他们行式礼。

《史记·万石张叔列传》[1]记载了万石君的一则家教故事：

> 万石君徙居陵里。内史庆醉归，入外门不下车。万石君闻之，不食。庆恐，肉袒请罪，不许。举宗及兄建肉袒，万石君让曰："内史贵人，入闾里，里中长老皆走匿，而内史坐车中自如，固当！"乃谢罢庆。庆及诸子弟入里门，趋至家。

万石君石奋的小儿子石庆官至内史，掌治京城，相当于今天的北京市市长。他有一次喝醉酒进入自家社区的大门时，忘记了下车，而直接开车进去。这事被平时"过宫门阙必下车趋……见路马必式焉"的万石君听说后，便开始绝食。这是万石君教育子弟的特别方法，他并不斥责犯错误的子弟，只是自己"对案不食"，用这种自虐的绝食来无声地抗议有过失的人。石庆害怕了，于是脱去上身衣服请罪，但仍然没有得到他父亲的饶恕。最后全宗族人都来说情，石庆的哥哥也打赤膊求情，万石君才开口讥讽地说："内史真是贵人啊，车可以长驱直入闾里，里中长老都被吓得躲闪不及，而内史大人自由自在地坐在车中，你这样做得很对啊！"为了这事，万石君亲自向朝廷谢罪并请求罢免石庆的官职。从此石庆和其他子弟都不敢再犯了，一到社区门口就下车，快步走回家。大概是因为经过了这件事之后为人做事尤其是乘车变得特别小心谨慎的缘故吧，石庆后来又被朝廷任命为太仆，为皇帝乘"大驾"时的专职驾驶员，并负责掌管皇帝的车舆马匹。有一次开车时皇帝问驾车的马有几匹，石庆认真地用马策数了数后回答说"六匹"（这证明古代真有"天子驾六"之事）。其实拉车的马是六匹对于太仆石庆来说应该是闭着眼就知道的事，但他还是很认真地数了一遍才回答，可见式礼事件对他的教训之深。后来石庆和他的父兄一样，位居九卿之列，最后还当上了丞相。石家一门皆以驯行孝谨著称，父子五人皆官至"二千石"，所以汉景帝称石奋为"万石君"。万石君教子的故事告诉我们两件事：一是"入里必式"和"入闾下车"的车礼在古代确实是得到了高度的重视和实行；二是这套调

① 《汉书·万石卫直周张传》记载亦同。

控性车礼的贯彻实行除了事先的必要培训[1]之外，平时主要靠的是社会舆论的监督和家庭教育的压力养成的道德自觉和开车习惯。

这样不时地行式礼的车文化，客观上也起到了类似于今天红绿灯调节行车交通秩序的功能。这势必放缓行车的速度，但也缓和了与路人的紧张关系，有助于"入国不驰"[2]这样一条禁令的实施。

中国古代的车礼中，不但包含政治体制性、制度性的硬规则，而且包括了社会风俗习惯如在行车过程的式礼等在内的"软规则"，这些古代车文化中的"软规则"散发着良风美俗的馨香，寄托和推广了尊贤、敬老、重德、爱人的价值观，彰显出"礼仪之邦"车文化的文明风范。

① 如《左传·成公十八年》所载的"栾纠训诸御知义，程郑训群驺知礼"。

② 见《礼记·曲礼上》。

第七章　车礼的符号学分析

《后汉书·舆服志》载："舆方法地，盖圆象天；三十辐以象日月；盖弓二十八以象列星；龙旂九旒，七仞齐轸，以象大火；鸟旟七旒，五仞齐较，以象鹑火；熊旗六旒，五仞齐肩，以象参、伐；龟旐四旒，四仞齐首，以象营室；弧旌枉矢，以象弧也。"

把车的各个部分及装饰类比于宇宙星象，这在今人看来未免太夸张了。但古代儒家受阴阳五行、天人感应学说影响的世界观就是这样，而且是把宏观世界和微观世界直接对应起来。这样的象征当然显得大而无当，因为它膨胀得像个巨大的肥皂泡，就类比来说也是不"可持续发展"的虚幻泡影。好在史笔的重点还是落到实处："自是以来，世加其饰……尊卑上下，各有等级。"[①]这才说到要害。车子的象征功能或符号意指就是它的等级性。

我们这里考察的对象是车礼的支撑物即装饰物。因此，最低级的车不提。最低级的车当然是不入流的"体制外"的车，即老百姓（包括有钱的商人在内）用的车，那是最简单的没有也不许有任何装饰的车，不妨称之为"裸车"，因此自然被排除在论域之外。为了集中扼要起见，先秦以前的车服制度尚未充分发展，级别划分太粗略，我们也截去不提，只取汉代以后至唐宋这期间车服制度最发达成熟阶段的记录为对象。我们也省略女车不提，只依男性官车系统来做一番考察。

---

① 见《后汉书·舆服志》。

古代车服制度的基本原则中有一条特殊原则是“上得兼下，下不得拟上”[①]。就是说上级可以乘坐所有下级所乘坐的车，而下级不可以乘坐上级所乘坐的车。但又有“夫礼穷则通，下得通于上也”[②]之说。这后一条其实是属于破格的例外赏赐，所以不能作为原则对待。它们听起来简单，但实际上都给今人了解古代车文化中的等级制度造成很大的混乱；加上史籍在这方面的记载并不完备和准确，特别是关于车礼的支撑物与各个等级之间的对应关系，史籍缺乏明确、统一的记载，研究起来相当复杂；而要捕捉各个级别车之间的区别性标志即支撑物这个剩余物也相当困难。笔者花了不少时间进行研究整理，才初步有了一点头绪。

第一节　从帝车的五辂说起

我们的研究首先直接从最高级的车开始。

古代最高级的车自然是帝王的车。我们已经知道，帝王之车有五辂：玉辂、金辂、象辂、革辂、木辂。五辂分别因装饰材料的不同而得名。玉辂就是以玉装饰的车，金辂就是以铜装饰的车[③]，象辂就是以象牙装饰的车，革辂包以皮革，唯木辂最简单，仅将木车油漆而已。五辂除玉辂为天子专用的车名外，其余四种因用途场合不同的命赐而为天子与诸侯共享之车。这五辂车上树立着不同的旗帜，而有不同的用途：“玉路最尊，建太常，十有二旒，九仞委地，画日月升龙，以祀天。金路建大旂，九旒，以会万国之宾，亦以赐上公及王子母弟，象路建大赤，通赤无画，所以视朝，亦以赐诸侯。革路建大白，以即戎兵事，亦以赐四镇诸侯。木路建大麾，以田猎，其麾色黑，亦以赐藩国。”[④]玉辂最尊贵，是在天子祭祀天地时乘坐的，车上插着“太常”旗，旗上画有日月龙图案，旗的边缘缀有十二条流苏状的饰物（即旒）悬垂至地，旗杆高九仞[⑤]；金辂是会见外国来宾时乘坐的，也可以用来赏赐王室成员及上公，车上立着画有交龙的“大旂”旗，缀有九条旒；

① 《新唐书·志第十四》引唐武德四年“车服令”；《元史·志第五十三》作“上得兼下，下不得僭上”。

② 见《隋书·礼仪志》。

③ 古代的“金”主要是指铜，也泛称金属。

④ 见《晋书·舆服志》。

⑤ 仞是长度单位，一仞八尺，或曰七尺、五尺六寸、四尺等，说法不一。

象辂是天子上朝时用的，也可以赏赐诸侯，车上的旗叫“大赤”，是一面红旗；革辂是戎车，古代以革制甲，故戎车亦称“甲车”和“革车”，天子所乘曰革辂，可以赏赐诸侯，天子或诸侯国君上战场时便乘革辂，车上插的是一面白色的“大白”旗；木辂是打猎时用的车，也用以赏赐藩属国，车上插的是叫作“大麾”的黑旗。

皇帝乘车有许多特权：

一、垄断性。这是指乘车幅度而言。根据“上可以兼下，下不可以僭上”这条原则，皇帝是最高级别的“上”，从理论上说，他当然可以不受限制地乘坐所有级别的车子，直到平民百姓之车——只要他愿意乘坐；但实际上皇帝乘坐的车子向下延伸的幅度还是有一定限度的，始终保持在体制内高级别层次范围。但即使这样，皇帝乘车的幅度还是最宽的，其他人都只是占有更小的一部分。皇帝因公出行真正乘坐的车是五辂及其副车加上“耕根车”，日常乘坐的车主要有“金根车”“安车”及“四望车”。此外还有一些偶一乘之的车如“羊车”之类，因其“无制”，也就不列入比较考察的系统之内了。

二、排他性。上述的车中有许多是可以与别人分享或共享的，如金辂、象辂、革辂、木辂，但有两种车除外，即玉辂和“耕根车”——那是绝对只有皇帝才能拥有的“禁脔”，甚至它们的名称也不许分享。此外尚有特殊的仪式车如指南车、记里鼓车、鸾旗车、辟恶车、皮轩车、豹尾车等，其本身就是组成天子车队的标志车，因此也是天子专用的车，别人不得使用。

上述这些独占性车除了玉辂之外，皆属于仪式车的另类；由于其独占性带来的独特性过强，缺乏可对比性因而构不成系统。只有玉辂与其他四辂和“安车”“四望车”等组成了有层次的系列，才是具有可对比性的符号系统。

三、独尊性。五辂中其余四辂是可以与他人共享的，只有玉辂是皇帝专用的，是皇帝车辂中的最高级，当然也是所有车的最高级，可以作为皇权独尊性在车文化中的象征。但是它的最高级和独尊性并非仅仅依靠独占作为单独玉辂车实体和符号的简单排他性取得的（否则“耕根车”等也可以跻身于最高级车了），而是来自于它在系统中与其他符号对比或对立所形成的系统特殊性或曰“系统质”。这个系统特殊性或“系统质”在这里就是玉辂车上的某种装饰性成分，正是它支撑起了象征皇权的意指。

这个象征皇权的“系统质”究竟是什么，前人没有明确指出，要靠我们自己去寻找。我们发现有两种不同系列的五辂：一种是封闭性的，主体只有皇帝一人，而五辂之间为平等、平行的关系；另一种是开放性的，主体涉及体制内多个等级的角色：皇帝、太子、王公大臣等，这后一种五辂，它们之间的关系是垂直而不平等的。我们把前一种封闭性的系列称作“五辂 1”，把后一种开放性的系列称作“五辂 2”。我们要继续考察的主要就是“五辂 2”这种向下延伸开去的王公大臣以下的等级系统车制。为了节省篇幅和避免文字叙述的复杂性，现将封闭和开放的两个系统即“五辂 1”和“五辂 2”重叠在一起，制作了一个五辂车制图（见下）：

五辂等级系统车制图

级别	车名	支撑物	皇帝辂车标志
皇帝	玉辂	以玉饰诸末、青质、驾六马、象镳镂钖、樊缨十有再就、金鍐方釳、插翟尾，黄屋左纛、龙首衔轭，左右吉阳筩，鸾雀立衡，檏文画辀，辕皆曲向上，文画辕及轓。金薄缪龙，绕之为舆，倚较，较重，文虎伏轼，重箱盘舆，金凤在轼前，二铃在轼。两箱之后，皆玳瑁为鹍翅，加以金银雕饰，重毂副牵。轮皆朱班重牙漆轮，贰毂两辖，三十辐，法月之数；以赤油，广八寸，长三尺，注地，系两轴头，谓之飞軨。斜注旂旗于车之左，又加棨戟于车之右，皆橐而施之。棨戟韬以黻绣，上为亚字，建太常，十有二旒。画日月升龙，九仞曳地，旗首金龙头，衔结绶及铃緌。青羽盖，金华爪，黄为里，谓之黄屋。金华施橑末，橑二十八以象宿	相对于“五辂 1”中其他四辂车的特质：玉饰、青质、太常
皇帝、皇太子、王子、母弟、同姓王公	金辂	金饰诸末，以赤为质，驾用四马，镂钖，繁缨九就，金鍐方釳，插翟尾，建大旗，左建旗，降龙九旒，九斿，旗首金龙头，衔结绶及铃緌。右载阘戟青盖，黄屋，朱盖黄里，金华施橑末。朱斑轮，轮画朱牙。重较，倚兽较，伏鹿轼，画轓，箱画檏文鸟兽，金涂饰。朱画辕，龙辀。设障尘。金凤一，在轼前。八銮在衡，二铃在轼。亲王金辂，以赤为质，降太子一等。去盘舆重毂，辕上起箱，末以金饰，旒长七仞，七旒，驭士一十八人，而“皇嫡孙金辂，绿质，余同于亲王”	相对于“五辂 2”的特质：驾六马、樊缨十有再就。旗十有二旒、升龙

续表

级别	车名	支撑物	皇帝辂车标志
皇帝、皇太子、亲王、异姓公侯、一品	象辂	以黄为质,象饰诸末。朱繁缨五就,建大赤,左建旌。“天子旌高九仞,诸侯七仞,大夫五仞。画绿麟,右建闟戟。驾黄鵕。……皇太子乘象辂,校饰如御,旂旗九斿降龙。……象辂制鸾辂,驾三,左右騑,朱班轮,倚兽较,伏鹿轼,九斿,降龙,青盖,画轓,文輈,黄金涂五末。一品九旒,二品八旒……其鞶缨就数皆准此。余同金玉辂。”	同上
皇帝、四卫(蛮服以内四方诸侯守卫者)、侯、伯、二品、三品	革辂	朱色为质。龙勒,絛缨五就,朱盖,建大白,左建旃,通帛为之,旗旃皆赤。其旒及樊缨就数,各依其品。……三品七旒……其鞶缨就数皆准此。余同金玉辂	同上
皇帝、九州之外藩国、子、男、四品	木辂	黑质,缁樊鹄缨建麾,驾士十四人。四品六旒,其鞶缨就数皆准此。余同金玉辂	同上

注:为求简明起见,上表是按魏晋以后迄隋至唐宋的九品制度(略去后魏以后的从品及南北朝的十八班制)而作,因此汉晋的“石禄”制度和“安车”、辂车等就没有出现在表中。

帝车的“系统质”就是表中最右边一栏“皇帝辂车标志”下的内容。

古代王公大臣以下的车制比五辂车制更复杂,这除了“上得兼下,下不得僭上”原则和“礼穷则通,下得通上”造成混乱之外,历代的官制不同也是个重要原因。先秦以前比较简单,虽有公、侯、伯、子、男五等爵之分,但实际行政性质的级别只有公、卿、大夫、士四级制:“孤乘夏篆,谓五色画毂约也。卿乘夏缦,夏缦,亦五采画,无篆。大夫乘墨车,墨车,不画,但以漆革车而已。士乘栈车,不革鞔而漆也。”[①]秦代的“二十等爵”因祚短而未形成车服制度。到了汉代,与农业社会和农民政权相适应,行政系统的官员等级变成了按实物(谷物)工资制来划分的“石禄秩”,从一百石(百石下还有不入流的“斗石”“佐吏”)到二千石、中二千石

① 见《通典·礼二十五》。

不等(王公及大将军不在此限)。而车制也随石禄官秩而有不同规定。从皇帝、太子、王、侯至三公九卿皆可乘“安车”。如皇帝乘坐的“安车”“立车”,“轮皆朱班重牙,贰毂两辖,金薄缪龙,为舆倚较,文虎伏轼,龙首衔轭,左右吉阳筩,鸾雀立衡,樉文画辀,羽盖华蚤,建大旂,十有二旒,画日月升龙,驾六马,象镳镂钖,金鍐方釳,插翟尾,朱兼樊缨,赤罽易茸,金就十有二,左纛以牦牛尾为之,在左騑马轭上,大如斗,是谓德车①。”这就与五辂实质上没有多大区别,处在同一个水平。公、侯的“安车”虽然也“朱班轮、倚鹿较、伏熊轼”,但“皂缯盖,黑轓,右騑”,已有了明显区别;中二千石、二千石级别的“安车”已没有了“倚鹿较、伏熊轼”的明文,但还能享受“皆皂盖,朱两轓”的待遇;而到了千石、六百石时,则只能“朱左轓”,而且轓的长宽尺寸都有规定限制②。

至于轺车,汉代轻之而晋以后重之,从皇太子直至七品的县令都可乘坐。隋唐以后为五品以下官员之乘,但太子五日常朝及朝飨宫官,入学释奠、出入行道也乘之。皇太子所乘者,“金饰诸末,紫通幰,朱里。驾一马”③。而五品官乘坐的轺车“碧里青通幰”,还有马珂五子。六品以下的则“去通幰及珂”④。宋代七品县令乘的轺车“黑质,两壁纱窗,一辕,金铜饰,紫幰衣、络带并绣雉衔瑞草,驾二马,驾士十八人”⑤。但是后来也有人认为这样的车不适合县令乘坐。

此外还有所谓大车、皂轮车、通幰车、大使车、四望车等,名目繁多,或以常朝,或以加赐,级别装饰亦各不同,由于多为一时之制,无法统一,故从略。

综合上述各项及两种五辂系列总而言之,可以看出,其间有两个界限分明而又互相联系的系统:车的序列与官僚的等级。这二者之间由于没有做到严格的一一对应,因而显得有些混乱。但其间具有强烈的秩序意指关系是毋庸置疑的。我们从符号学观点来透视就会看得更清楚。

---

① 见《后汉书·舆服志》。德车,五辂中除革辂外的辂车;杜佑《通典》又谓“乘舆”“金银”“安车”“立车”为德车。

② 见《后汉书·舆服志》。

③ 见《通典·礼二十五》。

④ 见《新唐书·车服志》。

⑤ 见《宋史·舆服志》。

第二节　从符号学的观点看车礼支撑物与等级制度的关系

按照符号学理论，符号包含能指与所指，二者的结合就是符号，而结合这二者的是意指。我们可以简化地从整体上把车看作能指，把等级性看作是所指。这个意指作用就是通过符号学的支撑物来实现的。我们不妨依照著名的符号学家罗兰·巴特的做法，将车符号的能指划分为三个要素：对象物、支撑物和变项。支撑物一变，意指作用的对象即能指和所指也皆变。可以说正是支撑物的变化掌握着意指的权力。譬如，如果将王公所乘辂车的装饰物由金或象饰改为玉饰，那么它在名称上就不能再称作金辂或象辂，而这个能指就很可能包藏着车主图谋不轨的野心；相应地，在信息接收者一方也自然视之为犯上作乱的证据，将它解码为“车主想当皇帝”，即所指。这些金、玉、象、革之类的装饰物都是所谓的支撑物，而“饰品”就是它们的类别或属项。变项包括了很多属项（即“类项的种类”），除了“饰品”变项之外，还有颜色变项、质料变项、量度变项、关系变项等。每一“类项的种类”里都聚集着许多既相似而又相异的类项，如“赤质”“青质”“十二旒”“九旒”“驾六”“驾二”等，组成可彼此替代、互相竞争的系统。只要能指中的支撑物被同系统的另一个类项取代，就会导致与上述符号中能指与所指的类似改变。如数量变项：支撑物的旗帜由“七旒”变为“九旒”，这个能指的变化相应地在所指方面就意味着职位等级的上升。颜色变项：车轮涂漆上红色，那就是打上了贵族车的标记，意指王公以上的车；如果将车厢涂漆成红色，是二千石；只有一边涂漆成红色而另一边没有上色，则是六百石至一千石。质料变项：车盖材料采用翠鸟的羽毛做的、锦织品做的、缯做的、布做的，就分别意指皇帝、王公、大臣和低级官员。这些都是属于简单的有无、是或不是之类的存在变项。五辂中的大部分支撑物属于存在变项，但也有极少一些关系变项如“斜注旂旗于车之左，又加棨戟于车之右”之类。为了帮助读者简明扼要地理解车符号，我们还是选择一些项例诉诸一目了然的表格。以下是笔者花了不少时间创编的“车礼符号意指表”。

车礼符号意指表

类项	变项	常项											
		皇帝	太子	诸王	公侯、万石、一品	二千石、二品	千石、三品	八百石、四品	六百石、五品	五百石、四百石、六品	三百石、七品	二百石、八品	百石、九品
玉	存在	+	-	-	-	-	-	-	-	-	-	-	-
旒	十二	+	-	-	-	-	-	-	-	-	-	-	-
左纛	存在	+	○	○	-	-	-	-	-	-	-	-	-
重轮	标记	+	○	○	○	-	-	-	-	-	-	-	-
羽盖	择定	+	○	○	○	-	-	-	-	-	-	-	-
皂缯盖	择定	-	-	-	+	+	+	-	-	-	-	-	-
皂布盖	择定	-	-	-	-	-	-	+	+	+	+	-	-
白布盖	择定	-	-	-	-	-	-	-	-	-	-	+	+
偏幰车	标记	-	-	-	-	-	-	+	+	+	+	-	-
朱轮	标记	+	+	+	+	-	-	-	-	-	-	-	-
文校轼	标记	+	+	+	+	-	-	-	-	-	-	-	-
文辀	标记	+	+	+	○	-	-	-	-	-	-	-	-
朱轓	标记	○	○	○	-	+	-	-	-	-	-	-	-
朱左轓	标记	-	-	-	-	-	+	+	+	-	-	-	-
銮铃	存在	+	+	+	+	+	+	+	+	-	-	-	-
飞軨	存在	+	+	+	+	+	-	-	-	-	-	-	-
繁缨就	九	-	+	+	+	-	-	-	-	-	-	-	-
珂子	七	-	-	-	-	-	-	+	-	-	-	-	-
金鑁	存在	+	+	○	○	-	-	-	-	-	-	-	-
镂钖	存在	+	+	○	○	-	-	-	-	-	-	-	-

注:类项与变项构成能指,关系项与常项构成所指。符号"+"表示能指与所指之间存在意指的正相关;"-"表示负相关(即没有关系);"○"表示关系的不确定。由于篇幅限制,许多类项(如数量类项的旒)只能"肯定"(即选择)一个,余如"一品之旃九旒,二品八旒,三品七旒,四品六旒"之类皆略之,繁缨之就与珂等亦如之。

通过上表我们可以很容易直观地看到车礼支撑物与等级之间的大致对应关系。把握其意指的关键在于变项。变项包括两个方面:一个是类项的变化,一个是变项自身的变化。前一个是指内容(变项是以类项变化作为自己的内容），后一个是指形式（变项的变项）。变项的意义是：该项是可改变的，虽然现在它以在场的状态出现，但无论从形式还是内容来看，都只是一种临在（暂时的存在），在它的背后还隐藏埋伏着一系列同系统的候选梯队成员，虽然它们现在不在场，但它们都是随时准备竞争上岗的伙伴，只要编码主体一声令下，其中某一成员立即上前替换。类项变化决定意指的变化，这在变项的前一方面即内容变化上表现得尤其显著，无需详说。这里着重谈谈后者。从表中我们可以领会到，只要变更变项自身，也会立即引起能指和所指的改变。譬如把类项繁缨就数的变项"九"改为"十二"，其所指就由太子、王公的车上升为皇帝乘坐的车了。如果我们把类项玉或金鍐的存在否定掉即把"有"换成"无"，那么这部车的车主即皇帝或太子地位的肯定性就立即崩溃了。如果把"朱左轓"的变项"标记"（"标记"在此作动词用）取消，那么它具有标志三、四、五品的强调性功能也就消失了，而转变为其他品级的车。如果一部车的变项"择定"（即类项肯定）的是"白布盖"，那它在正常情况下①就不属于中高级官员车的符号；反之，如果对"白布盖"不"择定"，而是红色、黑色甚至是黄色等车盖颜色被"择定"，那么这部车的车主级别不是八、九品的低级官员则是绝对无疑的！

第三节　车礼支撑物与官本位文化

变项是选择的结果。选择意味着自由。自由是变化的条件。在没有自由的地方是谈不上什么选择的，也就没有多少变化。自由、选择、变化是与事物的多样性、多元性并存的。在商品匮乏年代购物，只要有需要的东西就买，也无二价，不存在"货比三家"的选择问题，所以购物过程大大缩减。但这个情况的类比只能到此为止，因为如今人们在真与假、优与劣、贵与贱等方面可选择的类项实在太多，以至于购物已成为一种负担而不是乐趣了。购物的情况使我联想起了写作（至少是我自己）的某些情形：当一个人处于中小学水平时，由于词汇量掌握得不多，选择较易，写作的速度往往很快，一篇文章一挥而就，大有"下笔千言，倚马可待"之势，然而那文章的价值也就可想而知；到了大学毕业读研究生时，看的书多，词汇量自然也多了起来，但写作的速度反而慢了下来。为什么呢？因为这时语言的"纵聚合轴"上聚集了很多可供选择的词项，作者必须在各种同义词、近义词的细微差异间进行辨别与决定。选择很费时间，需要反复琢

---

① 因为尚有"上可兼下"的特殊原则。

磨、推敲，下笔踟蹰，写作的时间明显拉长，过程也较痛苦，古人有“两句三年得，一吟双泪流”之喻，但这样的文章其质量与价值也往往相对较高。

政治文化与中国古代车文化的密切关系从上表可以一眼看出：常项中的官僚体系就是车礼符号的所指。那么是否可以根据上述车礼符号意指表中类项变化之多样性、变项之多元而逆推出中国古代君主专制社会的政治生活是自由的、人们对物质文化包括车文化的选择是出于自己意志的？不！这二者之间不能画等号。恰恰相反，这里根本不存在什么真正的选择自由，其变项是伪变项，类项变化是彻头彻尾的假象！首先，选择的权力不在车主，控制变项的主体已经完全客体化为车符号的一部分（角色化）。其次，决定类项变与不变的是意指，但意指源自于车系统之外的决策集团。这个意指在这里就是统治阶级的意志、等级意识、礼制观念。这些车礼支撑物已被意指编码者先验地确立为皇权等级的对应物。类项变化不是自由选择的结果，因为它们不是约定俗成的契约，而是单方面专断的编码，而且这种编码还是强编码。车语言本来就是一种制度化的语言，是少数决策集团单方面专断决定的，车主事先并不参与制车集团的决定，事后的“言语”（自由组合）权力也被剥夺殆尽。现在又在这个实用功能性语言的基础上“发展”出一种政治文化语言，将支撑物与官僚等级捆绑在一起，让车符号的所指直接等同于等级关系，形成双重强编码，致使原本就很匮乏的言语组合更加雪上加霜，选择自由降到了零度。这样，原来代表意指流动的类项变化就完全停滞，被固化为层级，转而代表官僚体制，成了等级系统的同构物。人不能自由地选择车，却只能被动地在固化了的车文化层级阶梯中上下移动。这就出现了一个奇怪的现象：其实车的类项变化（变项）是永远固定不变的，类项代表着不变的等级制度，来去变化的只是具体担任官僚角色的个人。《〈后汉书·舆服志〉注》记载的一个故事足以说明这个现象：一位州刺史①行部视察，因自己发车晚而迁怒于州别驾②孔恂，欲撤去别驾车上的车礼支撑物“屏星”作为惩罚。孔恂说，屏星是国之旧仪不能毁坏，“别驾可去，屏星不可省”，于是辞职而去。那个刺史追悔道歉不叠，但孔恂一去不回，“于是遂不去屏星”。别驾角色的承担者可以来去流动，但别驾级别的符号“屏星”这个支撑物不可变。一方面是固化的车序列所代表的官员职务、角色、级别不变；一方面是担任官僚职务、角色的个人孔恂们的改变。这虽然显示出有限范围的阶梯式社会流动，但这种社会流动不但没有改变车礼支撑物的性质，反而强调了车文化制度

① 刺史之职在汉代其官秩仅六百石，约合后来的五品官级。

② 别驾相当于六品。

语言的专断特征，加强了车礼支撑物的等级性。

我们知道，等级性是礼制的硬核。所以车礼和它的支撑物这个符号的最终意义所指向的正是礼制的核心。车礼支撑物成了礼制的载体，它是支持等级制度的符码。而礼制是君主专制制度赖以存在的基础。这就是为什么毫无实用价值的车礼支撑物越到后来越繁荣的秘密，而车礼形式具有重要象征功能的答案也就在已经笔者解码过的符号和详加阐释的过程之中。

古人认为礼是经天纬地、齐家治国平天下的最重要的法则，为人处世的准则，道德和社会行为的规范。而车作为礼的载体，自然忽视不得。《宋史·舆服志》则说："昔者圣人作舆，轸之方以象地，盖之圆以象天。《易传》言：'黄帝、尧、舜，垂衣裳而天下治，盖取诸乾坤。'夫舆服之制，取法天地，则圣人创物之智，别尊卑，定上下，有大于斯二者乎！"把车的作用夸大到这种地步，与礼互为表里、体用不分，甚至直接取代礼而发挥"别尊卑，定上下"的作用，成为礼的修辞学的"指代"或符号学的"代指"①。所以古人非常认真地对待车上的这些符号。

历代的《舆服志》都重复着这句话："《书》曰：'明试以功，车服以庸。'"《后汉书》解释说："敬之者欲其尊严，不惮劳烦，相与起作舆轮旌旗章表，以尊严之。""夫礼服之兴也，所以报功章德，尊仁尚贤。故礼尊尊贵贵，不得相逾，所以为礼也。"《旧唐书》也说："车有舆辂之别，服有裘冕之差……于是典章兴矣。"而以《隋书》说得最直接："舆辇之别，盖先王之所以列等威也。"强调的就是车作为礼制的象征性符号功能。而要发挥车的这种"列等威"的象征功能，就必须要有与礼制相应的符码。这些符码就是车礼中的支撑物。随着社会角色在礼制中所占据的等级位置的高低的变化，其所拥有的车子也就要求这种符码即支撑物在数量和质量上作种种不同的相应变化，以彰显和强调礼制的等级性。而这些符码即支撑物只能通过增加附设的装饰物来实现。所以古代的官车就被这些装饰物弄得越来越踵事增华了。

车礼符号的这些特征不但强化了中国官本位制度文化，而且象征了中国文化主体与环境的关系。无论是第一环境（自然环境）还是第二环境（人文环境），中国古人大都不是积极主动地去努力改变环境，而多是被动、被迫地适应环境。这一方面养成了委曲求全、忍辱苟活的惊人生命力和坚忍不拔的性格，另一方面则削弱减损了改革创新精神。

---

① "代指"为笔者杜撰，因符号学有"能指"和"所指"故。

中国古代车文化的功能

第八章　壮哉万里帝王游

有结构就有功能。车文化最明显的功能之一就是“去远化”。从空间方面说,是缩短距离;从时间方面说,是提高速度。所以车文化的这个功能首先就施展在旅游这个领域。

人类自有了车子相助,游历天下的可能便大大增加。想了解世界、一览异域风光景色和风土人情的欲望便无时无日不被牵引,成为人之常情,而旅游遂成为常事。

旅游有各种各样的名目。依据空间可以有远游、近游,南游、西游、天下游、天际游、千里游、万里游;依据时间可以有春游、夏游、秋游、冬游。可以结伴群游、并游、偕游,也可以一人独游、孤游;游的方式可以是盘游、环游、巡游、漫游、萍游、遨游、汗漫游;心情好时旅游自然是乐游、欢游、娱游、佳游、自得游,也可以有轻松的散游、闲游、优游、俊游、高游、胜游等风格;心情不好时自然是苦游,但也可以通过纵游、佚游、物外游、尘外游来解脱。游的主体各种各样,因而也有不同的名称:云游一般也只能用于和尚道士;富贵官宦人家之旅可称盛游、贵游、轩游、王孙游;流氓恶少喜欢作冶游、狭斜游;器量狭小、志在利禄者的车马风尘之旅,只能称之为燕雀游、狸鼠游或蜉游;生意人、打工者哪怕是经过五洲四海环球旅行也只能谓之为稻粱游;志向高远者驾车伊始便谓云程发轫,其旅行或名鸿雁游,或号鲸鲲游,鹏程万里是其美称。后面一章介绍的孔子周游列国可称之为“圣人游”;而“龙游”则是帝王游的专称。

古代帝王“龙游”中，最著名、最有重大历史意义、也最能体现车文化巨大影响力的经典之旅，是震古烁今、空前绝后的周穆王万里壮游天下。后来的历代帝王中再无这种豪壮之举，可以附带一提的只有一代雄主秦始皇，但秦始皇的巡游全国与周穆王相比，只能算是小巫。

第一节　周穆王壮游天下的记载

我们已经知道，春秋时期车文化最繁荣，但这繁荣不是一夜之间突然降临的，而是有一个发展的过程。整个西周时期就是这样的一个发展过程。在这个过程中，曾经出现过一个高潮，有力地推动了中国古代车文化的发展，为它开辟了前进的道路，提供了一个广阔的基础。它就是我国古代时间最早、也是有史以来最为壮观的一次帝王游——周穆王万里驱车壮游天下。

关于周穆王远游的故事，各种古籍所记不尽相同。但记载最为详细、也更具历史真实感的是《穆天子传》，又名《周王游行记》。《穆天子传》是古代的出土文物。西晋初年，盗墓贼在汲郡[①]的一座战国魏王墓里挖出了大量的简书，其中之一就是《穆天子传》。《穆天子传》详细记载了周穆王车队一行的征程路线。郭璞《山海经序》也介绍此书说：“穆王驾八骏之乘，右服盗骊，左骖騄耳，造父为御，奔戎为右，万里长骛，以周历四荒，名山大川，靡不登济。”

据《穆天子传》和顾实的《穆天子传西征讲疏》，穆王一行从中原出发，先向北渡过漳河，沿今京汉铁路河北段路线北上，到达石家庄附近的井陉要塞，而后折向循滹沱河西进，穿过山西后，进入河套以北内蒙古地区，然后经甘肃，入青海，西渡黄河，过积石山，溯河源，入新疆，由天山南路登昆仑，过戈壁，乃西越葱岭（舂山，今帕米尔高原），进入阿富汗等中亚地区，然后继续北行又东还至群玉山，再西征至铁山，又西行三千里，而到达中东地区的“西王母之邦”[②]，与西王母于瑶池之上置酒酬和赏乐吟诗，乐而忘归。乃于原野大猎九日后，复北行穿越厄尔布鲁士山与高加索山脉，进入黑海以北地区，驰骋俄罗斯南部与东欧广袤的大草原；西抵波兰华沙后，取道北路，经俄罗斯、白俄罗斯，更北行至俄国与

① 辖境当今河南新乡市一带。

② 或云今伊朗，或云即两河流域之迦勒底国，或谓古阿拉伯之国。

芬兰毗邻的拉多加(Ladoga)湖,然后折向东南沿伏尔加河流域而下,穿越欧亚分水岭之乌拉尔山脉进入中亚径抵咸海之滨,然后东经哈萨克与吉尔吉斯进入新疆由天山北路过内蒙古返回中原。

《穆天子传》既像史家纪传体,又像是旅行游记体。有人将它当作西周史官所记的实录,故长期将它视为"起居注"一类的史料。《穆天子传》所记之地名乃公元前10世纪时的称呼,且多西域或外国音译之名,故其所指确凿之地异说纷纭,莫衷一是。或谓西王母之邦乃两河流域古迦勒底国,或谓古波斯。由于书中有些夸张性的描述又像文学性的小说家言,加上其他一些野史传说的传奇渲染所造成的影响,对它的真实性历来很有争议。有人认为它是虚构的小说,荒诞无稽的神话。《四库全书》编辑把它列入"小说类",但《四库全书总目提要》一方面说"此书所记,虽多夸言寡实",而另一方面却又指出它"较《山海经》《淮南子》犹为近实"。鲁迅《中国小说史略》也将它归入"神话传说"类。近人杨树达、唐兰等知名大学者以金文研究证明《穆天子传》所记确有历史根据。[①] 岑仲勉的《穆天子传地理概测》一文也力驳姚际恒等人的"伪书说"为"空疏"与"荒谬"。[②] 当代历史学家杨宽先生也认为《穆天子传》"有真实的史料价值",不但承认"周穆王西征史迹的真实性",而且肯定"《穆天子传》所述及周初历史的正确性"[③]。否定此书之历史真实性者基本上只是凭感觉简单地下结论,如"恍惚无征""事属不经"等。诚如岑仲勉《穆天子传地理概测》一文所说:"疑《穆传》为伪作者不少其人,酿成误会,无非全凭臆想而不结合实际所致,试问具有日期、方向、地名里距以及语言、族落、物产种种交织的事实,岂易作伪?即作之亦必罅漏百出。"而肯定者却都能多方考据以论证之,如卫聚贤之《〈穆天子传〉研究》仅"作期"即此书写作时代一项就列举出了16条考证。[④] 尤以岑仲勉《穆天子传地理概测》为代表。近代以来中外学术界肯定其历史真实性者遂占上风,丁谦、顾实、张星烺、卫聚贤、爱台尔(Eitel)、拉克伯里(Terriende Lacouperie)、福尔克(A. Forke)等不过发倡惊挺者而已。

---

① 杨树达著:《积微居金文说》,中华书局,2004年。唐兰著:《西周青铜器铭文分代史征》,中华书局,1986年。

② 岑仲勉著:《中外史地考证》,中华书局,1962年。

③ 杨宽:《穆天子传真实来历的探讨》,见杨宽著:《先秦史十讲》,复旦大学出版社,2006年。

④ 卫聚贤著:《古史研究》第一集,商务印书馆,民国二十三年(1934年)。

关于穆王所游最远到底到达了什么地方（以目的地西王母之邦为主要标志），肯定方学者间则存在较大差异。概括说来大约可分为以下数种：①中亚说。持此说者以沈曾植、岑仲勉为代表，张星烺似也有这种倾向。他们认为穆王游历所至在今吉尔吉斯斯坦、里海一带。②西亚中东说。德国柏林大学教授福尔克经详细考察认为，西王母者，非他人，乃希巴国女王（Queen of Sheba）。周穆王所至之西王母国即今阿拉伯地区。西亚说以丁谦等人为主，认为西王母之邦就在迦勒底即苏美尔或巴比伦。③国内说。此说以德国人夏德与法国人沙畹为主，前者认为穆王游历最远所至之地，在西面似未出长城；后者认为不出塔里木河流域。[①] ④欧洲说。此说以顾实《穆天子传西征讲疏》为代表，谓周穆王一行不但经内蒙古巡新疆广游西域等地，而且迈越葱岭以西，驱车穿行中亚各国，远抵西亚欧洲。中外学者有谓穆王一行只到达里海周围，有谓其曾到黑海以北的地区，但认为到了波兰华沙，甚至北上到了俄国与芬兰毗邻的北欧者，就只有顾实。这就使人更觉得荒诞不经而遭到不少人的指摘包括岑仲勉和杨宽诸先生。从保守的学术传统来说，本人比较倾向于岑仲勉等人的观点；但我从文化直觉和价值判断来说更认同丁谦等人的西亚说。之所以选择顾实《穆天子传西征讲疏》为介绍依据，是出于以下两个方面的考虑：一、虽然《穆天子传西征讲疏》可能存在不少穿凿附会和夸诞的地方，但作者对穆王西游所经历的地名和时间、各种事物和族人作了详细的考证，在完整性上无人能及，相较而言，丁谦的《穆天子传地理考证》和张星烺的《中西交通史料汇编》中有关穆王西征的考证就显得疏略。二、中外许多学者对古代尤其是上古时期文化现象的判断常常被新发现的事实所否定。张星烺说："百余年前欧洲人诋《马哥（可）波罗游记》为小说，马哥（可）为伪托之人物"，现在还持这种观点的人可以称得上孤陋寡闻了。在考古学方面这样的例子更多，如关于体质人类学的历史发展阶段就不时要提前更新，有些甚至是提前几十个世纪；而从空间角度看，许多看似相隔甚远今人认为是风马牛不相及的文化传播和迁徙现象都被文化考古所证实。对于顾实《穆天子传西征讲疏》，我们同样需要等待文化学包括考古学的证实或证伪。所以我们需要预留学术空间。在没有出现更多考古和文献资料加以证

① 以上三说参见岑仲勉《中外史地考证》、丁谦《中国人种从来考》、张星烺《中西交通史料汇编》、柳诒徵《中国古代文化史》等。

伪之前,任何能自圆其说的大胆假设都有资格成为历史问题的答案之一。

第二节　周穆王西行纪程

《穆天子传》有一重大特点,就是它用干支计时法,依时间顺序逐年逐月甚至逐日地记下了周穆王西征的行程。从中不但可以看出记者(史官)态度的认真,同时也说明了此书的真实性。今依顾实之《穆王西征年历》与张星烺《中西交通史料汇编》之材料略作调整,其时间部分依照张星烺与丁谦的算法,其空间(地名)部分则多依据顾实、刘师培等人的说法,将《穆天子传》中穆王一行壮游之事迹按时间顺序依次排比择要撮述于下:

戊寅,第1天。"天子北征,乃绝漳水。"穆王西征的时间,有不同的说法。据《古本竹书纪年》,穆王西征有两次:"十三年,西征,至于青鸟之所憩。""十七年,西征昆仑丘,见西王母。"而《今本竹书纪年》则记穆王十二年冬十月,毛公班、井公利、逢公固帅师从王巡狩,帅师集结于成周洛阳一带整装待发。张星烺即依《今本竹书纪年》而定周穆王十二年十月戊寅为穆王西征时间起点并据以推算其行程。顾实则据《古本竹书纪年》定为十三年闰二月王师车队起行。

庚辰,第3天。"觞天子于盘石之上。天子乃奏广乐,载立不舍,至于钘山之下。""载立不舍",即站立在车上不下车。钘山在今河北省井陉县东北。

辛丑,第85天。"天子西征,至于鄘人。"鄘,古地名,在今内蒙古呼和浩特市以西地区。

戊寅,第182天。"天子西征,鹜行至于阳纡之山,河伯无夷之所都居,是惟河宗氏。"河宗,《史记·赵世家》正义注在龙门河上流;丁谦谓即星宿海。河宗氏,黄河上游的一个游牧大部落。阳纡之山,在黄河故道河套以北地区。

己未,第223天。"天子大朝于黄之山。乃披图视典,周观天子之珤器。……天子之马走千里,胜人猛兽。……柏夭既致河典,乃乘渠黄之乘,为天子先,以极西土。"河宗柏夭乘着清一色的黄马驾的马车,为穆王作先驱导路,向极远的西方进发。

丙寅,第230天。"天子属官效器。乃命正公郊父受敕宪,用伸八骏之乘,以饮于枝洔之中,积石之南河。"天子之车的驾驶员有造父、三百、耿翛、芍及四人,分驾主车与次车。

辛酉，第285天。“天子升于昆仑之丘，以观黄帝之宫，而封丰隆之葬，以诏后世。”昆仑山，在新疆南境，西接帕米尔高原，东入青海，上有黄帝之宫。

丁卯，第291天。“季夏，天子北升于舂山之上，以望四野，曰：舂山，是唯天下之高山也。……天子于是取孳木华之实……”舂山，即葱岭，今曰帕米尔（Pamir）高原，号称世界屋脊，为古来天然东西分界线。

甲戌，第298天。“至于赤乌。赤乌之人其献酒千斛于天子，食马九百、羊牛三千、穄麦百载。……天子于是取嘉禾以归树于中国。”赤乌，丁谦等人谓其似为古波斯国境；顾实谓为阿富汗境内之兴都库什山西部地区。赤乌氏，郭象注：“与周同始祖。”郭注或依《山海经》之《大荒西经》与《海内经》，周姓姬氏与赤乌氏于上古源出于同一始祖。周祖先古公亶父曾经在舂山之虱地方封其亲近之臣季绰为周室主，并将长女嫁给他。玄奘《大唐西域记》卷十二曾记述了一则古波斯国王娶妻于中国的故事；无独有偶，10世纪时波斯诗人费尔杜西（Firdsi）所著史诗《沙那美》中亦记古代波斯传说有名王曰季虱者曾娶马秦国王马韩之女为妻事，论者有谓马秦即中国，马韩即大王亶父。张星烺引此二记以证古公亶父嫁女事为实。

甲申，第308天。“至于黑水，西膜之所谓鸿鹭。于是降雨七日，天子留胥六师之属。”丁谦、刘师培皆谓西膜即西方白人种族塞米的（Semitic），长肱或亦其种人而与姬周有通婚关系部落。穆王的马车速度很快，所以行了一段路程之后，要停下来等待后续车队。

壬寅，第326天，顾初六日。“天子登于铁山，祀于郊门。乃彻祭器于剞闾之人。温归乃膜拜而受。天子已祭而行，乃遂西征。”铁山，丁谦谓在达尔瓦兹东北之完治河上游；刘师培谓即铁门山，在今乌兹别克斯坦东南。

丁未，第331天。“天子大朝于平衍之中，乃命六师之属休。”两天后，“天子大飨正公、诸侯、王、吏、七萃之士于平衍之中。鄄韩之人无凫乃献良马百匹，服牛三百，良犬七千，牥牛二百，野马三百，牛羊二千，穄麦三百车。天子乃赐之黄金银罂四七，贝带五十，朱三百裹。变□[1]雕官。无凫上下乃膜拜而受。”顾实谓“平衍”为阿姆河下游之撒马尔干、土兰平原等地带。

丙辰，第340天。“至于苦山，西膜之所谓茂苑。天子于是休猎，于是食

---

① 原书缺字，以□代替，以下全书同。——编者注

苦。"苦山，顾实谓在波斯境内之马什特。苦是一种草，可食。

癸亥，第347天。"至于西王母之邦。"西王母之邦，丁谦谓在古代迦勒底国，即两河流域之新巴比伦；顾实谓在古波斯国，今伊朗德黑兰附近；刘师培谓为亚西里亚（Assyria）国都尼尼微古城。

甲子，第348天。"天子宾于西王母。乃执白圭玄璧，以见西王母。"西王母三字仅为译音。福尔克谓西王母乃阿拉伯之设巴国女王。

乙丑，第349天，"天子觞西王母于瑶池之上。西王母为天子谣曰：白云在天，丘陵自出。道里悠远，山川间之，将子无死，尚能复来。天子答之曰：予归东土，和治诸夏。万民平均，吾顾见汝。……天子遂驱升于弇山，乃纪丌迹于弇山之石而树之槐。眉曰：西王母之山。"弇山，顾实谓即德黑兰西北俯临里海之滨的厄尔布尔士山脉。此山有两条重要的通道，其一为卡拉季河与恰卢斯河之间形成的坎代万山隘，另一为哈布利阿河与塔拉河之间形成的加杜克山隘。穆王通过此山即可到达黑海之滨的今亚美尼亚、阿塞拜疆、格鲁吉亚及俄罗斯南部等地。

丁未，第391天。"天子饮于温山□考鸟。"温山，顾实谓高加索南部亚美尼亚高原之古火山曰诺亚山者。

己酉，第393天。"天子饮于溽水之上。乃发宪命，诏六师之人……毕至于旷原……得获无疆，鸟兽绝群。……收皮效物，债车受载。天子于是载羽百车。"溽水，顾实谓即库拉河，北亘高加索山脉。高加索山仅有一条可通行之车道曰达利厄耳（Dariel）垰。穆王饮于溽水之上后即发令驱车通过此垰驾越高加索，穿过顿河与第聂伯河，进入欧洲大旷原。旷原，丁谦谓在里海以东；顾实谓在黑海及高加索以北包括俄罗斯南部及东欧大平原在内的上古大草原。《穆天子传》卷四曰："自西王母之邦，北至于旷原之野，飞鸟之所解其羽，千有九百里。"按古代行军车速一日三十里，一千九百里需行两个月。羽陵，顾实谓其在华沙附近。穆王一行在旷原游猎行迹远至波兰华沙一带。其行猎之处，鸟兽绝群，所获无数，以至须借车满载而归。

己亥，第503天。"天子东归，六师□起。"穆王一行在东欧大草原游猎三个月后始尽兴而归。

穆王东归不由原路返回，而取道北路。据顾实的《穆天子传西征讲疏》，穆王一行在欧洲大旷原之波兰华沙行猎之后，复远极北欧，经俄罗斯、白俄罗斯，更北行至俄国与芬兰毗邻的拉多加湖，然后转身返程，折向东南沿伏尔加河流域翔行而下，数千里驰驱，直赴里海北岸，穿越欧亚分水岭之乌拉尔山脉进入中亚径抵咸海之滨；然后东经哈萨克斯坦与吉尔吉斯斯坦，度葱岭，入新疆，过内蒙古，绕行戈壁以北，取道天山北路，风驰电掣，万里驱车返回中国。

穆王此游，据顾实所言，沿途经过地区除山西、内蒙古、宁夏、甘肃、青海、新疆等外，葱岭以西国家共计有阿富汗、乌兹别克斯坦、伊朗、亚美尼亚、阿塞拜疆、格鲁吉亚、乌克兰、波兰、白俄罗斯、俄罗斯、哈萨克斯坦、吉尔吉斯斯坦等亚欧大小十余国……此仅依顾实所列之地，尚不计其他论者所述之两河流域与阿拉伯地区。往返行程合计二万五千多里，历时近两年。据这个数据看，穆王车队的车速平均每天35里左右，这与古代车师之行“一舍三十里”的记载是基本符合的。穆王驾车之马为“八骏”，当然会跑得更快①，所以时不时要停下来等待后续的车队；而紧随其后的六师车队也要提速赶上，所以两相中和平均为每天35里就是很接近事实的速度。可见《穆天子传》确为一部纪实的文献，与“日行千里”之类的传说根本不同。许多人其实就是受了夸张传说的影响而对《穆天子传》作出了错误的判断。

第三节 《穆天子传》的记者

《穆天子传》的记者到底是谁？《穆天子传》本身没有提供明确的答案，所以这个问题便留下了颇费猜测的空间。王嘉《拾遗记》说“有书史十人，记其所行之地”，这即是说作者就是穆王的随行记者团。《今本竹书纪年》穆王二十四年载：“王命左史戎夫作《记》。”《逸周书·史记解》载：“维正月，王在成周。昧爽，召三公、左史戎夫，曰：‘今夕朕寤，遂事惊予。’乃取遂事之要戒，俾戎夫主之，朔望以闻。”这是说《穆天子传》是事后所记，而记者是史官戎夫。卫聚贤《〈穆天子传〉研究》对《穆天子传》中的语法、历法与计数法作了考证后得出结论说，《穆天子传》一至四卷似非中国人的作品，疑乃匈奴族中山人所作。近人杨宽谓《穆天子传》是居于今内蒙古一带的河宗氏部落世代相传的关于其祖先

① 但不可能一日千里，那只是神话般的夸张传说。《穆天子传》中从未见有“一日千里”之说，两次提及的都是“驰驱千里”；反倒是正史、信史之首的《史记》说穆王行车“一日千里”。

与穆王一起西征的光荣历史，为战国时的史官发现后采访所记①。我本来想，如果把这个作者也就是《穆天子传》的著作权人确认为穆王的驾驶员即神御手造父的后代子孙赵国的主人，应该更为合理。毕竟《史记》中"赵世家""秦本纪"均重笔渲染过造父的事迹，而其事又明白关乎穆王西征。赵人包括秦人不但口传这段光荣事迹，而且肯定都是把它载入史书，才能为司马迁所采录。而赵、魏同属三晋，赵氏祖地霍太山及穆王所封造父于赵城之地皆在魏国境内，其书为魏人所藏要比采访河宗氏传说来得更入情入理。但我后来更倾向于认为卫聚贤的研究确有几分合理的内证，但不同意此书出于匈奴族中山人之手的结论，理由很简单，匈奴族人迟至司马迁著《史记》的时代仍然是"毋文书，以言语为约束"。没有文字的民族怎么能写作《穆天子传》呢？所以我认为此书确为随驾记者亦即史官或"书史"所记，但不是史官单独的作品，而是与翻译官共同合作完成的。这个翻译官定是通晓西域与中亚一带语言又粗通华语如安禄山辈的"胡人"无疑。因为从中国文化史看，清末洋务运动之前略有"文化"的中国人是不屑于学舌外国蛮夷"鸟语"的；清末那些被派驻外的使节官员都像被判了三千里流放徒刑的犯人一样沮丧，视出国为畏途，以发配到"番邦"为耻辱。所以中国人除了下层社会极个别的人（主要是生意人）之外，没有人会懂得外国语。中外交流的翻译人员长期以来基本上都是由外国（族）人来担任的。《礼记·王制》谓负责与西方地区语言翻译交流的翻译人员为"狄鞮"，即含有"穿皮靴的胡人"的意思，即"戎夫"这个称谓所透露的信息不参自明。不难想象，当这个"狄鞮"用生硬的中国话（可能还带点结巴）向随驾记者即史官翻译西方的事情时，中国的史官也只能照录下来。这就造成了《穆天子传》中许多地方出现外国文法如大地名在小地名后、省略名词、数目中省略十的情况②，明显不合古代汉语文法，读起来十分别扭，如："以饮于枝洔之中，积石之南河""入于曹奴之人戏"等。而"至于黑水，西膜之所谓鸿鹭""乃封长肱于黑水之西河，是惟鸿鹭之上"，这些句子的性质确实极像西方语言复合句中由关系代词、关系形容词如that、which、who、what等从属连词联结起来充当定语从句的半独立子句。但由于汉语没有这些关系代词等从属连词引起的造句语法，因此《穆天子传》中出现

① 杨宽：《穆天子传真实来历的探讨》，见杨宽著：《先秦史十讲》，复旦大学出版社，2006年。

② 卫聚贤：《〈穆天子传〉研究》，见卫聚贤著：《古史研究》第一集，商务印书馆，民国二十三年（1934年）。

上述那些按时间轴硬译过来的句子就显得突兀怪异，但如果联想起西语来也就不足为奇了。值得注意的是，这样的翻译人员肯定不止河宗柏夭一二人，商汤时诸侯八译而朝，周成王时越裳氏来华曾经九重译，何况穆王远游欧亚十余国！而随行记者也不止一两个史官，王嘉所说“书史十人”绝非虚言。大概这个规模空前绝后庞大的旅行团其活动项目也是十分丰富多样，涉及各个领域；通晓于某领域的翻译也各有擅长，而随行记者也与之分赴各处采录。回到周王国后，由穆王指定一个史官戎夫为主编，在众多的记录素材基础上编撰成了这部《穆天子传》。

穆王的车队之浩大仅从《拾遗记》所述随行记者一事即可见。跟随在穆王的后面有“书史”即记者十人记其所行之地，其所记之简书需用十部车子装载。《拾遗记》虽为传奇之书，但这个数字绝非夸张之言，汲冢墓中所出之简书当时就装了数十车，《穆天子传》当占数车至十车之间，而成书前的原始素材当在十车之上。

西周末年，曾有周王朝的史官出走晋国，很可能就在这时《穆天子传》也随之传入了晋国。也可能是造父或他的子孙托史官抄写了一个副本，毕竟造父在这次伟大的壮游中是很重要的一个人物，出色地完成了历史性的任务，被光荣地载入史册，这不朽的荣誉对赵氏家族来说，肯定是弥足珍贵的，所以想方设法弄到一本《穆天子传》的副本以传之于后代也是合情合理的事；后来赵氏入晋，自然随身携带着了。这两种可能都使三晋之所以流传《穆天子传》得到合理解说。晋国既然流传着《穆天子传》，到了争土易地、物是人非的战国时期，作为三晋之一的魏国近水楼台先得月，就没有理由可以阻拦魏王得到它。至于魏王何以会如此重视它，把它作为陪葬品带入墓中，这实在是很简单的一个问题，但也是很深远的一个问题。说它简单，是因为它重要。《穆天子传》是前往西方的路线图，是西方人文与地理世界的综合性地图，是当时中国古人了解西方世界的最权威、最重要、最密集的信息源。无论是从政治、经济、军事来说，它都是被人——尤其是统治者——渴望占有和保密的对象。至于说它深远，是因为它与另一个问题相关。

第九章　车以载道的交往行为
——孔子周游列国[1]

在“游”的星系中还有一颗明亮的行星，那就是孔子的周游列国，在上一章开头诸游中我称之为“圣人游”。孔子的周游列国与周穆王天下游在性质和规模上不可同日而语，但各有千秋。孔子周游列国可以看作是一种真正的“交往行为”。[2] 孔子的周游列国虽然有点政治流亡色彩，但却不仅仅是为了某种具体的政治原因，而是在政治诉求的形式中兼容有更高的求道与行道（更多的是行道）意义。名曰“周游”，但绝不是为了好玩的旅游，更不是像今天的出国者一样是为了谋生或求利，而是某种“形而上”的关怀。相对而言，孔子所游的国家不多，仅到过周、齐、宋、卫、陈、蔡及楚国[3]，基本上限于黄河以南的中下游地区。孔子游历的地区虽然不广，但正因为他的目的是求道行道，他的周游列国的名望就大大超过了其他人，在时间和空间上发生了深远和巨大的影响。孔子的周游列国就是在思想、理念、价值观、风俗习惯、意识形态等精神王国里促进和缔造了文化中国的统一的“概念先行”运动。

---

① 本章内容多据《史记·孔子世家》《先秦诸子系年》《孔子家语》《论语》等阐发。

② 因为按照哈贝马斯的《交往行为理论》，“交往行为”是被定义在语言形式范围内的，孔子的周游列国完全符合这个定义条件。

③ 对于孔子是否到过楚国，虽有争议，但他至少应进入过楚的边缘或势力范围。

第一节 热身运动与离鲁适卫

孔子第一次出国是公派的。《史记·孔子世家》言:“鲁南宫敬叔言鲁君曰:‘请与孔子适周。’鲁君与之一乘车,两马,一竖子俱,适周问礼,盖见老子云。”孔子游周问道于老子时的年龄与时间众说纷纭,有17岁、30岁、24岁、51岁几说;孔子出国求道的内容也有不同的看法,有认为是去学哲学的,有主张孔子适周是去问礼的,有认为是关于历史的,等等。这足见孔子求道涉及的领域之广,也可以看出他所求的“道”具有一定的普遍性。一齐前往的人除了这里所说的南宫敬叔[①]外,也有说是左丘明的。有人甚至怀疑质问:南宫敬叔是贵族,难道没有车马让孔子乘坐而必须依靠鲁君的赐予吗?他们忘记了,古代人臣人仕,君主三命而后有车马,百姓无命不得乘饰(士)车。而鲁君给予孔子的“两马一乘车”正是士一级的乘车之礼。据此,游周之事大概是发生在青年孔子为士之时。

鲁昭公二十五年,孔子35岁,鲁国发生内乱。季孙、叔孙、孟孙氏三家因斗鸡而与昭公起了冲突,三家共攻昭公,昭公被打败,逃奔齐国。孔子随后也到了齐国。为了推行他的“正名”理念,不惜屈身于齐国两个最高国卿之一的高昭子,当了这个大贵族的家臣,想要通过这个“平台”来沟通齐国的国君齐景公,以便实现他的社会政治理想。但是孔子的治国治家的主张遭到了齐国大夫们的反对。可能是孔子的“君君臣臣”的政治逻辑对于陈田氏集团的篡齐图谋有直接的妨碍,所以他们声言欲害孔子,孔子也听到了风闻。齐景公虽然赞赏孔子的主张,但是无力阻止、抗衡大夫们的反对力量,对孔子说:“吾老矣,弗能用也。”明确表明自己无法实践孔子的社会政治理想。孔子毫不迟疑地就辞别了,回到了鲁国。在齐期间,孔子与齐国的音乐太师谈论音乐,听了《韶》这首乐曲,沉浸于如痴如醉的欣赏与学习之中,以致三月不知肉味……可见孔子对精神追求的强烈程度远非喜好物质享受的常人可比。

这两次出国可以看作是孔子后来长期在列国间周游的热身运动。正式周游列国是从孔子离开鲁国前往卫国时开始的。

《史记》记载孔子离鲁适卫的时间相当混乱。笔者考定孔子离鲁时为54岁(虚岁55岁,因篇幅关系这里无法详说)。孔子为何在晚年还要离开自己的祖

① 有人认为即孔子的学生南宫适。

国去异国他乡过风尘仆仆、颠沛流离的生活？其实孔子也是因为在国内受到政治迫害而流亡国外的。孔子在短暂担任鲁国公安部长（大司寇）兼代理总理期间，内政外交上重拳出击，使鲁国一度出现了转机。这让冷战的对手齐国很不安，于是便设法分化鲁国。孔子大刀阔斧地进行的改革，也触及了鲁国最大利益集团即实际最高权力掌控者三桓之家的痛处。而孔子在取得政绩之后“有喜色”，流露出了麻痹大意的势头，于是在接下来的反腐败斗争中很快就败下阵来，成为被通缉、被杀害的对象，于是迅速踏上了大逃亡的历程。

孔子离开鲁国开始了连续 14 年的流亡生涯。跟随他的有颜回、子贡、子路、冉求、宰予、子张等一大班孔门前期的弟子，加上随从人员，这个队伍的规模应该不小。孔子肯定是乘车的，《论语》说得很明白：“子适卫，冉有仆。”在离开鲁国前往卫国的路上是冉有即冉求为孔子驾车。孔子的驾驶员可能是由几个弟子轮流充当。其弟子是否个个都有车现在很难说，至少可以肯定颜回是没有车的——否则颜回死时他父亲颜路就不会要求孔子卖车为颜回做椁用了，但子贡肯定是有车的，而且还不少；其他的弟子有私家车的也一定不在少数，比如弟子中就有一个名叫公良孺的，他一人就“以私车五乘从孔子”[①]。像颜回这样没有车的人也可能搭乘有车同学的车。

孔子一行的第一站是卫国，住在子路的大舅子颜浊邹的家里。颜浊邹也是孔子的弟子。孔子为什么首选卫国，除了可能与他的弟子（子路是卫国人的女婿，子贡本身就是卫国人）有关之外，还可能听说卫国的政治文化环境不错，卫灵公好贤，而卫国也有贤人如蘧伯玉、史鳅等。卫灵公接见了孔子，并且给了孔子相当高的生活待遇（“致粟六万”）。住了 10 个月，因为有人在卫灵公那里说了不利于孔子的话，卫灵公对孔子有所提防，孔子感觉不对，于是离开卫国。这是孔子第一次离开卫国。

第二节　去卫返卫掉辕频

孔子计划前往南边的陈国。经过匡这个地方的城墙外面的时候，为孔子驾车的颜刻（有人说是颜高，又有人说是颜渊）用马鞭指着前方说：“从前我就是从那个缺口进去的。”这句话正好被匡人听到了，以为是鲁国的阳虎又来了，于是

① 见《史记·孔子世家》及《孔子家语》。

带了一大帮人将孔子等人团团围了起来。这其实是个误会。据说孔子的长相很像阳虎,因为阳虎曾经带兵攻打并残暴地对待匡人,而孔子也是鲁国人,又是鲁国的口音,加上前面孔子驾驶员说的那句话,所以匡人就把孔子当作阳虎紧紧地包围了起来。事态越来越紧急,弟子们开始感到恐惧。孔子却说:“文王既没,文不在兹乎?天之未丧斯文也,匡人其如予何!”孔子坚信自己身负重大的历史文化使命,不会被眼前的小小挫折所阻挡,于是开始弹琴唱歌。孔子从容不迫的自信使子路也起来弹剑而歌,二人互和歌曲三遍。匡人后来大概也知道了这是一场误会,于是撤走了。

孔子等人离开匡后,《史记·孔子世家》只是简单的几个字:“去即过蒲,月余,反乎卫。”这一次孔子等人回卫后住在卫国有名的贤臣蘧伯玉的家里。卫灵公漂亮的夫人南子要见孔子,孔子辞谢,不得已而见之。这事让子路很不高兴。率直粗鲁的子路经常与孔子抬杠,此事他肯定又奚落甚至数落了老夫子一通。孔子急得对天发誓说:“予所否者,天厌之!天厌之!”——我真的不是因为她漂亮而去看她,实在是不得已才去的,如果不是这样,老天惩罚我!老天惩罚我!①

一个多月后,有一天,卫灵公与夫人南子同车到外面闲游,宦者雍渠参乘(为车右),孔子被安排乘另一辆车紧跟在他们屁股后面“招摇市过之”。孔子觉得卫灵公把女人看得比自己更重要,感叹地说:“吾未见好德如好色者也。”孔子认为卫灵公不但没有与自己同车,而且还让自己紧跟在女人和太监的后面招摇过市,是对自己的不尊重,感到很丢脸,于是再一次离开卫国到南方去。

离卫后的第一站是曹国。孔子在曹国有没有住下来,呆了多久、情况怎样,史无信息。离开曹国经过宋国时,孔子与弟子在一棵大树下操练礼仪。宋国的司马桓魋知道后赶去现场拔了那棵树,并且扬言欲杀孔子。弟子催促孔子加快速度撤离以免桓魋追上来,孔子却不紧不慌道:“天生德于予,桓魋其如予何!”意思是:桓魋是乱臣贼子,孔子是天生有德的圣人,孔子坚信上天是站在自己一边会给予保护的。

孔子离开宋国后到了郑国,不知何故与弟子们走散了,一个人孤零零地站立在城郭东门。子贡到处打听老师的下落,最后有一个郑人告诉他说东门有一个人,其体形长得倒有一些圣贤模样,但却落魄得像“丧家之狗”。子贡找到孔

① 上世纪民国时期有一个剧团演出了一个戏就叫“子见南子”,引起了山东曲阜孔子后裔的不满,认为是对孔圣人的诽谤,为此还打了一场官司。

子以后，把那位郑人的话如实告诉了孔子。孔子听了不但没有生气，反而欣然地笑说："形状像不像圣贤无关紧要，而说我像丧家之狗，倒是很对的，是啊！是啊！"孔子怀着一片济世的忠心，却报国无门，到处流亡，只好认同于无家可归的流浪狗的命运，其心情是何等的复杂，其胸怀又是何等的宽大！

孔子经过一路颠簸终于到达了陈国。第一次离卫时孔子原本就打算前往陈国的。陈国好像是孔子的目的地。孔子为什么千辛万苦一直坚持要到陈国来，这实在是一个千古之谜。孔子的学生中只有一个子张勉强算得上是陈人的后裔，但那也是十辈以上的先世出自陈国了。' 实在看不出孔子在陈国有什么人脉关系。只有一个人可能跟孔子有点关系，那就是孔子落脚的东家司城贞子，《孔子世家》说孔子在陈就是住在他的家里。但司城贞子是不是陈国人还是个问题。《孟子・万章上》中有提到他，但说孔子是因为桓魋要杀他，所以"微服而过宋。是时孔子当阨，主司城贞子，为陈侯周臣"。孟子的陈述本身就存在很大的歧义，"是时"紧承"过宋"，因此"主司城贞子"句既可属后面的陈，也可属前面的宋；而"司城"既是一个姓氏名称，也是一个官名，并且正是产生于宋国，因为宋武公名司空，为了避讳，就把"司空"这个官名改为了"司城"。故赵岐注认为司城贞子是宋人。陈国既无特别的明君，也无优秀的贤臣，又是一个远离政治、经济、文化中心的弱小边缘国，孔子远到人生地不熟的陈国来到底是为了什么？是不是因为孔子名气很大，陈国想引进这个超级人才来强大自己，就像今天许多单位要一些博士、博导甚至院士来装装门面一样？但没有证据表明陈国的国君陈湣公曾经发过邀请函给孔子。而且孔子到陈国后，陈湣公也没有与孔子商讨什么国家大事，除了有一次因为一只中箭的猛禽掉在了陈国的宫廷内，陈国的人不知道那支用石制作箭头的箭叫什么名字，也不知来自何方，陈湣公这才派一个使者去问孔子。孔子说这是"肃慎之矢"，来自遥远的北方。看来陈国的人只是把孔子看作是一个专家学者型的"博士"人物罢了。孔子在政治上也没有什么特别的作为。看来孔子来陈国的目的并不是想在陈国有什么发展。那么孔子周游列国果真像刘光蕡和王安石所说的纯粹是为了避祸？也不能排除这种可能。但果真如此的话，孔子就没有理由离开卫国跑到陈国来了，因为卫国给孔子的生活待遇并不算薄，物质环境和人文环境都还不错；而陈国则经常受到吴、楚两国的轮番侵伐，国无宁日。所以在陈国居住了三年，遇到"晋楚争强，更伐陈，及吴侵陈，陈常被寇"时，孔子说："归与归与！吾党之小子狂简，进取，不忘其初。”就离开陈国又回卫国去了。孔子这句话也见于《论语》（略有不同），注释各异；《孔子世家》把这句话放在这样的语境中，司马公之意正是强调环境的险恶，于是孔子离陈又返卫。但孔子的这句话如果单独地看，则是因为他的弟子们而发的。那些“狂简”的学生们可能是一群狂热激进的“原教旨主义者”，怀抱着济世救民、改造世界的远大理想才跟着孔子到处流亡；现在看到在陈国这个偏僻的小地方住了这么久，一无所成，与他们当初的理想相去甚远，所以便要求离开陈国，就像重耳的属下催促重耳离开齐国一样。而最有可能挑头出来向孔子抱怨的恐怕就是子路。子路、子贡等孔子重要弟子都是卫国人，而且卫国也真向他们提供了发展的机会（子路后来当了蒲大夫，子贡也在卫国做过官），所以孔子又跟着他们回到卫国去。可能孔子的学生也像今天的我们一样，并不理解孔子到陈国的真正意图。但我想孔子在陈肯定不是像重耳在齐那样贪图安逸为了享受，应是另有目的。

孔子一行在回卫国的途中又经历了一次磨难，就是前面提到过的“过蒲”之事，《孔子世家》原文如下：

> 会公叔氏以蒲畔，蒲人止孔子。弟子有公良孺者，以私车五乘从孔子。其为人长贤，有勇力，谓曰：“吾昔从夫子遇难于匡，今又遇难于此，命也已。吾与夫子再罹难，宁斗而死。”斗甚疾。蒲人惧（索隐家语云“我宁斗死，挺剑而合众，将与之战，蒲人惧”是也），谓孔子曰：“苟毋适卫，吾出子。”与之盟，出孔子东门。孔子遂适卫。子贡曰：“盟可负邪？”孔子曰：“要盟也，神不听。”

孔子经过蒲的时候正好遇到公叔氏叛乱，被蒲人拘留。孔子一行中有一个以五部私家车跟随孔子出游的弟子名叫公良孺的，拔剑而起挺身而出，率众誓与蒲人决一死战。蒲人妥协了，与孔子谈判，条件是孔子不再到卫国去就可以放他们走。孔子答应并签约了。但孔子一出城东门就马上调转马头往卫国去了。子贡问孔子：“怎么可以毁约呢？”学生问得很直接，老师回答得也很干脆：“胁迫之下的合同无‘神律’效果。”

卫灵公听说孔子回来了，很高兴，亲自到郊外去迎接。在古代，国君“郊迎”那是多么高的礼遇啊，就是今天也是不得了的高，相当于国家领导人亲自前往机场迎接。

孔子一定是又向卫灵公推销儒家的修身齐家治国平天下的一套思想体系了。然而卫灵公推说自己老了，无法实行孔子的政治理念。孔子又一次失望，于是第三次离开卫国，但此次只是离开国都，尚未离境。孔子喟然叹息说："如果肯用我的理想去实践，三年就有成效。"

第三节　圣人也有彷徨时

这个时候北方的晋国正好发生内乱，赵简子攻范、中行氏，伐中牟。中牟的地方长官佛肸宣布独立，并使人召孔子去帮助治理。正彷徨无着的孔子觉得这也未尝不是一个机会，不妨前去一试。正准备前往时，教条主义的子路又开口了："我曾经听您老人家说过，亲自做坏事的人，君子不与他合作共事。现在佛肸割据中牟叛乱，这是乱臣贼子，而您却想去他那里帮忙，这到底是怎么一回事？"孔子说："我是说过这话。但俗话说，真金不怕火炼，身正不怕影斜。最硬的东西磨不了，真白的东西黑不了。我总不能像苦葫芦一样光挂着好看而不能吃吧。"子路的问话很有原则性，也很有逻辑性；孔子的回答未免显得有些强词夺理，并且给人以机会主义的感觉。说实话，孔子这时真的快要沉不住气了，幸好子路给他泼了一盆冷水。

不知是由于子路的这一质疑还是因为赵简子收复了中牟的缘故，孔子终于没有去中牟，于是开始击磬奏乐，抒发怀才不遇的心情。这个乐声所蕴含的深意被一个"荷蒉者"①从门前经过时听了出来，便脱口而出说道："这乐声好俗气啊！没有人知道自己就罢了。既想蹚浑水，又担心污湿衣裳，那就得掂量掂量水的深浅清浊程度了。水深且浊而又想过河，就顾不得衣裳了；水如果清浅，还可以提起衣裳小心而过。"这个"荷蒉者"的话孔子当然听得懂。为了进一步提高和充实自己的精神修养，孔子于是又拜师襄子②学弹琴。师襄子教他学"文王操"，但不告诉他曲名。孔子经"曲""数""志""人"诸阶段循序渐进，终于从穆然深思、怡然高望的意境中悟出了文王那如王四国、胸怀天下的"远志"。

但孔子还是觉得在卫国实在没有用武之地，于是打算渡河到晋国去见赵简

---

① 担着草筐子的人。

② 宫廷击磬官兼琴师。

子。到了黄河边，孔子听到赵简子杀死曾经帮助过他的两个贤人窦鸣犊和舜华的消息后，大起物伤其类之感，不禁临河而叹曰："美哉水，洋洋乎！丘之不济此，命也夫！"孔子意识到自己此生永远没有北渡黄河去施展抱负的机会了，这是"命运不济"，于是死心，找了个偏僻的"陬乡"[①]，在那里隐居休息，并在那里创作了一首乐曲，取名为"陬操"，以表达自己的哀思之情。

可能又是经不住弟子们的劝说，孔子又从偏僻的乡下返回到卫国都城，又住在蘧伯玉家里。一天，卫灵公向孔子问起战争兵法方面的问题。孔子回答说："关于礼方面的事我曾经知道一些，军事方面的事没有学过。"这是孔子故意谦虚，委婉地拒绝卫灵公在战争方面的诉求，意在否定其暴力为政的倾向。军事不但不是孔子的专业，而且孔子有明显的反战思维和非暴力主张。卫灵公哪壶不开提哪壶，两人话不投机。第二天，卫灵公再与孔子说话时，表现出一副漫不经心、敷衍应付的神色，仰头看着天上的飞雁，注意力并不在孔子身上。孔子自身是最重视礼的人，因而对此极敏感并有很强的自尊心。他察觉到卫灵公对自己的礼貌有所减退，已不如从前那么敬重了，这表明卫灵公开始不重视自己了，于是孔子第二天就走了。

孔子离卫后，又到陈国去。这是孔子第四次离开卫国，第三次前往陈国（包括未遂的第一次）。

这年秋天，鲁国的实际当权者季桓子病重，终于悟到鲁国的兴衰与孔子的去留有关，因此对他的儿子季康子表达了要召回孔子的遗言。季康子继承了他父亲的位子和遗志，准备召孔子回鲁国，但遭到公之鱼的劝阻，认为先召孔子的学生厓求（即冉求，也称冉有）回来比较好。鲁国于是派使者去陈国召厓求。厓求将行，孔子说，鲁国这次叫你回去不是小用你，而是准备要大用你。孔子又说："回去吧！回去吧！你们这些年轻人心高志大，文采也都已经斐然成章，我不知还有什么可以教导你们的了。"子贡以为孔子思归，在送别的时候特别叮嘱厓求说，如果鲁国重用你，要记得接老师回去。弟子们大概多不愿呆在陈国，可能子贡也受了影响，或者为了安定人心，故意为此缓兵之言，以为进退两可之地。

① "陬乡"之"陬"有两义：一为偏僻；一为地名，如孔子的老家"陬邑"。此为偏僻之义。

第四节　徘徊于陈蔡之间

匡求走后的第二年，孔子从陈国迁于蔡国。有人认为孔子所投奔的不是被吴国逼迁于州来的蔡，而是“故蔡”即“上蔡”。上蔡靠近楚国，并已被楚军占领。蔡人被集中起来南迁到负函[①]；方城之外地方（叶）的人也被迁徙到方城之内的缯关。第二年，孔子又从蔡跑到叶去。公元前576年，楚迁许灵公于叶，此时叶已是楚邑。所以孔子这时实际上已是在楚地上驱车奔走了。据《孔子世家》所述，孔子会见了楚国封于叶的叶公诸梁，也即派驻镇守蔡地的当局主管。叶公向孔子请教如何从事政治，孔子说：“政治的关键在能吸引远方的人到来，使附近的人能亲近拥护。”《孔子世家》又说，有一天，叶公问子路孔子到底是什么样的一个人，子路不知如何回答。孔子知道了以后说：“你何不回答他说：‘其为人也，发愤忘食，乐以忘忧，不知老之将至。’”[②]听这话，好像叶公并不认识孔子，或不了解孔子，至少与孔子不很投缘。于是孔子又离开叶返回蔡。

孔子一行在途中迷了路，便叫子路去向两个正在耕田的人打听渡口在哪里。那两个人叫长沮、桀溺。他们反问子路：“那个坐在车上的人是谁？”子路回说是孔丘。他们又进一步追问：“是鲁国的那个孔丘吗？”当子路给出肯定的回答后，他们冷淡而带点讥讽地说：“那他应该知道渡口在哪里了。”言外之意是说，你孔丘不是号称济世救民、普度众生的吗？怎么连渡口在哪里都不知道呢？那还称得上什么“导”师！接着，他们又抨击了孔子的“避人”[③]主义和改造社会革新政治的主张，认为天下的社会和政治永远都是黑暗丑恶的，是没有办法改变的。他们还劝子路说，与其跟着孔丘到处流浪地“避人”，不如干脆跟他们那样“避世”，整个儿与社会脱钩，过隐居的生活。孔子听了子路带回来的这番话后，怅然若失，沉默了一阵之后说：“我们没办法跟动物一起生活；除了参与社会、同人群打交道之外，我们还能和谁在一起呢？天下若有道，我们就不用去改变它了。”这充分表明了孔子以及他所代表的儒家始终坚持积极入世的基本精神与生活态度，并与持出世精神的道家形成了鲜明的对立；同时也将儒家与所

---

① 在今河南信阳一带，那是更靠近楚国中心的地方。

② 《论语》所记无“学道不倦，诲人不厌”二句。

③ 避人，躲避坏人、恶政。

有宗教从本质上区别开来。出世精神并不一定都是宗教,但一切宗教都具有出世精神。在这个迷津处的这场交锋宣告从此奠定了儒家与道家的分道扬镳、与出家的佛教背道而驰、与各种宗教的道德同路到此为止。在这个渡口处出现了一条出世与入世、此岸与彼岸的深不可测的鸿沟。孔子和儒家把自己留在了此岸。

从鲁哀公三年至陈以来,孔子淹留于陈、蔡两国之间已历三年了。鲁哀公六年春,吴伐陈。楚昭王为了救陈,亲自带兵驻军于城父[①],那里离叶很近,离上蔡也不远。楚昭王得知孔子就在这一带的消息后,立刻派了使者去聘请孔子。这恐怕正是孔子所希望的,所以孔子没有二话就要前往拜礼于楚王。

我们前面对孔子为什么一定要到陈国来的疑团,现在可能有了一点解释的希望了,那就是孔子想到南方的楚国,因为陈国离楚国很近,而且比较亲近于楚国。离陈入蔡也正是为了偷渡入楚;否则陈、蔡之间战事如此频繁,日子这么难过,还要坚持在那里周旋,这是何苦呢? 孔子是个国际主义者,曾说过“道不行,乘桴浮于海”,哪怕流亡海外也在所不辞。楚国虽然长期被中原诸国看不起,早期也曾自称是蛮夷,但孔子不是一个狭隘的民族主义者。何况楚国后来吸收了中原文化并与之同化,甚至后来居上,不但在春秋时期成为强国,而且在文化上保持了孔子最重视的礼的核心部分——宗法制度。也许这正是所谓“礼失求诸野”的好例子。当时中原各国已“礼崩乐坏”,不但“礼乐征伐”早已不“自天子出”,而且也不自诸侯出。晋、齐、鲁、郑等国均出现卿大夫当政瓜分公室的局面,甚至“弑君”“逐君”的事也不罕见。在鲁国,不但“三家”的国卿驱逐了国君鲁昭公,还出现了“陪臣执国命”的事[②],这些就发生在孔子的时代,是孔子亲自经历、亲身体验的。所有的中原国家都或先或后程度不同地呈现大权旁落、礼制破坏尤其是宗法制度被颠覆的形势。众所周知,孔子是以维护礼制、重建礼制为己任的,而首先要进行的一项最重要的事就是开展“君君、臣臣、父父、子子”的“正名”运动,以恢复遭到破坏的社会和政治秩序。这在当时的中原各国,可以说是逆水行舟、顶风而上、阻力极大的事,自然就遭到很多国家很多人的反对和阻挠,根本无法实现他的理念。而楚国不同。由于楚国的宗法制度模式是从中原输入的,因此比中原地区晚了半拍;当中原地区“礼崩乐坏”而宗法制度

① 今河南平顶山市附近地方。

② 指季氏的家臣阳虎超越“三家”把持鲁国的军政大权。

开始瓦解时，楚国的“制礼作乐”正方兴未艾，宗法制度仍然相当完整地保存着。楚国的宗室既没有大权旁落，也没有出现权力多中心乃至分裂的迹象。而孔子对楚国和楚昭王的评价也相当高：“楚昭王知大道矣。其不失国也，宜哉！”[①]孔子这个“知大道”的评语可是从来没有给过中原地区的诸侯的，这说明孔子是有把“行道”的希望寄托于楚国的可能的。孔子如果与楚昭王风云际会，那是有可能一展平生抱负，启动其治国平天下的计划，推行他的“克己复礼，天下归仁”“大道之行也，天下为公”的理想的；至少可以使楚国更加强大，成为礼制国家的榜样。

但是孔子的命运真“不济”。陈、蔡两地的大夫听说孔子要会见楚昭王，互相串通密谋说：“孔子贤者，所刺讥皆中诸侯之疾。今者久留陈蔡之间，诸大夫所设行皆非仲尼之意。今楚，大国也，来聘孔子。孔子用于楚，则陈蔡用事大夫危矣。”[②]这番话明白地道出了各诸侯国的大夫们已经充分意识到孔子是他们共同的最大天敌，孔子如果得到楚国的任用，就会对天下包括陈、蔡的大夫们的利益构成严重的威胁。于是他们联合起来，发动群众和士兵围攻孔子于郊野，阻止孔子去见楚昭王。孔子一行人走不了，并且陷入了断绝粮食的险境。时间长了，随行中的一些人开始饿得生病起不来了。但孔子仍然坚持不停地讲诵经典并弹琴唱歌。

孔子的这一次“陈蔡之厄”是周游列国以来历次同类受难事件中最严重的一次：不但有来自外部的物质困苦，还有来自内部的精神危机、信仰危机，而且引起了一场思想路线的斗争。子路满脸不高兴地对孔子说：“君子也有穷困潦倒、走投无路的时候吗？”孔子说：“君子也有穷困得无路可走的时候；但君子遇到这样不顺的时候，还会坚持有所不为，而小人一穷困便无所不为了。”

第五节　精神危机师生对

子路的问话使孔子感觉到事态的严重性，于是先后召子路、子贡、颜回三个弟子前来问他们同一个问题：“我们不是虎兕般的野兽，却流落在旷野里。难道

---

① 见《左传·哀公六年》。

② 见《史记·孔子世家》。

是我的道路①走错了吗？为什么会到这地步呢？”子路没有好脸色地回答说：“我想大概是您老人家未真正做到仁，所以人家不信任您；或者是您不明智，因此人家不放行而受困于此。”子路并且拿孔子曾经说过的“为善者天报之以福，为不善者天报之以祸”这句话来反问孔子：“您老人家积德怀义，道德实践得很久了，为什么现在还会落到这种穷困的地步呢？”言外之意是：“还是您做了什么不善的事了？”孔子举了伯夷叔齐、王子比干、关龙逢、伍子胥等人的例子，这些仁者、智者、忠者都没有好下场，以反证善人不是必然都有善报的。碰不到好机遇的，不止我孔丘一个人。但是不能因为这样就可以放松德才的培养。君子修道立德，不因穷困而改变气节操守，就像芝兰生于深林，不以无人欣赏而不发出芳香一样。主观上要尽人的能力而为，客观上的结果，是生是死，就交给天命去吧。孔子又拿晋文公重耳和越王勾践的例子来说明经历艰难困苦可以是成功的条件，而缺乏忧患的人其思不远，处身常逸者，则志不广，结局是很难料定的。孔子这样开导子路，子路有没有被说服，不得而知，至少是没话说就出去了。

轮到子贡进去回答。他的原话是这样的：“夫子之道至大也，故天下莫能容夫子。夫子盖少贬焉？”意思是说：老师您的“道”太伟大了，大到天下容不得您，所以才经常发生这样那样的冲突，以至于陷入今天这样的困境。您老人家是否可以考虑稍微降低一点要求条件，放下一点尊严，收敛一点锋芒，或搁置或推迟或干脆放弃一些不切实际的理想，现实一点，个性别太强，这样才好与社会和谐相处——您看行不？子贡是个商人，具有长期商场谈判讨价还价培养出来的妥协性与灵活性，因而他的回答也便带有生意人的职业特点，先肯定优点，再提出问题，听起来很温和委婉但又不失明智地指出孔子与世俗社会之间矛盾的尖锐对立，希望通过调和矛盾的办法来寻求问题的解决，因此试探性地要求孔子做出一定的让步。子贡的回答表面看似乎很正确很合理也很辩证，但与子路相比问题更严重。子路的话不过是属于个别的认识问题；子贡的观点则涉及原则问题、路线问题、信仰问题，其倾向的危险性正如毛泽东当年批判《水浒传》中宋江时一针见血地指出的那样，要害在投降主义和修正主义。所以孔子毫不客气地批评了子贡。当然，孔子没有上纲上线，只是就事论事地批评子贡：“今尔不修尔道而求为容。赐，而志不远矣！”端木赐（即子贡），放弃理想，主动去适应社会

① “道”有很多涵义，这里指孔子的信仰、学说、理论、主张、主义。

迎合世俗以苟合取容，表明你的志向并不远大啊！这种批评虽然有些轻描淡写没有批判的力度，但孔子坚定地表明了自己不同意走子贡那种实用主义的庸俗道路，而坚持只问耕耘不问收获，强调动机不计效果的价值取向："良农能稼而不能为穑，良工能巧而不能为顺。"孔子在这里提出了一个带有根本性的、具有儒家特色的价值观，这个价值观实际上是孔子和他所代表的儒家关于"义利之争"的张力场中所坚持的基本立场，后来被汉儒董仲舒明确下来并极化为"正其义不谋其利，明其道不计其功"的口号，这个口号为儒家长期信奉，成为儒家的一个明显的标志性理念。从社会行动理论上说，子贡与孔子的这场对话，也反映了人类工具理性与价值理性永恒竞争冲突的悲剧色彩。

子贡出，颜回入见。孔子问了同样的问题。颜回作了出乎意料的回答："夫子之道至大，故天下莫能容。虽然，夫子推而行之，不容何病？不容然后见君子！夫道之不修也，是吾丑也。夫道既已大修而不用，是有国者之丑也。不容何病？不容然后见君子！"颜回开头的两句话也是顺着子贡的思路提出孔子的"道"与"容"的矛盾问题，但接着话锋一转，得出了与子贡、子路完全不同的结论："不容何病，不容然后见君子！"不容于世有什么问题？不容于世才更显得我们是真君子呢！只要我们自身把道修好了，又努力去推行了，容不容就不是我们的问题了。如果自身的道没有修好，那就是我们的缺陷；现在我们的道已经圆满修成了，却没有人去应用实行它，那就不是我们的责任，而是国家社会的耻辱了。这就像科学家发现了一条原理，并且具有广泛的社会价值和市场前景，但现在无论科学家怎么宣传解释，都不为世人所认识，反而遭到讥讽围攻，就像楚人不识卞和之玉反而将他砍去双脚一样，这难道能怪科学家吗？曲高和寡，真理往往在少数人手中。古希腊的苏格拉底、古罗马时代的耶稣、中世纪的布鲁诺，他们都像孔子一样不为他们那个时代和社会所理解、所接受，甚至遭受了比孔子还要坏的厄运，都被判处死刑。但历史证明他们不但是无罪的，而且还是真理的拥有者。颜回在短短的答话中两次强调"不容何病，不容然后见君子"，既表达了他对孔子之道的坚定信心和对精神领袖的爱戴之情，也激励了坚持真理者不怕孤独不畏艰险继续前进的勇气和甘作中流砥柱的高洁精神，更为历代怀才不遇者、不与世俗同流合污者发出了千古绝唱的最强音！颜回高扬主体性精神，高举价值理性的旗帜，真不愧是捍卫真理的勇士、护道的旗手。也许是孔子根本就不相信这世上有理解自己的知音(孔子曾说过"知我者其天乎"的话)，虽然知道颜回的话是肺腑之言，孔子还是忍不住以怀疑并带点开玩笑的口气说:“有是哉，颜氏之子！使尔多财，吾为尔宰。”——有这回事吗？好你个姓颜的小子！你发财当老板，我为你当财务总管。孔子说这些话时是“欣然而笑”的，可以肯定孔子听了颜回的话还是非常开心的，因为这话说到孔子心坎里去了，可见孔子也是爱听受用的话的。孔子的话也更加出乎意料，故意使用最庸俗，但也是世人最爱听的语言——“恭喜发财”——总算是说了一句与世俗相和谐相“兼容”的话了。

子路是谏臣，子贡是谋臣，颜回是信仰坚定的忠臣。三个人的回答合起来看就是一篇绝妙八股文，司马公真乃文章高手。

第六节　接舆狂歌催回辙

据《孔子家语》说，孔子遭厄于陈、蔡之间，绝粮七日，从者七日不食。后来还是子贡偷偷地突围而出，用他所带的一车货物，与野人换得一石米，这才勉强支撑下来。于是孔子使子贡到楚军去见楚昭王。楚昭王知道后兴师迎孔子，然后孔子一行才得以脱险。而《孔丛子・记义》则说孔子使宰予出使于楚。楚昭王欲以象饰安车赠送孔子，让他乘坐来见楚王。但宰予代表孔子辞谢了这么高级华贵的车。孔子当时乘坐的车子一定是破旧不堪，很可能还是一部只有三个“轮子”的马车。《礼记・檀弓上》说:“孔子之卫，遇旧馆人之丧，入而哭之哀。出，使子贡说骖而赙之。子贡曰:‘于门人之丧，未有所说骖，说骖于旧馆，无乃已重乎？’夫子曰:‘予乡者入而哭之，遇于一哀而出涕。予恶夫涕之无从也，小子行之。’”孔子在多次往返于卫国的途中经常住宿于某个旅馆，与那个旅馆的馆长成了老朋友。但有一次(不知是什么时间)又住宿这家旅馆时，正碰上老馆长去世了。孔子进去吊丧哀悼，哭得很伤心，出来时交代子贡把驾车的四匹马中的骖马解下一匹来作为丧仪赠送给老馆长家，以表达哀思。孔子周游列国时早已是大夫级别，乘坐的是四匹马车，送去一匹，只剩三匹马，孔子的车于是成了“三轮车”。不知这事是发生在楚王赠车之前还是之后。

楚昭王见到孔子非常高兴，欲将政府正式登记在册的方圆七百里土地和土地上的人民封给孔子。华车广土慰圣心，这真是天上掉下的大馅饼，再好不过的事了。有了这么一块地方，孔子不但不用凄凄惶惶到处奔波仰仗他人鼻息生活，更重要的是在这块地盘上孔子可以完全自主地进行他的政治实验，进而实行他“干七十馀君”而仍然实现不了的治国平天下的理想。但这只是老天对孔子开的一个玩笑而已。这事立即受到楚令尹（首相）子西的阻止。子西分析了孔子的情况，认为孔子团队的素质都很高；孔子的意识形态和政治理念与楚国的历史传统存在根本的矛盾；孔子号称“宪章文武”，文王、武王以方圆百里之地的君主而终于成为天下之王，现在如果有德的孔子得到了方圆七百里的封地，又有贤弟子为佐，那就有可能成为另一个文王、武王了。这实在“非楚之福也”。昭王听了子西的分析之后，封地给孔子的事就作罢了。当年秋天，楚昭王死于城父。孔子治国平天下的最后一线希望就像海市蜃楼般破灭了。

一场空欢喜之后，冷战之声又起。一天，孔子乘车出游，一阵狂歌声吹进孔子的耳朵里：“凤兮凤兮，何德之衰！往者不可谏，来者犹可追！已而已而，今之从政者殆而！”只见一个狂人从孔子之前高歌而过。孔子赶紧下车，想要与他对话。但那个人不愿与孔子对话，加快脚步跑走了。事后打听才知道那个唱歌的狂人名叫接舆，大概也是道家一流的人物。楚狂接舆的歌词大意是：本该是在产生了圣君明主之后才出现的凤鸟，为何这般急急忙忙地周游列国主动求用于人？没想到“非梧桐不栖、非练实不食”的凤鸟，其本性也开始衰变堕落了！过去的错事已不可改变，未来的事情还来得及补救。算啦，算啦，如今的从政者快完蛋啦！

孔子一定感觉到了彻骨的冰凉。楚国到处弥漫着的道家文化异质气息既吸引又排斥着孔子，使他陷入了空前绝望的孤立之中。于是，孔子一行于鲁哀公六年自楚又返回到卫国。这一年孔子六十三岁。

此后的五年中，孔子到底是一直呆在卫国呢还是有到别的地方去，不得而知。孟子说孔子于所游诸国“未尝有所终三年淹”①。如果孟子的说法靠谱，那么孔子肯定到卫后还去过其他地方，或者是离开楚国后还在什么国家淹留过。但史籍空白，只有《孔子世家》在孔子最后一次离开卫国时记叙了这么一件事：卫国的国卿孔文子将攻打太叔疾，问计于孔子，孔子推辞说不知道。退回宿舍后孔子立刻命令驾车准备走人，说：“鸟能择木，木岂能择鸟乎！”孔文子坚持挽留孔子。正好这时孔子的学生冉求在鲁国受到执政季康子的信任与重用，冉求

① 见《孟子·万章下》。

向季康子要求让孔子回国，得到准许，于是以礼币迎接孔子，孔子终于回到阔别了十四年的鲁国。

在长达十四年的政治兼思想流亡中，孔子大部分时间是在车轮上度过其颠沛流离、席不暇暖的晚年的。《淮南子·修务训》说“孔子无黔突”；班固曰“孔席不暖”①。孔子为了保护中国有史以来最高级、最辉煌、最细致的贵族礼乐文化免遭厄运，不惜到处碰壁，以身受罪。与其他人相比，孔子的周游列国所遇艰险最多、挫折最重，几乎是像唐僧取经一样由一系列磨难组成的旅程，但也是最丰富多彩、意义曲折而深刻的心路历程；更是在政治、社会、意识形态等各个领域发生重大而深远影响的一场文化传播运动。

① 见《文选·班孟坚答宾戏》。

第十章　流亡者之歌
——马车上的“运动政治”

在孔子的周游列国与周穆王壮游天下之间，还有一个著名的重耳政治流亡游历。孔子和重耳两者的游历形同而神异。两者周游列国虽然在起因上都有政治流亡的色彩，但在过程中却大不相同。重耳的游历各国，从头到尾都是政治流亡，没有孔子的复杂，也没有那么曲折，但历史意蕴尤其在政治方面的意义也非常丰富与重大。

在所有流亡者故事中，最著名的就是重耳的政治流亡，故《史记·晋世家》及《国语·晋语》都用了很长的篇幅记载重耳的流亡事迹，为我们留下了少有的详细、生动记录的政治流亡图。

第一节　重耳的政治流亡缘起

晋文公重耳，是晋献公之子。晋献公宠爱骊姬，骊姬为了使自己亲生的儿子奚齐能当上国君，便设计杀害了太子申生，并进谗言危及公子夷吾与重耳，派人刺杀这兄弟俩。两人皆逃亡出国。重耳首先逃奔的是他的亲生母亲的娘家狄国。“狄”，亦称“翟”，是春秋时期北方非华族群，有赤狄、白狄之别。重耳所奔的母国这个“狄”是白狄，其地大概位于自陕西渭水之滨跨河而东与晋国交界的一带地方。跟随他的有贤士赵衰、狐偃咎犯（文公舅）、颠颉、魏武子、司空季子、介子推等一行多人。居狄期间，狄君将伐廧咎如所获得的两名狄女送给重耳和赵衰为妻。几年后晋献公死，晋国里克等大臣杀骊姬与奚齐及其弟悼子，使人迎立重耳。但重耳畏杀，固辞。于是改迎重耳之弟夷吾立之，是为惠公。惠公七年，即鲁僖公十六年，重耳已在狄国呆了十二年。畏惧重耳回国夺权的晋惠公夷吾，派了宦者履鞮（即寺人披）与壮士赴狄国谋杀重耳。正在渭水之滨与狄君一起打猎的重耳得知讯息，君臣乃相与谋划远奔齐国。由于事出仓促，仓皇之间重耳等人只弄得一辆车子出逃，赵衰等人只好徒步紧跟，于是开始了辗转数千里的政治流亡生涯。

到了卫国，卫文公闭门不见重耳等人，重耳等人只好绕城而走。因为没有盘缠，一路上忍饥挨饿，在经过一个名叫"五鹿"的地方时，向野人乞食，野人拿了一块泥土给重耳。重耳大怒，但赵衰曰："土者，有土也，君其拜受之。"[①]于是稽首拜受。一行人靠挖野菜度日，重耳咽不下，于是介子推割下自己大腿上的一块肉煮了给重耳吃，这才撑着到了齐国。与卫国不同，一代霸主齐桓公对重耳厚礼有加，立即赠送二十乘马。[②] 齐桓公不但赠送车子，而且把美丽贤惠的宗女姜氏嫁给重耳为妻。重耳于是在齐国安居下来。第二年齐桓公就死了。据《史记》说，重耳在齐国共呆了五年。在这五年中，重耳又开始贪图安逸，留恋妻室，胸无大志了。于是他的属下在桑树下密谋要复国，被正在树上的采桑女听见了，并报告给姜氏。姜氏怕采桑女走漏风声，便将她杀了，并与重耳的属下设计将安于现状、愿老死于齐国的重耳灌醉抬上了车子，重新开始了流亡远征。这次流亡已有二三十部车的车队了。等重耳醒来时车行早已远离齐国了。《史记》对重耳的反应有这么一段生动的描写："行远而觉，重耳大怒，引戈欲杀咎犯。咎犯曰：'杀臣成子，偃之愿也。'重耳曰：'事不成，我食舅氏之肉。'咎犯曰：'事不成，犯肉腥臊，何足食！'"重耳无奈，只好继续前行。

经过曹国，曹共公不但不礼遇重耳，而且还要偷窥重耳洗澡以观看他的骈胁。重耳等人只好离开曹国。经过宋国，宋襄公虽然因为泓之战受伤在床，但闻重耳贤，仍以国礼接待重耳，并且也赠送了二十乘马给他。这样，重耳的车队

---

① 此据《史记·晋世家》。《左传》作子犯曰："天赐也。"

② 一乘为四匹，共计八十四马。古代言马必连车，因省文而略。按四马一车计算，当合车二十辆；但除了重耳之外，其他的人一般只能乘二马驾的车，因此齐桓公所赠送给重耳的车子应当在二十辆以上三十八辆以下。

就具有相当的规模了,约有七八十部车。但由于宋国刚刚打了败仗,不足以帮助重耳,所以重耳只好离开宋国另寻大国的支持。经过郑国,郑文公也不按国礼接待重耳。当郑大夫叔瞻劝谏他要礼遇重耳说"晋公子贤,而其从者皆国相,且又同姓"时,郑文公也同样说"诸侯亡公子过此者众,安可尽礼"!重耳只好去楚国。与曹、郑等国形成鲜明对照的是,楚成王却以诸侯之礼接待重耳,并以极其宽容的态度对待重耳的坦率与雄心。末了,还以厚礼送重耳到秦国。重耳至秦,秦穆公以宗女五人嫁给重耳,并派兵帮助重耳返国被立为晋国国君。

《史记》说重耳出亡时年四十三,当他遍历诸国,备尝艰苦,到回国时,已六十二岁了。但正因为他有了这段艰难曲折的人生磨练经历和对各国政治情况的了解,积累了丰富的经验,所以能大器晚成,继齐桓公之后成为一代霸主。而他这一段流亡生涯也就成了美人义侠扶助落难老公子的佳话。

第二节　三起疑案

重耳的十九年政治流亡,有三个疑案未能发覆。兹分述于下。

一为空间的问题。重耳母国狄国位于夹在秦国与晋国之间的陕西与山西相临近的渭水之滨,这从《左传·僖公二十四年》晋文公责让寺人披之辞"予从狄君以田渭滨"及成公十三年吕相绝秦杜注均可看出。从那里出发前往齐国有南、北两条通道。北边一条是从秦都雍跨河到晋都绛,向东沿黄河北岸经今济源、温县、获嘉进入古河内地区,折东北行经卫国北部进入五鹿(今内黄县),再东行经今山东莘县、济南到达齐国都城临淄。南边一条路是从陕西出函谷关沿黄河南岸走,穿越今河南灵宝、三门峡、渑池到周王都洛邑,再进入卫国东经濮阳东北的新都楚丘过五鹿而向齐国。重耳等人是避晋人追杀而逃的,按常理应该不敢走北道径直穿行晋国而过卫国以抵齐国,而最可能是走南路。史籍记载重耳等人离开狄国后到达的第一个国家是卫国。可是若从黄河南岸走,必须先经过周王国才能到达卫国。但史书没有记载重耳一行经过周王国的任何信息。可能是因为周王国离晋国太近了,加上仓促出行非常狼狈,而且重耳只是一个诸侯国的公子,所以不可能大张旗鼓、按照礼仪去觐见周王或会见其他重要政治人物,只能秘密地潜行而过,因而没有任何新闻事件引起史官去注意并记载,这就造成了重耳南逃路线上第一站周王国的空白。过了周王国进入卫国,由于同是诸侯国，地位平等，于是重耳便想去拜会卫国的国君。但遭到卫文公的拒绝。于是重耳等人便穿过卫国新都城楚丘的郊区，经过五鹿时发生了上面所述的野人送土的故事。看来重耳走南边一条路应该是不成问题的。但问题就出在五鹿上。有两个五鹿，而且恰恰又是分别在于南、北二路的必经之地上。南边这个五鹿应该离楚丘不远，因两者都在濮阳附近，南五鹿可能就在楚丘的郊区附近。北边的五鹿在春秋末属晋国领地①，一说在春秋时属于卫地②，位置在今河北大名县东。这样，重耳所面对的歧路也就导致了学者们意见的分歧。顾栋高《春秋大事年表》主张北五鹿，也就是说重耳走的是北路；沈钦韩《左传地理补注》主张南五鹿，也就是说重耳走的是南路。杨伯峻倾向于后说。但到底重耳是走哪条道路至今还是个“路线问题”，不能定论。

二为时间的问题。重耳出亡十九年，有十二年都在狄国。鲁僖公十六年，重耳离狄赴秦，当年到达秦国。一年后齐桓公去世。《史记》说重耳“留齐凡五岁”，若从《史记》说法，则重耳离齐当在鲁僖公二十一年。而按《国语》说法，重耳在齐桓公死后孝公即位之年即离齐。重耳过宋是在泓之战后至宋襄公死之前的数月之间，泓之战是在鲁僖公二十二年十一月，宋襄公死是在次年的五月；按《史记》重耳“留齐凡五岁”之说，重耳离齐时是鲁僖公二十一年桑蚕季节的春季；从齐都临淄至宋都商丘的距离不过千里左右，乘车一般只要两个月即可到达，但重耳一行却花了近两年的时间。而重耳离齐至宋期间，只经过曹国，因曹共公无礼，所以肯定只作短暂的停留。那么这一年半的时间重耳去了哪里呢？只有两种可能，一是重耳一直呆在齐国，直到鲁僖公二十三年才离开。一是重耳离开齐国后，途中又到他国居住了相当长一段时间。那么这个国家会是什么国家呢？最有可能是鲁国。重耳复国当上晋国国君拥有军政权力后，做的第一件事就是侵曹伐卫，并削曹地以分诸侯，而鲁国分得最多。《左传》和《国语》均说鲁所以得地最多是因为鲁国的使者最先到达晋国领赏。此言不但不可信，乃欲盖弥彰。与曹国毗邻的有齐、鲁、宋、卫等国，参与分地的只能是这些国家，远隔异地不是邻邦的秦、楚等国均不可能参与瓜分曹地，否则晋国自己早就占为己有，何需分与他国？卫是楚联盟又属受伐之国，自身难保，绝不可能参与

① 《左传·哀公元年》：“齐侯卫侯救邯郸，围五鹿。”

② 见《辞海》“五鹿”条。

分利；得土之国唯有齐、鲁、宋诸国。众所周知，齐、宋二国都曾明确支持过重耳；而重耳是个恩怨分明、睚眦必报的人，他不可能把最大的利益让给对自己毫无帮助、冷淡疏远而仅仅是在分取战利品时跑在最前面的国家。但为什么史籍记载重耳流亡诸国偏偏不见鲁国呢？这就与下一个疑案有关了。

第三个疑案是关于人情世态的。重耳流亡各国，所受的待遇冷暖不同。曹、卫、郑三国对重耳无礼或不礼；齐、宋、楚、秦四国则热情款待，甚至遇之以国礼、助之以鼎力。人情冷暖是司空见惯之事，本不足为奇，但此事值得一奇的是，所有冷遇重耳的国家都是与重耳同姓的诸侯国（曹、卫、郑与重耳都是姬姓），而热情接待的齐、宋、秦、楚都是异姓。这样的泾渭分明、冰炭两重天已是一奇。更令人莫名其妙的是，“亲亲”本是宗法制的姬姓周联邦所最为看重的首要原则，是治家治国之“本”，但为什么曹、卫、郑三国国君都对重耳那么冷淡疏远，反而是异姓的秦、楚、齐、宋却那么热情呢？这实在是很奇怪的事。此外，耐人寻味的是，姬姓国中最重要的两个国家周王国与鲁国，在重耳出亡事件流程的观众台上都是缺席的。周王国的缺席原因上面已作了一些推测分析，但鲁国的缺席又该作何解释呢？从齐国前往宋、楚两国，鲁是必经之国，本来就顺路，并且是直线最短距离；加上鲁国与重耳又是共姓同宗，重耳过鲁更应该是顺理成章的事。但鲁国并没有出现在重耳的路线图上。是重耳主动避开鲁国不愿去拜访鲁君还是鲁国放出某些信息不欢迎重耳到来？鲁国对重耳的政治流亡及其复国愿景的态度暧昧不明，无从得知，所知道的仅仅是：不公开表态。为何姬姓国对同姓宗国重耳的态度与异姓国对待重耳的态度如此截然相反呢？这里面传达出什么样的背景信息呢？

第一，政制不同。以氏族联盟为特征、以周联邦为核心的血缘政治正在解构之中，逐渐为地缘政治所取代，齐、宋、秦、楚这些边缘异姓国家正在崛起；“亲亲”原则正在受到“贤贤”原则的挑战。

第二，西周以来在周王国所实行的嫡长继承制的政权架构尚未十分巩固（王子颓、王子带之乱），而在诸侯国则尚未确立，宗法制度极不稳定。

第三，那些倡导嫡长继承制的姬姓联邦，恰恰正是政权极不稳定的国家，因而希望靠嫡长继承制来维持稳定、支持其合法性，因此对重耳这些流亡国外的潜在政权颠覆者持忌讳、冷漠、疏离的态度就是很自然的事了。而一些自身就是靠外国力量登上宝座的国君，往往一上台就割断了与支持国的友好关系，甚至不惜发动战争，企图以此来平息国内对他取得政权的合法性的质疑，并借以洗刷自己"儿皇帝""傀儡政权"的依附地位的耻辱。晋惠公之对待秦国、齐孝公之对待宋国就是典型的例子。这种肯定自己权力而否定非法取得权力的方式的矛盾心态，与姬姓国对待重耳的态度是一致的。鲁国固然从来都是实行"一继一及"的制度，但周联邦所提倡的嫡长继承制还是在道义上占有优势，正逐渐获得人心中的正统地位。有鉴于此，所以表面上鲁国虽然不能公开支持重耳，但毕竟实际上实行的"一继一及"的制度是"鲁之常也"，因而暗中鼎力相助他，就没有什么心理障碍，留重耳居鲁也就不是不可能的事。《左传·文公十八年》及《史记·鲁周公世家》均载鲁国杀嫡立庶及"哀姜哭市"之事，孔颖达"正义"解释齐国支持杀嫡这件事说："齐侯许废恶者，恶以世嫡嗣立，不受齐恩；宣以非分得国，荷恩必厚。"嫡子本来就是合法继承人，支持他登位没有什么功劳可言，而支持庶公子夺权上台，实现他们的非分之想，建非常之功，被支持者必大感恩，支持者有望能收到大回报。孔疏的这一番话一针见血地指出了列强喜欢力挺众庶群公子复国夺位的原因，于是齐、宋、秦、楚对待重耳的态度与姬姓国迥然有异之谜，也就得到了令人满意的解答，同时也可以说明春秋时期为何会有那么多的政治流亡者奔驰于列国间寻求国际社会的支持。

重耳流亡这件事包括上述三个疑案的前两个，都是在车文化这个前提下产生的。第三个疑案也间接地是在车文化的大背景下催生出来的。重耳的政治流亡生涯就是马车上的"运动政治"。离开了车马交通这个必要条件，重耳的政治流亡也就不会以这种形式出现。而这些也为中国古代车文化功能的具体内容增添了一些异彩。

第三节　车与政治流亡

重耳的政治流亡不是个别现象，而是非常普遍的事。就像曹共公和郑文公所说的："诸侯亡公子过此者众！"这既突出说明春秋时期诸公子流亡是很普遍的现象，也从一个侧面反映出车文化背景下流亡行动之容易。

古今中外政治流亡的原因一般都是由于国内政变引起的。春秋时期，几乎每发生一次政变都会有一批政治难民向国际上扩散。笔者计算了《春秋》经传中的政治流亡事件，见于记载的就大约有一百多批，随举如下：

隐公元年:郑共叔之乱,公孙滑出奔卫。

隐公四年:宋殇公之即位也,公子冯出奔郑。

隐公五年:古曲沃庄伯以郑人、邢人伐翼,王使尹氏、武氏助之。翼侯奔随。

桓公十一年九月:宋人执郑祭仲。突归于郑。郑忽出奔卫。

桓公十六年十有一月:卫侯朔出奔齐。

庄公二十四年:曹羁出奔陈。

闵公二年:公子庆父出奔莒。

成公七年:卫孙林父出奔晋。

襄公十四年:卫侯出奔齐。

昭公八年,陈侯之弟招杀陈世子偃师。……陈公子留出奔郑。

定公十四年:卫公叔戌来奔。卫赵阳出奔宋。……卫北宫结来奔。卫世子蒯聩出奔宋。卫公孟彄出奔郑。宋公之弟辰自萧来奔。……(晋)士鲋奔周,小王桃甲入于朝歌。……(卫)大子奔宋,尽逐其党。故公孟彄出奔郑,自郑奔齐。

…………

春秋时期是贵族政治,因此政治流亡者也基本上都是贵族,这些人中有遭政变下台的国君、国卿、士大夫,但更多的是诸公子公孙,如后来成为著名霸主的齐桓、晋文就都曾经是政治流亡的落难公子。这些贵族流亡者都有自己的马车,他们大都是乘车逃亡的。很多的政治流亡者不是一两个人跑的,而常常是一大班人马,如:

襄公三十一年:夏五月,子尾杀闾丘婴以说于我师。工偻洒、渻灶、孔虺、贾寅出奔莒。出群公子。

昭公八年:七月甲戌,齐子尾卒,子旗欲治其室。丁丑,杀梁婴。八月庚戌,逐子成、子工、子车,皆来奔,而立子良氏之宰。

昭公二十年:卫齐豹之乱,公子朝、褚师圃、子玉霄、子高鲂出奔晋。……宋华、向之乱,公子城、公孙忌、乐舍、司马强、向宜、向郑、楚建、郳甲出奔郑。……

…………

政治流亡有时是举族尽室（全家族）而迁。《左传·襄公二十三年》记载："季武子无适子，公弥长，而爱悼子，欲立之。访于申丰，曰：'弥与纥，吾皆爱之，欲择才焉而立之。'申丰趋退，归，尽室将行。他日，又访焉，对曰：'其然，将具敝车而行。'……遂立羯。秩奔邾。……臧纥斩鹿门之关以出，奔邾。"鲁国的执政者季武子想废长立幼，但这是严重违反封建嫡长继承制度的行为，于是便和家臣申丰商量。申丰不应而退，回家后就准备全家出走。过了几天，季武子又咨询申丰，申丰说："如果这样做，那么我将准备车子就走。"可见因政见不合而流亡者往往都是尽室具车而行。

政治逃亡者一般都是乘车出走的，但在特殊情况下也可能步行越境而逃。鲁庄公十二年秋，宋国的南宫万弑宋闵公，遭宋国务大族的联合讨伐，南宫万带老母逃奔陈国。不知何故，一时找不到马匹来驾车，南宫万只好自己当马拉着载他母亲的乘车，一日而至陈国。其逃命的速度真是惊人地快！但最后他还是逃不过受惩罚的命运，被引渡回宋国，剁成了肉酱。

如果说南宫万是在无奈的情况下徒步拉车逃亡，那么大陆子方则是自动放弃乘车出逃。鲁哀公十四年，齐国的陈氏集团发动宫廷政变，杀了执政的子我。陈成子（陈常）要抓子我的干部大陆子方一并杀掉，陈氏集团中同情子方的陈逆为他请命，保他免于一死。子方逃亡时以国君的命令在路上拦了一部车，但这很快被人发现并将车子没收了。陈氏集团的另一个同情者陈豹送给他一部车让他乘车逃亡，但他不肯接受，说："逆为余请，豹与余车，余有私焉。事子我而有私于其仇，何以见鲁、卫之士？"于是"奔卫"。[①]

但是一般情况下，政治流亡者至少都有几部车代步。楚国的公子子干流亡到晋国，从车只有五乘。但晋国的太傅叔向并不势利，而是一视同仁地对待楚公子子干与同是公子的秦后子针。秦后子针的流亡队伍组成长长的车队，车队的数量甚至多达一千辆！《左传·昭公元年》记载：秦国的公后子针为了避祸，听从他母亲的劝告自动流亡到晋国去。跟从他的车队需在黄河上用船搭起浮桥来过河通车，每隔十里停十部车（此据杜注），自雍及绛一千里，正好一千部车。有人问他，您的车这么多，都在这里吗？后子针回答说，这叫多吗？如果我的车子比这少，我还能在这里见你吗？意谓正因富贵敌国，所以才不得不流亡

① 事见《左传·哀公十四年》。

国外。从这里可以看出，富人与权贵利益集团移民国外，古已有之。

"礼崩乐坏"的春秋时期宫廷政变非常频繁。由于车是贵族随身必备的礼器，是礼制时代政治生活中不可须臾而缺的工具，同时也是战斗的装备，所以春秋时期的许多宫廷政变和政治事变也常常发生在车这个移动宫廷上。这就让车文化的功能直接嵌入了政治系统中发挥其实质作用和间接影响。

《左传·襄公二十三年》记载的一件事，是典型的发生在车上的一场劫车政变。

栾盈是晋国的下卿，属公族大夫，为人也很大方，颇得人心。栾氏家族原也是晋国的"八卿"之一，但后来与其他六卿不睦，到栾盈时又因为自己母亲的诬蔑而与执政的范氏也就是母亲的娘家有矛盾，栾盈遂被自己的外公范宣子驱逐出境，跑到楚国，后来又从楚国跑到齐国去了。晋国又利用自己的霸主地位，在襄公二十一年与二十二年的会盟（商任与沙随）中连续两次发起禁锢栾盈的国际制裁令，要求诸侯国不得接纳栾盈。唯独齐国不理这道禁令。栾盈到了齐国后，想回晋国东山再起，得到了齐国国君齐庄公的支持。齐国乘晋国公室嫁女于楚国，盟国诸侯要陪嫁之机，将栾盈及其同党化装成陪嫁的妾妇，乘坐有藩蔽的女车混进陪嫁的车队送到栾盈晋国的原根据地曲沃，公开发动政变，大白天向首都绛发起进攻。朝廷国卿中只有魏舒支持栾盈，并答应与之里应外合，夺取政权。这时范氏一党意识到胜败的关键就在于一方面要控制国君，另一方面要控制和争取魏舒这支力量，并且决定使用强制手段。于是范宣子也因晋悼夫人之兄丧而着丧服与妇人一起乘女人的辇车入宫，将晋平公转移到别处去。与此同时，素与栾盈有仇隙的范鞅便直接去找魏舒。一到那里，看到魏舒的人马队伍已排列好，车士们已乘上了兵车，正准备迎接栾盈，与之会合。范鞅见状急步向前，用"挟天子以令诸侯"之说辞，请魏舒入宫，并且迅速跳上魏舒的车，拔剑威胁，命令驾驶员将车开出队列，驱车进入宫中，就这样将魏舒劫走了。结果栾盈失去援助而孤军作战，又因栾乐的战车驶过地上突起的槐树根而颠覆，使重要的车士伤亡而受挫。这场流血政变以栾盈的彻底失败而告终。栾氏被灭族，栾盈集团仅存的一些党人也逃亡国外。

鲁襄公二十五年，齐国崔杼发动政变杀了国君庄公。庄公的近臣闾丘婴与申鲜虞乘车出逃。闾丘婴用帷布将他的妻子包藏在车上想带上她一起走。申鲜虞将她推下车去，不让带。车行到了弇中狭谷，就停车准备在车上睡觉。闾丘婴说:“崔杼、庆封的人马会追上来!”申鲜虞说,在这样只能容一辆车通过的地方,“一对一,我怕谁”?于是把马喂饱了之后,“枕辔而寝”,头枕着马缰绳而睡,怕马溜掉。天亮驾车而行,出了弇中狭谷后,到了宽阔地带,对闾丘婴说:“快开车!崔、庆人马众多,追上来不可挡也。”于是开足马力驱车直奔鲁国……

阳虎在鲁国发动军事政变失败后,逃奔齐国。齐国人将要流放式囚禁阳虎,问他想要去东部还是西部。阳虎其实愿去西部以便逃往晋国,因此故意说愿去东部,于是齐国人就将他囚禁于西部。阳虎到了西部流放地后,借遍了当地人所有的车辆,将借来的车子的车轴用刀子刻得很深,然后再用麻缠束上归还人家。阳虎连续两次都是躲藏在装载衣物的葱灵车中逃跑,终于成功。齐人乘当地的车子追赶阳虎,但车行不久,车轴就断了,于是阳虎乘坐葱灵车出了齐境逃亡到了晋国。[①]

以上两个乘车逃亡的故事可以说是别开生面的警匪片中的车战情节。《左传 · 哀公十五年》记载的下面这个故事则不乏喜剧味道:卫国原太子蒯聩在外流亡多年,潜回国内,与自己的儿子争夺政权。他与同党设计用暴力劫持执政的孔悝,胁迫其同意参与政变。孔悝的老管家栾宁正准备饮酒,烤肉还没有熟,听说发生了变乱,便一面使人通知子路[②],一面命人驾车,将酒肉火锅搬到车上,拥护着卫国国君即蒯聩的儿子辄上车,在车上边行车边举爵饮酒吃烤肉,车子载着逃亡的君臣和运动中的酒席(“行爵”)朝鲁国而奔……

① 见《左传 · 定公九年》。

② 子路是孔子的学生,当时做孔悝的邑宰,在这场反政变的战斗中为了顾及儒家的礼仪戴端正帽子,而被敌人砍成了肉酱。

第十一章　朝聘会盟
——车文化的“国际政治”

如果说政治流亡是车文化功能从旅游领域转入政治领域的一个中间过渡地带的话，那么从政治领域来看，这个中间过渡地带就是一个边缘地带；车文化在其中的作用也只是一种解构功能。现在它就从政治边缘崛起直逼实质政治的核心——国际政治了。

车文化功能与实质政治的关系除了内政之外，更多集中在外交上。古代特别是西周与春秋时期，外事活动非常频繁。《周礼·秋官司寇》“大行人”条曰：“春朝诸侯而图天下之事，秋覲以比邦国之功，夏宗以陈天下之谟，冬遇以协诸侯之虑。时会以发四方之禁，殷同以施天下之政，时聘以结诸侯之好，殷眺以除邦国之慝，间问以谕诸侯之志，归脤以交诸侯之福，贺庆以赞诸侯之喜，致禬以补诸侯之灾。”“小行人”条曰：“若国札丧，则令赙补之。若国凶荒，则令赒委之。若国师役，则令槁禬之。若国有福事，则令庆贺之。若国有祸灾，则令哀吊之。”诸凡国君新即位、两国修好、邀约、贺庆、告请、问疾、吊灾、恤祸、吊丧、送葬、交涉、调解等，皆需派遣使节处理，往返都要乘车。古代无今日的常驻大使和常设外交机构，所以国际间的外交事务，均由外交人员随时随事前往解决，有时甚至是国君亲自出马，最常见的就是朝聘会盟。

第一节 朝 聘

《周礼·春官宗伯·大宗伯》曰:"春见曰朝,夏见曰宗,秋见曰觐,冬见曰遇。"《周礼》虽有朝、宗、觐、遇四季之分,但一般都是以"朝"泛指诸侯国君自见于周天子,或诸侯国君相见。孟子谓"诸侯朝于天子曰述职"。若不依礼而朝,则贬爵削地,继以征伐。《左传·桓公四年》载:"王夺郑伯政,郑伯不朝。秋,王以诸侯伐郑。"诸侯见霸主亦谓朝,不朝则霸主亦将问罪,如齐之执郑詹,晋之伐卫国,二国皆因不朝于齐桓公与晋文公而获罪。小国见大国也曰朝,如《左传》所记"滕侯薛侯来朝""小邾子来朝""郯子来朝"等。两国不相上下之君相见亦谓朝,如齐鲁、齐晋等。朝是外交中最隆重的礼仪。其不由国君自往而派代表前去见天子或诸侯表达善意致敬问好,或天子遣使见诸侯的都叫"聘"。《说文解字》"诸侯三年大相聘曰眺"是眺视亦聘也。则聘亦含看望、问候之意,乃友邦睦邻间平时情感沟通的联系管道。朝聘都是国际间友好和睦关系的事情,若两国关系矛盾不和,则朝聘活动就有可能被中止。《左传·昭公十三年》载"公如晋。荀吴谓韩宣子曰:'诸侯相朝,讲旧好也,执其卿而朝其君,有不好焉,不如辞之。'乃使士景伯辞公于河"。平丘之会,鲁昭公不参与结盟,主盟的晋国人"执季孙意如,以幕蒙之,使狄人守之"。两国的关系于是出现裂痕,所以晋国不许鲁君来朝见晋君。

朝聘之形式除言行之外,尚有物质如玉帛皮币等礼物,故需许多车马装载,加上"行人"的乘车,朝聘的车队应是很庞大的。《左传·襄公三十一年》记载了郑国子产陪同郑简公朝见晋平公时的一件事。子产见晋国盖的国宾馆太矮小,"门不容车",于是"子产使尽坏其馆之垣而纳车马焉",叫人拆了围墙扩大停车场。当晋国派人前来责问时,子产追溯赞美起晋文公为盟主的时代,晋国"崇大诸侯之馆,馆如公寝。库厩缮修,司空以时平易道路,圬人以时塓馆宫室。诸侯宾至,甸设庭燎,仆人巡宫,车马有所,宾从有代,巾车脂辖[①],隶人、牧、圉,各瞻其事,百官之属各展其物……宾至如归"的盛况。那时,来宾的车队行进在平坦的道路上,到了宾馆后,有宽敞的停车场可以停车马,并且有专人负责给车

① 巾车:主车之官,负责给车子加油的人。脂辖:给车毂车轴抹油。

子加油，可以想见朝聘时车队的阵容。

属例行外交正式来往的朝聘，据胡安国《群书考索》"春秋提要"所载，有：周来聘鲁7次、鲁君臣朝聘周8次、鲁大夫聘列国56次、列国朝鲁40次、齐聘鲁5次、晋聘鲁11次、宋聘鲁4次、卫聘鲁4次、陈郑秦吴聘鲁各1次、楚聘鲁3次，计有142次。加上国君非正式（即非两君相朝，《春秋》记曰"如"者）出访者如齐11次、如晋20次、如楚2次，共计175次。

朝聘是有时间规定的。《左传·襄公八年》曰："春，公如晋，朝，且听朝聘之数。"《礼记·王制》则曰："诸侯之于天子也，比年一小聘，三年一大聘，五年一朝。"此外还有新君即位时，他国来朝来聘，或者自往朝、遣使聘。《左传·襄公元年》曰："凡诸侯即位，小国朝之，大国聘焉。以继好结信，谋事补阙，礼之大者也。"诸侯见霸主，或小国见大国，有"三岁而聘、五岁而朝"之说。[①] 天子诸侯若有事时，则因事而朝或聘，不为规定所限，如派人问疾病、遣使代为归宁探亲等。朝聘的时间，另据《左传·昭公十三年》，有岁聘、间朝、再朝、再会，十二年中八聘四朝二会一盟之说。

礼尚往来，来而不往非礼也。有来聘，也有报聘。报聘者，答谢友国之聘问也。《左传·宣公十年》载"刘康公来报聘""国武子来报聘"皆是。其恩情深厚者之答谢曰拜。《左传·襄公十九年》："季武子如晋拜师。"又《左传·文公三年》："卫侯如陈，拜晋成也。"

报聘之外，尚有许多事件需要在国际间互相通报。如天王崩、诸侯薨和国有变、有灾、有难时，均需赴告丧事、通报灾难于与国，或有喜事捷报，也当报告，使其休戚与共。与国亦有吊丧、会葬、禬灾、恤难之义务。《左传·隐公元年》载："天子七月而葬，同轨毕至。""诸侯五月，同盟至。"奔丧急事须急行。《穀梁传·定公十五年》："丧急，故以奔言之。"陆德明释文曰："奔丧之制，日行百里，故传言急。"今日有电报、电话可以迅速通情达意，有常驻使节可以代行其事。古代这些事情都要派遣使者通过道路车马交通才能实现。

朝聘的主体或是国君，或是卿大夫，也有士。朝常常是国君带领。聘问一般是卿大夫为代表奉命出使。吊灾丧葬，按周制，亦有命士出使的。专管外交事务的负责人就是《周礼》中的"大行人""小行人"。无论是朝还是聘，他们的

---

① 见《左传·昭公三年》。

出访不是一两个人，总是有一大班人马随从。卿大夫出使，随从就很盛大：“卿行旅从。”一旅五百人①。大臣出使，其属下小臣从行。《仪礼·聘礼》：“关人问从者几人。”《聘礼》等书屡称上介、众介，“介”是“使”的副手、助手。除“介”之外，还有史、司马、管人、贾人等。“《聘礼》之文，有上介、众介，至所聘之国，誓于其境，则史读书、司马执策、贾人拭玉、有司展币，其从群官多矣。”庞大的车队千里迢迢一年四季驱车往来不绝于路……

若是诸侯国君亲自带队朝觐时，车队当更大，但入朝时则须轻车简从减等。据《仪礼·觐礼》，朝天子之时，诸侯之“偏驾不入王门”②，而改“乘墨车，载龙旗、弧韣，乃朝”。据《仪礼·聘礼》，行聘者见所聘国君臣，有献马匹之礼：“庭实设，马乘”“宾觌，奉束锦，总乘马”。郑注：“总者，总八辔牵之。”而《仪礼·觐礼》则有天子赐车马之礼：“天子赐侯氏以车服……路先设西上，路下四亚之。重赐无数，在车南。”如此，则诸侯之车队在回程时当比前去时更增大了。

《左传·昭公十三年》晋叔向曰：“是故明王之制，使诸侯岁聘以志业，间朝以讲礼，再朝而会以示威，再会而盟以显昭明。志业于好，讲礼于等，示威于众，昭明于神，自古以来未之或失也，存亡之道恒由是兴。”叔向堪称是一位有深远眼光的政治家，从他的话中可见朝聘不仅仅是一般礼节性的外交往来事务，而是作为维护保持等级秩序、激活保鲜尊卑意识的根本性、长期性、常规性的超制度政治行动。

第二节　“乘车之会”与“兵车之会”

政治不仅仅意味着静态的制度，它还必须面对和处理诸多很现实的动态问题，甚至是突发性的事件。这种情况内政外交两方面都存在。无论出了何种政治问题，解决之道首先是从“会”（开会、会议）开始，以商讨应对之策，这是古今中外的普遍规律，尤其是临时性的国际热点政治问题更是如此，如现在的“朝核六方会谈”。古代国际政治的“会”也称为“会同”。《诗经·小雅·车攻》曰“会同有绎”，《论语·先进》曰“宗庙之事，如会同”。会和同都有“合”的意思，因此“会同”就有“会合而同”或“联合会议”之义。

---

① 见《左传·哀公元年》注。

② 郑注云：“偏驾之车，舍之于馆与？”

会可以是双边或多边的,而同则一般是多边的。会同与朝聘也常常是连续或重叠的活动。《周礼·春官宗伯·大宗伯》载:“时见曰会,殷见曰同”。《周礼·秋官司寇》“大行人”条曰:“殷同以施天下之政。”郑注谓“合诸侯而命其政”为殷同。朝与会都含有见面的义素,区别是:朝是制度性、常规性的活动,无论有事没事都要在规定的时间“朝”;而会则另具临时性质的“有事而会”之义。因此,不但诸侯与诸侯之间可以会同,诸侯也可以会同于天子,诸侯还可以与天子派出的代表王臣甚至太子进行会同。春秋以前,会同之事以天子为中心,所谓“礼乐征伐自天子出”是也。若诸侯中有不服王命朝纲者,天子则在诸侯朝觐时会同诸侯而行征讨之事。这就是上面《周礼·秋官司寇》“大行人”条所说的“时会以发四方之禁,殷同以施天下之政”。诸侯之间自行集会的事基本很少,而由诸侯主导更是罕见。入春秋后“礼崩乐坏”,“周天下”的国际间矛盾冲突经常发生,因此国与国之间的会也就非常频繁。在春秋之前虽也有一些会活动,如夏禹有“涂山之会”(周穆王也有另一个“涂山之会”),周武王有“孟津之会”等,但高潮是在春秋。春秋时期,会同事柄操于霸主之手。春秋会同活动的倡导者和组织者首推齐桓公。

关于会与车的著名关系就是齐桓公的“乘车之会”与“兵车之会”。

《管子·封禅》记“桓公既霸,会诸侯于葵丘”后,齐桓公说:“寡人北伐山戎,过孤竹,西伐大夏,涉流沙,束马悬车,上卑耳之山。南伐至召陵,登熊耳山,以望江汉。兵车之会三,而乘车之会六,九合诸侯,一匡天下。”①《穀梁传》则谓齐桓公“乘车之会”有十一次。

所谓“乘车之会”亦曰“衣裳之会”,是相对于“兵车之会”而言的国际间和平结好之会。《论语·宪问》亦曰:“桓公九合诸侯,不以兵车,管仲之力也。”正是此意。

齐桓公“乘车之会”,有鲁庄公十三年的“北杏之会”、十四年的“鄄之会”、十五年的“鄄之复会”、十六年的“幽之会”、二十七年的“幽之再会”,鲁僖公元年的“柽之会”、二年的“贯之会”、三年的“阳谷之会”、五年的“首止之会”、七年的“宁母之会”、九年的“葵丘之会”。

这些“乘车之会”所要解决的问题:鲁庄公十三年齐侯与宋、陈、蔡、邾的“北

① 《管子·大匡》则于“桓公以车千乘会诸侯于竟都”后记曰:“兵车之会六,乘车之会三。”

杏之会”是为平宋弑君之乱而谋划对策；十四年的“鄄之会”以平宋弑君之乱后宋服而举行；十五年齐、宋、陈、卫、郑复会于鄄，是齐霸开始崛起的标志；十六年的“幽之会”，以郑侵宋，诸侯伐郑达成和议；二十七年的“幽之再会”以陈乱郑曾二心于齐而二国终于服齐故重归于好；鲁僖公元年的“柽之会”，是因为楚伐郑国，齐桓公与鲁、宋、郑、曹、邾诸国会合商议救郑的办法；二年的“贯之会”，是因为原先跟从楚国的江、黄二小国第一次改为服从齐国，所以齐桓公召集会员国来开迎新会；三年的“阳谷之会”，还是因为上一年楚国侵略郑国的事情与宋、鲁、江、黄谋伐楚以救郑；五年的“首止之会”是因为周惠王欲废太子郑而立王子带，故齐桓公率领诸侯会太子以定其位而谋宁周；七年的“宁母之会”是齐桓公、管仲与鲁、宋、陈、郑相会以因应郑国内部矛盾的事情；九年的“葵丘之会”，是齐侯与周公、鲁公、宋公、卫侯、郑伯、许男、曹伯“共奖王室”的大会。“葵丘之会”尤为“乘车之会”和平修好的典型，深为孟子所称道。可见孔、孟这两个儒家的圣贤都对齐桓公的“乘车之会”表示赞赏，因为“乘车之会”的目的与功能最主要就是维持秩序与维护和平，这是深合孔孟之道的政治理念的。

在齐桓公以后，其他的会同最具和平意义而继承齐桓公“乘车之会”精神者莫过于会于宋的“弭兵之会”了。晋楚争霸战争给中原各国人民带来长期灾难，贵族统治阶级也不乏忧国忧民者，于是由宋国（向戌）牵头发起了两次“弭兵之会”，晋、楚、齐、秦、鲁、蔡、卫、陈、郑、许、曹、邾、滕等 13 国与会。这次会议虽然因为“楚人衷甲”和晋楚尸盟（主盟）之争而使结果不很理想①，但是从会议的先期预备阶段特别是晋国韩宣子、齐国陈文子等人的话中可以看出，和平反战是社会民意的主流，即使统治阶级也不想或不能违背，因而几乎所有受邀国都许诺参加这个“弭兵之会”。从这个意义上来说，这次会议的价值还是值得肯定的。

“兵车之会”为武装军事集会。齐桓公的“兵车之会”有鲁僖公八年的“洮之会”、十三年的“咸之会”、十五年的“牡丘之会”、十六年的“淮之会”。但即使是“兵车之会”，其中有些目的也是为了安定王室（如十五年“牡丘之会”）、为了救徐国（如十六年“淮之会”）之类。故《穀梁传》谓齐桓公的“兵车之会”亦“未尝有大战也，爱民也”。

---

① “弭兵之会”后，晋楚两国仍各保持其霸主地位互不买账，只有双方的随从国能稍安和平。

无论何种会同，与会者皆驱车前往参加。因此会同之前，皆需征集车马。《周礼·地官司徒》曰："乡师……大军旅、会同，正治其徒役与其輂辇[①]。""县师……若将有军旅、会同、田役之戒，则受法于司马，以作其众庶及马牛、车辇，会其车人之卒伍，使皆备旗鼓兵器，以帅而至。""稍人……若有会同、师田、行役之事，则以县师之法作其同徒輂辇，帅而以至，治其政令，以听于司马。""牛人……凡会同、军旅、行役，共其兵车之牛与其牵徬，以载公任器。"《周礼·春官宗伯》曰："车仆掌戎路之萃，广车之萃，阙车之萃，苹车之萃，轻车之萃。凡师，共革车，各以其萃。会同，亦如之。"《左传·昭公十三年》："（晋国）甲车四千乘，羊舌鲋摄司马，遂合诸侯于平丘。"盖会同动用的车马要大大超过朝聘。

第三节　盟誓与盟约

会又与盟常常紧密相连曰"会盟"，但这两者有联系也有区别。所谓"有事而会，不协而盟"[②]就是指二者性质的不同，这是最大的区别。从逻辑关系来说，有会不必有盟，而有盟必先有会；从时间关系看，是会在前，盟在后。因此这二者是截然不同的两回事但又有内在的关系。"会"是因事而起、"有事而会"的，议事各方因利益、立场、观点不同，往往形成"不协"的局面。"盟"就是为了消除"不协"的异议使之归于共同意向的机制，所以盟又称"同盟"。《公羊传》曰："同盟者何？同欲也。"杜预《释例》曰："盟者……以服异为言也。""同盟"与"服异"[③]是一回事。但是，"服异"的"异"不是指盟国之外的国家，而是指曾经结盟而后又起二意的不同心者。"服异"就是使他们重新回到统一战线上来，服从盟主的领导，做到心服口服，发出同一种声音。所以《左传》里有很多这样的记载：鲁庄公二十七年，同盟于幽，传曰："陈、郑服也。"僖公二年，齐侯、宋公、江人、黄人盟于贯，传曰："服江、黄也。"文公十四年，同盟于新城，传曰："从于楚者服。"成公五年，同盟于虫牢，传曰："郑服也。"襄公三年，同盟于鸡泽，传曰："晋为郑服故，且欲修吴好，将合诸侯。"昭公十三年，同盟于平丘，传曰："齐服也。"诸如此类，都是曾经的盟国出现了异心异行，轴心国通过各种"服异"的方式使

① 郑注：輂，驾马；辇，人挽行，所以载任器也。

② 见《左传·昭公三年》。

③ 指消除或同化不同的声音。

他们服从、称服。同时这种“服”也是可以带宾语的及物动词，即克服各种离心离德的现象，是一种既斗争又联合的动态过程。这种“异”也近似于现代政治说的“既斗争又团结”的对象。所以“服异”“同盟”是一个问题的两个方面，就是中国古代政治上的“统一战线”。这个“法宝”3000 年后在辛亥革命时期复活，“同、盟、会”三者终于联合起来发扬光大。这个“同盟”“服异”过程的进一步发展，加上 20 世纪苏德等国传入的同质化元素的催化，于是就产生了中国的现代政党。

要保证“同盟”的有效性和“服异”的合法性，古人不是采取武力压服，而主要是诉诸“盟誓”这个机制。盟誓是“同盟”的一个标志性仪式。举行盟誓要进行下列几个环节：(1)筑土为坛。即先筑一个盟坛，以便各盟国代表登坛宣誓。(2)凿地为坎。挖掘一个方形的坑，准备掩埋马、牛、羊、猪、犬、鸡等牺牲品。上述两项是准备工作。(3)陈牲歃血。这是戏剧性环节。做法为先杀牺牲品(多数是马、牛、羊)于坎上，然后请主盟者割下牺牲品的耳朵放在珠盘上，接着以玉敦盛血。这个环节最具戏剧性看点的是割牺牲品的耳朵，即所谓“执×坛牛耳”，因为它同时也具有强烈的政治意味。通常说法是谁主盟谁执牛耳。“弭兵之会”晋楚争先执牛耳，就是争当盟主。但另一说法却认为“执牛耳”是卑小国家的义务。这是晋国放弃“执牛耳”权利让楚国得手之后晋国卿叔向的说法。他有没有阿 Q 精神和酸葡萄心态，这里就不必去追究了。接着各盟国代表从玉敦取血涂抹在自己的嘴唇上，叫作“歃血”。(4)读书加载。这是高潮，也是结尾。歃血之后就是对天发誓、请神明监临并做裁判的宣读盟书环节。盟书也叫“载书”，有两份，宣读过后将其中一份加载在牺牲品上与余血一起埋于坎中，另一份交给“司盟”的官方机构保存备案[①]。

由会盟及其盟誓而产生了中国政治文化的一个古老但又具有现代性的结果——盟约。“盟书”或“载书”就是现在的政治性公约。其内容不仅包括国际政治，也涉及内政。这从古代文献中的盟约遗文可窥一斑：

一、葵丘会盟约文遗辞：“凡我同盟之人，既盟之后，言归于好。”[②]这是重建国际和平秩序的美好盟誓；“士无世官，官事无摄，取士必得，无专杀大夫”[③]，这

① 陈顾远著：《中国国际法溯源》，商务印书馆，1933 年。
② 见《左传·僖公九年》。
③ 见《孟子·告子下》。

是关于内政方面，并且带有一丝英国“光荣革命”贵族限制君权专制的味道。

二、践土会盟约文遗辞：“皆奖王室”“毋相害也”“有渝此盟，明神殛之，俾队其师，无克祚国，及而玄孙，无有老幼”①“吾闻国之昏，不由声色，必由奸利。好乐声色者淫也，贪奸利者惑也。夫淫惑之国，不亡必残，自今以来，无以美妾疑妻，无以声乐妨政，无以奸情害公，无以货利示下”②。这盟约提出了停止互残、共同拥护中央的“皆奖王室”政治原则和口号，并且在内政上要求反腐败。

三、亳邑会盟约文遗辞：“凡我同盟……毋保奸、毋留慝”是关于国际间罪犯的相互引渡条款；同时发出“同好恶，奖王室”的共同声明。③

四、督扬会盟约文遗辞：“大毋侵小”④。这是国际间必须遵守的政治规则，以维护各国的主权平等和国际秩序。

五、溴梁会盟约文遗辞：“同讨不庭”，⑤这是“皆奖王室”维护中央权威的另一面，是誓约盟国必须承担的义务。

六、清丘会盟约文遗辞：“恤病讨贰”⑥是“同盟”会员国“服异”的应有之责。

这里必须一提的是，上世纪60年代在山西侯马地区出土的“侯马盟书”，其中有两条关于禁止“纳室”和“复入”的盟辞：“至今以往敢不率从此明质之言而尚敢内室者而或婚宗人兄弟或内室者而弗执献丕显晋公大冢明神亟之……”“或复入之于晋邦之中者则永亟………”⑦“纳室”是对贵族产权的兼并；“复入”是指流亡在外的政敌回国复辟，如《左传·襄公二十三年》：“晋栾盈复入于晋。”这是统治者更惧怕的政治问题，必须严加防范，所以在国际国内的盟约上会出现这样的内政外交相交集的盟约。

此外文献中还有些盟约是反对贸易保护主义政策，禁止关贸壁垒的协定。还有一些看似是家事的禁约，如“毋易树子、毋以妾为妻、毋使妇人与国事”⑧。实际上在嫡长继承制的先秦封建时代，这正是政治的核心部分。

---

① 见《左传·僖公二十八年》。
② 见《说苑·反质篇第二十》。
③ 见《左传·襄公十一年》。
④ 见《左传·襄公十九年》。
⑤ 见《左传·襄公十六年》。
⑥ 见《左传·宣公十二年》。
⑦ 见《侯马盟书》“宗盟”。
⑧ 见《孟子·告子下》《公羊传·僖公三年》。

从语言形式上看，古代的盟约誓词虽然也有一些肯定、积极的类型，但大多是偏于消极型、否定式的范畴。除了上述关于嫡长继承制的那些盟约之外，还有如“毋相害也”“大毋侵小”“无忘宾旅”“无有封而不告”“无障谷”“无雍泉”“无曲防”“无雍利”“无贮粟”“无遏籴”“无蕴年”“毋保奸”，“毋留慝”“无专杀大夫”“士无世官”“官事无摄”“无以声乐妨政”“无以货利示下”“无以奸情害公”“毋易树子”等，都属于禁忌类。

另外一种是誓言诅辞，典型的如“或间兹命，司慎、司盟，名山、名川，群神、群祀，先王、先公，七姓十二国之祖，明神殛之，俾失其民，队命亡氏，踣其国家”的严厉惩罚①，“有渝此盟，明神殛之，俾队其师，无克祚国，及而玄孙，无有老幼”②的诅咒。

人们都说中国缺乏契约文化，尤其是像犹太人那种人神契约。春秋时期的盟书虽然其中内容主要是政治条约，但形式和精神上都含有人神契约的性质。“盟”字从其象形可以看出用器皿盛血于下而神明监临于上之义。盟誓的效力来自于其上的神的威力加上诅咒的语言暴力。虽然它也是一种暴力，但是比起物质的暴力即武力来，这种精神暴力毕竟只是一种威慑的力量，并且只是针对未来与过去，不对现实世界造成直接的破坏。如果会盟连盟誓中的杀牲歃血环节也不举行，像齐桓公主盟时常常“陈牲而不杀”，那就更让人佩服、信服了。因为真正的同盟，是建立在“信”的基础上的，包括对神的信仰、对同盟的信心、对盟主的信任。首先是对神的信仰。如果没有这种信仰，那么盟誓就毫无意义。如果失去对同盟和盟主的信心与信任，那么同盟随时可以遭到背叛甚至分裂。正如黑格尔所说：

> 契约是交换的制度化形式。因此，契约是在相互关系的基础上的典型活动的确定形式。契约和交换是一回事，但却是观念上的交换，是一种说明的交换，不是物的交换。但是，它又同物的交换同样有效。他人的意志作为意志既关系到契约，又关系到物。在交换中完成的相互关系的制度化取得成功是由于人们在交换中所讲的话具有规范性的力量。互为补充的活动以符号为中介，而符号使义务性的行为期待

① 见《左传·襄公十一年》。

② 见《左传·僖公二十八年》。

> 得以确立:我的话应该有效,并非基于道德的原因。我似乎应该保持我的内在一致,不应该改变自己的思想和信仰,等等,而是(基于)我能够改变我的思想和信仰;但是我的意志只是作为被承认的意志而存在。我不仅与我相矛盾,而且与我的意志得到承认这个情况相矛盾……因此,人,纯粹的自为存在,不是作为与共同的意志相分离的单个的意志,而仅仅是作为共同的意志受到尊重。[①]

黑格尔的话道出了作为意志共同体的会盟与盟约的本质。人们签订条约和发表誓约恰恰是建立在可以毁约和改变誓言的前提上的,所以国际国内常常发生战争和频繁出现政变阴谋,以图颠覆改变秩序。这就是儒家哀叹的“礼乐征伐不自天子而由诸侯出”“政出家门”的“礼崩乐坏”现象。

但是这种现象是违背共同体意志的。盟约的缔结是为了建立和稳定秩序,所以虽然不断地有人背盟食言,也不断地有人寻盟赴约,以“服异”的方式维护同盟。春秋会盟据胡安国计算,会97次,盟109次,共计206次,此仅就鲁国且仅就《春秋》认为有意义的大事而言者。《春秋》是鲁国的国史,这些记载都仅是与鲁国有双边或多边关系的大事、要事,并没有全部反映与鲁国没有直接关系的其他国家间的会盟情况。

朝聘地点一般都在所聘国的国都,会盟则在国都以外。《春秋》所记会盟的地点有:蔑(今山东泅水东)、宿(今山东东平东)、潜(一为今安徽潜山西北,一为今山东济宁西南,此为后者)、唐(杜预注:高平方与县北)、密(今河南新密市东南)、石门(杜预注齐地,或曰在济北卢县故城西南)、艾(杜预注:泰山牟县东南)、瓦屋(杜预注:周地)、浮来(纪邑,今山东沂水西北)、防(鲁地,在今山东费县东北)、邓(鲁地)、老桃(宋地)、时来(郑地)、垂(卫地)、越(杜预注:越近垂,亦卫地)、稷(宋地)、嬴(杜预注:齐邑,今山东莱芜西北)、郕(今山东宁阳东北)、讙(鲁地)、成(今山东泰安市东南)、夫钟(郕地)、阚(鲁地,今山东东平)、曲池(鲁地,今山东肥城汶阳)、谷丘(宋地)、虚(宋地)、龟(宋地)、武父(郑地)、袲(宋地,今安徽宿县)、黄(齐地)、趡(今山东泗水邹城之间)、泺(今山东

① 转引自哈贝马斯:《劳动和相互作用——评黑格尔耶拿时期的〈精神哲学〉》,见(德)哈贝马斯著:《作为“意识形态”的技术与科学》,学林出版社,1999年。引文中的“基于”是笔者所加。

济南历城西)、葴(今山东苍山县北)、北杏(今山东东阿县)、柯(今山东东阿县)、鄄(今山东鄄城北)、幽(宋地)、扈(郑地)、城濮(今山东鄄城西南,一说在河南开封县陈留附近)、落姑(齐地)、柽(宋地)、贯(宋地)、阳谷(齐地)、陉(楚地)、首丘(卫地)、宁母(宋邑)、洮(曹地)、葵丘(今山东淄博)、咸(卫地)、匡(卫地)、鹿上(宋地)、盂(宋地)、向(今山东莒县西南)、践土(今河南原阳西南)、温(今河南温县)、翟泉(今河南洛阳)、戚(卫邑,今河南濮阳北)、垂陇(郑地)、暴(郑地)、承匡(宋地)、新城(宋地)、鄟丘(齐地)、辰陵(陈地)、清丘(卫地,今河南濮阳东南)、断道(晋地)、赤棘(晋地)、虫牢(郑地)、马陵(卫地)、蒲(卫地)、沙随(宋地)、柯陵(郑地)、鸡泽(今河北广平)、鄬(郑地)、邢丘(今河南温县东)、戏(郑地)、柤(楚地)、亳(郑地)、萧鱼(郑地)、溴梁(今河南西北部)、祝柯(今山东济南)、澶渊(卫地)、夷仪(邢地)、虢(古国名,在今陕西、山西一带)、申(古国名,在今河南南阳一带)、蒲隧(徐地)、虫(邾邑)、曲濮(卫地)、牵(今河南浚县东北)、句绎(邾地)、橐皋(淮南)、郧(今江苏如皋东)、黄池(今河南封丘西南)、蒙(今山东蒙阴县境)、敖(东夷地)、廪丘(今山东郓城西北)、顾(今河南范县境内)、平阳(今山西临汾西南)……遍及周、齐、鲁、晋、楚、宋、郑、曹、卫、邢、陈、蔡、杞、莒、郯、徐、邾、申、东夷等国各地,覆盖了今山东、山西、陕西、河北、河南、安徽、江苏、湖北等中原各省。①

需要指出的是,上述各国领导人集会的地点都是国都以外的地方,有些甚至是边远小镇,可见当时的车道交通网之发达。参加会盟的主体不是国君就是卿、大夫。国君经常出席会盟,其出国随从人员不用说自然是最庞大的,就是太子有时也要跟随;不仅仅这些人,而且还要动用几千人的部队。《左传·定公四年》曰:“若嘉好之事,君行师从。”《左传·僖公五年》孔叔谏郑伯与盟于首丘,不听,“逃其师而归”。一师2500人。不但国君,就是卿、大夫赴盟,其随从班子也是倾巢而出。《左传·文公十五年》载:“宋华耦来盟,其官皆从之。”无论是“兵车之会”还是“乘车之会”,千里迢迢赴会加盟的主体当然都是车文化在政治上的功能消费者。于此可见,没有车文化就不会出现春秋会盟这个异彩纷呈的中国政治特色。

① 以上地点除个别标明杜预注外,余皆笔者据《中国古代史教学参考地图集》《辞海·地理分册》《中国古代地理学》《中国历史地图集》参酌择定。

第十二章　他异性意识
——"车马政治论"

当事物运转正常时，人们不会注意到它的存在；只有当它出现异常时，人们才会意识到问题。譬如人的身体，只有当某个器官出现异常比如疼痛时才会去关注，而正常时反而很少感觉到它们的存在。这种由问题产生的意识就叫作"他异性意识"。政治与交通两个系统亦然。国际国内的政治秩序都会出问题，或战争，或政变，或改革，或革命，被统治者推翻统治阶级，或统治阶级内部互相争斗……于是人们便产生了政治或政权问题意识。人们享受车文化带来的方便舒适的交通，但也经常遭遇人仰马翻、车毁人亡的意外风险，于是产生了车祸意识。由于车马交通和政治这两个系统都是最大最明显的公共领域，它们出现的异常现象便很容易成为公众关注和讨论的常见问题，于是这两个领域的问题便容易产生交集。交集一多，时间一长，两者便可以比对，比对就会发现异同，进而抽绎出两者的共同点，于是由共同点转化为比喻就是水到渠成的事情了。

在实质政治之外，车文化在政治系统中的功能就这样衍生出了一种关于车马的政治学说或理论，不妨暂时称之为"车马政治论"。这种"车马政治论"实际上就是一种"他异性意识"的表现。这是中国车文化在政治领域的一种特殊功能。其实"车马政治论"是用车马作为比喻和象征的手法来谈论政治问题，更多的是一种手段和目的、方法与本体的关系，不是纯粹的车马在政治中的实用功能，而是形式文化和文化实质在意识形态领域相结合的超车文化功能。

第一节　儒家的"车马政治论"

中国的从政者大概都很熟悉"水能载舟亦能覆舟"的道理,船与政治的关系因这句名言而广为人知。舟车并列,但却很少有人提到车与政治的关系。其实古代关于车与政治这方面的论述要远远超过船与政治的关系,不但数量上大大多出,内容也很丰富,形式也多样。

"水能载舟亦能覆舟"之语见之于典籍者最早的当是《荀子》,但是荀子却是在以车马喻政治之后才附引这句话来为他的"车马政治说"作注的:

> 马骇舆,则君子不安舆;庶人骇政,则君子不安位。马骇舆,则莫若静之;庶人骇政,则莫若惠之。选贤良,举笃敬,兴孝弟,收孤寡,补贫穷,如是,则庶人安政矣。庶人安政,然后君子安位。传曰:"君者,舟也;庶人者,水也。水则载舟,水则覆舟。"此之谓也①。

荀子把马比作庶民,把车比作政权。马与车的关系是马能驾车,但也能颠覆车;人民与政权的关系也是这样,人民能拥护一个政权,但也能颠覆一个政权。车要想避免被颠覆,就要让马安静下来;政权要想不被颠覆,最好给人民恩惠。给人民最大的恩惠就是选举德才兼备的人当国家领导人,照顾弱势群体,缩小贫富差距。这样,人民才会与这个政权相安无事,社会才能稳定,领导人的位子才能坐得稳。水和船的道理也是这样。

《荀子》里还有另一个由政治而想到驾车的车政相通的故事:

> 定公问于颜渊曰:"子亦闻东野毕之善驭乎?"颜渊对曰:"善则善矣,虽然,其马将失。"定公不悦,入谓左右曰:"君子固谗人乎!"三日而校来谒,曰:"东野毕之马失。两骖列,两服入厩。"定公越席而起曰:"趋驾召颜渊!"颜渊至。定公曰:"前日寡人问吾子,吾子曰:'东野毕之驭善则善矣,虽然,其马将失。'不识吾子何以知之?"颜渊对曰:"臣以政知之。昔舜巧于使民,而造父巧于使马;舜不穷其民,造父不穷其

① 见《荀子·王制》。

马，是以舜无失民，造父无失马也。今东野毕之驭，上车执辔，衔体正矣；步骤驰骋，朝礼毕矣；历险致远，马力尽矣。然犹求马不已，是以知之也。”定公曰：“善！可得少进乎？”颜渊对曰：“臣闻之，鸟穷则啄，兽穷则攫，人穷则诈。自古及今，未有穷其下而能无危者也。”①

鲁定公很赞赏东野毕的驾车技术，但颜渊却说他的马将要跑掉。鲁定公听了很不高兴。后来果然被颜渊言中了，两匹骖马挣断缰绳跑了，两匹服马跑进了马厩。于是鲁定公赶快叫来颜渊，要他说出是怎么知道的。颜渊说，我是由政治上的一般规律推知的：因为舜不穷逼他的人民，造父不穷逼为他驾车的马，所以舜的人民不会跑到别国去，造父的马也不会跑掉。而为东野毕驾车的马气力已经用尽了，但他还在不停地鞭策马要求它们，所以知道他的马最后会跑掉。故事的作者最后进一步归纳总结说，鸟逼急了就会啄人，兽逼急了就会抓人，人到了无路可走时就会铤而走险，这是普遍规律。自古及今，穷逼他人至绝路而自己能安全无危的人，没有一个。

这个政车相通之道的故事除了说明儒家一贯的宽民、爱民的仁政主张之外，很重要的一点就是强调中庸思想。颜渊是孔子登堂入室的弟子，深得其师中庸之道，深知走极端必然会走向反面的有害后果。孔子说“欲速则不达”，又批评“师也过，商也不及”②，主张无过无不及。孔子与儒家认为，凡事不可穷极而竭做到尽头，要留有余地，所谓狗急跳墙、困兽犹斗、穷寇莫追、官逼民反、围城必阙、网开一面是也。即使是正确、有利的事，推到了极点再往前进一步也就走向了反面。所以儒家虽然提倡忠，但《礼记》反对“竭人之忠”，不像时俗提倡的“能喝八两喝一斤”的“无限忠诚”。《礼记·曲礼上》警告：“志不可满，乐不可极。”民间有“日中则昃”“月盈则亏”的俗语。荀子是儒家殿军，自然也深明此理；颜渊是孔门高足，并且是孔子的驾驶员③，所以让颜渊出面来主演这个故事并讲这个道理是最合适的。

这个故事有好几个版本，《吕氏春秋·适威》《庄子·达生》《韩诗外传》《新序·杂事五》《孔子家语·颜回》均有记载。后三者都是儒家者流，故与荀

① 见《荀子·哀公》。
② 见《论语·先进》。
③ 见《史记·孔子世家》。

子所述大同小异。《韩诗外传》作“舜不穷其民，造父不极其马。……马力殚矣；然犹策之不已”。刘向《新序》作“舜不穷其民，造父不尽其马”。《孔子家语》作“舜不穷其民力，造父不穷其马力”。而庄子是道家，其故事的三个主人公名字各有小异，“东野毕”为“东野稷”，“定公”作“庄公”，“颜渊”作“颜阖”。唯《吕氏春秋》是杂家，故与儒家相传的记载有较大的差异，后面再谈。

《后汉书·皇甫规传》“对策”曰：“夫君者舟也，人者水也。”注引孔子曰：“夫君者舟也，人者水也。水可载舟，亦以覆舟。君以此思危，则可知也。”按，此语在《孔子家语》卷一“五仪解”①。《孔子家语》卷六“执辔”对驾车与政治的关系，进行了详细论述：

> 闵子骞为费宰，问政于孔子。子曰：“以德以法。夫德法者，御民之具，犹御马之有衔勒也。君者，人也；吏者，辔也；刑者，策也。夫人君之政，执其辔策而已。”子骞曰：“敢问古之为政？”子曰：“古者天子为左右手，以德法为衔勒，以百官为辔，以刑罚为策，以万民为马，故御天下数百年而不失。善御马者，正衔勒，齐辔策，均马力，和马心。故口无声而马应辔，策不举而极千里。善御民者，壹其德法，正其百官，以均齐民力，和安民心。故令不再而民顺从，刑不用而天下治。……不能御民者，弃其德法，专用刑辟，譬犹御马，弃其衔勒，而专用棰策，其不制也，可必矣。夫无衔勒而用棰策，马必伤，车必败。无德法而用刑，民必流，国必亡。治国而无德法，则民无修；民无修，则迷惑失道。如此，上帝必以其为乱天道也。苟乱天道，则刑罚暴，上下相谀，莫知念忠，俱无道故也。……故曰德法者御民之本。古之御天下者，以六官总治焉。冢宰之官以成道，司徒之官以成德，宗伯之官以成仁，司马之官以成圣，司寇之官以成义，司空之官以成礼。六官在手以为辔，司会均仁以为纳，故曰御四马者执六辔，御天下者正六官。是故善御马者，正身以总辔，均马力，齐马心，回旋曲折，唯其所之。故可以取长道，可赴急疾，此圣人所以御天地与人事之法则也。………故御者同是车马，或以取千里，或不及数百里，其所谓进退缓急异也。夫治者同

① 《孔子家语》是汉魏人所作，其“水能载舟亦能覆舟”之语当是引自更早的《荀子》，章怀太子等人漏检此条。

是官法，或以致平，或以致乱者，亦其所以为进退缓急异也。……

这是将人民比作驾车的马，君主为驾驶员，衔勒喻治国的道德与法律，以缰绳喻联系和调控百姓的百官，以鞭策为治民的刑罚手段，人君只要掌握治官的辔和治民的策就行了。按，儒家与法家在治国理念和方法上是泾渭分明甚至相互对立的。然而诡异的是，《孔子家语》中关于驾车与政治的关系所发表的这段长篇大论，实际上却杂有法家思想。孔子是提倡以德礼治国，反对以政法刑罚治民的。《论语·为政》载："子曰：'道之以政，齐之以刑，民免而无耻；道之以德，齐之以礼，有耻且格。'"《孔丛子》卷四载："孔子曰：'以礼齐民，譬之于御则辔也；以刑齐民，譬之于御则鞭也。执辔于此而动于彼，御之良也；无辔而用策，则马失道矣。'文子曰：'以御言之，左手执辔，右手运策，不亦速乎？若徒辔无策，马何惧哉？'孔子曰：'吾闻古之善御者，执辔如组，两骖如舞，非策之助也。是以先王盛于礼而薄于刑，故民从命；今也废礼而尚刑，故民弥暴。'"可见孔子是不主张治国德法兼用的。显然，《孔子家语》作者是受了法家的影响。

作者接着分析了"善御马""善御民"和"不善御马""不能御民"者的区别与不同的结果："善御马"者懂得"正衔勒，齐辔策，均马力，和马心"，所以能够得心应手，"策不举而极千里"；"善御民"者懂得"壹其德法，正其百官，以均齐民力，和安民心"，所以不必依靠使用法律刑罚而达到"民顺从""天下治"的局面。相反，"不能御民"者则不用德法，专用刑罚，就像驾车御马"弃其衔勒而专用棰策"一样，最终必然是"马必伤，车必败""民必流，国必亡"。对于缰绳与百官的道理亦然。这里也染有某些道家的色彩。因为刑名之法的来源中正有"黄老"的一份在。

作者最后总结道：同样是驾车，有的人能到达千里，有的人只能到达数百里；治国者也是一样的道理，有的能致太平，有的却使国家陷于混乱，其原因就在于"进退缓急"的不同，也就是知不知道运用德法治国的不同。可见这个"外儒内法"的修正主义"车马政治论"已被法家绑架上"杂用王霸"的汉家马车并驾齐驱了。

第二节　法家的"车马政治论"

法家谈"车马政治论"最多的是韩非子。《韩非子·外储说右上》载：

夫猎者,托车舆之安,用六马之足,使王良佐辔,则身不劳而易及轻兽矣。今释车舆之利,捐六马之足与王良之御,而下走逐兽,则虽楼季之足无时及兽矣。托良马固车,则臧获有余。国者,君之车也;势者,君之马也。夫不处势以禁诛擅爱之臣,而必德厚以与天下齐行以争民,是皆不乘君之车,不因马之利,释车而下走者也。

韩非子的这一段话与《吕氏春秋・审分览》的意思差不多,区别只在于这里说的是狩猎。如果抛弃了良马固车与驾车高手等有利条件而下车徒步追逐野兽,即使像楼季那样善于跳跑,也比不上依托好车马的奴隶收获得多。国君不处势因利操赏罚之柄,也就跟那个舍车逐兽者差不多。

《韩非子・外储说右下》提出了一个新理论:

造父御四马,驰骤周旋而恣欲于马。恣欲于马者,擅辔策之制也。然马惊于出彘而造父不能禁制者,非辔策之严不足也,威分于出彘也。王子于期为驸驾,辔策不用而择欲于马,擅刍水之利也。然马过于圃池而驸驾败者,非刍水之利不足也,德分于圃池也。故王良、造父,天下之善御者也,然而使王良操左革而叱咤之,使造父操右革而鞭笞之,马不能行十里,共故也。……夫以王良、造父之巧,共辔而御,不能使马,人主安能与其臣共权以为治?

造父之所以能得心应手地驾车,随心所欲地驭马,完全在于他独掌辔策的控制权。但若行车时路边突然窜出一头猪来,马受惊吓,这时即使造父这样的神御手也不能控制它们,这不是辔策本身不够威严,而是威严被那头突然窜出的猪给分走了。王子于期即王良驾副车时不用辔策,而根据马的喜好欲望来驾驭,是因为他独掌草料和水的利权。但马车经过菜园池塘而车翻马败者,不是草料和水不足的缘故,而是因为恩德利权被菜园池塘里的蔬菜花草和水给引诱分散了。所以如果让王良、造父两人共同驾驭一部车,“马不能行十里”。什么原因呢?就是因为指挥权被两人分割共享的缘故。结论是权力不能被分享。“人主安能与其臣共权以为治?”——这完全是为集权专制鸣锣开道,是法家政治思想的典型代表。

《韩非子·外储说右下》还有一个故事，说的是进退失据、赏罚矛盾的现象：

> 延陵卓子乘苍龙翟文之乘，钩饰在前，错錣在后，马欲进而钩饰禁之，欲退则错錣贯之，马因旁出。造父过而为之泣涕，曰："古之治人亦然矣。夫赏所以劝之，而毁存焉；罚所以禁之，而誉加焉。民中立而不知所由，此亦圣人之所为泣也。"

延陵卓子驾着苍龙宝马拉的豪华车，"钩饰在前，错錣在后，马欲进而钩饰禁之，欲退则错錣贯之"，进退不得，最终旁出而逃；老百姓在赏罚不明、价值观混乱的世道中生活，手足无措，"中立而不知所由"，不知往哪个方向好，只能站在路中间呆立不动，就像西方故事中的那头又饥又渴的阿拉伯毛驴，在等距离的食物与水中间因饥渴死在沙漠里。这也是韩非子希望统治者专用法家的"法治"而排斥儒家的"德治"，以统一思想统一行动的主张。

《韩非子·难势》也将驾驶员比作帝王。车手有巧拙，帝王也有贤有不肖：王良、尧、舜为一类，臧获(奴隶)、桀、纣为一类。"车马非异也，或至乎千里，或为人笑，则巧拙相去远矣。今以国位为车，以势为马，以号令为辔，以刑罚为鞭策，使尧、舜御之则天下治，使桀、纣御之则天下乱，则贤不肖相去远矣。夫欲追速致远，不知任王良；欲进利除害，不知任贤能：此则不知类之患也。夫尧、舜亦治民之王良也。"同样的良马固车，使前者御之而日取千里，使后者御之则为人笑，因而呼吁要选贤能者担任国家领导人，这一要求是法家比儒家进步的地方。

《韩非子·难势》接着以退为进，以否定谋转折，提出"夫良马固车，五十里而一置，使中手御之，追速致远，可以及也，而千里可日致也，何必待古之王良乎"的新观点，这与法家反对厚古薄今的思想是一致的。

第三节　道家的"车马政治论"

汉代以后论"车马政治"最多的就是《淮南子》了。《淮南子》虽被看作杂家，但思想主流实属于道家，其"车马政治论"也反映了西汉前期黄老思潮泛滥的"无为而治"的政治哲学。

在《淮南子·原道训》中有一段关于"车马政治论"的描述,谈驾车心游天下,谈修身养性,也谈治理天下大事,三者化为一体,无迹可寻。不但思想理念是道家的自然无为,意境是庄子式的"逍遥游",就连辞藻的夸张铺陈也是道家的南国楚风。而《淮南子·览冥训》道家色彩更浓,辔衔鞭策皆弃去不用,也不用人驾车,"以弗御御之",无人驾驶,车马自行自走,这正是庄子"无待"的脚注。

《淮南子》中谈"车马政治"最多、也最具体的是《主术训》。《主术训》开篇就说:

人主之术,处无为之事,而行不言之教,清静而不动,一度而不摇,因循而任下,责成而不劳。

这"因循而任下,责成而不劳"是本篇的主题,也是人主御下的指导原则,更是道家"无为而治"的一贯主张:

夫人主之听治也,清明而不暗,虚心而弱志,是故群臣辐凑并进,无愚智贤不肖,莫不尽其能。于是乃始陈其礼,建以为基。是乘众势以为车,御众智以为马,虽幽野险涂,则无由惑矣。……乘众人之智,则天下之不足有也。专用其心,则独身不能保也。……夫乘众人之智,则无不任也;用众人之力,则无不胜也。

值得注意的是,《淮南子》之前的各家"车马政治论",不是将马比作人民就是将马比作臣下;而《主术训》却是将马比作"众智",即人的智力。这是最早的"知识就是力量"的形象化表述,其中也可以分析出"知识(含科学知识)是生产力"的观点。充分依靠群众,利用集体的智慧和力量,即使遇到艰难险阻,也能无往而不胜。这就是"众人拾柴火焰高"的走群众路线的理论。

依靠群众,走群众路线,就必须强调和谐——君臣和谐、御者与车马和谐:

圣主之治也,其犹造父之御,齐楫之于辔衔之际,而急缓之于唇吻之和,正度于胸臆之中,而执节于掌握之间:内得于心中,外合于马志,是故能进退履绳，而旋曲中规；取道致远，而气力有余。诚得其术也。……今夫御者，马体调于车，御心和于马，则历险致远，进退周游，莫不如志。①

这种和谐来自于充分信任群众，放手让群众自由自律地行动，顺其自然，借助于车马各部分自发地应对环境的自然能力，就能达到得心应手的自由驾驭境界，而“明主之耳目不劳，精神不竭，物至而观其象，事来而应其化，近者不乱，远者治也”。反之，“不正本而反自然，则人主逾劳，人臣逾逸。是犹代庖宰剥牲，而为大匠斫也。与马竞走，筋绝而弗能及；上车执辔，则马死于衡下”。这是违背了“道法自然”的根本规律，事倍功半，做得越多，损失越大。还应该加上一句：意见更多，矛盾越大。这种越俎代庖、代大匠斫的管理者，如果下车与马竞走，其结果就是使自己脚筋跑断；如果上车执辔，那就会使马死在衡下。所以应该返回“正本”“自然”之道，即“因循而任下，责成而不劳”。

《主术训》还有一个不同之处就是直截了当地把驾车马的辔衔比作人臣的爵禄：

权势者，人主之车舆；爵禄者，人臣之辔衔也。是故人主处权势之要，而持爵禄之柄，审缓急之度，而适取予之节，是以天下尽力而不倦。

后世的所谓“名缰利锁”“做官只为稻粱谋”也就是这个意思。联系君臣之间的纽带、控制束缚着人们乖乖地听统治者话的，只是利益罢了。这种赤裸裸的“名利”说与儒家的“德礼”说②形成了鲜明的“义利”对立。虽然《淮南子》这个见解有一定的真实性，看到了事情的一个方面，但是儒家的以道德、礼义、荣誉感、责任心来作为臣民的规范确实也起到了巨大的作用，否则我们就很难解释古代那些舍生取义的“忠臣”事迹了。这是儒、道两家从各自不同的立场观点，强调各自不同的价值观的区别，可以说是儒道互补的一个典型例子。

《淮南子·人间训》还讲了另外两个“车马政治”的故事：魏国政治家田子

① 《文子》卷十一与此略同，但把这段话的发言人推给了道家的鼻祖老子。

② “以德礼比辔衔”见《孔子家语》等。

方善待将被卖掉的曾为公家驾车的退役老马，赢得魏国退伍军人的爱戴拥护；齐庄公看见螳螂挡车，嘉其勇气而回车避之，终于使一国勇士归心。这是作者从车马故事中得出的具体政治见解。后一个故事与《韩非子》所说的越王勾践乘车出行路上遇见一只怒目鼓气的青蛙而停车向它行“式礼”的“越王式蛙”的故事意指相同，可谓异曲同工。①

统治者通过驾车的行为和对待车马的态度来提倡某种价值观，影响了一国人民的风气。说明“此皆形于小微，而通于大理者也”。作者从这些具体见解上升到政治原则来强调：“见小行则可以论大体。”公共人物的小事，往往与大原则、大道理相关。政治家、统治者切不可忽视自己的一言一行。

第四节　杂家和先秦时期其他流派的“车马政治论”

《吕氏春秋》属于杂家。前面说过，同属儒家的《荀子·哀公》、《韩诗外传》卷二、刘向《新序·杂事五》、《孔子家语·颜回》均有记载关于颜渊答定公问的车政相通的故事，在《吕氏春秋·适威》中也有记载：

> 东野稷以御见庄公，进退中绳，左右旋中规。庄公曰：“善。”以为造父不过也，使之钩百而少及焉。颜阖入见，庄公曰：“子遇东野稷乎？”对曰：“然。臣遇之。其马必败。”庄公曰：“将何败？”少顷，东野之马败而至。庄公召颜阖而问之曰：“子何以知其败也？”颜阖对曰：“夫进退中绳，左右旋中规，造父之御，无以过焉。乡臣遇之，犹求其马，臣是以知其败也。”故乱国之使其民，不论人之性，不反人之情，烦为教而过不识，数为令而非不从，巨为危而罪不敢，重为任而罚不胜。……桀、纣之禁，不可胜数，故民因而身为戮，极也，不能用威适。子阳极也好严，有过而折弓者，恐必死，遂应猘狗而弑子阳，极也。

除了鲁定公作鲁庄公、颜渊作颜阖（有人认为二者是同一个人）、东野毕作

① 《韩非子·内储说上》：越王勾践见怒蛙而式之，御者曰：“何为式？”王曰：“蛙有气如此，可无为式乎？”士人闻之曰：“蛙有气，王犹为式，况士人之有勇者乎！”是岁人有自刭死以其头献者。故越王将复吴而试其教……临战而使人绝头刳腹而无顾心者，赏在兵也，又况据法而进贤，其助甚此矣。

东野稷之外，其由车马之败而推论乱国之政，归因于禁令的繁多和罪罚的严重，忽视人性人情；末了不是归纳总结普遍现象，而是举具体的例子：郑国国相子阳实行极端严厉恐怖的威权主义统治，有一个人因为弄断了弓箭而怕遭到严酷的惩罚，于是借疯狗溃乱之机将子阳杀了。这些都与《荀子》等儒书的叙述有别，但最后亦着眼于“极”，其大旨还是与儒家殊途同归的。

前面指出，《韩非子·外储说右上》的一段话与《吕氏春秋·审分览》中的下面这段话意思差不多：

> 凡为善难，任善易。奚以知之？人与骥俱走，则人不胜骥矣；居于车上而任骥，则骥不胜人矣。人主好治人官之事，则是与骥俱走也，必多所不及矣。夫人主亦有居车，无去车，则众善皆尽力竭能矣，谄谀诐贼巧佞之人无所窜其奸矣，坚穷廉直忠敦之士毕竟劝骋骛矣。人主之车，所以乘物也。察乘物之理，则四极可有。不知乘物，而自怙恃，夺其智能，多其教诏，而好自以；若此则百官恫扰，少长相越，万邪并起，权威分移，不可以卒，不可以教，此亡国之风也。王良之所以使马者，约审之以控其辔，而四马莫敢不尽力。有道之主，其所以使群臣者亦有辔。其辔何如？正名审分，是治之辔已。

《吕氏春秋·审分览》中谈的是车马与君臣的关系，说人如果下车与千里马竞走，人肯定不能胜过马；但人如果坐在车上而任用千里马，则千里马不能胜人。君臣之事亦然。君主如果喜欢治理本应属于官员职责的事，那就等于是人与马竞走，多数情况下君主常常是比不上官员的。君主只能坐在车上，不能离开车子。这样所有德才兼备的优秀人才都能尽心尽力充分发挥其才能，阿谀奉承、奸邪巧佞之人就没有藏身之处了。君王驾驭政权这部车子，如果不懂得任人用物之道，而自恃己才，自以为是，剥夺百官的智能不让其发挥作用，那就会“万邪并起”，天下大乱，造成“亡国之风”。有道之主的正确用人方法是像善于驾车的王良那样“约审之以控其辔”。这个控制群臣的“辔”就是“正名审分”——循名责实，实行岗位责任制。强调政治分工不同，秩序不可乱，权威不可分移，治国应安于自然无为之道等，可见也杂用儒、法、道家思想。

在吕不韦和荀子之前，古代将车与政治联系起来的还大有人在。屈原在

《离骚》里就提到“惟夫党人之偷乐兮，路幽昧以险隘；岂余身之惮殃兮，恐皇舆之败绩”，也是将车比作政权：因为掌握政权的“党人”苟且淫乐，国家的前途变得暗淡狭隘而充满危险。屈原说自己这样忧虑不是怕自身遭到车祸，而是担心君王乘坐的这部车子会倾覆。君王乘坐的车子就是比喻国家。

在屈原之前认识到车与政治相通之理的还有一个大政治家，那人就是管仲。《管子·形势解》与上面《荀子》《韩诗外传》《新序》等由政治想到车马的顺序正好倒过来：由驾车驭马者需“善视其马，节其饮食，度量马力”才能“取远道而马不罢①”而想到统治者也需要根据老百姓的财力能力，量力而行，这样才能既建功立业，又不伤害民生。如果统治者能量力而行，也就避免了劳民伤财、劳而无功甚至有害的蠢事。神御造父的“惜马力”与统治者的“惜民力”是同一个道理，所以说“造父之术非驭也”——造父之术不仅仅局限于驾车之用，而是可以用作政治原则的。

类似屈原的担心，更早就出现在《诗经·小雅·正月》一诗中了：

> 终其永怀，又窘阴雨。其车既载，乃弃尔辅。载输尔载，将伯助予！
>
> 无弃尔辅，员于尔辐。屡顾尔仆，不输尔载。终逾绝险，曾是不意。

诗人以载重之车陷于阴雨泥泞之中喻统治者沉迷于淫虐行险而不知难之将至，且又弃其辅佐之臣如弃车上用以加固辐条之辅杖，等到车子倾覆，车上所载的人、物坠落地上再来呼救已经太迟了。如果能不抛弃辅佐之臣，如行车时注意加强辐条的固定，经常关照驾驶员，则车上所载的东西就不会掉下来，才会顺利地渡过险关。但统治者却不曾这样留心。

第五节　“车马政治论”总结

有关“车马政治论”的著述尚有不少，但由于篇幅关系，不再枚举。仅从上

---

① “罢”通“疲”。

面所论，我们可以归纳出如下几点原则性与规律性的内容：

一、结构意识。通过马与车、马与御的元素关系揭示了民与政、民与君、君与臣等政治系统中的矛盾张力，并且认识到人民在这个矛盾统一体中的重要性和首要性，人民是影响政治进程和方向的基本动力。国家的治乱、政权的存亡、统治者的安危，都系于如何处理好统治阶级与人民大众的关系。这个结构性的平衡关系处理好了，政治局势就能稳定，政权就能巩固，统治者就能安全；否则，就可能人仰马翻、车毁人亡。这是“车马政治论”者的共识，也是古今所有统治者的共识。而他们的目的也一样，都想“维稳”，所以这个母题在他们的论述中被不断地重复和强调。

二、原因探寻。所有的乘车人都想安全抵达目的地，所有的统治者都想长治久安，但有的人实现了，有的却失败了。成败的原因在哪里呢？除了上述原则性认识之外，“车马政治论”者将更多的注意力集中于具体的技术性问题上。他们有的指出角色的错位带来了不幸的结果，如车主下车与马赛跑竞走，国君越俎代庖代办臣下的任务，干涉下级的事务；有的强调指挥权的集中与分散是影响成败不容忽视的原因；少数的也注意到客观的条件如车马的良固、自然与社会环境的好坏等；但绝大多数的考察都是将注意力集中在御者和统治者方面的。他们指出驾驶员的技术水平高低、巧拙和统治者的贤愚明暗是成败的关键因素。因而“术”是他们研究的重点，即“驾驭术”，包括对人的驾驭与对马的驾驭。针对这方面的主要矛盾有：强调与马的关系的重要性，平时对马要加强调教，驾车时注意调节，不可过度，需量力而行；对应在政治方面就是对人民的使用和剥削压迫也不可走极端，适度控制使用暴力和刑罚的度，提倡中庸的平衡技术……这些处理驾驭者和被驾驭者的准则同样适用于统治阶级内部的君臣、上下关系。但所有的考察研究中，没有一个提到路况、路政的因素，可见公共意识、公共精神之缺乏。

三、方法路线。在驾车与治国的大的原则方法上，诸家有很大的区别。①主张辔策兼用、德法并举但偏重于用礼施仁的德治派，强调统治者对待人民和车马的态度应是爱惜而不是虐待。代表这一派观点的主要是儒家，如儒家典籍《荀子》《孔子家语》《孔丛子》等所述。东汉的马衍《车铭》说得最直白：

"乘车必护轮,治国必爱民。车无轮安处,国无民谁与?"①与其他人以马喻民不同的是他把轮子比作民,但在强调民的重要性上是一样的。②反对德礼而主张赏罚分明的法治派,虽然也重视选贤任能,但更强调大权独揽。这方面的代表作是《韩非子》,其从驾车不可有二御的特殊规律直接过渡到人主的威德不可分的普遍性观点,是典型的集权专制主义思想。③辔策皆弃,德法双遣,这是道家的主张。道家提倡自然无为,认为驾驶员完全不用操心驾车,放手任车马自行运作的全自动无人驾驶才是最好的境界,而统治者也可以完全将权力下放,让下面的人自行其是,君主只要循名责实就行了。这与韩非子的集权主义恰好相反,与儒家的积极有为也不同。这方面的代表作是《淮南子》。

以儒、法、道三家为代表的"车马政治论"表现了不同的治国政治理念。这些思想中包含了一些有价值的东西,如重视人民、走群众路线、选贤与能等;也暴露了一些糟粕和缺陷,如没有民主意识与缺乏公共精神等。从他们通过车文化所提供的这个平台所表达的"车马政治论"的思想观点,可以看到中国古代政治理论的基本面貌和方向。

① 见《初学记·器物》。

第十三章　车　战

人们常说战争是政治的继续。车文化的功能表现得最淋漓尽致的领域莫过于战争。

古今中外，车与战争的关系从来都极其密切。中国古代尤其是从商代到春秋战国时期的一千多年中，车在军事中扮演着特别重要的角色，有着至关重要的地位。从“军”字的结构即可看出这一点。战车兵是战斗力的主体，也是几乎唯一的兵种（徒兵是附属于战车的），因此车战是那时几乎唯一的战争形式。这与同时期的世界其他古代文化区的战争相比也可算是有“中国特色”了。古希腊的战车只负责运输战士到战场，而不直接投入战斗；古希腊人不以车战闻名，而以船战著称。古埃及在公元前 14 世纪与赫梯国发生的卡迭石之战，是车战与徒战混合进行，双方各投入了两千多辆战车与两万多士兵，战车兵与步兵虽互相配合但相对独立，一线是战车辅以轻步兵，二线全是步兵，三线为步兵与战车各占一半。美索不达米亚即古代两河流域的亚述军队兵种更加齐全，不但有战车兵和步兵，还有骑兵和工兵；辅助性战车还有撞城车、与城墙等高的攻城楼车等，步兵还分轻装兵和重装兵。这样，战车兵在当时的中国就是常备军，而战车的数量也就成了衡量一国综合国力水平的指标。古人常常用“千乘之君”“万乘之国”来形容那个时代的“超级大国”。可见战车的战略地位是如何重要了。战争完全依赖于战车，车战的结果可以说是一场战争胜负的决定性因素，甚至车战的胜负就是战争的胜负。这甚至被当时的预言家采纳进《易》卦爻辞中，当成一条定理作为推测战争结果的前提来使用。《左传》记秦晋“韩之战”前夕，秦穆公闻晋“侯车败”，问卜徒父，筮遇“蛊”卦曰：“乃大吉也。……千乘三去，三去之余，获其雄狐……不败何待！”①结局果然如其所料。车战结束战斗也就结束了。从战术上说，甚至从某种意义的战略上也可以说，古代中国春秋之前(包括春秋)的战争就等于车战。所以中国古代车发挥其最大功能的领域就是战争。

第一节 车战简介

中国古代的车战据传从夏代就开始了。中国最早的典籍《尚书》中有一篇题为“甘誓”的文章就有“左不攻于左，汝不恭命；右不攻于右，汝不恭命；御非其马之正，汝不恭命”的有关车战的话，但有人认为这篇文章是商周时代甚至迟至春秋时期的人所写的，且到目前为止，还没有出土夏代的车马文物，所以这篇“甘誓”还不能肯定其确切写作年代。商代后期已有战车文物出土，因此商代有车战应该是不成问题的。史称的“鸣条之战”是商的开国君王汤与夏的末代君王桀在鸣条②进行的一场决战③。传说商汤率战车七十乘，勇士六千人攻夏，夏桀败走南巢，其御者降商。但这个传闻之辞不见于“汤誓”，也不见及“书序”。《尚书》真正提到的是商周之际的牧野之战：“武王戎车三百两，虎贲三百人，与受战于牧野”。牧野之战已被证明是历史事实，时间在公元前1057年至前1027年之间。

车战在春秋时期达到高潮。“春秋三十有四战”④，基本上都是车战，除了“晋中行穆子败无终及群狄于大原”之战中，魏舒“毁车为行”之外。记载车战最多、最详细也最生动的史籍是《左传》，因此本部分关于车战的例子也多取材于此。其中最有名的有繻葛之战、长勺之战、泓水之战、城濮之战、邲之战、鞌之战、鄢陵之战、韩之战、铁之战、炊鼻之战、鸡父之战等。下面按时间顺序简要地

① 见《左传・僖公十五年》。按，今本《周易》“蛊”卦中无此爻辞。但《易》本不止一种，《周易》之外尚有《连山》《归藏》等，惜未流传。

② 今河南封丘附近，一说在今山西运城市安邑镇北。

③ 见《尚书》“汤誓”篇。

④ 见《穀梁传・僖公二十二年》。

介绍几个重要的车战战役。

繻葛之战是周王朝联军与郑国的军队于公元前 707 年在今河南长葛北的一场车战,以著名的"鱼丽车阵"而闻名。郑国在打兄弟内战时即动用了二百辆战车"克段于鄢",这次对外作阵地战用的战车肯定要更多。

长勺之战是齐国和鲁国在公元前 684 年于今山东莱芜(一说曲阜)附近发生的车战,是以"后发制人"取胜的一个著名战例,以"曹刿论战""一鼓作气"而出名。曹刿视车辙乱、旗靡,方下令追击齐军,从而使鲁国取得全胜。

公元前 644 年,秦、晋两国战于韩原①,两国的国君秦穆公和晋惠公都亲自率军出战。晋惠公的战车因陷泥泞而被秦军俘虏。而秦穆公为追晋君自己反为晋军所围也险些被俘,幸得三百"报食马之德"的义士死命相救脱险而反活捉晋惠公②。

以宋襄公的悲剧和"子鱼论战"而知名的泓水之战是公元前 638 年宋、楚两国为争夺对郑国的控制权于泓水之滨③进行的一场阵地战,楚胜宋败。宋襄公受伤后七个月死亡。宋襄公在此战中的是非备受古今人评说。

公元前 632 年,晋国为抵制楚国势力北上扩张于城濮④进行的一场决战,史称"城濮之战",晋胜楚败。晋军出动战车七百乘,楚军战车数字不详,但从晋国战胜后向周王朝献捷时有"驷介百乘,徒兵千"的战利品和战俘来看,数目一定不在少数。"退避三舍"的典故就出自此战。这一战,使晋文公"取威定霸"于中原,成为"春秋五霸"之一。

公元前 597 年,楚、晋两国又一次为了争夺中原霸主地位、控制郑国而在黄河南岸的邲⑤展开车战,晋军出动上、中、下三军,但内部不和,军令不一,进退失据;楚国师出有名,上下一心,组织有方,并且采用了著名的"二广"战车制,"卒乘辑睦",战车车士与徒卒团结和谐,所以有极高的战斗力。战争之前晋军"司令部"主要领导就有"长他人之志气"主张退兵的。而楚军在战争一开始就掌握了主动权,晋军一触即溃,楚军大获全胜。这一战使"三年不鸣,一鸣惊人"的楚

① 今陕西韩城市西南,一说在山西芮城。
② 此据《史记·秦本纪》及《吕氏春秋》。
③ 今河南柘城西北。
④ 今山东鄄城附近。
⑤ 今河南荥阳北。

庄王终于一举成名，为他的祖父楚成王一雪城濮之战的耻辱，使他的“问鼎轻重”的夙愿雄心更长了不少的底气，也奠定了日后晋、楚“弭兵”和平共处、共享中原霸业的基础。

鞌之战发生于公元前589年，其起因颇特别，导火索源自于一次外交事件。晋国的使臣郤至是个残疾人（瘸子），他走路的样子受到了齐国宫廷妇女的取笑，于是发誓要报仇雪耻。郤至掌权之后，借口要为鲁、卫两国受到齐国的欺侮讨个说法，便向晋国朝廷要求了比城濮之战还多一百辆的八百乘战车伐齐。齐国国君齐顷公亲率大军迎战，双方于鞌[①]列开车阵作战。齐军战败，晋军绕华不注山追逐齐军三圈，把齐军打得落花流水，齐顷公多亏靠了“金蝉脱壳”之计方免于当战俘。齐国请和时，晋军竟然提出要齐国将所有的田垄都作东西向，以便于晋国的战车进出；并且要求拿齐顷公的母亲当人质押往晋国。由于这两个要求过于无礼而未能实现，但郤至的报复心终于得到了满足。

城濮之战半个世纪后、邲之战十六年后，即公元前579年，晋、楚第一次“弭兵”，和解成盟。但四年后的公元前575年，晋、楚两国又一次为了控制郑国而撕毁和约重燃战火，在郑地鄢陵[②]展开了春秋车战史上历时最长的一次车战，即鄢陵之战。晋、楚两国国君晋厉公和楚共王皆亲率大军出征。楚军为了抢在晋援军赶到之前速战速决打败晋军，出其不意地在古代兵家忌讳的晦日[③]出兵，并利用晨雾作掩护，逼近晋军营垒前布阵，大大压缩了晋军的活动空间，使晋军的战车不能充分展开。晋军迫于这突如其来的压阵，只好填井平灶以扩大空间，就地在军营上布阵。楚共王亲自登“巢车”[④]观察晋军动静，“甚嚣尘上”一语即出自此时。开战之日，晋军因地制宜，灵活机动，奋起反击。楚军没有占得什么便宜，反而显得有些被动。楚共王中箭伤目，神箭手养由基一箭替楚共王复仇。晋、楚双方都动用了间谍和叛徒，搞信息战和礼仪战。此战打得难解难分，各有伤亡，当日仍未见胜负，双方约定次日再战。然而楚共王放弃了次日的决战而连夜遁逃，让晋军轻易获胜。从表面上看，楚国是因为主帅子反醉酒误事，似乎若非如此结果便尚难预料，但其实是因为楚国内忧外患，楚军内部矛盾重重、军

① 今山东济南附近。

② 今河南鄢陵县西北。

③ 晦日，即旧历月底的二十九或三十日。

④ 春秋时期的攻城战车，车上有以滑轮升降的瞭望台，人居台上可借以望远。

纪军心涣散等一系列内政外交及军事战略战术上的错误所造成的失败，子反的醉酒不过是必然中的偶然罢了。

第二节　战车编制与车战阵法

中国古代武装的战车叫“轻车”，也叫“驰车”，又称“甲车”等。一部战车只载三名车士（亦称甲士）：御者居中执辔驾车；车左为车长，执弓箭及长短兵器，主要负责远程射击；车右又称“戎右”，执戈矛剑戟等长短兵器，负责近战。这三名车士是战斗的主力军，一般又都是由士或士以上阶层的贵族成员组成，所以是名实相符的“战士”。车下跟随有一班徒步的“卒”，手持进攻性武器及盾牌等防御性装备协助车士战斗，主要任务是负责掩护车上的战斗人员及处理车马等事宜。这些徒卒基本上由一般的平民（主要是农民）和奴隶、商人以及罪犯组成，装备简陋。一部战车的编制通行的说法是配三名车士、七十二名徒卒，共七十五人；但也有人认为配十名车士、二十名徒卒，共三十人；还有人认为一乘战车仅配十名徒卒。这几种说法孰是孰非千百年来学者们纷争不已，莫衷一是。近人有认为“三十人”者为春秋以前的战车旧制，“七十五人”者为春秋时期战车的新制。

轻车之外还有“重车”，即军中运载粮食、器械之类物资的辎重车。据《司马法》云，“重车二十五人”，其中“炊家子十人，固守衣装五人，厩养五人，樵汲五人”，分别负责做饭、看管服装、饲养马匹、打柴挑水等后勤工作。一部七十五人的轻车和一部二十五人的重车合起来正好是一百人。是否一部轻车搭配一部重车，一部重车仅供一部轻车的后勤之需呢？从事理和现代军事编制计算来看这种推测似乎与事实相去不远，但史无明文，只好阙疑。战车军官的编制据《六韬》假借姜太公的话说：“置车之吏数，五车一长，十车一吏，五十车一率，百车一将。”这些军官乘车之位皆居左。主帅或国君所乘的指挥车上建有大旗和战鼓，主帅或国君居中，便于击鼓执旗指挥战斗①；御者则变为居左驾车，这是战时的乘位，与平时的尊者居左御者居中乘位不同；“戎右”仍为车右，负责保卫主帅或

---

① 《左传·成公二年》：“师之耳目，在吾旗鼓，进退从之。”

国君。顺便介绍于此：春秋时期的车战，国君常常亲自上阵，甚至周天子也有上阵的；并且有的还受了伤，如宋襄公伤股、楚共王伤目、周桓王伤肩，晋惠公甚至还当了俘虏。至于将帅冲锋陷阵的更是个个如此，不在话下了。

上述编制的一部战车就是一个战斗小组，也是一个军事的基本单位——一乘。周代战车编制有“偏”制。《左传·成公十七年》记巫臣适吴教吴人“乘车战阵”注引《司马法》逸文：“车九乘为小偏，十五乘为大偏。”同书“昭公元年”魏舒“毁车为行”事“偏为前拒”句下正义谓服虔引《司马法》又有“二十五乘为偏”“二十七乘为参”“五十乘为两”“八十一乘为专”“一百二十五乘为伍”之说。孙诒让解释《司马法》这些话说：“偏之定名，自以二十五乘为正。两其偏谓之两，五其偏谓之伍。两，五十乘，伍，百二十五乘。皆由二十五乘之偏得名”“三其小偏谓之参，重其小偏谓之专。参二十七乘，专八十一乘，皆由九乘之小偏得名”①。而楚国之军则又不同，有“左右广”②之制。如《左传·宣公十二年》：“其君之戎，分为二广。”“楚子为乘，广三十乘，分为左右。”杜注“十五乘为一广”，并引《司马法》云“车十五乘为大偏。今广十五乘，亦用旧偏法”。孔疏引刘炫云：“《兵法》十五乘为偏。……其实一广十五乘，有一百二十五人从之。”古今注疏家多以十五乘为一广，与《司马法》的“大偏”相当。唯清代江永《群经补义》谓每广为三十乘战车，现代学者也有从江氏之说者。这些既是以“乘”为基数由战车数量来定名的更大的军事编制单位，也可以说是车战阵法的组成部分。

车战的阵法有常规队列之阵、行军之阵、临战之法和实战之法几种。这是对古籍中的有关历史材料所做的方便划分和提示，并不是说军事学上真有这种分类概念，况且这种划分也不是绝对的，其间有过渡和交叉。托名姜太公实为战国时人撰的《六韬》曰：“易战之法，五车为列，相去四十步，左右十步，间六十步。险战之法，车必循道，十车为聚，二十车为屯，前后相去二十步，左右六步，队间三十六步。五车一长，纵横相去二里，各返故道。”这是临战时视地形地貌而布的阵，但其中也明显地包含平常训练的队列阵法，且兼带行军之法。

“鱼丽阵”见于《左传·桓公五年》的周郑繻葛之战。郑军“为鱼丽之陈，先

① 见《周礼正义》。

② 按，“广”音“逛”，为军事编制，又为兵车之名。

偏后伍，伍承弥缝”。杜注引《司马法》：“车战二十五乘为偏，以车居前，以伍次之，承偏之隙而弥缝阙漏也。五人为伍，此盖鱼丽阵法。”郑军有三军：左右“拒”及中军，以“偏”即战车队居前，将徒卒分散在战车的两侧及后面，以填补其空隙，形成车步配合、攻守自如的阵法。这是实战之阵。实战之阵还有吴楚之战时吴军的“鸡父阵”，但与“鱼丽阵”相反，是步卒居前，战车在后，示弱于先，后发制人以取胜的一种阵法。

楚军的“二广”之制则寓常规队列之阵和行军之阵于一体：“军行，右辕，左追蓐，前茅虑无，中权，后劲”“游阙四十乘……以为左拒”“右广初驾，数及日中；左则受之，以至于昏，内官序当其夜”“右广鸡鸣而驾，日中而说。左则受之，日入而说”。①

这就是有名的“荆尸阵”。楚有上、中、下三军，皆以车为主，上、下军为左、右前拒，中军的“二广”分列左、右为两翼，组成方阵。另外还有机动战车部队“游阙四十乘”在阵外前后跑动以备随时调用。行军时前锋手持白茅做的旌旗为先导，平时编在右列的士兵紧靠在战车车辕的右侧以备战，平时编在左列的部队则负责离开车道去收集过夜用的蓐草等后勤物资。中军运筹帷幄，为指挥中枢；后军则由精锐的劲旅殿后。车队依次而行：“右广”的车队提前先行半日，鸡鸣时发车，中午时卸驾；然后“左广”接着起行，傍晚时分到达宿营地。夜晚有亲近侍卫站岗放哨。这是行军之阵，但又是动态的常规队列之阵。

《六韬》还专辟一章名“战车”，论“车之死地有十、其胜地有八”曰：“往而无以还，车之死地也。越绝险阻，乘敌远行者，车之竭地也。前易后险者，车之困地也。陷之险阻而难出者，车之绝地也。圮下渐泽，黑土黏埴者，车之劳地也。左险右易，上陵仰阪者，车之逆地也。殷草横亩，犯历深泽者，车之拂地也。车少地易，与步不敌者，车之败地也。后有沟渎，左有深水，右有峻阪者，车之坏地也。日夜霖雨，旬日不止，道路溃陷，前不能进，后不能解者，车之陷地也。此十者车之死地也。”这是从否定的一面讲战车行军布阵时应注意避免不利的地形地貌。“敌之前后，行阵未定，即陷之。旌旗扰乱，人马数动，即陷之。士卒或前或后，或左或右，即陷之。陈不坚固，士卒前后相顾，即陷之。前往而疑，后往而

---

① 见《左传·宣公十二年》。

怯，即陷之。三军卒惊，皆薄而起，即陷之。战于异地，暮不能解，即陷之。远行而暮舍，三军恐惧，即陷之。此八者，车之胜地也。”这是强调敌方阵势的缺陷正是另一方进攻取胜的有利战机。

第三节 车士概况

车战的灵魂是车士。“车士”这个概念是指古代战车上的战斗人员：车左[①]、中间的御者和车右[②]。《汉书·文帝纪》“骖乘”注曰：“乘车之法，尊者居左，御者居中，又一人处车之右，以备倾侧。是以戎事则称车右，其余则曰骖乘。”车士属于贵族阶层，主要是士一级但不限于士，可以是中下级军官，也可以是将军、卿、大夫和皇亲国戚，但这些人一般都是担任车左。车士基本上是由贵族阶层男性成员充当的。而这样的贵族从天子、公卿、诸侯、大夫到士也基本上确实是亲自上战车当过车士，只不过位尊者为车左，位卑者为车右或车御而已。因此一般而言，成年男性贵族即车士，车士即贵族。

车士的地位相当重要，他们的姓名常常被突出列在史书上。如《左传·僖公三十三年》记“殽之战”，晋襄公的战车由“梁弘御戎，莱驹为右”。两年后秦国为报“殽之战”之仇，孟明视帅师伐晋，晋国由先且居当主帅领兵抵御，战于彭衙。《左传·文公二年》记先且居的战车是：“王官无地御戎，狐鞫居为右。”《左传·哀公十一年》记齐军攻打鲁国，鲁国“孟孺子洩帅右师，颜羽御，邴洩为右；冉求帅左师，管周父御，樊迟为右”。[③] 车士往往因他们在战斗中表现良好而被升级。如《左传·闵公元年》记晋国攻打耿、霍、魏，“大子申生将下军，赵夙御戎，毕万为右”。胜利后，晋献公“赐赵夙耿，赐毕万魏，以为大夫”。战国时期的赵国与魏国就由此发迹。

一车的车士一般只有三人，偶尔也一见四人。《左传·昭公二十年》记载卫国发生内乱：“（卫灵）公闻乱，乘，驱自阅门入，庆比御公，公南楚骖乘，使华寅乘贰车。及公宫，鸿駵魋驷乘于公，公载宝以出。”杜注曰：“鸿駵魋复就公乘，一车四人。”匆忙逃乱，就超载了。《左传·文公十一年》记：鄋瞒伐鲁，鲁公卜“使叔

---

① 车左，弓箭手，同时也是一车之尊位。

② 车右，护卫斗士，又称骖乘。

③ 冉求与樊迟都是孔子的学生。

孙得臣追之，吉。侯叔夏御庄叔（即得臣），绵房甥为右，富父终甥驷乘”。“正义”曰：“兵车皆三乘，鲁宋伐狄用四乘。”“四乘”即四个车士，这是特例。

车士的编制和职位一般是固定的，但也有临时更换的。“正义”曰：“御与车右虽有常员，必临战更选定之。韩之战，上右庆郑吉是其事也。自殽战后，狼瞫为右。箕之役，将战选右，先轸黜之。”庆郑本来是担任车右一职，但晋惠公不喜欢他，想通过占卜换掉他，占卜的结果还是“庆郑吉”，但晋惠公终于还是将庆郑换成了家仆徒为右，终于酿成大祸（庆郑与狼瞫事见后）。车士的职位有常员，但临战时还要再次确定确认，方法即用卜。古人凡大事用卜，“国之大事在祀与戎”，战争就是大事之一，可见古人对此事的看重程度了。除了庆郑之外，上面鲁公卜叔孙得臣为车左亦其例。虽有常规编制常设职位，但还可以临时改变换人。

车士的选拔条件首先当然是要有武艺以及其他各种能力。《六韬·犬韬》“武车士”篇曰：“武王问太公曰：‘选车士奈何？’太公曰：‘选车士之法：取年四十已下，长七尺五寸已上；走能逐奔马，及驰而乘之，前后左右上下周旋，能束缚旌旗，力能彀八石弩，射前后左右，皆便习者，名曰武车之士，不可不厚也。’”除了力大善跑灵活机动之外，箭术、御术是最重要的，所以古代将“射御”列入“六艺”之中，成为“太学”的必修课，占了三分之一。

这样，车士队伍就挑选和吸纳了全国最优秀的人才，社会上也就流行着崇拜车士的风尚。除了《诗经·郑风·叔于田》中对那位“袒裼暴虎”“洵美且武”的善于射御的“叔”的歌颂之外，《左传·鲁昭公元年》上还记着一个故事：“郑徐吾犯之妹美，公孙楚聘之矣，公孙黑又使强委禽焉。犯惧，告于子产。子产曰：‘是国无政，非子之患也，唯所欲与。’犯请于二子，请使女择焉。皆许之。子皙盛装入，布币而出。子南戎服入，左右射，超乘而出。女自房观之曰：‘子皙信美矣，抑子南，夫也。夫夫妇妇，所谓顺也。’适子南氏。”郑国大夫徐吾犯的妹子长得很美，公孙楚已聘其为妻，而公孙黑又叫人去强纳聘礼。徐吾犯就去报告执政的子产。子产说，这事由你妹子去选择。于是徐吾犯就去请了公孙楚和公孙黑两人前来竞争，他的妹子在堂后观看。公孙黑打扮得很漂亮进门，摆列了礼物然后出去；公孙楚穿着车士武装进门，左右开弓向箭靶射箭，射完箭就跃上战车走了。徐吾犯的妹子看到这一切，说道：“子皙（公孙黑）固然长得好看，但子南（公孙楚）却是个丈夫的样子。”于是她就决定嫁给公孙楚。从这件事可以看出当时女孩选择丈夫的标准是要有阳刚气概的车士模样的。

第十四章　中国古代车战的特色

古代车战时要横向摆出一字形的车阵才能开战，就像古代章回体小说和现代一些影视作品所展现的战争场面那样，这不是虚构，而是有历史事实根据的。我们已经知道，古代的战车车身纵向长为 4.4 尺，加上马匹的长度，一部战车的总长度约在 3 米左右，两部战车面对面紧紧地碰在一起，足有 6 米长。而古代的长兵器戈、矛、戟、钺、殳最长也不过 3 米左右，不能太长，否则容易断裂，也不好操弄。《周礼·考工记》说："凡兵无过三其身，过三其身，弗能用也。"手持 3 米左右哪怕是 5 米长的武器，无论如何也无法有效杀伤身在 6 米开外的敌人，所以古代车战不能采取纵向队列的阵势，而只能将战车横排成一线，开战时先用弓箭互射一番，接下来双方靠近时错车相杀①。战车不变，这种车战阵法也不变。这种为战车自身特点所制约的车战阵法肯定历时很久，形成了一套车战传统规则。

第一节　车战的规则性

人们都知道近代著名军事学家克劳塞维茨《战争论》中的那句名言"战争无非是政治通过另一种手段的继续"，而政治是要讲规则的。中国古代春秋时期

---

① 杨泓：《战车与车战》，《文物》1977 年第 5 期。

的车战很讲规则，从这一点来说，春秋以车战为主的战争才可以说是政治的延续。

我们从宋襄公和楚军的泓水之战中可以看出春秋车战的规则。《左传·僖公二十二年》载：

> 宋公及楚人战于泓。宋人既成列，楚人未既济。司马曰："彼众我寡，及其未既济也，请击之。"公曰："不可。"既济而未成列，又以告。公曰："未可。"既陈而后击之，宋师败绩。公伤股，门官歼焉。国人皆咎公。公曰："君子不重伤，不禽二毛。古之为军也，不以阻隘也。寡人虽亡国之余，不鼓不成列。"

宋军与楚军约战于泓水北岸，宋军已先在泓水之滨布好阵势，而楚军却尚在渡河之中，处于被宋军半渡而击的被动地位。司马[①]对宋襄公说：楚军多而宋军少，趁楚军没有全部上岸的有利时机打击他们，可以取胜。宋襄公拒绝了司马的请求。楚军全部上岸但还没有列好阵势时，还是处于不利的形势，这时司马又一次提请出击，但宋襄公再次否定了他的建议。最后宋军大败，襄公自己也受了重伤，连守门的侍卫官也牺牲了。宋襄公事后给出的理由之一是君子"不鼓不成列"。"不鼓不成列"就是不打还没有摆成一列阵势的敌军，也就是一定要等敌人列好阵之后才能鸣鼓进军出击开战。除了"不鼓不成列"之外，宋襄公还提出了另外三个理由或规则："不重伤"[②]"不禽二毛"[③]"不以阻隘"[④]。"不以阻隘"这一规则也与车战受空间局限这一自身特点有关，因为几百、几千辆战车作战需要选择相当宽阔的平原地带作为战场才能展开战斗，而在"阻隘"的地方是无法进行车战的。宋襄公不愿利用楚军处于"阻隘"即渡河时无法发挥战车正常功能的时机出击，遵守了"不以阻隘"这条车战规则。"不以阻隘"和"不鼓不成列"这两条规则是更高的公平原则的体现。《左传·庄公十一年》

---

① 军官名，有人说是子鱼，有人说是目夷，也有人合这二人为一人，《东周列国志》则说是公孙固，可不论。

② 不对伤员实施再次伤害。

③ 不俘虏头发花白上了年纪的老人。

④ 阻隘：狭隘险阻。

“皆陈曰战”句杜注谓“坚而有备，各得其所，成败决于志力者也”，就体现了这种公平公正的竞赛精神。就像象棋和各种体育比赛一样，下棋时一开始双方都要先摆好棋阵，而且子力要对等；体育比赛时竞赛各方要处于同等的初始状态中，不能给某些人设置阻碍让他处于不利条件，这些规则都是为了满足公平、公正原则的要求而制定的。其实，棋类和各种体育比赛都是虚拟的战争，它们在精神实质上是相似相通的。另外两条规则“不重伤”和“不禽二毛”则体现了人道原则。宋襄公宁可坐失两次战机也要给楚军一个公平的决战机会以维护车战规则；在战场上又要实践人道原则，以致失败也不肯违背这些车战传统。这招致了当时人的批评（如“子鱼论战”）和许多古人的非议（如《穀梁传》等），更受到了现代、当代人尤其是那些“超限战”论者[①]的一致嘲笑讥讽，说他沽名钓誉、保守迂腐、愚蠢至极、“蠢猪式做法”等等。唯有《公羊传》替宋襄公仗义执言，称赞宋襄公这种堂堂旗正正鼓光明磊落的战法是“正也”！并说：“故君子大其不鼓不成列，临大事而不忘大礼，有君而无臣，以为虽文王之战，亦不过此也。”认为宋襄公在战争中还不忘遵守“大礼”即上述那些规则、原则，是继承了周文王的车战传统。《史记》也说：“襄公之时，修行仁义，欲为盟主。……襄公既败于泓，而君子或以为多。伤中国阙礼义，褒之也，宋襄之有礼让也。”可见商周以来的车战是有一些为各国所共同遵守的规则的，只不过到了春秋时期这些传统规则随着“礼崩乐坏”而遭践踏罢了。《左传·庄公十一年》记载，鲁、宋在鄑地车战，“宋师未陈而薄之”，昭公元年晋荀吴败狄于大卤，传皆云“未陈而薄之”，昭公五年，叔弓败莒师于蚡泉，传曰“莒未陈也”。疏引《释例》曰：“鲁败宋莒，再发未陈之例者，嫌君臣有异也。”正说明春秋时“设权谲变诈以胜敌”破坏“列阵而战”的车战传统规则的事已有发生，但刚开始，属于违规反常的例外，“故以未陈独败为文”记了下来。虽然如此，春秋时期仍然有不少人在遵守着一些传统规则。

《左传·文公十二年》河曲之战载：秦、晋两军打了一天但未分胜负。秦国使者来晋营与晋军相约第二天再战，说“明日请相见也”。晋军将领臾骈从来使的目光与言谈中猜出秦军将要撤退，于是提议连夜进军将秦军逼到黄河边上打

---

① 认为可以不顾国际法战争公约的规定，为了目的可以不择手段，甚至可以率先使用原子弹等。

败他们。但是晋军另两名将领胥甲、赵穿在军门口高声抗议说："死伤未收而弃之，不惠也；不待期而薄人于险，无勇也。"丢下伤亡人员不管是不人道的行为；不等约战的时期到来而先发制人并且利用险要的地势战胜敌人，这是无勇的表现。胥甲、赵穿的这两句话说得臾骈和晋军上下人等哑口无言，阻止了晋军的出击，虽然他们明知会取胜，但还是放过了这次战机让秦军宵遁溜掉了。这可以与宋襄公的言行相印证，说明宋襄公并不是一个特例，传统的战争规则还是具有相当大的规范功能。

这些规则包括请战、约战等。前面讲过，车战是受空间条件限制的，需要广阔的平原地带作为战场，因此必须预先约战，这在春秋时期还是一条很普遍的车战规则。上面泓水之战和河曲之战都有期约，后面还可以看到这样的例子。当然也可以有极少数"约而不战"的情况，如上述河曲之战中的秦军，但"凡战必约"则似乎至少在中原地区是各国车战的惯例。唯有像秦、晋那样因杂染戎狄之风的军队会偶有不约而战的流氓行为发生。但那种不光明正大的偷偷摸摸的事不叫"战"而叫"袭"，正如"皆阵曰战"，不列阵不能算是"战"一样。

在车战中，除了约战外，挑战、应战也可以说是一个传统车战规则。挑战、应战一般是约战之后和正式会战之前的一道序曲，由此拉开战争的序幕。齐晋鞌之战中，在双方约战后，《左传》写道："齐高固入晋师，桀石以投人，禽之而乘其车，系桑本焉，以徇齐垒，曰：'欲勇者贾余馀勇！'"[①]古今注疏对这个事件皆未言其所以，其实这就是一次挑战示威行为，接着就开始全面展开战斗了。《左传·宣公十二年》邲之战，晋军示和后又约战，楚军亦言和后又欲战，在这种和战不定的状态下，楚军中有人出来打破僵局，"单车挑战"："楚许伯御乐伯，摄叔为右，以致晋师。"这个事件注疏皆明言是挑战了。杜注曰"单车挑战"；《春秋左传正义》（以下简称《正义》）曰："郑玄云：'致师，致其必战之志。'则致师者，致己欲战之意于敌人。故单车扬威武以挑之，下云'赵旃请挑战'，是也。挑彼晋师，故言'以致晋师'也。"按，《正义》所引郑玄的话是注《周礼》的"环人掌致师"的，郑玄也引《左传》的这段"单车挑战"的故事来证成之。这不但说明了"致师"就是挑战，而且可以看出周代还有专职人员负责挑战，成为编入体制内的常设定制。那么，挑战已成为当时的一条战争公约或"国际法"，是一件要予

① 见《左传·成公二年》。

以认真对待的"国际"外交事件,应该是毋庸置疑的了。这说明这条规则的严肃性,同时也表明了它的传统性。因为《周礼》就是习惯法,而习惯法就是在传统风俗习惯的基础上形成的制度性法规。《逸周书·克殷解》有"周车三百五十乘陈于牧野,帝辛从。武王使尚父与伯夫致师。王既誓,以虎贲、戎车驰商师,商师大崩",可见致师挑战的事由来已久。《左传》接着说:

> 许伯曰:"吾闻致师者,御靡旌,摩垒而还。"乐伯曰:"吾闻致师者,左射以菆,代御执辔,御下两马,掉鞅而还。"摄叔曰:"吾闻致师者,右入垒,折馘,执俘而还。"皆行其所闻而复。

致师挑战要达到什么样的效果或程度,有无具体的规矩或行为规范,虽无明文规定,但据三个人的话来看,似乎各有一套传统的标准动作:时为御者的许伯说,我听说,当驾驶员的必须以快得连车上的旗子都因迎面而来的风刮得倒伏了的速度驾车靠近敌方营垒而回;时为车左的乐伯说,我听说,当车左的必须射最好的箭,并且到了敌营前面后,要代替御者执辔,而御者则下车刷刷马、整整马具,在敌人面前显出从容悠闲的样子;时为车右的摄叔说,我听说,当车右的必须冲入敌军营垒,割下敌人的耳朵,活捉一两个俘虏带回去。于是他们三人都按照自己所听到的传说去做了。孔疏引服虔[①]云:"是相传为然也。"

有挑战就会有应战。这应战似乎也有规矩:

> 晋人逐之,左右角之。乐伯左射马而右射人,角不能进,矢一而已。麋兴于前,射麋丽龟。晋鲍癸当其后,使摄叔奉麋献焉,曰:"以岁之非时,献禽之未至,敢膳诸从者。"鲍癸止之,曰:"其左善射,其右有辞,君子也。"既免。[②]

这伙"单车挑战"的人受到了晋军战车的左右夹击,尽管车左箭法高明左右开弓,但寡不敌众仍未脱险。这时射手便用剩下的唯一一支箭精确地射中了一

---

① 服虔:东汉经学家。

② 见《左传·宣公十二年》。

只麇鹿凸起的脊背,这是最高标准的最好的射法,将它作为礼物献给了追来的晋军,并且车右在献麇鹿时还说了几句很得体而又有文采的"礼辞"。晋军将领居然非常赞赏他们的箭法和礼辞,认为他们是君子而放了他们一条生路。同样,晋军魏锜前往楚营请战,遭楚军追击,也是因为射了一只麇鹿献给楚军并且也说了一番"礼辞",遂使楚军将领下令停止追杀而脱险。

略施小小贿赂便能死里逃生?区区野味和几句好听话就能摆平得了一场你死我活的战斗?其实不然,这里面一定有某种规则和风俗习惯在起作用。虽然具体内容我们还不清楚,但可以抽象地肯定是"礼"这个价值观念在规范着他们,成为他们处事的行为准则。礼是无所不包的,几乎可以等同于中国文化,它包括风俗习惯、制度、法律、宗教等各个方面,也渗透进军事领域。"五礼"[①]中的"军礼"既包括兵制、纪律、礼仪这些为军队所特有的固定的稳定的或硬性规定的"礼",也包括军事上由历史传统约定俗成的、技术性的或为当时普遍遵守的公约规则,还有为礼的一般性内容所影响而形成的某些具体的规则规范,以及礼本身带来的价值观念、道德原则等的规范。如果推测得不错,上文应战中所出现的戏剧性场面和结局应该是后三种礼的综合作用所形成的规则的应用结果。而动用这条"放人"规则必须满足如下条件:①作为军人必须具备勇敢的品德和高超的武艺;②作为君子必须知礼行礼;③古人行礼必有"贽",即必须要有礼物,而猎物是最常用也很有代表性的礼物——其意义不在物质价值而在象征性,表示的是敬意,但在这里更重要的是表示讲和求谅,这是满足该规则的最重要的必要条件;④所有这些还需要通过适当的"礼辞"来表达,这也是必要条件。

第二节　兵不废礼

上节所说的"礼辞"是笔者生造但还不算生硬的词,它指的是既提供特定领会的信息又不失婉曲含蓄的文采,显得礼貌而得体的一种修辞性语言。这也是礼的一种表现,并且是春秋时期的普遍现象;而它在车战中的"错位"表现,则是礼顽强坚持对战争"招安"的一个奇特结果,使得赳赳武夫在战场上也变得很有

---

① "五礼"指吉、凶、军、宾、嘉。

绅士风度。绅士风度就是君子风度。君子或绅士都很讲礼貌。而礼貌首先表现在语言上。

晋楚城濮之战前晋军退避三舍的故事相信大家一定很熟悉,但退避三舍之后晋楚两军开战前夕还有一番“先礼后兵”的活动可能会被人忽略。《左传·僖公二十八年》对此事作了详细交代:

> 子玉使斗勃请战,曰:“请与君之士戏,君冯轼而观之,得臣与寓目焉。”晋侯使栾枝对曰:“寡君闻命矣。楚君之惠,未之敢忘,是以在此。为大夫退,其敢当君乎?既不获命矣,敢烦大夫谓二三子:戒尔车乘,敬尔君事,诘朝将见。”晋车七百乘,韅、靷、鞅、靽。晋侯登有莘之虚以观师,曰:“少长有礼,其可用也。”

城濮之战是一场车战,这在文中已直接点明了。请战、应战、约战就是这段文本的主要叙述内容。此外,它还透露了另外一个重要信息,就是“讲礼”或“讲”礼。兹倒过来先从最后一点讲起。

“讲”礼就是讲话语言讲究文明礼貌,用语委婉含蓄。比如,不说“我们来决一死战”或“我要向你宣战”,而说“请与君之士戏”,让我们的士兵们玩玩吧!并且说“君冯轼而观之,得臣与寓目焉”。这简直就是在邀请对方观看奥运比赛!要知道,发出这个邀请的请战者是楚国最好勇斗狠的得臣即子玉,当时是他当统帅。而晋文公方面的应战答辞也非常得体,谦逊有礼,很有绅士风度地说:“Ok,see you tomorrow!”[①]并且还很关心地提醒对方来使说,“准备好你们的车辆,小心地替你们的君王办事。”双方都彬彬有礼,一点也看不出任何与战争有关的话和紧张气氛。

讲究外交辞令式的“礼辞”在春秋时期是很常见的现象。齐晋鞌之战之前也有一段“齐侯使请战”的话:“子以君师,辱于敝邑,不腆敝赋,诘朝请见。”[②]这话未免说得太客气委婉,以至于翻译成现代汉语也“敝”得很:“贵国国军屈尊来到我们这个破地方,请让我们差劲的破军队明天和你们见一见。”战争临近尾声

① 中文意思为“再见”或“明天见”,也就是文中的“诘朝将见”。

② 见《左传·成公二年》。

晋胜齐败已成定局，齐国使者求和时又重复使用了这段话，不过将“诘朝请见”一句换成了“以犒从者”：“子以君师，辱于敝邑，不腆敝赋，以犒从者。”①虽然说的是“不腆敝赋”，但言外之意是包括军队等武装力量在内的。其意是，如果晋军不同意言和的话，那么齐国军队亦将抱必死的决心来与你们决一死战。不说“鱼死网破”“玉石俱焚”之类拼个你死我活的话，而说“以犒从者”。拿齐国的军队犒劳晋军，这成什么话？一方面表示齐军确实失败了，承认继续战斗无异于以卵击石、投羊饲虎这个事实，另一方面也表达了齐军必死的“牺牲”精神。“牺牲”原指做祭品的牛羊等，是可以拿来“犒赏”晋国的将士们的。难得齐人会想出这么个“委曲”而又悲壮的词，真是“太有才了”！杜注：“战而曰犒为孙辞”；孔疏也称此为“逊顺之辞尔”。逊顺是礼对言语的规范。“讲”礼就要符合礼的卑下谦让精神的要求。

“讲”之礼是“讲礼”的一个重要部分或表现形式之一（视、听、言、动皆不可“非礼”，“言”占四分之一），但“讲礼”不仅仅表现在“礼辞”即言谈的“讲”礼上，更体现在具体的行为中。我们在《左传》中可以看到在车战战场上仍有一些“君子”不忘“大礼”的事例。齐晋鞌之战，齐国国君顷公驾车逃跑，被敌军韩厥的战车紧追不舍，最终追上，韩厥跳下车来，之后的行动《左传》这样记载：

> 韩厥执絷马前，再拜稽首，奉觞加璧以进，曰：“寡君使群臣为鲁卫请，曰：‘无令舆师陷入君地。’下臣不幸，属当戎行，无所逃隐。且惧奔辟而忝两君，臣辱戎士，敢告不敏，摄官承乏。”②

不但言辞逊顺，而且两次下拜行“稽首”礼，并“奉觞加璧以进”，献上觞酒和玉璧，完全是按君臣应有之礼来对待齐顷公，完了再把他作为俘虏带回去（虽然带回的是一个假冒的齐顷公），平衡地满足了两方面的义务要求，充分地尽了“桥是桥，路是路”的“礼数”。而在齐国方面，也是很出奇地讲礼。当韩厥驾车追赶齐顷公时，齐顷公的御者邴夏提议要用箭射韩厥，并说他是个君子；齐顷公说“谓之君子而射之，非礼也”，既然说是君子还要射他，就不合礼了。这个齐顷

① 见《左传·成公二年》。
② 见《左传·成公二年》。

公在车战上的“讲礼”程度与宋襄公简直难分伯仲！

类似的“讲礼”事件十四年后再一次出现在晋楚鄢陵之战的车战战场上，不过这一次韩厥追逐的对象是郑成公。郑成公的战车驾驶员在前面一边驾车奔逃一边又频频回头看后面韩厥的战车有没有赶上来，注意力无法集中在驾车上。这一切都被紧追其后的韩厥的驾驶员看在眼里，便问韩厥说：“速从之？其御屡顾不在马，可及也！”[①]结果出乎所有人的意料，“韩厥曰：‘不可以再辱国君。’乃止”。[②] 韩厥的战车勒马而停不再追击，《左传》的行文也戛然而止。

杜预在“不可以再辱国君”句下注曰：“二年鞌战，韩厥已辱齐侯。”韩厥辱齐侯的事件当年肯定受到了国内外舆论的争议，而且很有可能舆论认为这事不符合传统的“国际法”原则（事由见下），韩厥自己内心肯定也很不安和矛盾。当韩厥放弃追击之后，在这同一战场上，晋国新军将领郤至率领另一支车队接着追赶郑成公。当郤至的驾驶员提议前后夹击从后登车活捉郑成公时，郤至断然说：“伤国君有刑。”亦止。可见是有“国际法”的[③]。两位将军都是“发乎勇止乎礼义”，郤至是止于“礼法”，韩厥是止于“义礼”。

郤至在鄢陵之战战场上还有个有意思的“讲礼”的场面，即“楚王问弓”的故事：楚共王在战场上注意到，当战斗正激烈时，敌方晋军中有一个穿着一条长至脚面的浅红色皮军裤的车士多次遇到楚共王的车队看见楚共王时，总是下车脱下头盔向前疾走朝楚共王施礼致敬。楚共王好生奇怪，于是派一个使者前去向那个人赠送一把弓，并关心地慰问他有没有受伤。那个人就是晋新军将领郤至。谁能想到战场上会出现这样“彬彬有礼”的场面？春秋车战诚可谓君子之礼战矣！

第三节　车战的节制性和游戏性

礼作为社会规范很重要的功能之一就是节制、克制。为人要能克制，处事要有节制，不可过分，适可而止，适宜恰当。这也就是“义”，“义者宜也”。这也

① 此从杨伯峻说，为问句：要不要快速赶上去？

② 见《左传·成公十六年》。

③ 按，笔者在写完本章数月之后发现民国时期真有学者徐傅保等编著了一部《先秦国际法之遗迹》，故笔者在本书快出版时将之追补进“朝聘会盟”章之注。

是无过不及的中庸精神。[①] 韩厥之所以不追郑成公,除了有违君臣之礼外,很重要的一点就是同样的"非礼"举动不可以再次重复,否则就是过分,就是违背了礼的节制精神,那样做就是双重的"非礼"。"鱼丽之阵"中郑军祝聃"射王中肩",并提议追击周桓王。郑庄公曰:"君子不欲多上人,况敢陵天子乎!"[②]与宋襄公说的"不重伤"是同一节制精神。这种由礼的规范所产生的节制精神表现在战争、战场上就是人道主义精神。《礼记·檀弓下》记载了这样一个车战的故事:

> 工尹商阳与陈弃疾追吴师,及之,陈弃疾谓工尹商阳曰:"王事也,子手弓而可。"手弓。"子射诸。"射之,毙一人,韔弓。又及,谓之,又毙二人。每毙一人,掩其目。止其御曰:"朝不坐,燕不与,杀三人,亦足以反命矣。"孔子曰:"杀人之中,又有礼焉。"

商阳当时肯定是车左,负责射箭,但他只射杀了三个人就停止不杀,并且让驾驶员停车不追了。他给出的理由中包含了双重的合礼性:一方面符合礼的节制精神;另一方面强调了礼的等级性规定的权利与义务相对应的原则。这个商阳只是楚国的一个工尹小官,大概属于士一级,(在路寝)朝见国君时没有资格坐在堂上,也没有资格参加国君(在路寝)举办的宴会,因而自言位卑礼薄,杀了三人也就足以完成任务了。《曹刿论战》中"肉食者谋之,又何间焉"也是此意。但其实谁都看得出来,他也是因为动了恻隐之心不肯多杀人。陈澔注曰:"孔子谓其有礼,以败北之师本易穷,而商阳仍能节制其纵杀之心,是仁义与礼节并行。"这个解释很准确,但以孔子"不在其位不谋其政"的准则来看,孔子的赞语"有礼",无疑还应该包括上述礼的第二方面的含义。《司马法·仁本第一》:"古者逐奔不过百步,纵绥不过三舍,是以明其礼也;不穷不能而哀怜伤病,是以明其仁也;成列而鼓,是以明其信也;争义不争利,是以明其义也;又能舍服,是以明其勇也……"与后代的穷追猛打、赶尽杀绝大不一样,是仁义精神在战争中的贯彻。

另一个是"好整以暇"的原典:

---

① 《中庸》本是《礼记》中的一篇,属于礼的范畴。

② 见《左传·桓公五年》。

栾针见子重之旌,请曰:"楚人谓夫旌,子重之麾也。彼其子重也。日臣之使于楚也,子重问晋国之勇。臣对曰:'好以众整。'曰:'又何如?'臣对曰:'好以暇。'今两国治戎,行人不使,不可谓整。临事而食言,不可谓暇。请摄饮焉。"公许之。使行人执榼承饮,造于子重,曰:"寡君乏使,使针御持矛。是以不得犒从者,使某摄饮。"子重曰:"夫子尝与吾言于楚,必是故也,不亦识乎!"受而饮之。免使者而复鼓。①

为晋厉公当保镖的车右栾针在战场上看到敌方阵上有昔日的老朋友子重的旗帜出现时,突然记起了从前对子重问勇时所说过的"好以整、好以暇"的话,为了不食言,于是征得国君的同意后,派使者奉酒代表自己前往敌军阵营向子重敬酒。子重也佩服老朋友的记性和言而有信,欣然接过酒,一饮而尽,让使者安全归阵后,重新击鼓进军……在敌我对阵的肃杀战场上,并没有因为冰冷的刀枪而冰冻了人性,还不忘以热酒唤起温馨的友情。

这场车战从早晨打到晚上,是春秋时期战时最长的一次车战,其原因恐怕与时不时地穿插上演这些礼尚往来的节目从而打断战事进程有关。套用一句体育比赛"友谊第一,比赛第二"的老话,鄢陵之战是"礼节第一,战斗第二"。整个鄢陵战场上洋溢着礼仪气氛,似乎不是在打仗而是在进行一场体育游戏。

还有更像游戏的。晋楚另一场战役邲之战中有这样一个好玩的场景:

晋人或以广队不能进,楚人惎之脱扃,少进,马还,又惎之拔旆投衡,乃出。顾曰:"吾不如大国之数奔也。"②

这次战役晋国打了败仗。晋军的车队在逃跑的途中有战车落入坑洼无法

① 见《左传·成公十六年》。意思大概是既要严肃有礼,又要轻松闲暇,犹如所谓"团结、紧张、严肃、活泼"之意。古今注疏家皆于"整"训阙如,笔者不得已强作解人:"整"有整齐、严肃之意;礼也含有整齐、严肃、肃敬之意,所谓"齐之以礼""礼主敬"者也,故释之为"严肃有礼"。至于"暇"本自具闲暇之意,然若与整齐、严肃为对,则未若轻松、放松更显"勇"之相反相成之辩证性。

② 见《左传·宣公十二年》。

前进,后面追赶的楚军不但不穷追俘获他们,反而教他们抽去车前横木,车子前进了一些,但马还是盘旋不前,楚人又教他们将车上的大旗拔掉放在车衡上,这样可以减轻风对战车的阻力,晋人的战车这才出了坑洼……这太好玩了!更好玩的是晋军在楚军的帮助提醒下排除障碍逃出困境后,不但不感激,而且不服输,居然还不忘回过头来说一句既是自我解嘲也是反嘲楚人的话:“我们不如贵国的人经常逃跑有经验啊!”冷幽默到了冰点。古今中外哪有这样的战争?别说战争,就是体育比赛也没有这样的比法。楚军不但当竞争对手,而且还当教练!简直是超游戏了!这就是《司马法·仁本第一》所说的“逐奔不过百步,纵绥不过三舍,是以明其礼也;不穷不能而哀怜伤病,是以明其仁也”的人道原则规范的奇迹般结果。

战争确实与游戏尤其是棋类及体育竞赛的游戏有相似之处,从心理学和发生学上看可以说后者是前者的替代品。我们只要看看拳击、击剑、相扑、摔跤以及中国武术等比赛项目就一目了然了。游戏最重要的是要有规则,战争也要有规则,只不过前者是构成性规则,后者是调控性规则,很容易被打破而已。哪一天战争真能像体育比赛一样,在游戏厅里进行,双方都能讲规则地进行君子战而不忘人道精神,世界就开始进入真正文明时代了。

第十五章　车士的故事

本来在第一篇“车文化的物质结构中”还有一个很重要的元素，那就是人——驾车者和乘客，在这里就是车士。但是那一篇的标题是“物质结构”，人不能列入“物质”范畴中。虽然唯物主义将人归结为物质，但不能用还原方法将“万物之灵”降低为低层次的东西。譬如人体同样充满电子，但我们不能把人的本质归结为电子层次，哪怕从自然科学角度来说也不行，因为人体的电子和物质的电子的结构不同。人与动物也有别，人毕竟本质上属于精神实体，所以人应该有他自己的结构，而不能属于物质结构。无论在什么情况下，人都是主体，因此车士才是战车和车战的灵魂，他们呈现出各自不同的性格色彩。

第一节　穿杨入木箭法高

车左一般都是优秀的弓箭手。古代战争远程武器基本上是弓箭。车战时，在近战格斗前都是先用箭互射，章回小说中常常有“彼此用箭射住阵脚”的话头，在战败逃跑追逐时也是要用箭互射。因此箭术就显得异常重要。“射”不但被列入“六艺”之中，并被制度化了。“射”有“大射礼”和“乡射礼”，从朝廷到基层组织的乡（先秦时期乡比县大），都举行定期的射箭比赛。各国都很重视“射”，也有很多善射的人，但最有名的神箭手是不多的，楚国的养由基就是其中之一。

养由基是个车士，他能“蹲甲而射之，彻七札焉”①，箭力能贯穿七重盔甲；又说他能“去柳叶者百步而射之，百发百中”②，即所谓“百步穿杨”者。鄢陵之战中，吕锜射楚共王，中目；“王召养由基，与之两矢，使射吕锜，中项，伏弢。以一矢复命”。楚王为报一箭之仇，拿了两支箭给养由基，养由基只用了一箭就替楚王报了仇。后来又以两箭击退了晋军的追兵：“楚师薄于险，叔山冉谓养由基曰：‘虽君有命，为国故，子必射！’乃射。再发，尽殪。”③但曾经因为他有“技术决定论战争观”④的倾向，以为仅凭过人的箭术即可以打赢这场战争，⑤让楚王很反感生气，“王怒曰：大辱国！诘朝尔射死艺”！⑥ 有“技术决定论战争观”的人必然就是迷信、夸大该技术的人，也就会滥用技术，这会带来很多不良后果，比如滥杀、居功骄傲、掩盖或抹煞或麻痹其他军事功能，使各军兵种不能协调作战等。所以楚王会诅咒他“死艺”，即死于自己的技艺。楚王这话也含有保护、爱护他的意思，因为确有许多人最终是死在自己娴熟的技术上的，比如游泳、擂台比武、超速飙车等。所以在鄢陵之战中，楚王反而限制、节制养由基发挥表现他的箭术，只在关键的时刻他才有机会一展射艺。看来单恃过人的武艺或某一方面的技术似乎还差了点什么，不够全面，眼界较狭窄，是所谓“单向度的人”。这样的车士武艺再高也不过是职业杀手。技术性人才往往语言无味、行为刻板，没有多少动人的故事，所以《左传》和其他的史籍对于养由基此人的记载仅限于上述这些内容，没有什么生动的细节。

相对于养由基而言，其他一些车士、箭手虽然箭术可能没有那么神奇，但因为富有人情味反而有令人难忘的出色表现。《左传》记载了这样一个故事：

> 师及齐师战于炊鼻。齐子渊捷从洩声子，射之，中楯瓦。繇朐汰辀，匕入者三寸。声子射其马，斩鞅，殪。改驾，人以为鬷戾也而助之。

---

① 见《左传·成公十六年》。

② 见《战国策·西周》。

③ 见《左传·成公十六年》。

④ 这是笔者依“武器决定论”而杜撰的概念，笔者不是军事学专家，但相信此概念应该是适当的。

⑤ 养由基曾与另一人一起将他们的技术展示给楚共王看，并说：“君有二臣如此，何忧于战！”

⑥ 见《左传·成公十六年》。

子车(即子渊捷)曰:“齐人也。”将击子车,子车射之,殪。其御曰:“又之。”子车曰:“众可惧也,而不可怒也。”

这是鲁昭公二十六年齐鲁两军在炊鼻的一次战役。齐国子渊捷的战车追踪鲁国洩声子的战车寻战,子渊捷向洩声子射了一箭,击中了挡箭的盾脊,箭被这一挡改变了方向,由洩声子战车上的朐①而入,然后又反弹射在车辕上,那箭头还入木三寸!可见其弓力之大!那洩声子也不是好惹的,也张弓搭箭朝子渊捷战车的马射了一箭,把马鞅②射断了,并且射死了那匹马。子渊捷只好换乘另一部战车,但不知为何,一些鲁国人却把他误认为是鲁国叔孙氏的司马鬷戾而帮助他;子渊捷不想占这便宜,便实话告诉他们自己是齐国人,这下子那些鲁国人便转过来要攻击他了,子渊捷为了自卫给了他们一箭,射杀了一个人。他的御者要他再来一箭,他说“群众可以吓吓他们,但不可以激怒他们”。这个子渊捷比现代某些人要有识度。他的话不但可以丰富现代“群众心理学”,也可以为应急公众性突发事件作参考。当年子渊捷如果有手枪的话,肯定只会朝天鸣枪示警,而不会真枪实弹杀人。子渊捷不但武艺高强,而且人品诚实,还有人道主义精神。他的言行不但够得上高级优秀车士的标准,而且具备了真正政客的眼光和头脑,比只会射箭杀人的养由基辈无疑层次要高出许多。

《左传·襄公十四年》叙述了另外一个关于箭手的故事:

庾公差曾从师于公孙丁学射御,尹公佗又是庾公差的徒弟。在卫国内乱时,这两个人驱车为孙林父追杀卫献公,而替卫献公驾车的就是庾公差的师父公孙丁。庾公差面对自己的老师陷入了矛盾:“射为背师,不射为戮,射为礼乎?”最后选择了“射两軥而还”,即对着卫献公战车的两处车軛连发了两箭就转车回头了。但徒孙尹公佗想了想对庾公差说,他是你的师父,我跟他的关系就远了。于是又掉回车头追赶公孙丁和卫献公。公孙丁将车辔交给卫献公,回身给了这小子一箭。祖师爷还是手下留情,没要了他的命,只射穿了他的手臂。

这个故事也见于《孟子》,但庾公差改名为庾公之斯,而且变成了尹公之佗的徒弟,他对祖师爷说:“我不忍以夫子之道,反害夫子。”于是这个“卫之善射

---

① 同軥,即軛。

② 套在马腹上,一说套在马颈上以负軛的皮带。

者”便敲掉箭头发射了四箭便算了。像庚公之斯或庾公差解决这种技术与伦理的矛盾时，采用的是公私兼顾、人情义理两全的折中权宜的办法。这说明重视伦理确是中华文化的重大特色与精华部分，也是精通射御之道的车士们共同的道德规范。

第二节　技进于道话神御

《十三经注疏》在《左传・哀公二年》“正义”中说：“古者车驾四马，御之为难，故为六艺之一。”古代御者驾驭的是四匹马拉的马车，在坑坑洼洼的泥土路上行驶，稍不留神就要翻车，没有很高的驾车技术是不能胜任这个职务的，其技术培训也比现代考驾照难得多，所以列为大学的必修课。孔子本人就很精通这门专业。[①] 古之御者最有名的史称王良、造父。造父前面提及过，是周穆王的专职驾驶员，还是秦、赵两国的始祖；一说他是尧舜时代的人。传说他能驾八骏日行千里，那显然也是夸张得近乎神话。《淮南子・览冥训》说：

> 昔者王良、造父之御也，上车摄辔，马为整齐而敛谐，投足调均，劳逸若一，心怡气和，体便轻毕，安劳乐进，驰骛若灭，左右若鞭，周旋若环，世皆以为巧，然未见其贵者也。若夫钳且、大丙之御也，除辔衔，去鞭弃策，车莫动而自举，马莫使而自走也，日行月动，星耀而玄运，电奔而鬼腾，进退屈伸，不见朕垠，故不招指、不咄叱，过归雁于碣石，轶鹍鸡于姑余，骋若飞，骛若绝，纵矢蹑风，追猋归忽，朝发榑桑，日入落棠，此假弗用而能以成其用也。非虑思之察，手爪之巧也。嗜欲形于胸中，而精神逾于六马，此以弗御御之者也。

钳且、大丙这两人的事迹，简直就是今天的遥控无人驾驶汽车，并且还是用意念遥控，在那个时代只能是十足的神话。但王良却是确有其人其事，是历史存在。《左传・哀公二年》载晋郑铁之战：“将战，邮无恤御简子，卫太子为右。”这个邮无恤就是王良。在这次战役中，王良所驾的战车“两靷将绝”，险象环生，

---

① 《论语・子罕》：“子曰，吾何执，吾执御乎？”

随时都有马逸车翻人亡的危险，而王良却能冷静驾车，以其高超的御术控制车马继续战斗，并且取得胜利。战斗结束后，其他人都在夸功。简子曰："吾伏弢呕血，鼓音不衰，今日我上也。"简子[①]是主帅，受伤吐血还坚持击鼓指挥战斗。而车右是卫国的太子蒯聩[②]。蒯聩原来很胆小，开战前还在战场上念念有词地祷告列祖列宗保护他，"望见郑师众，大子惧，自投于车下"。看见郑国的军队人多势众，还没开战就吓得掉下车来。王良一边"授大子绥而乘之"把他拉上来，一边说"妇人也"，嘲笑他像女人一样胆怯。在王良的讽刺激将法下，卫太子蒯聩最后变得很勇敢。当主帅赵简子受伤时，他不但以戈救了赵简子，而且还下车带头杀敌，打败敌人，截获了大批战利品。于是胜利后他也跟着自夸说："吾救主于车，退敌于下，我，右之上也。"王良看见他们两个都使劲地自夸，受这胜利气氛的感染，便也情不自禁自豪地说："我两靷将绝，吾能止之，我，御之上也。"大家都不信他有这等驾车功夫，于是他便做了个实验，将轻细的木条载到空空的车上，马车一开驾，拉车的皮绳就断了，即史书所谓"驾而乘材，两靷皆绝"，于是大家便信服得五体投地，传为神御。若在今天，王良绝对能在国际车赛中获金奖并完全有资格在警匪片中担任车技表演的特技演员。王良之善于御车，从此名垂青史，"于书传多称之"。《楚辞·谬谏》有诗云："当世岂无骐骥兮？诚无王良之善御。见执辔者非其人兮，故驹跳而远去。"《吕氏春秋》也称道过王良的善御，并比喻为治国御下的良法。《孟子》一书中也讲了一个王良的故事：

> 昔者赵简子使王良与嬖奚乘，终日而不获一禽。嬖奚反命曰："天下之贱工也。"或以告王良。良曰："请复之。"强而后可，一朝而获十禽。嬖奚反命曰："天下之良工也。"简子曰："我使掌与女乘。"谓王良。良不可，曰："吾为之范我驰驱，终日不获一；为之诡遇，一朝而获十。诗云：'不失其驰，舍矢如破。'我不贯与小人乘，请辞。"御者且羞与射者比；比而得禽兽，虽若丘陵，弗为也。如枉道而从彼，何也？且子过矣；枉己者，未有能直人者也。[③]

① 即侯马盟书中的赵鞅。

② 即后来与他的儿子争君位的卫庄公。

③ 见《孟子·滕文公下》。

王良为赵简子的一个亲信驾车打猎，他规规矩矩按照打猎的驾车规则[①]来驾车，可是猎手却毫无所得。猎手不怪自己的射箭技术差，却说王良是全世界最差的驾驶员，害他打不到一只野兽。王良听到后要求再来一次。这一次王良不按照狩猎的规则驾车，而是行“诡遇”之道，即只问目的不顾手段、怎么能多获就怎么驾车的“枉道”办法，直奔目的，一个早上就打到了10只猎物。这回那个亲信射手说王良是“天下之良工也”。于是赵简子便叫王良专门替他的亲信驾车。可是遭到了王良的拒绝，理由是不习惯跟小人合作。孟子分析说，如果跟不讲规矩的小人合作，即使收获如山的猎物，也不干。这正是孔子的富贵“不以其道得之，不处也”的原则。可见王良除了驾车技术高超之外，为人也很正直，很讲原则，也很有个性。

有本事的人都有个性，有本事有个性的人脾气都很大，自尊心都很强，而且往往伴随着高傲，受不得屈辱，风格卓立特异，言行出人意表。另一方面，本事技艺出神入化者，则转异为常，不大声色，赴险从容不迫，临危处变不惊，举重若轻，不喘不汗，事过无痕，谈笑自若，此技进于道者也。

《左传·襄公二十四年》记载的郑国御者与晋国两名车士的戏剧性事件就很好地说明了这一点。

楚国伐郑，晋国与诸侯盟军救郑。晋国派张骼和辅跞向楚军挑战，但需要一个熟悉当地地形的郑国驭手。郑国人通过占卜认定宛射犬担任挑战车的御者比较好。宛射犬是郑国的公孙，他的长辈知道宛射犬年轻心高气傲，就告诫他说，晋国是大国，我们郑国是小国，不能和他们平起平坐，要谦让他们。宛射犬却不买这个账，说国无分大小众寡，只要人级别爵位一样就应平等对待。可是实际上，郑国对待晋国来的两名车士在吃住行等待遇上处处都优越于宛射犬：“二子在幄，坐射犬于外，既食而后食之。使御广车而行，己皆乘乘车”。那两个“老外”住在屋里，宛射犬呆在屋外；吃饭也是俩“老外”先吃了才轮到宛射犬吃；宛射犬开着军车，那两个家伙乘坐高级的“小轿车”，等到快接近楚军时才换乘宛射犬驾驶的挑战车。而且那两个人到了车上还在弹琴作乐。宛射犬窝了一肚子火，车靠近了敌营也不告诉那两个还在弹琴的晋国车士，而是加大“油门”驱车急驰入楚军。这两个“老外”发现后迅速从当坐垫的包袱中取出盔甲披

---

① 打猎在古代也属于军事范畴，其规则参见《周礼·夏官司马》及《穀梁传·昭公八年》。

挂停当，战车已入敌军营垒。这两个“老外”也真不是吃素的，立即下车与敌人展开搏斗投掷，很快就擒拿腋挟着俘虏了。可是他们回头找车时，发现宛射犬不等他们二人正驾着车独自往回跑。二人迅急腾空跃起“超乘”上车，并抽弓射击追兵。脱离险境后，二人又开始弹琴作乐并且问宛射犬说：“公孙！同乘，兄弟也。胡再不谋?”公孙既然与我们同乘一部战车，就如同生死与共的兄弟，为何进入和撤出敌营两次都不告知我们？宛射犬回答说：“曩者志入而已，今则怯也。”上一次是因为我一心专注于赴敌而忘记告诉你们了，这一次是因为我胆怯而一心只想逃跑，所以都来不及通知你们。这是宛射犬的借口托词，两个“老外”也心知肚明他是受不了委屈，心里气不平故意刁难作弄，但二人却都笑了笑说：“公孙之亟也。”——这个公孙真是急性子啊！

第三节　忠诚也有是非时

逢大夫的事迹在所有车士故事中大异其趣，显得复杂而悲怆，令人感叹而惘然。晋楚邲之战中，心怀叵测的赵旃打着“召盟”的旗号，实际上是去挑起了战端，在战斗中他以自己的好车马救助其家族的人，因而陷入困境，“弃车而走林”。这时正好遇到逢大夫驾车载着他的两个儿子在赵旃的前面跑。逢大夫交代他的两个儿子不要回头向后看。但他的儿子还是回头看了看，并且说：“赵傁(老头)在后。”逢大夫非常恼怒，命令两个儿子下车，指着一棵树说：“尸女于是①。”同时放下绥将赵旃拉上了车，使他脱离了险境。第二天，人们按照记号去收尸，找到了那个地方，果然看到俩兄弟的尸体重叠在那棵树下……可能赵旃的军衔比逢大夫高，在战场上后者理应援救前者。如果没看到不知道情况则另当别论；现在大夫的儿子看到了赵旃并将之告诉了他们的父亲，逢大夫为了履行自己的职责义务，只好牺牲两个儿子了。

逢大夫的悲情故事说明了“忠”对车士的感召力。“忠”的原本概念是对自己提出严格的要求：为人谋事、替人办事要竭尽全力；后来转为对他人尤其是对君主和上级的忠诚。但“忠”有时会与其他的道德要求相矛盾，如常言说的“忠孝不能两全”。有时两种“忠”也会相竞争，互起冲突。《左传·昭公二十年》就

① 其意为：就在这里替你们收尸。

记载了一件比逄大夫之事更加复杂而为孔子所批评的悲剧:

初,齐豹见宗鲁于公孟,为骖乘焉。将作乱,而谓之曰:“公孟之不善,子所知也。勿与乘,吾将杀之。”对曰:“吾由子事公孟,子假吾名焉,故不吾远也。虽其不善,吾亦知之。抑以利故,不能去,是吾过也。今闻难而逃,是僭子也。子行事乎,吾将死之,以周事子,而归死于公孟,其可也。”

丙辰,卫侯在平寿,公孟有事于盖获之门外,齐子氏帷于门外而伏甲焉。使祝蛙置戈于车薪以当门,使一乘从公孟以出。使华齐御公孟,宗鲁骖乘。及闳中,齐氏用戈击公孟,宗鲁以背蔽之,断肱,以中公孟之肩,皆杀之。

宗鲁因齐豹的介绍而当上了卫灵公的哥哥公孟的车右,因此宗鲁就欠了齐豹一笔人情。当齐豹作乱想杀公孟时,就对宗鲁说,我将要杀公孟,你不要与他同乘一部车,不要再当他的车右保卫他了。宗鲁回答说,我是通过你介绍而服务于公孟的,并因你为我扬名而得到公孟的亲近。我也知道公孟不好,但我因为贪图这份厚利而没有早早离开这个岗位,这是我的过错;现在听说他有难了而离开职守逃跑,这将使你以前推荐我时所说的那些好话变成了不可信的谎言,从而会陷你于不义。所以,你做你的事,我不会泄密;但我会回去为公孟尽责而死,这样总可以了。后来在车杀公孟的事件中,宗鲁最终以自己的身体替公孟挡了一戈,断了胳膊,但也没能保全公孟的性命,二人都被杀死了。

孔子的学生子张听说宗鲁死了,要去凭吊他。孔子劝阻说:“齐豹之盗,而孟縶之贼,女何吊焉?君子不食奸,不受乱,不为利疚于回,不以回待人,不盖不义,不犯非礼。”[①]意思是说,齐豹所以为盗,公孟所以被贼杀,都是因为宗鲁。君子不食奸人之禄,不应许为乱之事,不会为了利益入邪而惹烦恼,不会以邪道待人,[②]不掩盖不义的事,不犯非礼的事。[③] 宗鲁的苦心和死难没想到居然招来孔

① 见《左传·昭公二十年》。

② 陶鸿庆“别疏”云:“宗鲁知死公孟,而不能谏阻齐豹使不为难;以公孟之不善为可杀,是以邪待公孟也。知齐豹将杀公孟而听之,是以邪待齐豹也。皆所谓以回待人。”

③ 杜注:以二心事縶,是非礼。

子的诛心之论。孔子的这番话虽然批判得义正辞严，但针对其生前往事而发的多，对其死难心事未加体察揭明；对其言之未尽谏阻之道固应加严谴，然其言虽无责人匡正之功，亦无文过饰非之意，有知过反省之心；其行确有消极纵凶之愆，然其忠于职守一节则不容抹煞；未予体恤已失之于偏，且有违夫子一贯之恕道。宗鲁虽够不上孔子的君子标准，但其行事也自有其原则，那就是"忠"；而且他想对两个互为仇敌的人都尽忠，因此左右为难，进退失据，两边效忠而两败俱伤。其事绝类楚弃疾之忠孝不能两全。《左传·襄公二十二年》：

> 楚观起有宠于令尹子南，未益禄，而有马数十乘。楚人患之，王将讨焉。子南之子弃疾为王御士，王每见之，必泣。弃疾曰："君三泣臣矣，敢问谁之罪也？"王曰："令尹之不能，尔所知也。国将讨焉，尔其居乎？"对曰："父戮子居，君焉用之？泄命重刑，臣亦不为。"王遂杀子南于朝，轘观起于四竟。子南之臣谓弃疾："请徙子尸于朝。"曰："君臣有礼，唯二三子。"三日，弃疾请尸，王许之。既葬，其徒曰："行乎？"曰："吾与杀吾父，行将焉入？"曰："然则臣王乎？"曰："弃父事仇，吾弗忍也。"遂缢而死。

弃疾不泄王命，然亦不以身蔽父与之同死，其情则为父子之亲，其行尚不及宗鲁之贞，而春秋不责，孔子不论，岂其王权唯尊之故耶？

忠孝不能两全的事情在《韩诗外传》中有更明确直接的陈述：

> 楚有士曰申鸣，治园以养父母，孝闻于楚。王召之，申鸣辞不往。其父曰："王欲用汝，何为辞之？"申鸣曰："何舍为子，乃为臣乎？"其父曰："使汝有禄于国，有位于廷，汝乐，而我不忧矣。我欲汝之仕也。"申鸣曰："诺。"遂之朝受命，楚王以为左司马。其年，遇白公之乱，杀令尹子西、司马子期，申鸣因以兵之卫。白公谓石乞曰："申鸣，天下勇士也，今将兵，为之奈何？"石乞曰："吾闻申鸣孝也，劫其父以兵。"使人谓申鸣曰："子与我，则与子楚国；不与我，则杀乃父。"申鸣流涕而应之曰："始则父之子，今则君之臣，已不得为孝子，安得不为忠臣乎？"援桴鼓之，遂杀白公，其父亦死焉。王归赏之。申鸣曰："受君之禄，避君之

难，非忠臣也；正君之法，以杀其父，又非孝子也。行不两全，名不两立，悲夫！若此而生，亦何以示天下之士哉！”遂自刎而死。《诗》曰：“进退维谷。”①

而与此相反，重父轻婿的郑女雍姬，竟敢违背王命而置婿于死地，儒家与孔子竟无讥焉，岂其父权唯亲之故耶？是儒家于尊亲之是非曲直不置一喙，唯于非亲非尊如宗鲁之事者始为批判之域。由是可以觇知儒家伦理过半矣。此亦伦理学之一大密案。宗鲁之事虽始于利，而终于礼，然明于忠，而暗于义，全乎情，而昧于法。孔子的话虽然苛刻了一点，但也从另一面为人们敲响了警钟：忠诚正直的人千万不要为了贪图利益或碍于人情而与奸邪腐败分子同流合污，不早切割，最终将成为他们的殉葬品，徒令人增悲惋而兴叹。

第四节　意气用事起祸殃

前面说的郑国车士宛射犬和两个晋国车士的恶作剧幸好没造成什么不幸后果，相反倒是衬托了两位晋国车士的非凡能力。相比之下，宋国的元帅华元就没那么幸运了。郑宋大棘之战之前，宋国的元帅华元曾经杀羊给战士们聚餐，但不知什么原因没有分一份给他的驾驶员羊斟吃。到了战斗打响的那一天，羊斟说：“上回分羊肉的事你说了算，今天的事我做主。”说罢就驾车载着华元直入郑军。由于孤车深入寡不敌众，华元被郑军包围俘虏，宋军失去统帅而大败。舆论评说：“羊斟非人也，以其私憾，败国殄民，于是刑孰大焉。”羊斟因报个人私怨而不惜牺牲国家人民利益的做法受到唾骂和刑罚是罪有应得。但这事也给人们提了个醒：分配要公平合理；老板要尊重驾驶员；而驾驶员也不要因为别人的一时疏忽而计较小事，睚眦必报，理性和克制是驾驶员应有的品质。

当然，车士中有一两个羊斟这样的人并不奇怪，任何阶层群体的人都可能有过与不及的现象。孔子说“勇而无礼则乱”②，勇敢若杂有意气用事则会酿成祸乱，上述的羊斟之事是这样，我们从庆郑的表现与结果来看，也是如此。庆郑

---

① 见《韩诗外传》卷十第二十四章。

② 见《论语·泰伯》。

原是晋惠公的车右,在秦晋韩之战前夕占卜车右时也是占得“庆郑吉”。但由于庆郑对晋惠公说话不很恭敬,晋惠公不怎么喜欢他,所以不用他而起用别人为车右。晋惠公本人有很多错误,庆郑对他的批评也不是没有道理,但态度确实有点“不孙”,甚至口气有些奚落。这让一国之君的晋惠公很难接受。到了战于韩原的时候,由于晋惠公的战车马陷泥泞之中不能前进,因而向庆郑呼救。庆郑曰:“愎谏违卜,固败是求,又何逃焉?”遂去之。庆郑幸灾乐祸地回应惠公说:你刚愎拒谏又违反占卜结果,失败是你自找的,又干吗逃避?于是掉头离去不顾。更糟糕的是,他自己不救惠公,却叫另一部战车上的车士们去救,而该战车当时正拦着秦穆公的战车在格斗,眼看就要捉住秦穆公了。庆郑这一叫等于调虎离山,耽误他们活捉秦穆公,让秦穆公跑了。而晋惠公却又没被救成,反而让秦军给俘虏了去,“秦获晋侯以归,晋大夫反首拔舍从之”。晋国反胜为败。这一下庆郑的祸可闯大了。他不能忍一时之气,为了逞一己之快,让国君去当俘虏,连带着让国人也蒙羞受辱,其事可归于羊斟害华元一类。但他也知道自己罪不可恕,便回国等待刑法的惩处。有人劝他逃跑,他说,我已经让国君失败了一次,不能再让法律失败了,于是静候死刑的到来。[①] 其不跑待死,也确有些苏格拉底的精神,但苏格拉底受死是无辜如耶稣,而庆郑之罪则是罪有应得。但他最后的言行也足以赎清他的罪孽了。庆郑可谓性格悲剧,实属理气二元矛盾斗争的牺牲品。其言有理,其人无勇还是有勇?

第五节　勇气长存天地间

勇敢与坚强、坚忍是连在一起的。齐晋鞌之战,主帅郤克中箭受了重伤,流血不止,仍坚持击鼓不停,但最后终于挺不住了,说:“余病矣!”驾驶员张侯说:“自从两军一开始交战,我的手及肘就被箭矢射穿了,我折断了箭继续驾车,左边的车轮都被我的血染红了,我都不敢言病。请您忍一忍!”车右郑丘缓也说:“自从一开始交战,凡有危险,我必下去推车,您哪里知道?看来您真是病了!”张侯说:“军队的耳目,都在注意着我们这部指挥车上的旗鼓,跟着进退,成败都取决于此车的指挥者一人身上,如何能够因病败君国之大事?披盔甲执兵器上

① 见《左传·僖公十五年》。

战场，本来就做好了战死的准备，病还没死，您还得努力坚持！"张侯说着一边将驾车的缰绳合并到左手，一边用右手拿起鼓槌击鼓，马车向前奔驰不止，全军跟着奋勇前进，所向披靡，终于取得大胜。[①] 这是车士们鼓励主帅坚强斗志，并代替主帅行使指挥权而获得全面胜利的一个动人故事，充分表现了车士们英勇顽强的战斗毅力和英雄本色。

车士除了要具备过硬的驾车技术和箭术等武艺，以及具有其他的优秀素质如前文所说的忠诚、知礼行礼和一定的智慧等素养之外，作为战士最首位也是最起码的重要品质就是勇敢。《周礼·夏官司马》载："司右掌群右之政令。凡军旅、会同，合其车之卒伍，而比其乘，属其右。凡国内之勇力之士能用五兵者，属焉，掌取政令。"选用车右的标准主要是"勇力"。前面提到的鞌之战，齐高固入晋师挑战，捉回一个俘虏绑拖在战车后面，在齐军营垒中奔驰示众，并且大声说："欲勇者贾余馀勇！"意思是说他的勇气多得可以卖给别人，有需要勇气的人快来购买他剩余的勇气！高固的这种带有炫耀性质的举动和豪言壮语，除了自豪和证明自己的勇敢之外，也是用来激励齐国将士们的勇气的，可见勇敢在军中尤其在车士中是一个多么重要和必要的素质。

对于一个车士来说，勇敢就是他的生命。《礼记·檀弓上》说了这么一个故事：

> 鲁庄公及宋人战于乘丘，县贲父御，卜国为右。马惊，败绩，公队（同坠），佐车授绥。公曰："末之卜也。"县贲父曰："他日不败绩，而今败绩是无勇也。"遂死之。圉人浴马，有流矢在白肉。公曰：'非其罪也。'遂诔之。士之有诔，自此始也。

就因为鲁庄公坠车后说了句"末之卜也"的话[②]，县贲父便认为这场失败是由于他们的无勇造成的，卜国的反应虽然没有写，但可以想象他一定是羞得无地自容。于是二人驱车赴敌战斗而死，以此来洗刷他们"无勇"的耻辱，证明他们的勇敢。事后马夫在洗马时发现马身上有一箭头，这才知道原来是马中箭受

---

① 见《左传·成公二年》。

② 意思为：卜国真是末等的车右啊！

惊方导致鲁庄公的坠车事故，不是车士们的罪过。于是鲁庄公给二人平反并破格做诔文以纪念他们，据说“诔”这种文体就是从这里开始的。

晋国也有一个与县贲父、卜国相类似的狼瞫的故事，特别可以说明勇敢对于车士来说就是他们的本质。狼瞫在秦晋殽之战中由于表现勇敢而被晋襄公选任为车右，但在晋狄之战的箕之役，却被元帅先轸罢黜。同样是被罢黜的车右，狼瞫也很愤怒，但他的行为却与庆郑极不一样。他的朋友说：“何不以死抗争？”狼瞫说，死也要死得其所，但我现在还没有找到可以死的好地方、好机会——“吾未获死所”。他的朋友说：“我为你发难，把罢黜你的先轸元帅杀掉算了。”狼瞫不同意，说：“《周志》有之，‘勇则害上，不登于明堂’。死而不义，非勇也。共(恭)用之谓勇。吾以勇求右，无勇而黜，亦其所也。谓上不我知，黜而宜，乃知我矣。子姑待之。”[①]车右要求勇敢，我以有勇而求车右之职，如果我无勇，那么罢黜我就是合理的。如果说上司罢黜我是因为不知道我勇敢，那么我现在杀了他，恰恰证明了上司是知道我无勇并且罢黜我是有道理的。所以必须等待“死得其所”的时空机会。

《左传》通过狼瞫与朋友的对话详细记述了其对勇敢的自觉意识和逻辑推理：勇敢必须符合“义”[②]，为不义的事而死不能算勇敢；因私人的恩怨残害上司既不义因而也不勇；只有为国家为公共的事业而死才称得上勇敢。

等到了秦晋彭衙之战的时候，狼瞫认为值得一死的机会来了：“既陈，以其属驰秦师，死焉。晋师从之，大败秦师。”两军摆开阵势后，狼瞫率领他的属下驱车直冲秦军，终于勇敢地战死沙场，为他的国家和军队带来了胜利！狼瞫不但定义了勇敢，而且通过自己的勇敢行为定义了车士。狼瞫不愧为义勇兼备的车士的千秋典范！

战车为车士提供了一个表现激情与魅力的活动平台。车士集中焕发了先秦贵族精神的华彩和精彩，也展现了中华车文化黄金时期的灿烂光辉。随着车战的退出战场，车士的身影也淡出了人们的视线，一个伟大的时代结束了。

① 见《左传·文公二年》。

② 孔子说：“见义不为无勇也。”

第四篇

中国古代车文化的演变

第十六章　战国、秦汉以来的车文化演变

春秋时代是我国车战的高潮时期，但进入战国时代，车战开始由盛转衰，战车便逐渐淡出战场。而步兵则由原来战车的附庸地位摆脱出来成为独立的兵种并担任战争的主力军；与此同时骑兵崛起，进入历史视野，成为一支驰骋沙场的有生力量。学界一致认为这个历史的转折点是赵武灵王的“胡服骑射”所致。但大家也知道，车变在此前的春秋时期，就已出现端倪。

第一节　车战的衰亡

早在鲁隐公时，“北戎侵郑，郑伯御之。患戎师，曰：‘彼徒我车，惧其侵轶我也。’”①郑国人在与北方戎狄作战时就已感觉到战车对徒兵并没有多少优势可言。到了桓公三年，《左传》记载：“曲沃武公伐翼……逐翼侯于汾隰，骖絓而止。”成公二年的“鞌之战”，齐顷公的战车也因为“骖絓于木而止”，险些做了俘虏。《左传》两次提到的“骖絓而止”即骖马（的缰绳）挂到了树木上而使战车停止，具体指出了车战的某些不便之处。在此后的昭公元年，晋中行穆子与无终（山戎）及群狄战于大原，其将魏舒曰：“彼徒我车，所遇又阨……请皆卒，自我始。”《左传》明确记载了魏舒“乃毁车以为行”，用步卒取代战车作战，终于取得

① 见《左传·隐公八年》。

了胜利。这些都说明在春秋时期早就有人认识到了车战的一些不利因素,并曾经一度在实战中叫停过战车。只是因为春秋时期战争的主战场基本上是在中原,交战方主要是华语文化圈各诸侯国(包括秦、楚),因此战车的不利因素尚未上升为车战的主要矛盾。到了战国时期,作战的战场和对象都发生了变化,尤以赵国为剧。赵武灵王是战国后期赵国国君,他为了打败"胡人"戎狄(当时边境上的少数民族),"开于胡、翟(狄)之乡"(开拓扩展边土),率先采用"师胡之长技以制胡"的办法,"将胡服骑射以教百姓"①。"胡服"就是让国人改穿胡人的服装;其制为:首插貂尾(或雉尾),足蹬皮靴,上褶下袴(裤),短衣窄袖,腰扎饰带……而尽弃传统的华夏冠裳制度。"骑射"即骑在马背上射箭,而不是站在马车上战斗。"胡服"与"骑射"是互相关联的一个事情的两个方面:"胡服"是为了"骑射","骑射"必须"胡服"。王国维说:"此服之起,本于乘马之俗。盖古之裳衣,本车(中)之服,至易车而骑,则端衣②之联诸幅为裳者,与深衣③之连衣裳而长且被土者,皆不便于事。赵武灵王之易胡服,本为习骑射计……"④穿着传统裙式服装没法骑马射箭,所以必须穿上类似今之牛仔裤一样的长裤,即"胡服",才能当一名骑兵。为何一定要学骑射、兴骑兵呢?因为战车只适宜于开阔的平地作战,而于山林地带则不但不能发挥优势且常常陷于被动的不利地位。而胡人的骑兵则无论在平原还是山林都能游刃有余地进行战斗,并且在袭击和逃跑时显得神出鬼没,机动灵活。赵国要对付的敌人多栖息于边境的山林地带,相形之下,车短骑长,要想取胜,兴学步骑便成为赵武灵王的优先选择,而战车自然便被晾在了一边。而当时中原各国都在向外扩张,遇到的不是山林之地,就是水泽之乡。这些地方都不适宜于车战,因此各国也纷纷热仿"胡服骑射"而冷落了战车。步兵与骑兵崛起之后,即使是在中原各国间的战争,也以步骑为主了。

战国以来车战渐废,虽犹有间见,然车战的被边缘化已是大势所趋。但是战车并未从此完全退役。战国车马坑与秦兵马俑坑皆有战车出土,陈轸设"战

① 见《史记·赵世家》。

② 古华夏礼服——笔者注。

③ 古华人室内休闲服——笔者注。

④ 见《观堂集林》卷二十二"胡服考"。

车满道路"之计而救楚[①]，秦武王"欲车通三川以窥周室"[②]；楚汉相争时，汉夏侯婴以兵车趣攻战疾，破李由、章邯及所率秦军[③]；西汉早期，晁错仍以轻车（戎车）与突骑并称为"中国之长技"[④]；汉武帝时，卫青以武刚车自环为营与匈奴战[⑤]；晋马隆造偏厢车征羌，地广则用鹿角车营，路狭则为木屋施于车上[⑥]；南朝刘裕北伐用战车多达四千乘，分为左右翼以攻南燕[⑦]；至唐朝仍有裴行俭[⑧]、哥舒翰[⑨]、李光弼[⑩]等人曾用车战以破敌。然在房琯用春秋车战之法以牛车两千乘战安禄山叛军，而遭火攻失败后，一时人忌谈用车战[⑪]，唯马燧[⑫]造战车，列戟于后，行以载兵甲，止则为营阵，并以火、水两车破田悦军……但车战的战火已成零星余烬了……

不料到了明代，车战竟又死灰复燃！通有明一朝，造战车与言车战者代不乏人。据《明史》记载：洪武五年造独辕车计一千八百辆；永乐八年，明成祖征漠北，用武刚车三万辆；正统十二年，从总兵官朱冕议，用"火车"备战，从此言车战者相继不绝；正统十四年准李侃请造七马驾的骡车千辆，准箭工周四章请造能载神机枪二十支的战车；景泰元年，酌行郭登请仿古制为偏厢车；景泰二年，准亟行李贤造战车千辆，上开孔穴以置铳枪；成化二年，从郭登言制人挽军队小车，每队六辆，每辆九人；成化十三年，从总兵官王玺奏造"雷火车"，中立枢轴，可旋转发炮；弘治十六年，知府范吉献"先锋霹雳车"；嘉靖十一年，酌行王希文所请仿郭固车制；十五年，从刘天和言，用四人推挽"全胜车"，上载火器等；嘉靖四十三年，奏准京营教演兵车，共四千辆，每辆神枪、夹靶枪各二；隆庆中，戚继

① 见《战国策·韩策》。
② 见《战国策·秦策》
③ 见《汉书·樊郦滕灌傅靳周传》。
④ 见《晁错集·言兵事疏》。
⑤ 见《汉书，卫青霍去病传》。
⑥ 见《晋书，马隆传》。
⑦ 见《宋书·武帝纪》。
⑧ 见《旧唐书·裴行俭传》。
⑨ 见《新唐书·哥舒翰传》。
⑩ 见《新唐书·李光弼传》《旧唐书·李光弼传》。
⑪ 见《旧唐书·房琯传》《新唐书·房琯传》。
⑫ 见《旧唐书·马燧传》《新唐书·马燧传》。

光守蓟门,奏练兵车七营,每营重车一百五十六,轻车加百。[①] 此后,辽东巡抚魏学曾亦请设仿偏厢战车营,车上设"佛郎机"炮二门,下置雷飞炮、快枪各六;万历末年,熊廷弼请造双轮战车,每车置火炮二,并随护十名火枪手;天启中由易应昌进曹履吉所制钢轮车、小冲车以御敌;另外在天启至崇祯间,尚有孙承宗及鹿继善、茅元仪、杜应芳等人在经略蓟辽、抵抗清军时继承戚继光等传统组建车营和指挥车战,并写下了《车营百八叩答》等专门论述车阵车战的兵书。明代有许多人研究车战,写了不少有关车阵车战的论述,著名的有何良臣的《阵纪·车战》、戚继光的《练兵实纪·车步骑营阵解》等。

沉寂萧条了两千多年的战车和车战,到了明代似乎突然又重新找回威武尊严、重放荣光了,但实是一种回光返照的假象。明代的战车其实相当于先秦的辎重车,一部分是后勤运输车,另一部分实际上是装载火器的"炮车",车营差不多是炮兵营;车战实际上也是以防守为主,而非用于进攻。对于上述种种战车应用和车战主张,《明史》总结说:"自正统以来,言车战者如此,然亦未尝一当敌。"即使是戚继光的车营,《明史》也说是:"特以遏冲突、施火器,亦未尝以战也。"明代的"车战复兴"其实是西洋热兵器传入中国后的炮兵的先驱。清室入主中原后,不知是否因为其开国之君努尔哈赤被车炮击伤毙命而忌恨,还是因为挟其"胡服骑射"的故伎而自恃,有清一代战车与车战是彻底遭冷遇而偃旗息鼓了。

自战国之后,两千年间战车与车战似有还无,若存若亡。有的是战车之形,无的是战车之神;存的是车战之名,亡的是车战之实。这是为什么呢?只因为没了车士。车士是战车的灵魂。而失去灵魂的战车便成了纯粹的工具,车战也就没有了那种龙腾虎跃般的生气……

第二节　车战消亡造成贵族的消亡

虽然现在尚无充分的证据可以肯定是车战造就了贵族,但中国贵族的没落

① 按:戚继光此举实受抗倭名将俞大猷的启发,是在俞的实战经验基础上的继承与创造。俞大猷在山西大同"戴罪立功"期间,曾以百辆战车和三千步骑打败了十多万蒙古骑兵,立下大功。戚继光总结了俞大猷的车战经验,在提议"建制车营"的奏章中指出了建立车营的五大优势,被穆宗肯定了,并拨给经费建造。

确实是由车战的消亡造成的,至少它是个决定性的因素。

步兵和骑兵的崛起代替了车战,导致车士纷纷从战车上退了下来。车士都是贵族。车士退出战场就是贵族让出了战争的主导权。车战退出战场导致了贵族退出历史舞台。那么为何车战被步骑取代之后贵族就不再垄断战争甚至退出战场了呢?也许是出于贵族不愿跳下车来屈尊参加到原先由农民、奴隶、罪犯等所组成的步兵行列中去的这种“羞与为伍”的心理。但贵族为何不当骑兵,做骑士?当然可以。问题是平民也可以(包括农民、牧民)。因为:首先,当时没有律法规定平民不可以骑马当骑兵(禁止商人等贱民骑马是秦汉以后的事),而关于乘车和当车士却有许多限制规定,将平民阻挡在战车之下;其次,单匹的马,平民买得起也养得起,农牧民本来就有许多人自养马匹,而战车的制作成本和技术都相对更高更复杂,非一般单个平民所能负担得起;再次,骑马相对容易学,民间教练到处都有,而驾车技术难度很高,要经过学校专门的培训(“御”为“六艺”之一,是当时“国立大学”的必修课)。因此平民便很容易当上骑兵,也很乐意去当骑兵。假如贵族也当骑兵的话(这在早期是有可能的,并有相当的数量,而且很可能是由那些车士转业过来的),平民就更乐意与贵族为伍了。然而贵族的本性与这种现象是相矛盾的,不可能让这个现状维持很久。贵族的本质属性是等级性,它要求与其他人尤其是与平民拉开距离,并通过外在的标识形式来彰显这种区别。现在贵族和平民这两个差距很大的阶层混合、重叠在同一个组织中,而又没有一个明显的标记来突出贵贱之分(因为骑兵无论是贵族还是平民个个都是骑在马上,很难一目了然地辨别贵贱,不像车士高居战车上而平民只能徒步跟随在车下,容易见出高低),贵族自然很不愿与平民为伍,甘当骑兵的必越来越少,而更不愿意当步兵。春秋后期的鲁昭公元年,《左传》作者在记魏舒“毁车为行”时曾指出:“荀吴之嬖人不肯即卒,斩以徇。”只有严厉的军法才能暂时强迫他们服从命令,加入步卒的行列。而平民则很乐意与贵族分享荣耀,其结果势必是随着时间的推移,越来越多的平民参加到骑兵中来,而骑兵中的贵族分子则渐次消退、消失于无形之中。这样,步兵和骑兵就基本上都是由平民以下的分子构成,甚至到后来将帅也绝大部分从中产生,而军队也就自然完成了去贵族化的进程。这个过程曾经持续了约一个多世纪。我们从春秋后期“三家分晋”前的《左传·昭公三年》所记载的晋国叔向与齐国晏子的一段对话中可以看出端倪:“叔向曰:‘齐其何如?’晏于曰:‘此季世也,吾弗知。齐其为陈氏矣……'叔向曰:'然。虽吾公室,今亦季世也。戎马不驾,卿无军行,公乘无人,卒列无长。'"晋国率先走上了"戎马不驾,卿无军行,公乘无人"的战车与贵族同时萧条没落的道路,此后赵武灵王的"胡服骑射"不过是顺势而为的加速度而已。

车战曾经使贵族掌控了军队,主导了战争,同时也通过军权,加强、巩固了政治权力和社会地位。战胜者自然赢得国人的普遍尊重与敬畏,战败者也可以找到借口煽动复仇情绪,凝聚人心,进一步调动组织军事力量。因此,车战既是中国贵族社会的产物,又是维持中国贵族社会的一种力量。成也萧何败也萧何,最后,中国贵族也是随着战车和车战的退出战场而崩溃。为什么贵族一定会与战车和车战共存亡,并且不再有延续的机会呢?因为贵族把地位、身份、荣誉等主要条件都绑在了战车上,把自己的权力和维持统治的合法性都寄托在了车战上。当战车和车战退出战场时,他们并没有及时将这些条件转移到马背上,像欧洲贵族一样成为骑士,也没能在骑兵中建立起和战车一样体现贵族等级标志的体系与主导权,步兵就更不用说了。贵族随着车战的淡出战场而渐渐退出军队,自然也无法像先前那样垄断战争,立功的机会也少了,他们的荣誉、地位与权力也就难以为继,产生了动摇。我们知道古今中外的贵族差不多都是源自战争,贵族的统治权力和社会地位大半是从战争中获得其"合法性"的。由于前面所说的原因,贵族们从战车上下来以后,就越来越少参加骑兵和步兵的队伍出征作战,也就不能从战争中获取令人尊敬的荣誉、身份、地位与权力,因而也就失去了统治的合法性和存在的基础。

从前连国君都经常登上战车驰骋战场,这和 16 世纪欧洲的贵族观念一样,认为国君应该亲自参加战斗,在刀光剑影、矢石交加的搏斗中有勇敢的表现。法国国王亨利二世就是死于一场与骑士进行的比武擂台赛上。这与秦武公与力士举鼎比赛绝膑而死表现出一样的崇尚勇力、勇敢的观念和行为模式。而中国春秋时期的国君更经常亲冒矢石打仗受伤,国君与卿大夫是生死与共的亲密战友关系,共同分享胜利与失败的悲喜之情和价值观念。但在战国时代再也看不到这样的情形了。卿大夫和士在失去战车和车战这个用武之地之后,就从车士转为游士、谋士、辩士甚至食客,由原来的统治阶级、领导集团的成员身份下降到了依附地位。《史记》卷七十五《孟尝君列传》第十五:"冯驩辞以先行,至齐,说齐王曰:'天下之游士凭轼结靷东入齐者,无不欲强齐而弱秦者;凭轼结靷西入秦者,无不欲强秦而弱齐。'"孟尝君养有三千食客,大多数都是乘车来往的游士,像冯驩(谖)那样的无车族是少数。再后来"士"蜕变成了文人、读书人、知识分子的专有名词;加上"人"字旁就变成了"仕"——纯粹的文官。在从军政合一向政治权力与军事力量相分离的过程中,中国的贵族阶级就这样被动摇瓦解了。根据以上论述,可以断定,战车和车战退出战场,是导致中国贵族退出历史舞台并最终瓦解崩溃的主要和直接的原因。

在战国时期已是苟延残喘的贵族及其制度,经秦朝郡县制的最后一击而彻底毙命,从此再也没有能够复原和延续下来。

第三节　秦始皇神州游

我们已经知道,贵族与车战有一荣俱荣、一损俱损的关系。虽然贵族在秦代被彻底铲除(典型代表是楚怀王的孙子心成了牧羊人、秦始皇自己的几个儿子也均未封王而仍是平民①),贵族的社会基础和政治制度也不复存在,但是秦代的车文化并未随着贵族的覆没而颠覆,反而在某些方面更加突飞猛进,崛起成为中国古代车文化发展史上继周穆王与春秋时期之后又一个新的高峰。其标志就是秦始皇六次神州游和与之相伴随的车路建设高潮。

秦代车路建设发展的情况在本书第一篇第三章《车路》中的《驰道与霸道》一节中已作了介绍,这里只对秦始皇巡游全国略作简述。

如果说周穆王的壮游天下是帝王游中的冠军的话,那么亚军无疑就是秦始皇巡游海内的"神州行"了。但是驾车巡游天下的次数没有人能比得上秦始皇,在这方面他是冠军。据《史记·秦始皇本纪》,秦始皇前后共作六次巡游。第一次是始皇二十七年,巡陇西(今甘肃临洮南)、北地(辖境当今甘肃、宁夏一带),出鸡头山,东归时经过回中(今陕西陇县西北)。治驰道也在这一年开始。《汉书·贾山传》曰:"(秦)为驰道于天下,东穷燕齐,南极吴楚,江湖之上,滨海之观毕至。道广五十步,三丈而树,厚筑其外,隐以金椎,树以青松。"这一次秦始皇只巡行了西北地区,相对而言离咸阳不远,但是军事目的很明显,可以看作是秦始皇巡游全国的预演。

---

① 见《史记》之《项羽本纪》与《秦始皇本纪》。

第二次即始皇二十八年，巡行东路郡县。从咸阳出关中穿函谷经河南径达山东齐鲁，上兖州邹县南三十二里的邹峄山，在山上立石，刻石颂秦德，并与鲁地儒生议封禅泰山之事。于是上泰山，再刻石颂秦德。然后沿渤海湾继续巡游，过东莱黄县、腄县。登成山与之罘山，三立石颂秦德而去。又南登琅邪山，大乐之，留三月。四立石刻，颂秦德。在这期间，齐人徐市等上书，言海中有三神山，名曰蓬莱、方丈、瀛洲，仙人居之。请得斋戒，与童男女求之。于是遣徐市发童男女数千人，入海求仙人，然后还朝。始皇回返的路线从南走，经过徐州彭城时，斋戒祷祠，欲出周鼎于泗水中，使千人没水求之，不得。于是西南渡淮水，想到湖南衡山去玩。准备过江到岳州湘阴湘山祠时，恰逢大风，差点渡江不成。秦始皇怀疑是"湘君神"（尧女舜妻）搞鬼，于是大怒，使刑徒三千人把湘山上的树砍伐精光，露出赭红色的土地。然后向西北过南郡由武关的商山道返回咸阳。这一次巡游的范围比第一次大得多，共游历了今河南、山东、河北、江苏、安徽、湖南、湖北、陕西八个省份。

始皇二十九年，开始第三次东游。到了河南阳武县（今原阳）一个名叫博浪沙的地方时，"为盗所惊。求弗得，乃令天下大索十日"。其实就是张良所为。《史记·留侯世家》载："韩破，良家僮三百人，弟死不葬，悉以家财求客刺秦王，为韩报仇，以大父、父五世相韩故……得力士，为铁椎重百二十斤。秦皇帝东游，良与客狙击秦皇帝博浪沙中，误中副车。秦皇帝大怒，大索天下，求贼甚急，为张良故也。"张良的这次"恐怖行动"不成功，原因就是秦始皇的车队太庞大了，他的"副车"即属车多达八十一辆。① 张良判断不清秦始皇到底乘坐哪一部车，所以未能得手。这一次刺杀未遂事件并没有阻止秦始皇继续东行，只是他游览的地区确实大大缩小，到山东后只登了之罘山，刻石纪念就回程了。回程的路线《史记》没有记载。可能是秦始皇受了这次"恐怖袭击"的惊吓，为了安全起见，回程的路线采取保密措施，偃旗息鼓地秘密回朝，因而史官也不得记载，后人也无从得知，并此次东巡的目的也不明朗，是否与上一次徐福等人的求仙活动有关也只能猜测。

过了三年（始皇三十二年），秦始皇又一次东游，到了渤海之滨的碣石山（在河北昌黎北），使燕人卢生求羡门、高誓。"正义"谓此二人"亦古仙人"。有人

① 《后汉书·舆服志》："秦灭九国，兼其车服，故大驾属车八十一乘。"

说“羡门”即“萨满”，有人说是“沙门”。不管怎么说，秦始皇这一次东游的目的是为了求仙，这应该是很明确的了。与前几次一样，到碣石后，也刻石纪念。（后来汉武帝、魏武帝曹操皆曾东巡至此，观海刻石。）刻石上记载了秦始皇此行还进行了一次城市大拆迁和平整土地运动：“堕坏城郭，决通川防，夷去险阻。地势既定，黎庶无繇，天下咸抚。”事后秦始皇巡视北方边境各地，可能是沿战国时燕长城和赵长城以南一线视察上谷、云中、雁门一带的军事要塞，然后循秦长城南下经上郡（辖境当今内蒙古与陕西交界一带，当时蒙恬正领兵三十万屯扎于此抵御匈奴）、北地，返回咸阳。

始皇三十五年，秦始皇再一次北上巡视边防，但这一次是直奔咸阳正北、河套最北端的塞外九原（今内蒙古包头市西北），并从九原开筑一条“直道”径抵泾水北岸离咸阳不远的云阳（今陕西淳化附近，秦汉于此皆建宫殿，秦曰林光，汉曰甘泉），全程一千八百里，沿途一带荒无人烟，无旧路可依循，全凭人工“堑山堙谷，直通之”①。这条移山填谷新开辟的直道建成后，与另一条自云中、雁门循汾水而下经晋阳、平阳、安邑渡蒲津“河桥”至云阳的河东干线相连接，形成了“U”字形的交通大回路，不但接通了这两条重要的军事要道，而且大大加强了关中与河套地区、河东地区的联系，促进了北方社会、政治、经济等方面的发展。但是应该指出的是，这条直道的开筑也花费了巨大的人力物力，与修建“驰道”有所不同的是它是建立在广大士兵们的血汗上的。《史记·蒙恬列传》说：“始皇欲游天下，道九原，直抵甘泉，乃使蒙恬通道，自九原抵甘泉，堑山堙谷，千八百里。”本传末尾“太史公曰：吾适北边，自直道归，行观蒙恬所为秦筑长城亭障，堑山堙谷，通直道，固轻百姓力矣。”把士兵当作可以无偿使用的奴隶用于各种强迫劳动，是历代专制集权统治者很自然、也很当然的做法。

两年后的始皇三十七年十月癸丑，是秦始皇的最后一次出游。左丞相李斯随从，还有中车府令赵高主管乘舆辂车；秦始皇的少子胡亥喜欢跟着去玩，得到准许。这一次是先行往南方。十一月，到达两湖的云梦地区，望祀虞舜于九嶷山。然后浮江而下，经安徽的丹阳转至浙江的钱塘，上会稽，祭大禹，望海而立石铭刻功德。而后渡江过吴，从江苏绕海路乘船北上到达山东琅邪。秦始皇听信方士徐市等人“仙话”，自琅邪北至荣成山，沿海岸线一带寻找射杀巨鱼。渡

---

① 见《史记·秦始皇本纪》。

过平原津（据“正义”说大约在德州附近）秦始皇就生病了。始皇三十八年七月丙寅，秦始皇病死于沙丘平台（在今河北广宗西北的大平台）。丞相李斯和赵高、胡亥相勾结，秘不发丧，将秦始皇的尸棺载于辒辌车中，另装数车鲍鱼于其前后以乱其臭，从直道行二千里至咸阳才发丧。秦始皇的最后一次巡游范围虽然最广，但大半是走水路，行车不过首尾两段路程，而最后的路程却是一条死路。

秦始皇从二十七年起到他死亡的整整十年中，共作六次全国性巡游，行程数万里，基本上都是乘车进行，不辞辛苦，至死方休（最后死在“辒辌车”中），堪称是马车上的皇帝了。汉代以后的历朝皇帝都不再有人作这样的全国性巡游了。仅凭这一点就可以说秦始皇的巡游在帝王游中虽不能说是前无古人，但也确实是后无来者了。李白有诗曰：“秦王扫六合，虎视何雄哉！”（《古风》之二）一代雄主，连旅游也是虎气十足！坐惯了舒服的轿车或飞机的现代旅游爱好者，如果没有很好的身子骨与坚强的毅力，乘坐秦始皇时代的木制马车出游一天恐怕许多人都不会想再继续玩下去了；唐代武则天的老公唐高宗李治就是因为身子骨不好（可能是肾虚）而不喜（其实是不能）乘车。但是若不是有对万里河山满腔热爱激情的支撑与驱使，即使身体很棒的人，谁能连续十年不知疲倦地乘着木车巡游海内？当然，秦始皇巡游全国的动机是较复杂的，有些是出于国防需要的军事考察，有些是受迷信求仙的欲望所推动的私人活动，有些是为了政权上的张扬宣传，但喜爱乘车旅游，遍览名山异水，应该是伴随所有其他动机且与之并行不悖的目的之一。

与周穆王的“国际游”相比，秦始皇的国内游虽然规模没有那么巨大，但是从中国来看，后者具有更重大的意义，那就是它开辟了四通八达、纵横全国的道路网。虽然任何旅游都具有个人的性质，但秦始皇的帝王游却有着重大的公共性意义：它在客观上促进了中国古代交通事业的大发展，使中国各部分加强了沟通联系，为神州成为一个有机的华夏整体提供了有力的物质基础；其畅通无阻巡行域中既是政权通行全国的现实也是大一统中国的一个绝好象征。

从这一重大的象征中可以看出秦始皇时代车文化高度繁荣并形成新高峰的背后隐藏着一个巨大的身影：国家主义。全国性的“驰道”修筑与筑长城一样（甚至有过之而无不及，而这两者的主体也有交集），如此规模巨大的基础设施建设，是通过国家以法令制度（徭役）的形式无偿征调役使庞大数量的民工和军人修建起来的；车道主干线大多数也主要是在各国已有的旧路基础上连接起来加以拓宽修整的（长城也大多是对原六国长城的连接加固）；被灭各国的车辆也被征集起来，作为秦始皇巡游天下车队中的“副车”。《后汉书·舆服志》所说的“秦灭九国，兼其车服，故大驾属车八十一乘”的六国旧物，与“收天下兵，聚之咸阳”如出一辙，同是垄断所有战略性物资的政策所致。而“车同轨”制度更是高度统一的国家意志的体现。这一时期车文化成就的取得都与大一统的国家主义有密不可分的关系。这是借国家集权之力的结果。

从这个意义上说，这个时期车文化的大发展和秦始皇的神州行也是车战衰退、贵族覆没的结果。如果车战没有退出战场，则东方各国贵族政权的社会基础就不会那么容易崩溃；而六国贵族政权的覆灭，是大一统集权国家诞生的绝对前提，因而也间接构成了秦代车文化短暂繁荣发展的必要条件。

秦始皇车巡神州作为秦代车文化繁荣发展的标志性高峰，是车变的结果，也是构成车变的内容之一；不但如此，从长远来看，这个高峰还是中国古代车文化转折变化的一个分水岭。

第十七章　汉以后开倒车

战国秦汉以后，不但贵族没落瓦解，社会变动，而且车文化本身的结构也开始了变化。秦朝灭六国，一统天下，与之相应，车文化也呈现出大一统的气势——“车同轨”。依据前面有关“路文化”和秦始皇“神州游”等章节所描述的情形，我们完全有理由可以推测和期待此后的车文化发展一定是一路顺风、一片欣欣向荣的景象了。然而，出人意料，秦汉以后的车文化没有发展，而是停滞；不但停滞，而且倒退。一言以蔽之曰：开倒车！

第一节　物质结构的退化

从轮子看　本书开头曾经引用《周礼》的话“察车自轮始”，现在我们还是从这句话开始来看中国的车文化的倒退。几千年来在路上跑的中国车一直都是两个轮子，直到 19 世纪下半叶西方的驻华使节的夫人们乘坐四轮马车入京时，中国人赶去看热闹，这才奇怪原来车也可以有四个轮子。先秦时代也有一种四轮的东西，叫“轒辒”，但那是攻城的武器，上蒙牛皮或金属等保护层，下藏人员，使用人力来推动它，用来冲撞城门的。还有一种“巢车”（即晋楚鄢陵之战中楚共王所登者），为活动瞭望塔楼，作战时登高侦察敌情之用，那也是四轮的。但这两种“车”都仅限于战场上使用，都是使用人力驱动的特种用途的军用设备。后来被称为“辒辌车”的大概也是出自“轒辒”，秦始皇最后一次巡游天下，半路病亡,他的尸身就被装在这种车上,“辒辌车”后来就成为专门运载皇帝尸身的柩车了。《汉书·王莽传》:“莽乃造华盖九重,高八丈一尺,金瑵羽葆,载以秘机四轮车,驾六马,力士三百人黄衣帻,车上人击鼓,挽者皆呼‘登仙’。莽出,令在前。百官窃言‘此似輀车(柩车),非仙物也。”王莽似乎不知道这种用人力牵挽的四轮车是柩车,因而被人私下里非议讥讽。《宋书·礼志》:“汉制,大行载辒辌车,四轮。其饰如金根,加施组连璧,交络,四角金龙首衔璧垂五采,析羽流苏,前后云气画帷裳,虡文画曲蕃,长与车等。太仆御,驾六白骆马,以黑药灼其身为虎文,谓之布施马。既下,马斥卖,车藏城北秘宫。今则马不虎文,不斥卖;车则毁也。”《南齐书·志第九·舆服》:“辒辌车,四轮,饰如金根。四角龙首,施组衔璧,垂五采,析羽葆流苏,前后云气错画帷裳,以素为池而黼黻。驾四白骆马,太仆执辔。贵臣薨,亦如之,羽饰驾御,微有减降。”都是柩车。据说在北方中原旷野上曾经出现过四轮甚至多轮的载物运输车,宋代的《清明上河图》也出现了四轮车的形象,但因为转弯和刹车均很困难(中国古代的车子一直都未曾发明前轮转向装置和制动机制。停车用一条叫作“轫”的方木头垫在车轮前面以阻止车子滑动,开车时将它拿开。成语“云程发轫”,指的就是这件事),所以无法在路上行驶。军民两用,于路上乘人载物的牲口拉的常用车子都是两轮的。

中国古车由于始终不能解决四轮车的前轮转弯问题(或者压根就没有面对这个问题),所以一直滞留在两轮状态。这两轮不但没有发展为四轮,到后来竟然又被减去一轮,成为独轮车。三国诸葛亮创造的神奇的“木牛流马”,据考证家说,不过就是这种用人力推挽的独轮车。这种考证实在很煞风景。《清诗选》录清末李銮宣的《推车谣》曰:“只轮车,双足趼。夫为推,妇为挽。老妪稚子坐两头,黄土滞身泪满眼。问从何处来?曰从山东来。问从何处去?乞食远方去。车上何所有?破毡裹敝帚。车中何所施?草根兼树皮。欲行不行行蹒跚,昨日今日并无粒米餐。长跽乞怜,求施一钱,一钱不救君饥寒。只轮车,车转毂,老妪呜呜抱儿哭,‘卖汝难抛一块肉,不如老妪经沟渎’。”只轮车就是独轮车,是北方穷人、乞丐所用的车。再到后来(大约是宋代),连这一个轮子也省去,干脆只剩下了一个“舆”,即车厢(“舆”除了指代整个车子之外也特指车厢),用肩膀抬起来就走。古人为它起了个很形象的名称——“肩舆”(轿子),倒也很贴切:肩膀上的车子。只可惜它是在人的肩膀上,不是在牛马的肩膀上。

从动力看 考察完车轮,我们大体可以看出中国秦汉以后车文化的退行轨迹了。现在再来看车子的动力部分。

先秦时期载人的“乘车”基本上驾的都是马，载物的“大车”都是牛。但到了汉代则连载人的“乘车”也用牛拉了。牛车在先秦除了拉货物之外，也是工农商等下民所用的贱车，贵族是不会去乘坐的，但汉代的上层人物也开始乘牛车了。《汉书·食货志上》：“自天子不能具醇[①]驷，而将相或乘牛车。”这是汉初朝廷的窘态。《史记·五宗世家》末太史公曰：“其后诸侯贫者或乘牛车也。”这是吴楚七国乱后地方上的情形。将相诸侯都有乘牛车的，其他人就更不用说了。这是因为贫穷买不起马，[②]所以用牛拉车。至汉末，居然演为风俗。《晋书·舆服志》：“古之贵者不乘牛车，汉武帝推恩之末，诸侯寡弱，贫者至乘牛车，其后稍见贵之。自灵献以来，天子至士遂以为常乘。”这是因贫就简节约成为习惯呢，还是国力衰弱之后真沦为“贫困国”了呢？无论如何，由于“天子至士”的上层阶级皆以牛车为“常乘”，社会上自然跟着模仿流行。

到了三国魏晋时期朝野上下无论贫富贵贱大兴乘坐牛车之风。《宋书·礼志》：“犊车，軿车之流也。汉诸侯贫者乃乘之，其后转见贵。孙权云‘车中八牛’，即犊车也。江左御出，又载储偫之物。”《三国志·吴书·鲁肃传》记鲁肃对孙权说：“今肃迎操，操当以肃还付乡党，品其名位，犹不失下曹从事，乘犊车，从吏卒，交游士林……”《隋书·礼仪志》：“犊车，案《魏武书》，赠杨彪七香车二乘，用牛驾之。盖犊车也。”尤其是晋朝，宫廷仪仗队和皇室成员所乘车队里就有许多牛车。如画轮车、御衣车、御书车、御轺车、御药车及阳遂四望繐窗皂轮小形车，皆驾牛。此外尚有云母车、皂轮车、油幢车、通幰车等，皆赏赐王公大臣的牛车。而最富贵的人家也都普遍喜欢用牛驾车，乘牛车成为全社会的一种时髦，用时下的流行语来说，真是“牛气冲天”。

牛车比赛　那时，富贵人家常常进行斗富比赛，牛车比赛自然在所难免。[③]《晋书·石苞传》及《世说新语·汰侈篇》皆载石崇与王恺比赛牛车事。石崇的牛看起来远逊于王恺的牛，而且其牛车还落后数十步起跑，但其牛“迅若飞禽”，最终还是比王恺的牛车早到达目的地。看来牛也是“不可貌相”的。王恺老为

① 《史记·平准书》“醇”作“钧”。

② 《史记·平准书》：“马一匹则百金。”《盐铁论》卷六：“一马伏枥当中家六口之食。”

③ 古希腊罗马有马车竞赛，中国晋朝则有牛车比赛（更早的所谓“田忌赛马”故事因无详情不知道是不是马车比赛）。

此事怀恨在心，竟然使用了贿赂手段收买了石崇的驾驶员，获取了赛牛车的秘密，终于胜出。这个驾驶员为此丢了性命，石崇知道后把他杀了。可见当时人对牛车赛事的重视程度。牛车时尚起来，驾车的牛也一时间成为了宠物。王恺就有一头宠物牛号称“八百里驳”，主人视之为宝贝，常常用不知什么品牌的化妆品将它的角和蹄子打扮得花里胡哨，晶莹剔透，闪闪发亮，宛如今日小姐用指甲油所涂抹过的指甲。这就很让人妒嫉和恼火。有破坏欲的王武子(济)实在看不过，就设计与王恺打赌射牛，结果一箭射杀了王恺心爱的“八百里驳”，火速命人直取牛心来烧烤。王济尝了一块烧牛心后，抹抹嘴就走人了。这个烤牛料理后来成了诗料，入了大词人辛弃疾的《破阵子》里：“八百里分麾下炙，五十弦翻塞外声，沙场秋点兵。”烧烤牛排融入了词人的豪放旋律之中，“八百里驳”终于可以死而不朽了；只可怜留下王恺还在那里如丧考妣似地痛惜他那心肝宝贝。

老牛拉破车　汉末魏晋所兴起的这股“牛车热”直烧到隋朝方歇。《隋书·礼仪志》：“画轮车，一乘，驾牛。”衣书车，十二乘，驾牛。”“二千石四品已上及列侯，皆给轺车，驾牛。”“诸王三公有勋德者，皆特加皂轮车，驾牛，形如犊车。但乌漆轮毂，黄金雕装，上加青油幢，朱丝络，通幰或四望。上台，三夫人亦乘之，以拓幢涅幰为副。王公加礼者，给油幢络车，驾牛。朱轮华毂。”又“九嫔已下，并乘犊车，青幰，朱络网。皇太子妃乘翟车，以赤为质，驾三马，画辕金饰。犊车为副，紫幰，朱络网。良娣已下，并乘犊车，青幰朱里。三公夫人、公主、王妃，并犊车，紫幰，朱络网。五品已上命妇，并乘青幰，与其夫同”。考其原因，我想不外如下几点：一因汉末黄巾董卓迄三国战乱，马统统被骑去作了战马了，且历来就贵，现在更以稀为贵，所以改用牛拉车；其二，也因为战乱，田园荒芜，没人耕种，牛便闲了下来，也多了起来，本来就贱，现在又多，不去拉车，岂不浪费？核算成本，去彼取此，牛车之兴，盖亦亚当·斯密之“看不见的手”操纵之欤？经济学原理之外，尚有社会心理学并夹杂着生理学的原因。前者即前面已述及的上层人物始因经济原因而乘牛车，后下层社会摹仿成风的赶时髦心理；后者大概是因为后代人的身子骨不如先秦时期人的坚强，经不起马车的颠簸，所以选择了这种比较四平八稳的牛车。房玄龄在《晋书·舆服志》里说：“牛之义，盖取其负重致远安而稳也。”但这安稳是以牺牲速度而换取的。牛毕竟比马跑得慢，即使是“八百里驳”也比“千里马”日行速度差了二百里。求安稳，宁慢而怕快，是老人的心态,这也可见汉以后的中国人已不及秦人和秦以前华人的冒险精神和坚强意志了。汉代以后的车文化已有些像迟暮的老年人了。老牛拉破车,破车上载着老人,这就是汉代以后中国车文化史的写照。

羊车引路 牛车之外,尚有羊车。晋武帝常常乘羊车临幸他的妃子们。由于他的后宫嫔妃将近万人,而他又没有偏爱哪一个,不知道往哪里去好,所以就由着驾车的羊的兴致随便拉到哪一家就在那一家设宴摆酒寻欢作乐过夜。宫人为了能让武帝到自己的家里,于是便在家门前插上竹叶,并在路上洒上盐水,以吸引武帝的羊车。①《晋书·卫瓘列传》附卫玠事迹,谓玠"总角乘羊车入市,见者皆以为玉人,观之者倾都"。《宋书·礼志》:"晋武帝时,护军将军羊琇乘羊车,司隶校尉刘毅奏弹之。诏曰:'羊车虽无制,犹非素者所服。'江左来无禁也。"《隋书·礼仪志》又谓:"羊车,案晋司隶校尉刘毅奏护军羊琇私乘者也。开皇无之,至是始置焉。其制如轺车,金宝饰,紫锦幰,朱丝网。驭童二十人,皆两鬟髻,服青衣,取年十四五者为,谓之羊车小史。驾以果下马,其大如羊。"羊车之名早见于《周礼》,但历来注家皆据《释名》所云,释之为"祥也、善也"。清代俞正燮《癸巳类稿》又谓羊车为宫中小车,又谓为人挽之车,又谓为驾车之牲畜小如羊(即"果下马"),等等,辨之甚博,然无所取义。余谓佛教以"三乘"喻佛法,羊车为小乘,牛车为大乘,中乘是鹿车。鹿车在中国很少见,仅《史记·刘敬叔孙通列传》中"刘敬脱輓辂"句下"集解"苏林曰:"一木横鹿车前,一人推之。""索隐"曰:"輓者,牵也。……鹿车前横木,二人前輓,一人后推之。"这"鹿车"是人拉的板车,不是鹿拉的车。《晋书》卷四十九《刘伶传》"乘鹿车",似又有"指鹿为人"的意思。《晋后略》云:"贾后以鹿车出承明东掖门,诣金墉城。"疑魏晋牛车与羊车之兴亦与印度输入之佛教有关。从印度南亚一带输入的还有象车,但它不像古代印度作为战车,在中国一般只是用于仪式上。

骡驴车 步牛羊之后尘者尚有驴,以及驴与马杂交而生的骡,也加入了拉车的行列。先秦时期我国无驴,则也应无骡。但史籍记载则先有骡后有驴,《吕氏春秋·爱士》载:"赵简子有两白骡而甚爱之。"这肯定是进口的一次性消费品,因为骡不能生殖。这就像王戎卖李而钻核,恐人得其种一样。② 为保护专

① 事见《晋书·胡贵嫔传》。

② 见《世说新语·俭啬篇》。

利，垄断市场，中外生意人所用的是同一伎俩：只让你先买蛋，不行了再卖鸡。所以春秋战国时期已有骡先行进口了，而汉初始有驴、骡、骆驼入关。[①]（这程序颇类"洋务运动"和"改革开放"的情形，先向外国购买"坚船利炮"等现成的产品，后再向人购买生产这些产品的机器设备及技术。）但南方仍是少见驴。少见自然多怪。据说晋明帝司马绍没见过毛驴，有人请他想象一下毛驴是什么样子的，他说像猪。可见东晋时的江南一带还是很少毛驴的。直到唐时还是不多见，故僻处西南的贵州老虎见到这个外来物种一开始还吓了一跳[②]。

"五胡十六国"南下中原时期，北方的汉族与胡人都乱了基因库，杂了血统，杂染直达唐开国宗室。朱熹说："唐源流出于夷狄，故闺门失礼之事不以为异。"[③]就在胡人南下的同时，这些外来的驴、骡之类杂种也随着胡人的铁蹄蹂躏中原而在北方繁衍起来。唐人混合南北胡汉，从唐中后期起，骡子、骡车逐渐多了起来，甚至有了"骡子军"[④]。北宋末年，朝廷向全国收税征购马匹进贡给金人，"自是士大夫出入，止（只）跨驴乘轿，至有徒步者，而都城之马群遂空矣。"[⑤]。元朝与清朝先后入主中国，在此期间，骡、驴兴旺发达起来，大大地超过了马匹。《清诗选》洪亮吉《宜沟行》"宜沟驿中逢节使，三日马蹄声不止。冲途驿马苦不多，役尽民马兼民骡。民骑不给官家食，更要一骑增一卒。马行三里力不支，马病乃把民夫笞。长须压后尤无忌，急选官骡访官伎。民田要雨官要晴，一日正好兼程行。车前舆夫私叹息，曾与此官居间壁。官前应试苦力疲，百钱得驴诧若飞。君不见人生贵贱难如一，不是蹇驴偏有力"就形象地说明了这种现象。随着驴、骡的普及，中国就再也没有《诗经》时代"四牡奕奕""四骊济济""四牡骙骙""四牡彭彭"那样纯种纯色"车攻马同"的车文化景象了。

第二节　做牛做马人力车

再后来人也加入了这个队伍，与畜生抢饭碗。本来就已面临就业困难的驴

---

① 见陆贾《新语・道基》。
② "黔驴技穷"的故事出于中唐的柳宗元之笔。
③ 见《朱子语类・历代三》。
④ 参见《旧唐书・吴元济传》及《刘沔传》。
⑤ 见《癸巳类稿》引《靖康纪闻拾遗》。

们，只得不好意思地蒙上双眼，到矮屋檐下替人瞎推磨去。牛、马、骡、驴遭“歧视”，人力车遂成为具有“中国特色”车文化的一道“风景线”。

人力车古已有之，叫作“辇”，春秋时期即已有之。如《诗经·小雅·黍苗》：“我任我辇，我车我牛。”但可以肯定这种不多见的“辇”基本上都是载物的。《左传·襄公十年》称：“孟氏之臣秦堇父，辇重如役。”《春秋左传正义·宣十二年》引《说文》曰：“蔽前后以载物，谓之辎车。载物必重，谓之重车。人挽以行谓之辇。”故“辎、重、辇，一物也”，都是古之人力车，唯用于载物；平常所说的“辎重”，就是载物之车。《韩非子·外储说右下》载：“兹郑子引辇上高梁而不能支。兹郑踞辕而歌，前者止，后者趋，辇乃上。”这个兹郑可能是个歌星偶像，不知什么原因竟拉起了大车，并且拉的车太重了，上不了桥，于是便坐在车辕上唱歌，引得前后的行人纷纷赶来，这些人大概多是他的歌迷粉丝吧，于是都来帮他把重车推上了桥。

载人的人力车也有。《周礼·春官宗伯》有“辇车组挽”，不过那是宫中后妃偶用以娱乐而已，更多的时候是运载死人。《仪礼·既夕礼》“属引”郑注曰：“引，所以引柩车……古者人引柩……”古代最常用的一种人力车是丧事出殡下葬时用以承载棺椁的柩车，那是必须用人牵挽的。“挽”字，除了拉车的意义之外，还特谓助葬牵引灵车。奉安孙中山先生时，蒋介石等人曾亲自牵挽灵柩。挽歌、挽联亦从此衍生，皆用以表达哀悼。

但到了汉代，天子和皇后、爱妃及王公贵戚开始乘坐人力车了。班婕妤就常坐辇车，汉成帝欲与之共辇而乘，却遭到她的拒绝，受到人们的好评。[①] 于是“辇”后来成为历代君王专用的一种车名，所以京城又称为“辇下”或“辇毂下”。但在很长一段时期内乘辇仍被视为只有桀纣那样的暴君才会做的事。《后汉书·井丹传》载，井丹见外戚信阳侯阴就欲乘家人给他准备的辇车，便说：“吾闻桀驾人车，岂此邪？”阴就听了这话不得不放弃了乘坐“人车”。晋皇甫谧《帝王世纪》第三云夏桀“以人驾车”，可见“人车”虽古已有之，但至少在晋以前是不会多见的。总之，古代虽有载人的人力车，但并不普遍，仅限于宫廷皇室及贵戚乘之，并且刚开始时舆论也不太赞成。

后来人力车如此遍地开花盛行于中国城乡各处，几乎取代了畜力车的地

① 见《汉书·班婕妤传》。

位,则只是近代以来的事。到20世纪上半叶,中国城市中已有40万辆人力车,成为“典型的东方运输方式”。载人的人力车在20世纪六七十年代曾一度遭到禁止,理由是,它是“地主资产阶级人剥削人的现象”,不应该出现在社会主义的新中国。八十年代后,这个“非物质文化遗产”又在城市里恢复起来。也许是因为无人保护、也无人“申遗”吧,所以这几年来不知何故又神秘地消失了。至于载物的人力车,则始终没有受到批判,更没有被禁止。在农村,拉板车是每个农民都干的活,就是下放的“右派”分子和上山下乡的知识青年也大概都干过。笔者在青少年时代曾经在一个下雪的大冬天里,和生产队里的两个人一起,用木轮板车(那时乡下连橡胶充气轮胎的板车也没有)拉了一车足足有一千多斤重的木头,在雨雪交加中穿着草鞋(几乎等于赤脚)踩着积雪翻山越岭长途跋涉一百多公里,两天两夜没吃没睡将一车木头从深山老林直拉到海边,每人换得人民币三十三元二角六分钱,外加咸鱼若干条。回程途中发生二事至今记忆犹新:一是在火堆旁烘烤淋湿的衣服时,人一下就睡着了而衣服烧了个洞;二是拉着空车边走边睡,结果连人带车掉进路边齐身高的排水沟里,若是掉到外边的万丈悬崖下,那就不会在这里写这“古代车文化”了。这次的拉板车经历让我终生难忘,也使我大长了英雄主义气概,但同时又觉得自己比白居易笔下的“卖炭翁”还不如,因为“卖炭翁”还有牛帮他拉车,因而这英雄主义气概被大打了折扣。

但这个自古以来就是“中国制造”“有自主知识产权”的“专利产品”——人力车的发明权却被一个德国人利普斯误抢去送给了美国人和法国人。他在《事物的起源》这部书中说,一个在日本横滨的美国传教士为了让他生病的妻子早日康复,便在一个日本木匠的帮助下设计了一种人力车(大概是轮椅之类——笔者),一个法国人把它制造出来,并于1847年把它推广到中国,就是所谓的“黄包车”。外国人也真是,连这么个发明权也要从我们这儿剥夺走,好在使用权还是免费全归我们。

第三节　肩膀上的车——轿子

轿子的普遍流行大约在宋代。尤其是在南宋,皇室用辇有芳亭辇、凤辇,又有七宝辇、小舆、腰舆等。《宋史·舆服志》说:“龙肩舆,一名棕檐子,一名龙檐子，舁以二竿，故名檐子，南渡后所制也。”这大概与当时中国北方的几个产马牧马区都被辽金和西夏占领有关，同时南宋政府也大量搜刮马匹进贡给金人。除了祭祀天地祖宗这样的“国之大事”不得不骑马之外，其余时候（包括官员上朝）都没马骑，马车就当然更别想了。《宋史·舆服志》：“中兴后，人臣无乘车之制，从祀则以马，常朝则以轿。旧制，舆檐有禁。中兴东征西伐，以道路阻险，诏许百官乘轿，王公以下通乘之。其制：正方，饰有黄、黑二等，凸盖无梁，以篾席为障，左右设牖，前施帘，舁以长竿二，名曰竹轿子，亦曰竹舆。”《明史·舆服志》：“轿者，肩行之车。宋中兴以后，皇后尝乘龙肩舆。又以征伐，道路险阻，诏百官乘轿，名曰‘竹轿子’，亦曰‘竹舆’。元皇帝用象轿，驾以二象。至用红板轿，则自明始也。其制，高六尺九寸有奇。顶红髹。近顶装圆匡蜊房窗，镀金铜火焰宝，带仰覆莲座，四角镀金铜云朵。轿杠二，前后以镀金铜龙头、龙尾装钉，有黄绒坠角索。四周红髹板，左右门二，用镀金铜钉铰。轿内红髹匡坐椅一，福寿板一并褥。椅内黄织金绮靠坐褥，四周椅裙，下铺席并踏褥。有黄绢轿衣、油绢雨衣各一，青毡衣，红毡缘条云子。嘉靖十三年谒庙，帝及后妃俱乘肩舆出宫，至奉天门降舆升辂。隆庆四年设郊祀庆成宴，帝乘板舆由归极门出，入皇极门，至殿上降舆。”又：“皇妃车曰凤轿，与历代异名。其制：青顶，上抹金铜珠顶，四角抹金铜飞凤各一，垂银香圆宝盖并彩结。轿身红髹木匡，三面篾织纹簟，绘以翟文，抹金铜钑花叶片装钉。红髹枫，饰以抹金铜凤头、凤尾。青销金罗缘边红帘并看带，内红交床并坐踏褥。红销金罗轿衣一顶，用销金宝珠文；沥水，香草文；看带并帏，皆凤文。红油绢雨轿衣一。”则不知此轿是真轿还是“皇妃车曰凤轿”，仅仅“与历代异名”而已，史无明文，易生歧义；然观其后文所叙，仅限于舆厢内外之装饰，而不及轮毂辕马，似当为轿子。

明清两朝对轿子的态度　明代对乘轿有规定：“妇女许坐轿，官民老疾者亦得乘之。景泰四年令，在京三品以上得乘轿。弘治七年令，文武官例应乘轿者，以四人舁之。其五府管事，内外镇守、守备及公、侯、伯、都督等，不问老少，皆不得乘轿，违例乘轿及擅用八人者，奏闻。”又：“嘉靖十五年，礼部尚书霍韬言：‘礼仪定式，京官三品以上乘轿，迩者文官皆用肩舆，或乘女轿。乞申明礼制，俾臣下有所遵守。’乃定四品下不许乘轿，亦毋得用肩舆。隆庆二年，给事中徐尚劾应城伯孙文栋等乘轿出入，骄僭无状，帝命夺文栋等俸。乃谕两京武职非奉特恩不许乘轿，文官四品以下用帷轿者，禁如例。万历三年奏定勋戚及武臣不许用帷轿、肩舆并交床上马。至若破格殊典，则宣德中少保黄淮陪游西苑，尝乘肩舆入禁中。嘉靖间，严嵩奉诏苑直，年及八旬，出入得乘肩舆。武臣则郭勋、朱希忠特命乘肩舆扈南巡跸，后遂赐常乘焉。皆非制也。"[1]虽朝廷对乘坐轿子有许多限制规定，但挡不住轿子取代车子的历史潮流。这股潮流骎骎直入清代而成为交通的主流。这从乾隆十五年的禁谕可以看出："本朝旧制，文武满汉大臣，凡遇朝会皆乘马，并不坐轿。从前满洲大臣内有坐轿者，是以降旨禁止武大臣坐轿，未禁止文大臣……嗣后文大臣内年及六旬实不能乘马者，着照常坐轿，其余着禁止。"[2]朝廷禁止满族武官乘轿，为的是保持其骑射武力，以维持满族的统治地位，对汉人及其他文官则照常坐轿并不禁止。总之，明中叶以后至清，轿子大为普及，从朝廷到民间，从城市到农村都广泛使用，无论皇帝出游、新娘出嫁、官员上下班、商人做生意等等，都乘坐轿子。轿子取代车子已成定势。

轿夫 抬轿子的轿夫至少要用两个人，这是连"程际秀才"那样的书呆子都很容易明白的事。"程际秀才，一讲就(明)白"乃吾乡流行的一句俗语，说的是程际村有一秀才一大早乘轿子赶赴省城福州考举人，走了半天，他突然疑惑地问前面那位轿夫说："我早上明明看见你们有两个人吃饭，怎么现在只剩下你一个人在这里'già'[3]呢？"那轿夫回答说："还有一个人在后头。"那秀才回头一看，马上说："哦，我明白了。"聪明的秀才果然一讲就明白！一顶轿子所用的轿夫一般从二人到八人不等。"八抬大轿"是三品以上的大官坐的。"程际秀才"没有释褐无品级，还是平民，只能有两个轿夫为他抬轿子，但最省也要两个轿夫。这和先秦时期士只能乘坐两匹马拉的车在形式上相比待遇还有所提高，但马换成了人，速度就大大降低了。而"程际秀才"居然能痴想入神到一个人可以独挑一顶轿子，就像独轮车一样省！然而一顶轿子至多几个轿夫就没有封顶了。皇亲国戚所坐的轿子有多达十多个乃至几十个人抬的，那可也算是"劳动密集型产业"——不，是服务业；不，现在应升格为"第三产业"了。

轿夫将车子的动力系统与轮子功能集于一身，至此，中国车子的"精兵简政"式的"改革运动"登峰造极而能事已毕。

---

① 见《明史·舆服志》。

② 见《清史稿·舆服志》。

③ "già"读入声，为吾乡方言，有音无字，但形神兼备地传达"单头挑"的所指。

第十八章　中国车文化停滞、退化的原因

从上面对车轮和动力系统的纵向考察,已经可以很明白地看出中国车文化是在开倒车了。关于道路,就不必重提前面"路文化"一章已透露的每况愈下的道路情形了。至于传动系统,汉代以后也随着牛车的广泛使用而不知不觉地从先秦的曲辕统统变成了直辕,就无从考证,也无需考察了。仅从上面两章所述的历史事实就可以确凿无疑地得出判断,自汉代以后,中国古代车文化便是一部十足的退化史!从哲学的意义上甚至可以说,没有历史![①]

为何西方的车轮越来越多而我们的车轮却越来越少最后竟至于无?为什么驾车的动力从常乘的四马到牛、羊、驴、骡,最后竟沦落到让人来"做牛做马"?为什么中国的车文化不进反退?为什么中国的车文化会由先秦时期的繁荣昌盛的巅峰而跌入低谷?秦汉统一天下,书同文,车同轨,道路扩张延长,车文化理应较前有更大的发展,为何连停滞状态都保持不了,反而会节节退化?这是很让我们觉得痛心、沮丧而又困惑的问题。我们已经知道军事是一大原因。战国之前是车战,战车的军工生产可以刺激车文化的繁荣,战车退出战场,车文化的发展突然失去了这一大动力,其前进的速度自然放慢了下来。这在前面已有所涉及,不再多谈。这里的问题是:西方也早在荷马时代就已不用战车作战了,为何自古罗马以来他们的车文化照样长足进展呢?所以一定还有其他的原因

① "历史"一词在西方哲学尤其是在黑格尔的哲学中其概念等同于"发展"。

构成了中国车文化前进的阻力。下面我们就来一一分析。

第一节　先秦商业与车文化的回顾

首先来看经济原因。车子与经济尤其是与商业经济有着密切联系,因此这个问题也就转化成了车文化史与经济史相交织的大问题。中国是一个历史悠久的农业国,从汉代直至20世纪70年代都是农业经济社会(1980年以前还在搞"农业学大寨""以粮为纲"运动)。中国转型为现代工商社会的历史不过才30年左右。因此我们不得不耐心细致地首先考察一番中国商业经济与农业经济的相互关系及其转变之后,才有可能寻绎出一些规律性的结论来。

虽然汉代以后中国是一个农业国,但先秦时期的社会经济却不是这样简单,而是一个多元经济的社会,工业、农业、商业齐头并进。商业早在春秋战国时期就有了长足的发展,在某些诸侯国甚至接近于商业社会了。观《逸周书》的《程典》《文传解》诸篇,《周礼·地官司徒》的"司市""质人""廛人""胥师""贾师""肆长""泉府"诸条,以及《周礼·冬官考工记》,则周之并重工商之国情政策可见矣。《周礼·夏官司马》:"合方氏掌达天下之道路,通其财利,同其数器,壹其度量,除其怨恶,同其好善。"①可见车文化对流通领域的重要作用。由国策重视工商遂演变成后来的"周人之俗,治产业力工商,逐什二以为务"②。《史记·游侠列传》又说"周人以商贾为资"。《汉书·地理志下》:"周人之失,巧伪趋利,贵财贱义,高富下贫,喜为商贾,不好士宦。"商业势力坐大,以致凌驾于政治之上。《帝王世纪》记载周王朝的最后一任国王赧王被债主逼债逃往高台上躲了起来。国人敢向一国之君逼债,身为"天子"(虽然只是名义上的)居然要躲债,可见商人气焰之嚣张。周之外,郑国亦然。郑的商人曾参与郑国的开国、建国,把商业的契约精神以及与此密切相关的守信原则带入郑国,是一支独立于朝廷的不可忽视的社会中坚力量。《左传·昭公十六年》记载了这样一件事:晋国的执政(相当于宰相)韩宣子想从郑国的商人手中买一只玉环,商人托故不肯,韩宣子于是请郑国的执政子产出面解决。"子产对曰:'昔我先君桓

---

① "数器"的"数"谓数字,"器"特指权衡,因下句有"度量"。

② 见《史记·苏秦列传》。

公，与商人皆出自周，庸次比耦，以艾杀此地，斩之蓬蒿藜藿而共处之。世有盟誓，以相信也，曰：“尔无我叛，我无强贾，毋或丐夺。尔有利市宝贿，我勿与知。”恃此质誓，故能相保，以至于今。今吾子以好来辱，而谓敝邑强夺商人，是教弊邑背盟誓也，毋乃不可乎！吾子得玉而失诸侯，必不为也。若大国令，而共无艺，郑，鄙邑也，亦弗为也。侨若献玉，不知所成，敢私布之。’韩子辞玉，曰：‘起不敏，敢求玉以徼二罪？敢辞之。’”约法禁止强买强卖，行政权力不得干预正常的商业活动，政府保护商人的合法权益。

最早的招商引资 齐国亦然。齐国靠海，本擅鱼盐之利。太公立国，因势利导，而后管仲相齐，复煽商风，故齐国素有商业传统，商人俨然成为一大阶层，为“四民”之一。相传为齐国宰相管仲所著的《管子》一书，其中的《小匡篇》详细论述了“士农工商”并列于齐国的情形，即所谓“四民论”，这里摘录有关商业的部分：“今夫商群萃而州处，观凶饥，审国变，察其四时，而监其乡之货，以知其市之贾。负任担荷，服牛辂马，以周四方。料多少，计贵贱；以其所有，易其所无，买贱鬻贵。”并说：“士农工商四民者，国之石民也。”称此“四民”为“石民”，即社会的基础、国家的支柱，其重视工商之意明白可知。《管子·轻重甲篇》强调：“万乘之国必有万金之贾，千乘之国必有千金之贾，百乘之国必有百金之贾……”“万乘”“千乘”“百乘”与车子、商贾商业都有密切的关系。齐国还设立优秀工商者调查登记制度，特命“高子识工贾之有善者”①。“高子”是经周天子授命的齐国世卿，论地位还在宰相管仲之上，是国家级领导人；由他来专管此事，可见重视工商的程度。《管子·轻重乙篇》载管仲对齐桓公问曰：“请以令为诸侯之商贾立客舍，一乘者有食，三乘者有刍菽，五乘者有伍养，天下之商贾归齐若流水。”外国商人来齐国，住在专门为他们盖的涉外宾馆里。外商带一部车（货）来的，免费提供膳食；带三部车（货）来者，连拉车的牲口也负责供给饲料；带五部车（货）来的，供应五个服务人员，其中包括专门的厨师。这种“看车下菜”，是按“投资额”分别给予不同待遇，为中国最早的“招商引资”优惠政策。

市门之外牛屎多 《韩非子·内储说上》载有一则故事：“商（即宋）太宰使少庶子之市，顾反而问之曰：‘何见于市？’对曰：‘无见也。’太宰曰：‘虽然，何见也？’对曰：‘市南门之外甚众牛车，仅可以行耳。’太宰因诫使者：‘无敢告人吾

① 见《管子·大匡篇》。

所问于女。'因召市吏而诮之曰:'市门之外何多牛屎?'市吏甚怪太宰知之疾也,乃悚惧其所也。"宋国太宰叫人调查市场情况,那人回来报告说市场门外牛车非常多,拥挤得仅可勉强通行。太宰于是立刻召见市场管理者,采用突然袭击的权术出人意料地责问他市场门外为何有那么多牛屎。那位管理者惊惧于太宰对市场信息的了如指掌和获得信息的闪电般速度,于是小心翼翼地供职,认真地把市场门外街道的环境打扫干净。韩非举这个例子的用意在上驭下的权术,但我们从牛屎中不但可以看出车子与环境污染的关系以及先秦市场管理的严格,更可以看出车子与商业的紧密关系。

车毂相击"碰碰车" 车文化与商业文化保持着辅车相依的密切关系。即使在进入战国后步兵崛起,车士边缘化,战车淡出战场,车战也随之渐消的情况下,战场以外的车文化仍保持着强劲势头。随着另一个战场——商业的不断开辟与发展,车文化在这个领域仍然有用武之地。车文化与商业的合作使双方都获得了强大的互动力与繁荣。《战国策·齐策》说:"临淄之途,车毂击,人肩摩,连衽成帷,举袂成幕,挥汗成雨。家敦而富,志高而扬。"齐国是具有重商传统的地方,临淄是齐国的国都,经商的人多,富人也多,车子的普及率自然相当高,道路上的车子多得连车毂都互相碰击,简直可称之为"碰碰车"了。近年来在临淄考古发现的车马坑出土了许多春秋战国时期的车马,证实了史籍记载的不虚。魏国与齐国相比是一个小国,但《史记·苏秦列传》说:"人民之众,车马之多,日夜行不绝,輷輷殷殷,若有三军之众。"魏国地处平原,当中州枢纽,交通发达,所谓"诸侯四通,条达辐辏"①,正如陶朱公范蠡选择"陶"地,"以为陶天下之中,诸侯四通,货物所交易也"一样,著名的商人白圭就曾在此发迹。这是个四通八达做生意的好地方,故而车马来往日夜不停,川流不息。

战国继承春秋时期国家社会并重工商的传统,商业繁荣昌盛。而商业的繁荣离不开车文化的繁荣,车文化的繁荣也离不开商业的繁荣,二者是互为因果的良性循环。

齐、郑之外,楚、晋、鲁、卫、吴、越等国,也都实行轻关通商、并重工贾的开放政策。只有秦国曾一度奉行过商鞅的重农主义政策,崇尚"农战",但后来吕不韦主政时期,一矫此前的重农倾向,亦以工商兴国,而不废农战;经济结构经过

---

① 见《战国策·魏策》。

重大调整，平衡发展，国力大增，遂收“扫六合、一天下”之功。吕不韦原是赵国的一个大老板，曾在娱乐场所里认识了秦始皇的父亲，竟把他当作了“奇货可居”的商品做了一笔成功的政治买卖，后来当上了秦国的宰相。

商人做宰相的远不止吕不韦一个，先秦时期除了吕不韦之外，还有许多商人当上了宰相等大官。那时商人还没有沦为“奸”的地步，因此社会上也没有“轻商”“贱商”之风，政治上也没有不许商人从政的禁令。名相管仲就是商人出身，他和另一位辅佐齐桓公的宰相鲍叔牙发迹前曾合伙做过生意，两人既是政治上的知音又是生意上的知己，所谓“管鲍之交”就是政治精英与商业精英完美合作的楷模。[①] 齐国另一个政治家宁戚也是一个“为商旅将任车”（为商队驾货车）的准生意人，他敲着牛角唱悲歌而被齐桓公发现，其政治才华得到赏识被任用为卿相。[②] 复兴越国的大功臣范蠡，其地位也相当于宰相，后来功成身退去经商，发了大财，成为生意人的祖师爷，号称“陶朱公”。这些人皆位至宰相，一人之下，万人之上。可见先秦时期的国家社会并无像汉代以后轻视商业、压制商人的现象。所以先秦时期兼容并包的“经济生态”（这个概念经济学应该有吧）产生了不少商业精英。范蠡的老师据说是“居物多赢”的晋国人计然[③]，他是个商业理论家，曾著有《万物录》《内经》，可惜已失传；他的“一贵一贱，极而复反”以及“无息币”等主张，都是对市场规律和金融经验的原则性总结，至今仍对经济活动乃至股票生意都具有指导意义，所以越王勾践请他做经济顾问。魏文侯时期喜爱经商的周人中出了个商界怪才白圭，也是个著名的商业理论家兼实干家，除了提出“人弃我取、人取我与”的著名经商策略外，他还是“商场如战场”口号的创始人[④]；鲁国人猗顿是范蠡的学生，经老师指点，经营盐业生意，脱贫致富。

鲁国还有个著名的商人明星，他就是孔子的学生姓端木名赐，字子贡（从他的名字可以猜知他是经商世家，其父大概是个拜金主义者）。子贡是国际知名的大老板，《史记·仲尼弟子列传》说他“与时转货资”“家累千金”，《史记·货殖列传》又说“子贡结驷连骑，束帛之币以聘享诸侯，所至，国君无不分庭与之抗

① 详见《史记·管晏列传》。

② 见《吕氏春秋·离俗览·举难》。

③ 一说计然就是范蠡的政治伙伴文种，文种也精通经商之道，详见《国语·越语》。

④ 逆转这个口号为“战场如商场”的是曾国藩，见《曾胡治兵语录》。

礼。夫使孔子名布扬于天下者,子贡先后之也”。据太史公此说,孔子能名扬四海,成为圣人,与子贡的策划、包装脱不了干系。因为子贡“不差钱”,所以能对各国诸侯行贿。子贡在做这些事的时候“结驷连骑”,出动庞大的车队做广告推销。严“义利之争”“先义后利”“以义制利”“何必曰利”的儒家,其“意识形态市场”(得罪,又杜撰)却是靠最讲利的商人和商业手段拓展出来的。《索隐》引《论语》云:“赐不受命而货殖焉。”《论语》也记载孔子夸赞子贡“亿则屡中”,猜测市场行情的命中率达百分之百。老先生既受子贡之赞助,难免也会受到这个学生的影响。比如有一次子贡故意绕弯子问先生:“有美玉于斯,韫匵而藏诸?求善贾而沽诸?”老夫子果然被绕进去了:“沽之哉,沽之哉!我待贾者也!”师生之间的问答充满了买卖人的口气,全是生意语言。子贡简直是在循循“利”诱老师把自己当作商品高价卖掉,孔子居然一口答应,不但不讳言自己是个待价而沽者,而且其情甚急,溢于言表。儒家的祖师爷尚有如此强烈的商品意识,一般人更可想而知了。孟子虽强调说“何必曰利”,但那是在政治道德意识形态层面上的理念,在社会现实生活层面也主张“通功易事”,从他驳斥“农家者流”许行、陈相等人的言论中可以从逻辑上得出不废商贸的结论。可见先秦儒家没有轻商的思想。《史记·货殖列传》说:“邹、鲁滨洙、泗,犹有周公遗风,俗好儒,……及其衰,好贾趋利,甚于周人。”但儒风盛时的孔孟时代,商业、商人也不衰。

春秋战国时期国家社会并重工商,商业与车文化互相促进共赢。战国时期虽然战车淡出战场,但由于商业活跃程度比春秋时期有增无减,所以车文化依然保持兴旺发达的“牛市”。待到秦朝扫除六国,一统天下,掀起筑路高潮,本来有望车文化大发展与商业大繁荣时代的到来,然而,事情却有了变化。

第二节　历史的拐点——重农抑商与中国车文化的停滞

就在这时,中国和中国文化的历史开始了巨变。中国社会由农工商并重进入以农业经济为主的时代就发生在秦汉时期,准确说转折点是在汉武帝时代。中国车文化也在此时发生了急转弯。

秦国历史上虽曾一度奉行过商鞅的重农主义政策,崇尚“农战”,但并未轻视工商。后来吕不韦主政(吕不韦是先秦商人做宰相的最后一个),一娇此前的重农偏向，以工商兴国，而亦不废农战；但秦国毕竟有过重农主义传统，所以吕不韦倒台之后，复重农战，虽然也还重视工矿产业。但不知是否因厌恶吕不韦的缘故，开始了贱商运动。将商人视为贱人，与罪犯同科为伍，打入"谪戍"之列，发配流徙服役，是那时的政策。（我们也曾经长期取缔商品经济，多次打击"投机倒把"活动，法律中规定的"投机倒把罪"于1997年取消，而《投机倒把行政处罚条例》直到2008年才被取消。）秦政府后来还将这一规定延伸到做生意人的子孙，凡是"大父母（祖父母）、父母尝有市籍者（即注册登记的商人）"，均"谪发之"。[①] 西汉前期承秦之贱商法。《史记·平准书》："天下已平，高祖乃令贾人不得衣丝乘马，重租税以困辱之。孝惠、高后时，为天下初定，复弛商贾之律，然市井之子孙亦不得仕宦为吏。"[②]

这时政府虽在法律和价值观等"上层建筑"层面上"贱商"，但在下层"经济基础"的实际社会生活中，商业商人仍然大行其道，不受影响，一下子扭转不了社会逐利从商的趋势。《盐铁论》卷一谓："高帝禁商贾不得仕宦……排困市井，防塞利门，而民犹为非也……"仍然是"宛、周、齐、鲁，商遍天下。故乃商贾之富，或累万金，追利乘羡之所致也"，以致"工商盛而本业荒"。晁错《论贵粟疏》说："今法律贱商人，商人已富贵矣；尊农夫，农夫已贫贱矣。故俗之所贵，主之所贱也；吏之所卑，法之所尊也。上下相反，好恶乖迕，而欲国富法立，不可得也。"所以朝廷穷得连天子也不能驾纯色的驷马，侯王公卿将相或乘牛车，而商贾却"千里游遨，冠盖相望，乘坚策肥，履丝曳缟"[③]。法令规定"贾人不得衣丝乘车"，但"今富者连车列骑，骖贰辎軿；中者微舆短毂，烦髦掌蹄"[④]；富商的车子"银黄华左搔，结绥韬杠。中者错镳涂采，珥靳飞軨"[⑤]。头等的富商乘坐由三匹马拉的开窗且有屏蔽的车子，车盖华丽，连伞盖骨都有花纹，盖柄也包装有护套。中产阶级的商人乘坐的小车连马髦和马蹄都有装饰，马镳涂金绘采，马胸前的套革结玉……不但仍然很豪华，而且逾级超越士大夫。

有鉴于此，到了汉武帝时代，朝廷对工商的态度起了极大变化，开始真正强

① 见晁错《守边劝农疏》。
② 《汉书·食货志》同。
③ 见晁错《论贵粟疏》。
④ 见《盐铁论》卷六。
⑤ 见《盐铁论》卷六。

硬起来,认真落实重农抑商政策,并在实质上有了可操作性的手段。原因是汉武帝时,因对匈奴的战争,军费支出浩大,财政匮乏,赤字激增,政府便向工商界要钱。但那些企业家老板都抠门得很,“冶铸煮盐,财或累万金,而不佐国家之急,黎民重困”①。于是朝廷开始了盐铁国有化运动。《汉书·食货志》载大农上盐铁丞孔仅、咸阳言曰:“敢私铸铁器鬻盐者,釱(钳)左趾,没入其器物。”②同时还实行酒业专卖的“榷沽”。这是打击工商业的第一步。

第二步是“均输平准”。朝廷“令远方各以其物贵时商贾所转贩者为赋,而相灌输。置平准于京师,都受天下委输。召工官治车诸器,皆仰给大农。大农之诸官尽笼天下之货物,贵即卖之,贱则买之。如此,富商大贾无所牟大利”③。政府搞“宏观调控”,干预市场,平抑物价,使商人无利可图。

给工商业以最致命一击的是第三步“算缗”,即财产税,包括对车辆等交通工具的征税,尤其是对商人的车辆征税要比普通的车辆高出一倍。《史记·平准书》:“于是公卿言……异时算轺车贾人缗钱皆有差,请算如故。……轺车以一算;商贾人轺车二算。……”《史记·集解》记如淳曰:“商贾有轺车,使出二算,重其赋也。”自“杨可告缗遍天下”后,于是“商贾中家以上大率破”。大中型工商业纷纷破产倒闭。

他们若不是看出商业与车子的密切关系,车辆在商业中的关键地位,怎么会打蛇打七寸针对车辆等交通工具征重税呢?在这种情况下,谁还愿意生产和拥有车子呢?更不会有人去投资研发改进车辆了。

一直宣传重农抑商的官方这回一改过去光说不动的现象,采取釜底抽薪的方法,通过上述三个实际行动,终于一举消灭了工商业的有生力量。从此中国的车文化也随之一蹶不振了。

自汉武帝以后,历届政府都大力推行“强本抑末”的重农抑商运动,实行重农业、抑工商政策。昭帝时,发生了一场有关这场“强本抑末”运动的争论——“盐铁论”。争论的双方是主导这场运动的政府代表即“大夫”和所谓的“贤良文学”即儒生。双方似乎都陷入到某种吊诡的逻辑矛盾中而不自知。有意思的是,最后《盐铁论》也是用一句有关“车”的话语幽默地结束了这场争论:“大夫

---

① 见《史记·平准书》。

② 《史记·平准书》略同,“鬻”作“煮”。

③ 《史记·平准书》《汉书·食货志》略同。

曰:'诺,胶车倏逢雨,请与诸生解。'"事后政府只是上报皇帝撤除了"榷沽"这一项酒业专卖。中国的车文化遭到这场暴风雨般运动的袭击,真的有如胶水粘合起来的车子一样,迅速解体了。

第三节 节约型经济与中国车文化的退化

中国的农业文化就是农民文化。"农民文化"最重大的特色之一是其节约、节省、节俭的传统。因此中国的农业经济就是典型的节约型经济。马克斯·韦伯说:"在中国的比较贫困的老百姓的生活,是通过一种全世界绝无仅有的令人难以置信的登峰造极的节俭来维系的。"①"新三年,旧三年,缝缝补补又三年"的精神就是直接继承这个古老的节约型农业经济培养出来的农民文化的节省传统。这个节约型经济产生的"边际效应"有两极:一是积极的,一是消极的。"四大发明"之一的造纸就是积极一极的一个典型例子。寻找替代材料永远是节约型经济和材料技术革命的一条普遍规律。所以纸是中国农民文化中节省传统的积极一极——节约型经济的自然而必然的产物。

节约型经济积极一极的另一个例子是陶瓷业的发展。青铜时代的贵族文化一去不复返了,大型的青铜器与贵族一起埋在了地下,埋在地下的还有大批规模可观的真车、真马。汉代的"农民文化"对于先秦贵族时期所创造的青铜文化只能"高山仰止",于编钟、列鼎等重大的青铜彝器,已无力复制。生前既乏车马之用,死后自无真车马陪葬,于是转而玩起泥巴,重新拾起早已被先秦贵族冷落了的陶器。以陶制的"明器"完全取代青铜器,以陶土做成车马模样作为陪葬品,聊以安魂,是汉代的普遍风气。《盐铁论》卷六:"郡国繇吏素桑楺,偶车橹轮。"《潜夫论·浮侈》:"今京师贵戚、郡县豪家,生不极养,死乃崇丧……多埋珍宝、偶人、车马,造起大冢。"《汉书·赵尹韩张两王传》有"卖偶车马下里伪物者",颜师古注曰:"偶,谓土木为之,像真车马之形也。"这些记载都是这个衰变的证明。自宋元后又连陶土做的车马也陪葬不起了,一变而为纸做的车马人物以为替代品,这是进一步穷则思变的"节省文化"。

但是,节约型经济培养的"节省文化"很容易由它的积极一极滑向另一极——偷工减料。四个轮子和两个轮子比,自然是四个轮子贵;两个轮子和一

① (德)马克斯·韦伯著,王容芬译:《儒教与道教》,商务印书馆,1995年。

个轮子比，自然是一个轮子省；一个轮子和一个轮子也没有比，自然是一个轮子也没有更省。而先秦时期马车的曲辕也不知何时早已变成了直辕——大概也是为了偷工减料，因为制作曲辕既费工费时，又需要整棵大圆木的材料。

马和牛羊驴骡比，自然是马贵。《史记・平准书》："马一匹则百金。"《盐铁论》卷六："夫一马伏枥，当中家六口之食。"公元前18世纪古巴比伦的《汉谟拉比法典》（现存伊拉克博物馆）第二六八条："倘自由民租牛打谷，则其租金为谷二十卡。"第二六九条："倘彼租驴打谷，则其租金为谷十卡。"第二七〇条："倘彼租羊打谷，则其租金为谷一卡。"马、牛、驴、羊，一畜不如一畜，价格越来越贱，每况愈下，古今中外皆然。

牲口拉车和人力拉车比，自然是人力车便宜。（不可理解为人比牲口贱，不过中国劳动力便宜至今依然，所以各个城市宁愿让人拿着大扫帚扫街道把尘土扫向空中再回落下来，也不愿节省一次公费出国旅游来买一部吸尘车。）于是节约型经济的农业文化即农民文化最终选择了轿子和人力车，这是"节约文化"的历史和"数理逻辑"相统一的必然。

通过上述考察，凸显了两个现象：一是中国车文化的发展高潮期与先秦商业繁荣期同曲线；二是中国车文化的停滞低谷与商业经济的崩溃和农业经济的崛起几乎同步。在这个基础上可以抽象出一条规律：车文化与商业文化总是荣辱与共，而车文化对农业文化并非必须。由此水到渠成地得出了一个初步结论："重农抑商"的经济文化不利于中国车文化的繁荣发展，并有可能形成障碍，至少是一个消极因素；这个因素在中国车文化的进程中起到了环境的制约作用，导致中国车文化从繁荣走向衰落。而节约型经济的农业文化和农民的"节约文化"也促成了中国车文化的退化。

第四节　农业社会车子的边缘化在文学作品中的反映

从公元前2世纪开始中国彻底地转型为农业社会，延续到20世纪70年代末，整整两千年超稳定性的重农抑商经济结构和贱商轻利的意识形态就这样奠定了下来，从而使中国成为农耕文明的典范。而中国的车文化就被"冷冻"在这样的"典型环境"之中了。

自给自足的农业共同体（以村落为单位，至多以镇为中心，方圆三十里以内范围），将"通工易事、贸迁有无"的交换行为降低到最低程度。一切必需品都可以在这个共同体内得到满足，一切非必需品都得到最大限度的抑制。司马迁记录当时民谣说："百里不贩樵，千里不贩籴。"长途货运的商品流通几乎为零。《盐铁论》卷四："文学曰'行远道者假于车……'"这样，道路上的车，除了对外贸易的外国商队之外，内需的物流、人流、信息流也就只剩下政府和军事行为了。广大社会尤其是农村的生产生活中，车子已是可有可无，被农业文明边缘化了。越到后来越是如此。

这个情况在谢灵运的《山居赋》中，表达得最淋漓尽致：

> "其居也……近东则上田下湖，西溪南谷……近西则……竹缘浦以被绿，石照涧而映红。月隐山而成阴，木鸣柯以起风。……敞南户以对远岭，辟东窗以瞩近田。田连冈而盈畴，岭枕水而通阡。……蔚蔚丰秋，苾苾香秔（粳）。送夏蚤秀，迎秋晚成。兼有陵陆，麻麦粟菽。候时觇节，递艺递熟。供粒食与浆饮，谢工商与衡牧。生何待于多资，理取足于满腹。[①] 自园之田，自田之湖……"（以下遍写竹木花草鱼鸟畜兽之盛，百果鲜蔬之美，采蜜扑栗之欢等等，而归之以耕织衣食之足乐。文繁不录。）

需要指出的是，在这一长篇巨制中，没有一字提到车马。在这样庄园式的自给自足的农业经济体中，粮食和粮食生产是优势需求，工商被辞谢出广大的农村社会生产生活之外，由工商经济所带来的物资也被看成是多余的非必需品；和工商荣辱与共的车子自然也就可有可无，逐步被农业文明边缘化了。

由农业文明的现实和理想培养产生出来的、无疑也经过美化了的中国古典文学中的田园意境或家园情结，也清晰地反映出了这个边缘化过程。在汉末仲长统的《昌言》里，车子还在他的理想家园中占有一席之地："使居良田广宅，背山临流。沟池环匝，竹木周布。场圃筑前，果园树后。舟车足以代步涉之难，使令足以息四体之役……"

但在《归田赋》中，就连热衷于权势与都市生活的张华也流露出了对田园景色的流连向往，本来还可以出现的车马此时却不见了踪影：

---

① 许由云：鼹鼠饮河不过满腹。谓人生食足则欢有余，何待多须邪？工商衡牧似多须者。若少私寡欲，充命则足。但非田无以立耳。

“随阴阳之开阖，从时宜以卷舒。冬奥处于城邑，春游放于外庐。……育草木之蔼蔚，因地势之丘墟。丰蔬果之林错，茂桑麻之纷敷……”

而到了田园诗鼻祖陶渊明那里，则是明确以车马不在场作为构筑他静美的理想田园生活意境的必要条件：

“结庐在人境，而无车马喧。问君何能尔？心远地自偏。采菊东篱下，悠然见南山。山气日夕佳，飞鸟相与还。此中有真意，欲辨已忘言。”(《饮酒》)

在《归园田居·其二》中也一开始就突出提醒了这一点：

“野外罕人事，穷巷寡轮鞅。白日掩荆扉，虚室绝尘想。时复墟曲中，披草共来往。相见无杂言，但道桑麻长。桑麻日已长，我土日已广。常恐霜霰至，零落同草莽。”

在《戊申岁六月中遇火》又一次明确强调：

“草庐寄穷巷，甘以辞华轩。”

“车马”这个符号在这里已不仅是工商的标志，而且加载了权势的含义。田园诗有意识地对车马发出疏离与冷淡的明确信号，可以将此看作是对官场和荣华富贵的拒绝，由此坚定了古典诗歌独立于世俗价值取向的优秀传统。从此，田园山水诗派包括唐宋诗人王维、孟浩然、韦应物、柳宗元、杨万里、范成大等诸家的田园诗、农事诗都向车马关上了大门。车文化在“诗经”时代的显赫辉煌地位已一去不复返了。车马被排斥在田园诗的王国之外，除了象征着车文化在农业文明格局中已落入了可有可无、非必须的边缘境遇之外，也意味着车子已完成了向以权力体系为核心的礼制载体的转化；同时也宣告了农业文化对工商文化特别是商业文化的全面胜利，包括农业文化在意识形态领域里诸如审美的、思维模式的、价值观的等方面所取得的主导优势与定势。

第十九章 缺乏科学是中国车文化不能发展的真正内部原因

综上所述，农业经济以及由农业经济产生的农民文化是阻碍中国车文化发展甚至是造成中国车文化退化的原因。但这只是外部原因，它只提供了必要条件，而不是充分条件；只解释了停滞和退化的原因，而没有说明为什么不能发展的理由。

除了外部原因之外，还有更重要的内部原因。那就是中国古代文化相对缺乏科学文化。因为没有科学文化的支持，所以中国的车文化就不能向前发展。关于中国古代文化为何没有科学这个大问题，英国著名学者李约瑟写了7卷34册的书试图来回答这个问题。可是他搜索了众多的材料却只是建立了提问题的前提或资格，而问题的答案一再推宕延迟，直到自己被浩瀚的材料淹没至死也没有力气说出这个答案来。看来他是迷失在自己的材料中而忘记了最初的目的了。国内有许多人也做过类似的工作，但在我看来都只给出了外部原因的解释。我在给学生开的“中国古代文化”课程中也曾对此做过独特的探讨，坚持从内部原因来回答这个问题，但现在无法在这里谈论，我们只能就车文化这一具体的论域来谈这个子问题的内部原因。

车子在古代文化中是一个科技含量最高、工艺最复杂的物质文化或人工物。没有科学思想的指导和引导，它的发明和发展都是不可能的。

第一节　西方车文化发展简史

如果横向比较，反观西方的车文化，与中国形成了鲜明的对照，那可真算得上是一部高歌猛进的发展史。自公元前3500年左右车子在美索不达米亚出现以后，西方的车文化从未停止过滚滚前进的车轮。

西方很早就出现了四轮车。大约在2500多年前，原始的前轮转向装置就已安装到四轮车上，解决了车子的转向问题。（公元前5世纪，生活在多瑙河上游到莱茵河中游地区的凯尔特工匠所制造的四轮马车有一个在枢轴上转动的前车桥，可使前轮旋转。）所以四轮车便从战场上撞城攻城的军事工具广泛移用于社会生活的各个方面。到了古罗马时期，四轮马车已成为欧洲大陆旅行的主要交通工具。一种称为“拉车”的四轮马车可以装得下全家人和他们的行李①。差不多与瓦罗同时的罗马人老普林尼的《博物志》还描述过一种在双轮车子的基础上安装了特殊装置的收割谷物的机械，这是西方人发明的用牲畜推动的原始收割机。车子应用于农业生产领域的还有播种机。这两者都在19世纪初重新得到大大的改进和推广，逐渐成为今天的样子。早期西方载人的四轮马车的车厢是用皮带悬吊在车上，1580年前就已安上了为减少震动而发明的弹簧悬架，使乘客乘坐更舒服满意。16世纪的欧洲矿山已应用木轨车运输矿石，它是铁路的前身。17世纪末（约1690年左右），有一个法国人将两个轮子纵向连结起来，两脚跨开骑乘，靠自身的双脚点地驱动车子前进，这就是第一辆自行车的雏形，在这之前是没有人会想到可以这样安排轮子而成车的。后来又发明了曲柄踏板和传动链条，便接近于今天自行车的模样了。1714年，克特对古老的四轮车转向装置作出了一项重大的改革，设计出了一种允许内外轮转向半径不同的差动齿轮装置；后来阿克曼等很多西方发明家对此做了无数的改进，才有今天轻巧灵动的汽车方向盘。在纽科门发明蒸汽机约半个世纪后，瓦特改良了纽可门的蒸汽机；几乎与此同时甚至可能略早一点，第一辆汽车（因为是以蒸汽为动力的）于1769年出现在欧洲，是一个名叫尼古拉·居纽的法国工程师制造的。这是车文化史上的一次具有里程碑意义的革命，从此开始了以物理能取代

① 见古罗马人M.T.瓦罗在公元前1世纪写的《论农业》一书之第二卷第七章。

生物能、以人造动力取代牛、马等牲畜自然动力的光辉历程。此后包括瓦特在内的许多人都投入到这个不断前进的征途中。1770年埃奇沃思设计了一种可以使车子和道路一起移动的“人工道路”,这就是履带车的发明。过了一个世纪之后,它被用在了拖拉机、推土机上;把拖拉机、推土机推上战场,它就变成了坦克。1804年英国人特里维西克制造了第一辆在铁道上使用的蒸汽机车——火车。这个轮子最多的车①,使车子的速度和运载能力都空前地提高放大。在居纽汽车出现整整一个世纪后,从1862年起,内燃机又开始顶替蒸汽机,成为汽车的动力,石化能取代了物理能。在1884—1885年间,本茨将燃气发动机与三轮脚踏车结合起来,并于1887年将它推向市场,成为“奔驰”车的前身。与奔驰汽车出现的同时,摩托车也现身于斯图加特。1888年苏格兰的一名兽医邓洛普独立发明了充气橡胶轮胎用以保护他的三轮车,而他并不知道早在1845年一个名叫罗伯特·汤姆森的工程师就已经取得了这项专利。汽车技术除了动力系统的“与时俱进”之外,西方车文化还在制动系统的各种动力刹车、传动系统的许多自动机制以及汽化器、雨刷器等方面巨细无遗地做了发明创造与改进,对车文化作出了巨大的贡献②。

中国的车文化缺乏科学思想和技术的后续支持,所以要发展就举步维艰,不能像西方车文化那样持续不断地向前发展,最终导致革命性的突破。为了认清科学技术在车文化发展的内部规律中所起的关键作用,让我们来集中考察西方车子动力系统的发展。

第二节　蒸汽机的发明

机动车的出现无疑是车文化史上里程碑式的革命,但是它是在发明了蒸汽机后才有可能实现的。而关于蒸汽机,我们自小所受的科普知识几乎都说是瓦特看到茶壶冒气而发明的,就如牛顿被树上掉下来的苹果砸出了万有引力定律

① 最长的列车到底有多少轮子,笔者未做过调查,但我实在想不出有比火车更多轮子的车。现在(2019年)听说中国液压平板车把汽车轮子增加到一千多个,成为轮子最多的国家,这又是一项吉尼斯纪录。

② 以上为笔者根据亚·沃尔夫《十六、十七世纪科学、技术和哲学史》《十八世纪科学、技术和哲学史》、德博诺《发明的故事》、罗伯特·金·默顿《十七世纪英格兰的科学、技术与社会》、乔治·巴萨拉《技术发展简史》等有关内容综合概括而成。

一样。中国人之所以热衷于传播和接受这样的“科普”信息,正说明了中国人相对缺乏科学思维素养,而擅长于直观的形象思维。蒸饭是中国饮食文化的特色(西方人是以烧烤为主),烧水烹茶更是中国人传统的拿手好戏;这两样“文化质点”在我们中国都是最普及的,因为全民都要吃喝的。我们难道没有人看见蒸饭冒气,听到“茶壶里的风暴”把壶盖掀得噗噗作响?按上面那种“科普”说法,本该我们中国人更有机会发现发明蒸汽机才对呀,怎么也轮不到西方人,但为什么我们没有发明出蒸汽机,从而把它安装到车子上?

其实蒸汽机的发明没那么简单,它的创造经历了一千七百多年的时间。从公元50年亚历山大里亚的希罗制造“气堆”①(反应式汽轮机)开始到18世纪的瓦特,其间数不清的科学家前赴后继对此进行了探索,作出了贡献。他们或写文章介绍,或亲自动手制造蒸汽机,其中有姓名可考的就有:热尔贝、卡当、马西修斯、贝松、达芬奇、波塔、德考司、布兰卡、拉姆齐、威尔金斯、伍斯特、惠更斯、帕潘、莫兰、萨弗里、纽科门等人。其中帕潘是个关键的转折点。与瓦特同时代也有许多人发明了蒸汽机,如特里维西克、霍恩布洛尔、爱德华·布尔等人都对蒸汽机做了重要的改良。瓦特的蒸汽机也只是对纽科门蒸汽机的改良(他是在奉命修理纽科门蒸汽机时发现它有缺陷才起而改良),并且只是在众多的改良纽科门蒸汽机中比较优越的一种。而纽科门蒸汽机则是源自于帕潘的蒸汽实验装置——常压蒸汽机。但帕潘搞这个实验起初并不是像当时其他人那样纯粹是为了给矿井抽水的实用目的,而是为了配合研究一个科学问题——“真空”。“真空”概念可以追溯到科学发源地古希腊。古希腊哲学家和科学家们从对“存在”的关怀思索衍生出对“非存在”(即“无物存在”——不等同于中国的“无”)问题也作了形而上学和物理学的探索。亚里士多德把这个问题物理学化也即科学化,提出了“真空”概念;但他认为宇宙中不存在真空。亚里士多德的许多科学观点在17世纪遭到了伽利略等科学家的挑战,其中就包括他的“真空”观念。他们把已经形而下化的亚里士多德的“真空”概念进一步具体化明确为就是“没有空气的空间”。西方科学家早就认识到空气是物质的一种形态,并通过多种实验知道了它有重量,从而有压力,而且有弹性等(这些都是蒸汽机发明的重要前提知识)。如果把这种肉眼看不见的物质抽空,那不就得到“真空”了吗?为了得到这样的“真空”,伽利略、托里拆利(他是伽利略的学生,

---

① 参见(英)亚·沃尔夫著,周昌忠、苗以顺、毛运远等译:《十六、十七世纪科学、技术和哲学史》,商务印书馆,1984年。

气压计的发明者)、帕斯卡、盖吕克、波义尔、胡克、惠更斯等人以及他们的前人想了各种办法,或发明抽气泵吸尽容器中的空气,或用火药爆破以驱除空气,但更多的人是通过冷凝蒸汽的方法来产生真空。在这样的实验过程中,他们发现可以利用地球大气压力向真空所施加的冲力来做功;而这正好可以用来解决严重困扰当时欧洲采矿业的矿井抽水问题。惠更斯设计了一种汽缸带活塞的动力发动机,用火药爆破以驱除汽缸中的空气,待汽缸冷却后产生真空。这种装置可以利用真空和大气的压力来将物体从低处往高处提。但大科学家惠更斯只是将他的这项发明设计在皇家科学院作了一次演讲说明,并未将他的设计付诸实施,而是建议帕潘开始他的实验。帕潘首先也是采用火药爆破法,但未能得到理想的真空状态。接着他便改用蒸汽取代火药做实验。蒸汽膨胀所产生的力将活塞推上汽缸的最顶端,汽缸被冷却、蒸汽冷凝后在活塞底下就获得了一定的真空,这时将卡住活塞的控制杆移开,一股强大的大气压力便迫使活塞向下降落,同时将系在活塞上的带有滑轮的绳索向下拽,这就带动了绳索另一头的物体向上提升。帕潘建议将他的这个蒸汽机用于矿井抽水。后来还将他的蒸汽机用于开动一艘模型船。不久,纽可门采用了惠更斯-帕潘的蒸汽机原理,并将帕潘的汽缸和活塞结合到自己创造的蒸汽机里。而瓦特的蒸汽机则又是在纽科门的蒸汽机基础上改进了汽缸和设立了单独凝汽器而成的。之后,人们就用连杆和曲柄等传动装置与蒸汽机相连,将直线运动转为圆周运动,或倒装过来将圆周运动转变成直线运动,从而为蒸汽机开辟了广阔的用途。这一切的进展都得益于惠更斯、帕潘等人对蒸汽机的设计实验发明。帕潘是个拥有精湛工艺技巧的机械师,他通过莱布尼茨得知了萨弗里的蒸汽机,并对萨弗里的引擎做了改进;他还和波义尔一起进行了一系列空气静力学实验,还发明了著名的加热浸提器,后来被瓦特使用在他的蒸汽力实验中。虽然他是个倾向于技术型的人才,但他与欧洲各国最优秀的科学家保持着密切的接触,他的蒸汽机实验虽属技术应用范畴,但正如乔治·巴萨拉《技术发展简史》所说的:"实验都是在科学指导下进行的,是从科学家意欲探索真空性质的要求中产生的,并且实验结果也是以科学论文的形式报道的。"①

① 以上为笔者综合概括(美)乔治·巴萨拉《技术发展简史》、(英)亚·沃尔夫《十六、十七世纪科学、技术和哲学史》、(英)亚·沃尔夫《十八世纪科学、技术和哲学史》、(英)德博诺《发明的故事》、(美)罗伯特·金·默顿《十七世纪英格兰的科学、技术与社会》等书中有关内容而成。

历史表明,蒸汽机尤其是帕潘的蒸汽机完全是科学原理的产物,其中牵涉到的科学原理知识涵盖了物理学(包括热力学、气体力学)、数学(包括几何学)、化学(空气化学)等最核心的“硬科学”领域,并非纯粹的技术技巧。帕潘和他那时代的其他人所做的有关这方面的实验,都源自于科学家们对某些科学概念(如“真空”和“气压”概念)的深切关注与不懈的探索,并非依靠偶然事件和误打误撞突然创造出来的,而是有它的内在逻辑或必然理路。它也独立于特定的实用功利目的(虽然它的研究实验成果最终可能会导致或转化为实用功利),否则中国人也有这方面的实用功利需求,(汽车与人力车相比,谁不想选择汽车呢?)为什么就不能发明出机动车呢?

第三节　中西“气”概念的不同

从上述粗略的勾勒可以看出,没有“真空”和“气压”这两个科学概念,是不可能出现西方近代蒸汽机的,而这两个概念又要以科学的“空气”概念为前提。西方人把空气看作是物质性实体,这也是古希腊时代就具有的观念。(甚至古代印度的雅利安人也具有这个观念,他们把世界看成是由“地、水、火、风”这“四大”物质元素构成的,其中的“风”就是空气。雅利安人是欧洲人与印度人的共同祖先,他们的语言同属“印欧语系”。)而物质的东西是有重量的(伽利略曾经称过空气的重量,虽然他是为了否证亚里士多德关于空气具有轻的属性而做这个实验的;但“轻”是与“重”相对而言的,只有物质的东西才有轻重可言),于是自然有“大气压力”的概念产生。反观我们中国古代,根本没有和西方那种科学的“空气”相当的概念。我们有“气”这个概念,在早期它是指“云气”和煮饭时冒出的蒸汽,以及人的呼吸、气息之类生理性的东西,从这方面看它也是属于物质性的东西,但它是属于那种有形有色之类可感觉的东西;对于无形无色的看不见抓不住的空气,我们从来不把它看作是“东西”的。庄子曾发出过“苍苍者其正色邪”的疑问,但这句话的逻辑主语很明显是“天”而非空气;《庄子·齐物论》中还有“大块噫气,其名为风”的话,好像是说空气,其实不然,他是将大自然的“风”拟人化为人吹出的气息,这个“气”还是人的气息、呼吸。所以号称是“构成世界的物质元素”(这只是我国某些“爱国”的唯物主义者的拔高说法)的“五行”中,没有空气的位置;与印度的“四大”相比,“五行”只是几个较为重大的生产生活资料而已，根本够不上“元素”资格，更谈不上分类的原则。但即使这样，“空气”这种比水还重要、须臾不可离的生存资料却居然没有被列入“五行”中！无论从“元素”说的角度还是从生存资料的角度看，都是不可思议的。只有一种解释，那就是“空气”压根没有被中国文化意识到，更何谈认识。

其实，中国文化中“气”倒是到处存在的。庄子是谈“气”比较多的一个思想家，除了上面所引之外，他还有“通天下一气耳”之说，这个“气”已是类似于哲学个体论范畴的概念了。从庄子时代（战国晚期）起，我国思想界的“气”很快就形成形而上的精神实体。它们或者属于哲学本体论概念如宋钘等人的“精气”说——“是故此气，杲乎如登于天，杳乎如入于渊，淖乎如在于海，卒乎如在于己。是故此气也，不可止以力，而可安以德；不可呼以声，而可迎以意……”这就是庄子的“通天下一气”说的详细说明。或者如《易纬·乾凿度》所说的：“有太易、有太初、有太始、有太素。太易者，未见气也；太初者，气之始也……清轻者上为天，浊重者下为地，冲和气者为人……”这里的“气”显然是哲学宇宙生成论的概念，是形成包括天、地、人在内的所有事物的质料或能量，那“清轻者”不但未曾确定为空气，而且与天合二为一（它的逻辑重心和语法重心都落在“天”上）。《鹖冠子》的“元气”则为沟通“道”与宇宙万物的过渡性存在，它决定万物的最终形态与性质，是“万物之母、天地之始”。这就有点像老子的“有”“无”关系，又为宋代理学家的“理气”说开了先河。宋代的张载既坚持“气”为宇宙的本体，但他的《正蒙》又说：“太虚无形，气之本体。”他的“唯气说”到底有些不彻底，但比起程朱理学来，他还算是把“气”放在了最重要的位置；程朱理学则主张“理在气先”，把“气”看成是比“理”低一级的中介概念，这和《鹖冠子》的“元气”有一些相似之处……“气”还分“阴气”“阳气”等，说法不一，但都是属于哲学本体论范畴。

“气”或者是一种道德实体，如孟子的“浩然之气”、文天祥的“天地正气”，以及“勇气”“邪气”等都是道德的或泛道德的力量。但“气”更多的时候是被当作实体的属性来使用的：“天气”“地气”“人气”“鬼气”“士气”“文气”“语气”“骨气”“官气”“牛气”“火气”“脾气”“肝气”“电气”……以及介于实体与属性之间的概念如“气功”“气势”“气概”“气机”“气力”“气色”等。中国人这么重视“气”，使用“气”的频率这么高，但是就是没有科学上有重量、有弹性、有压力、由各种元素组成的、包围着地球的“空气”概念！

没有“空气”概念，怎么会有“真空”和“大气压力”概念？没有“真空”和“大气压力”概念，怎么会有蒸汽机的发明创造？没有蒸汽机的发明创造，怎么会有以蒸汽为动力的火车和汽车之类的机动车的出现？

缺乏科学文化，尤其是缺乏科学概念的支持与引导，是中国车文化不能由畜力、人力车向机动车方向发展的真正内在、必然的原因。

至于说中国四轮车没有出现再简单不过的前轮转向装置（即 pivot），那只能说中国的制车共同体在技术上保守，惰性太严重①，太忽视革新精神，他们把主要的精力和聪明智慧都投入到官本位的“卤簿”车队中去了。

① 我老家的明清古屋上，有一条俗称“猪姆梁”的大横梁，两头凿着毫无用处的两个大孔。我小时问老辈人那两个大孔有何用处，老辈人说，那是木匠的祖师当初凿错了，后代木匠就连这个错误也代代相传了下来。古车也是木工制作的。

第二十章　宫廷车文化的兴起

汉代以后的车文化虽然在实质和总体上是一部“开倒车”的退化史，但在另一方面，也有它的“发展”与“繁荣”，那就是车子在古代中国被作为象征符号而畸形膨胀（或者可以称之为“文化过度”）的“车服制度”。

我们知道，礼制的主要目的就是分等级、别贵贱、辨亲疏、明尊卑。要实现这些目的，彰显这些意指，就必须有外在的区别性标志物作为象征。而人类最能彰显在外的“身外之物”莫过于衣服与车子了。古人云：“富贵不归故乡，如衣锦夜行，谁知之者。”①穿名牌服装不在灯光下闪亮登场，而在阴暗的胡同里走来走去，谁看得见？不但白花力气，而且白花钱。同理，买了一部名车，不载亲友开到街道上去兜兜风，老把它关在车库里摸来摸去，擦洗得锃光瓦亮，像王恺爱惜他的“八百里驳”似的，那岂不成了车奴？衣服和车子这两样东西不但可视、显现，而且可以随人到处走动，影响的范围也就扩大了；不像房子只能呆在一个地方，花再多的钱装修，能看到的人毕竟有限，更不像美食吃到肚子里谁也看不见。（三十年前我的导师曾说：衣服穿得再漂亮也是让别人看，只有吃到肚子里，才是自己的。吾爱吾师，吾更爱真理，因此上面那些话虽然有悖师言，也就顾不得了。）衣服和车子是最容易表现人的身份地位差别的工具，而这正具备了“礼”的条件要求，与“礼”的功能相符合。所以车子与衣服就成了礼的首选载

---

① 见《汉书・项羽传》《史记・项羽本纪》《汉书・朱买臣传》作“衣绣”。

体。于是中国古代礼制中便形成了关于衣服与车子的“车服制度”，以至于在历代的史书中专辟一个栏目叫“舆服志”来记述它的历史和内容。

第一节　卤簿的概念与特征

何谓“卤簿”？蔡邕《独断》曰：“天子出，锭害赤轿俦计稠袭椽陋车驾次第，谓之卤簿。”应劭《汉官仪》曰：“天子出，车驾次第谓之卤，兵卫以甲盾居外为前导，皆谓之簿，故曰卤簿”。这是汉儒的说法。唐代封演《封氏闻见记·五》也说：“舆驾行幸，羽仪导从谓之卤簿。”而又解“卤，大楯也。……卤以甲为之，所以扞敌。……甲楯有先后部伍之次，皆著之簿籍，天子出入，则按次导从，故谓之卤簿耳。”则是狭义的解释，特指卤簿中的卫戍武装部分。但“卤簿”一词一般都是广义地采汉儒用法，泛指天子出驾时扈从的仪仗队。然三国时的丁孚在他所撰的《汉仪》里却说皇后也有卤簿：“皇后出……亦千乘万骑，车府令设卤簿驾……”并指出东汉时的阴太后与邓皇后的殡葬礼仪就都动用了“如天子郊”的大驾卤簿。而唐制不仅皇帝、皇后、太子有卤簿，四品以上王公大臣至牧守亦皆给用卤簿[①]。其实“卤簿”的主要内容就是皇帝或皇室、权贵出行时法定的车队。

可是需要登记在簿籍上的东西多了去了，卤簿只是其中的一种，何以可以登记很多东西的簿籍却被用来特指这样的仪仗车队呢？为何不说“食簿”“衣簿”“宫簿”？可见这个指代性概念的重要性、复杂性与严肃性，需要认真对待，一点也马虎不得。由于汉民族做事往往不认真，敷衍马虎惯了，加上农民的自由散漫与粗心大意，不登记在簿籍上就记不清楚，就会出乱子，所以执事者临事时只能拿出这个簿籍来照本宣科、照章办事、按部就班。这也说明卤簿已俨然是“成文法”了，这是车文化制度化的典型。不过这也只是因为皇帝和上级领导要亲临现场参加这个车队的游行示威，所以人们才会这么认真做笔记和传达贯彻实行，否则即使发了“红头文件”也没有人当回事。正因为这样，才会有“卤簿”这一专有名词的出现。

天子出行的车队“有大驾、法驾、小驾”之别。这主要指车队的规模、规格，包括出动多少数量的车子、车队，由哪些级别的官员参加组成，何种品牌档次的

---

① 详见杜预《通典》卷一〇七·礼六十七“开元礼纂类二”。

车子等。“大驾则公卿奉引，大将军参乘，太仆御，属车八十一乘，备千乘万骑……法驾公卿不在卤簿中，唯河南尹执金吾，洛阳令奉引，侍中参乘，奉车郎御，属车三十六乘。”“法驾，上所乘曰金根车，驾六马，有五色安车、五色立车各一，皆驾四马……”“小驾祠宗庙用之，每出，太仆奉驾，上卤簿于尚书、侍中、中常侍、侍御史、主者郎令史，皆执注以督整诸军车骑。”①李贤《后汉书·儒林传序》注引胡广《汉制度》与此大同小异；《汉宫仪》卷下叙“大驾、法驾”亦基本相同，唯独阙“小驾”之说。根据乘者的不同级别和出行目的及其重要性程度，卤簿的规模、规格，仪式和车子的形式也有不同的组合，以相应档次的车队出动。如天子行郊祀祭天就要摆“大驾”，车要乘玉辂；会宾客、祭四望用“法驾”，乘金辂即“金根车”；祠宗庙用“小驾”，规模、规格比“法驾”中最低一级的祠明堂还小；群小祀、巡视用象辂（视朝、燕群臣亦然）；举行阅兵式乘革辂；田猎乘木辂；行“籍田礼”乘“耕根车”等。

必须强调的是卤簿车队出行时的秩序，这是体现礼制观念和礼制实践的最明显、最集中的表达，因为“礼”既是行为规范，又是秩序。卤簿车队行车有严格的先后次序，哪种车在前，哪种车在后，每辆车走什么车道，是在中央车道还是在左右两旁车道行驶，驾几匹马，配备什么行政级别的驾驶员，由什么官员主车，一车乘坐多少人，有什么样的设备，仪卫怎么走法，等等，都要按卤簿上的详细规定执行。《独断》和《汉官仪》皆谓“前驱有云罕皮轩鸾旗车”。但《晋书·舆服志》说：“象车，汉卤簿最在前。”《宋书·礼志》也说是“象车最在前，试桥道”。注意：这里的“象车”与前面提到的象辂有别，象辂是指用象牙装饰的车子，而“象车”则是指用大象拉的车子。大概因为大象比较重，桥道安全与否、是不是“豆腐渣”工程，这畜生一踏上去就明白，比质检部门还灵，并且负责任。《独断》和《后汉书》都说：“最后一车悬豹尾。”这种“豹尾”断后的安排，与古今教人写文章要“虎头、猪肚、豹尾”的模式如出一辙。现今的许多文章和报告在最后多要喊几句口号以示强硬如豹子的尾巴，说不定就是受到“豹尾车”的启发。

第二节　卤簿与“独尊儒术”和“夸富宴”的关系

“车服制度”虽然先秦时期就已存在，但对“车服制度”的用心讲究和大力

① 见蔡邕《独断》。

强调则始自汉代。汉代是儒家崛起的时代。儒家的本职专业是帮助统治阶级“制礼作乐”，所以儒学体系（如果有的话）的硬核和本质是“礼”而不是“五常”中的“仁、义、智、信”诸德。（“仁、义、智、信”是儒家与先秦其他一些学派，如墨家与许多政治家等共享的价值观，不是儒家区别于他家的特质。）儒家的宗师孔子和殿军荀子都是如此。荀子甚至提出，区别真儒与假儒的标准就是实行不实行“礼”。（宋明以来的“新儒学”突出思孟学派而掩盖甚至阉割了儒学的本质不是因为他们误会了儒家而是别有缘故，与当今一些所谓“鸡汤儒学”不可同日而语。）叔孙通为汉高祖“制礼作乐”，让流氓头子刘邦大为快乐地说，没想到做皇帝这么尊贵！但刘邦时代“天子不能具醇驷，而将相或乘牛车”，车文化一片萧条，儒家的“车服制度”也就没法讲究。经过汉初“黄老无为”的“文景之治”休养生息，汉帝国国力大增。到汉武帝时，为伴随其对外的穷兵黩武政策，对内开始提升“软实力”，于是提倡“礼乐”的儒家开始独步天下，定于一尊。

汉代开启了独尊儒术的新纪元，但也是大开“夸富宴”之风的时代。“夸富宴”本是物物交换时代馈赠礼的产物，但到了汉代，这个原始社会的遗风被农民文化发扬光大起来，成了炫耀排场的象征。中国农民文化是很奇怪的矛盾性格组合体，一方面这个文化主体有藏富、怕露富的心理和节约的传统，另一方面又不乏显富、摆阔的冲动。无论家庭贫富，婚丧喜庆都要极力铺张排场，攀比炫耀，是汉人的普遍现象：“今民奢衣服，侈饮食……富贵嫁娶，车軿各十[①]，骑奴侍僮，夹毂节引。富者竞欲相过，贫者耻不逮及。是故一飨之所费，破终身之本业。”[②]以致“无而为有，贫而强夸……生不养，死厚送，葬死殚家，遣女满车，富者欲过，贫者欲及，富者空减，贫者称贷”[③]。汉人的这种夸富长筵从汉代就一览无余地摆起，俗气冲天，千年不散至于今。作为农民政权代表的汉代统治阶级当然未能免俗，他们参与甚至推动了“夸富宴”运动。好大喜功的汉武帝和歌功颂德的辞赋家们把“夸富宴”推向了高潮。看看司马相如的《子虚》《上林》、扬雄的《甘泉》《羽猎》、班固的《东都赋》《西都赋》、张衡的《东京赋》《西京赋》诸赋，就能知道汉代的“夸富宴”排场心态了。讲排场谁能讲得过皇帝？但是统治阶级的讲排场是别有用心的。他们抓住或迎合了大众的这种消费心理，同时利

① 汪继培云：“各十”当为“络绎”。

② 见《潜夫论·浮侈篇》。

③ 见《盐铁论·国疾》。

用自己在这方面的绝对优势来张扬这些外在的车服，刻意制造和强调其中的区别性标志，用来彰显等级制度，以吸引世人的眼球。因此儒家学说相当“给力”了。在儒家学说别出心裁的经营下，“车服”成为“礼”的符码，为礼制体系实现其目的发挥了独特的符号功能。

“车服制度”有数不清的繁文缛节和规定内容，其中最能体现、展示车子作为礼制的象征符号而又与“夸富宴”的排场炫耀相兼容的地方，就集中在卤簿上。元曲《高祖还乡》就生动地反映了这个场景和农民的心理。可是农民们刚开始并不知道这些独特用意，这些农民老乡只是好奇看热闹，因此产生了“文化错码”（这是笔者临时组合的一个概念），产生了滑稽效果。这时提倡礼制的叔孙通徒子徒孙汉儒们就分赴各地办讲学了……于是儒家的礼制、车服与农民的排场“夸富宴”就整合到了一起，官民取得了和谐共识，携手共进汉家浩浩荡荡的卤簿队伍。

第三节　卤簿在汉代的发展

卤簿之名虽首见于汉末，也在汉代大兴盛，但肇端却在秦。蔡邕《独断》说：“古者诸侯贰车九乘。秦灭九国，兼其车服，故大驾属车八十一乘也，法驾半之，尚书、御史乘之，最后一车悬豹尾。”后代史文皆承此说。《后汉书·舆服志》：“古者诸侯贰车九乘。秦灭九国，兼其车服，故大驾属车八十一乘，法驾半之。属车皆皂盖赤里，朱轓，戈矛弩箙，尚书、御史所载。最后一车悬豹尾，豹尾以前比省中。”《宋书·礼志》：“汉制，乘舆御大驾，公卿奉引，太仆、大将军参乘，备千乘万骑，属车八十一乘。古者诸侯贰车九乘，秦灭九国，兼其车服，故八十一乘也。汉遵弗改。”这些说法在《史记·秦始皇本纪》中没有记载，但可以在“留侯世家”“项羽本纪”和《汉书》“张良传”“项籍传”中得到旁证。二史载秦始皇巡游天下，仇秦的张良觉得有机可袭，便精心策划了一次“恐怖主义”行动，与“同志”携一百多斤重的大铁锤埋伏在车队必经的博浪沙中，企图刺杀秦始皇，但失手误中副车（即属车），没有成功。张良行刺未遂的原因就在于秦始皇的车队属车（即副车）太多，以致刺客搞不清秦始皇乘的到底是哪一辆车。庞大的车队使秦始皇躲过了一次杀身之祸，但也正因为他的车队过于招摇张扬，引发了项羽“彼可取而代之”的歆羡与觊觎，遂启亡秦之机。秦始皇的车队数目到底多少,《史记》《汉书》皆无明说,但他的车队很庞大则是无疑的。因此说卤簿的实质形成于秦始皇巡游全国的“神州行”,当是大致不差的。但秦代是否把它定为制度,称之为“卤簿”,由于史无记载,不得而知。即使秦始皇巡游全国时车队真是“灭九国兼其车服八十一乘”而来(不管是原物还是仿制品),那也很可能只是把它们当作战利品来巡回展出,示威天下,而不是礼制之作。从另一个方面看,始皇帝“焚书坑儒”,好礼制的儒家想热脸贴冷屁股恐怕都有掉脑袋之虞,二者不可能进行合作,也没心思就此借题发挥“制礼作乐”。唐代《封氏闻见记》卷五说:“……卤簿,自秦汉以来始有其名。”但秦籍汉史皆未见此名。卤簿之名始见于东汉末的政书类记闻如应劭《汉官仪》和蔡邕的《独断》。《宋史·舆服志》说:“秦并之,揽上选以供服御,其次以赐百官,始有大驾、法驾之制;又自天子以至牧守,各有卤簿焉。”《宋史》的这种说法不知何据,大概只是依汉唐之例而类推尔。卤簿的制度化,应该是汉儒借车载礼、踵事增华的结果。

“甘泉卤簿” 汉代在沿袭秦代“驰道”的同时也继承了秦始皇的庞大车队,并将它制度化了(与“驰道”被规定为只供皇帝使用的“御道”一样),这是中国车文化的一种“发展”。汉代统治阶级模仿学习、发扬光大了秦始皇的车队派头,推动了先秦以来的“车服制度”向“卤簿”制度的转变。我估计这个转变很可能也是在汉武帝时开始发生的。《通典》卷六十四:“汉武帝天汉四年,始定舆服之制。郊祀所乘,谓之大驾,备车千乘,骑万匹,其仪甚盛,不必师古。”汉武帝从小受他外婆的影响,搞迷信求神仙比秦始皇有过之而无不及,屡次发觉上巫汉方士骗子们的当,虽杀之但仍信之,终身死不悔改。他当皇帝一生最主要的活动就是搞迷信,以至于司马迁的《史记·孝武本纪》从头到尾都是记载他的迷信活动。最重要的迷信活动是祀甘泉、祠五畤、祭后土和封泰山。《汉书》记他郊祀甘泉六次,祠五畤八次,瘗后土七次,封禅巡泰山八次。此外还有礼祠名山大川如嵩山、九嶷山、蓬莱以及陈宝祠等。但其活动中心大部分是在甘泉宫(今陕西淳化西北),因为据说“神君”召生病的汉武帝到那里为他治好了病。“神君”最贵“泰一”,为了便于祭祀,武帝就在甘泉设立“泰畤”以举行郊天的祀典。甘泉宫因此成为最重要的行宫,汉武帝行幸甘泉宫也最频繁,每次出入都要动用庞大的仪仗车队,故有“甘泉卤簿”之专名屡见于汉末诸记。蔡邕《独断》说:“在长安时,出,祠天于甘泉,备之,百官有其仪注,名曰甘泉卤簿。”《汉官解诂》:“天子出,车驾次第谓之卤簿。长安时,出,祠天于甘泉,用之,名曰甘泉卤簿。"应劭《汉官仪》卷下:"甘泉卤簿,有道车五乘,游车九乘,在舆前。"这表明"甘泉卤簿"已成为模式和传统。武帝的接班人宣帝继承了这个传统,继续上甘泉,郊泰畤,幸河东,祠后土,"修武帝故事,盛车服,敬斋祠之礼,颇作诗歌"。[①]喜欢给老婆画眉毛的京兆尹张敞上疏谏说:"愿明主时忘车马之好,斥远方士之虚语……"[②]可见宣帝与武帝一样喜欢搞迷信和车马排场。一直到汉成帝时,一班老臣大概因为骨质疏松经不了这样折腾,于是由匡衡等人联名上书说,到甘泉和汾阴去郊祀天地既不合古制,又车行溪谷中百余里,路途险狭不安全,不是圣主龙体适宜经常乘车去的,甘泉泰畤与河东后土之祠应该迁到长安附近,改在南北郊区举行祭祀。成帝同意了。但是过了不久,因为成帝婚后久不见有孩子出生,成帝的母后便将皇帝不能生育的原因怪到这次迁祠上头去,于是朝廷只好又把甘泉泰畤与河东后土之祠回迁原处。这样一来成帝要往甘泉等地跑得更勤了,因为成帝的母后抱孙心切。汉成帝每次去甘泉向神仙求子嗣时,总要拉上赵飞燕的妹妹昭仪一起乘坐在皇帝的卤簿车队中。赵昭仪乘坐的车子"每上甘泉,常法从,在属车间豹尾中"[③]。我们已经知道,"豹尾"是皇帝卤簿的标志之一。可惜赵飞燕姐妹没能生下一男半女,成帝被神仙忽悠了。于是又有人提议"复还长安南北郊",其理据之一是"前上甘泉,先驱失道;礼月之夕,奉引复迷"[④]。虽然《汉书》中还不见"卤簿"之名,但已显其形了。应劭《汉官仪》卷下:"前驱有云罕皮轩鸾旗车。"蔡邕《独断》:"前驱有九斿云罕闟戟皮轩銮旗车。"《汉书》中的"先驱""豹尾",一前一后,神龙现首亦现尾,可见当时确已形成了后代所称的"卤簿"。

扬雄赋中的"卤簿"　看来真相越采越向我们走近了。虽然完整全貌仍不清楚,但这时关于"卤簿"出行的信息开始多了起来。扬雄的《甘泉赋》与《河东赋》就是直接描写西汉晚期汉成帝到甘泉、河东郊祀天地的卤簿车队情形的:

> ……于是乘舆乃登夫凤皇兮而翳华芝。驷苍螭兮六素虬,蠖略蕤绥,漓乎幓纚。帅尔阴闭;霅然阳开,腾清霄而轶浮景兮,夫何旟旐郅

① 见《汉书·郊祀志》。
② 见《汉书·郊祀志》。
③ 见《汉书·扬雄传》。
④ 见《汉书·郊祀志》。

偈之旖旎也？流星旄以电烛兮，咸翠盖而鸾旗。敦万骑于中营兮，方玉车之千乘。声駍隐以陆离兮，轻先疾雷而馺遗风。凌高衍之嵱嵸兮，超纡谲之清澄。登椽栾而狃天门兮，驰阊阖而入凌兢。

是时未臻夫甘泉也，乃望通天之绎绎。下阴潜以惨廪兮，上洪纷而相错。直峣峣以造天兮，厥高庆而不可乎疆度。平原唐其坛曼兮，列新雉于林薄。攒并闾与茇葀兮，纷被丽其亡鄂。崇丘陵之駊騀兮，深沟嵚岩而为谷。往往离宫般以相烛兮，封峦石关施靡乎延属。

于是大厦云谲波诡，摧嗺而成观。仰挢首以高视兮，目冥眴而亡见。正浏滥以弘惝兮，指东西之漫漫。徒徊徊以徨徨兮，魂眇眇而昏乱。据軨轩而周流兮，忽坱圠而亡垠。翠玉树之青葱兮，璧马犀之瞵㻞。金人仡仡其承钟虡兮，嵌岩岩其龙鳞……（《甘泉赋》）

汉代的“大赋”是一种倾向于铺张的文学体裁，带有很大的夸张成分。扬雄这篇《甘泉赋》也有夸张的想象之辞，但不是子虚乌有式的杜撰。《汉书·扬雄传》说：“孝成帝时，客有荐雄文似相如者。上方郊祀甘泉泰畤，汾阴后土，以求继嗣，召雄待诏承明之庭。正月，从上甘泉还，奏《甘泉赋》以风。”说明这是根据亲身参加过“甘泉卤簿”的经历所创作的作品，从内容来看，其中许多部分是实录。赋一开始就盛言车骑之众，从卤簿队伍整装集中出发写起，皇帝所在的中军玉车宝马云集。皇帝登上张着华盖、由六匹马拉、饰有凤鸟（一说是凤鸟形）的“凤凰车”①，卤簿队伍便车马骈阗地向甘泉进发。为王前驱的“旄头”在乘舆前星驰电闪般开路。车子张着翠盖、竖着鸾旗。一路上旌旗逶迤，羽盖辉映；千乘万骑，疾车快马声震陵谷。路随山起伏，车缘峰登降。在浏览俯仰，惊奇于沿途山林岩壑景色之后，终于到达高耸入云的甘泉宫。随着车队的上山，参观者（作者）开始将目光投向了另一番境界，极力铺叙离宫别殿的崔巍、祇观神阁的崛奇、珍台闲馆的瑰玮，与夫云谲波诡、如梦如幻仙境般的缥缈奇观，兼写内心感受，旁及天气变化，当然也渲染了天子祭祀神灵的穆然而隆重的神秘气氛，这是题中应有之义。“于是事毕功弘，回车而归，度三峦兮偈棠黎。天阃决兮地垠开，八荒协兮万国谐。登长平兮雷鼓磕，天声起兮勇士厉。云飞扬兮雨滂沛，于

① 《汉官仪》卷下：“乘舆大驾则御凤凰车，以金根为副。”

胥德兮丽万世。”最后以功德圆满、泽被万世而结束。

扬雄的赋一向被认为是“主文谲谏、以颂为讽”的，这篇《甘泉赋》中“屏玉女而却宓妃”句就是人们常常拿来作典型的例子之一，说是暗讽汉成帝宠幸赵飞燕、赵昭仪姐妹一事。其实这是沿袭班固在扬雄本传中“以微戒斋肃之事”的说法。我看不像那么回事。因为成帝上甘泉的目的就是为了求子——这是班固在这首《甘泉赋》的序言中自己说的，所以成帝带上赵飞燕姐妹是无可厚非的。“屏玉女而却宓妃”这句话的上下语境正是说的斋戒事，而作者恰恰是正面客观地叙述求子前的斋戒之诚，“澄心清魂，储精垂思，感动天地，逆厘三神”的。这样说反而带有些许肯定的意味。古今斋戒都要远女色、戒房事的，但求子又必须大干房事，这是很矛盾的“悖论”，所以班固与古今论者无论怎么说都不符合这段话的原意。要说《甘泉赋》有什么“微讽”的话，那就是在铺叙完宫殿序列之后接着指出“袭璇室与倾宫兮，若登高眇远，亡国肃乎临渊”，拿桀作璇室、纣作倾宫来警戒帝王的奢侈，才是顺理成章、意到笔随的事。女色在这类题材和主题中原本是居于边缘性的地位，但在汉儒的诗学传统中往往被“解构”成了中心。我倒觉得扬雄用力渲染沿途在车上看到的山高路险的那些句子——“是时未臻夫甘泉也，乃望通天之绎绎。下阴潜以惨廪兮，上洪纷而相错。直峣峣以造天兮，厥高庆而不可乎疆度……崇丘陵之駊騀兮，深沟嵚岩而为谷……鬼魅不能自逮兮，半长途而下颠，历倒景而绝飞梁兮，浮蠛蠓而撇天”以及“登降峛施”——与匡衡等人所奏的“溪谷阸狭”的说法可以互相印证呼应，证明山路险恶、行车颠簸，确实“非圣主所宜数乘”，因而上述那些描写很有资格作为呼吁“迁祠”于长安近郊的“谲谏”。

扬雄还有一首《河东赋》，也是跟随皇帝的卤簿队伍横渡黄河去河东的汾阴（今山西运城）祭祀“后土”的。赋中将卤簿车队的行军写得声威俱壮：

> 于是命群臣，齐法服，整灵舆，乃抚翠凤之驾，六先景之乘，掉犇星之流旃，彏天狼之威弧。张耀日之玄旄，扬左纛，被云梢。奋电鞭，骖雷辎，鸣洪钟，建五旗。羲和司日，颜伦奉舆，风发飙拂，神腾鬼趡。千乘霆乱，万骑屈桥……

值得注意的是这里出现了“左纛”，这也是卤簿中的一个元素。尤其是后面写车子随山峦起伏颠簸的"簸丘跳峦"句,将人乘车时震动摇晃的主观感受和车子上下波动跳跃的客观景象糅合一起,转移投射到第三者——山的上面,使相对静止的山活动了起来;实际上是摄像师手中的摄像机在摇晃,但画面中呈现出山在跳荡。写山峦的跳荡,正是写车与人的跳荡。主客互映、人境相融,行车之情景,尽于此拟人化之意象中见!

卤簿在东汉 东汉开国之君光武帝刘秀是儒生出身,上大(太)学时是个"贫困生",曾与一位同学合买一头毛驴(我们曾经讲过驴是最便宜的进口"发动机")用于出租以补贴费用[①],可算是在校生搞"创业"最早的带头人了,换作现在,他肯定会买一部"的士"出租当车老板的。后来他搞更大的"创业"——打天下争皇帝去了。但是一做皇帝,就要被称作"车驾"的。那时刚经过王莽、赤眉之乱,文物无遗,西汉时期的卤簿也与王莽一起焚毁于战火之中。此事一时顾不上,但刘秀集团是很重视"汉官威仪"的,一班儒士和属下肯定惦记着此事。恰好光武帝部下平定四川土皇帝公孙述,缴获了公孙述自制的一套卤簿,如获至宝,立即千里迢迢传送"葆车舆辇"献给光武帝,"于是法物始备"[②]。东汉君臣以此为基础很快拉起了一支卤簿队伍,风风光光地"郊天""祀地",并浩浩荡荡地开到泰山"封禅"去了。(马第伯《封禅仪记》记光武帝封禅泰山:"建武三十二年,车驾东巡守。正月二十八日发洛阳宫,二月九日到鲁,遣守谒者郭坚伯将徒五百人治泰山道。")

儒生角色与帝王角色在刘秀身上合二为一,所以东汉一代的"卤簿"意识更加自觉,更加讲究车服制度,并更加发展壮大。"二十四史"率先开辟"舆服志"栏目正是从记载东汉历史的《续汉志》和《后汉书》开始的,这绝非偶然。这才有后来张衡《东京赋》中描写郊祀天地时卤簿豪华壮观的车队阵容那样的风光场面。

如果说扬雄的赋所反映的西汉卤簿面貌尚嫌模糊简略,那么张衡的《东京赋》则更进一步提供了东汉卤簿的具体细节:

> 及将祀天郊,报地功……结飞云之袷辂,树翠羽之高盖。建辰旒

---

① 参见《后汉书·光武帝纪》注引《东观记》。

② 见《后汉书·光武帝纪》。

之太常，纷焱悠以容裔。六玄虬之弈弈，齐腾骧而沛艾。龙辀华轙，金鍐镂钖；方釳左纛，钩膺玉瓖。銮声哕哕，和铃鉠鉠。重轮贰辖，疏毂飞軨。羽盖威蕤，葩瑵曲茎。顺时服而设副，咸龙旗而繁缨。立戈迤戛，农舆辂木。属车九九，乘轩并毂。箙弩重旃，朱旄青屋。奉引既毕，先辂乃发。鸾旗皮轩，通帛綪旆。云罕九斿，闟戟轇輵。髶髦被绣，虎夫戴鹖。驸承华之蒲梢，飞流苏之骚杀。总轻武于后陈，奏严鼓之嘈囋。戎士介而扬挥，戴金钲而建黄钺。清道案列，天行星陈。肃肃习习，隐隐辚辚。殿未出乎城阙，旆已反乎郊畛……

这是对东汉时期皇帝郊祀天地时豪华壮观的卤簿车队阵容所作的淋漓尽致的描写，其中得到详细扫描的皇帝辂车格外引人注目：

天子的随行副车皆高张翠鸟羽毛织成的华盖，如天上飘浮的行云；支撑华盖的曲柄上描绘着金色的花纹。车上树立绘有日月星、垂着十二旒的“太常”旗，迎风招展，如旺盛的火焰起伏飞舞；驾天子乘舆的六匹黑龙马通身光鲜发亮神采奕奕，雄赳赳步调整齐一致；车辕的前端雕刻着龙头，车衡上穿缰绳的大环也雕饰花纹；马鬃前安放着玉花形的金马冠，马额头贴挂着镂金的“当颅”；上插着山鸡羽毛的铁制“方釳”被设置在马鬃的后面；以牦牛尾制成的斗大标帜插在左騑马身边的车衡上；马的前胸配着玉饰，套着“繁缨”大带；安在衡上的“銮”与挂在轼上的“和”发出和谐的铃声。为了双保险，皇帝的车子是双重的轮毂两层的辖。车毂进行了雕镂；露出的车轴两端挂着名为“飞軨”的方画旗。前头引路的鸾旗皮轩车上插着整幅帛制的红旗，与云罕九斿旗都是前驱的标志……最后两句译成白话文是：“殿后的队伍尚未出城门，先头的旌旗已经从郊区返回了。”——堵车了？

汉末关于卤簿的重要元素基本上都在这里显现了。我们如果拿蔡邕《独断》中有关卤簿的文字放在这里相比较：

凡乘舆，车皆羽盖、金华爪，黄屋左纛，金鍐方釳繁缨，重毂副牵。黄屋者盖以黄为里也，左纛者以牦牛尾为之，大如斗，在最后，左騑马鬃上。金鍐者马冠也，高广各四寸，如玉华形在马鬃前。方釳者铁，广数寸，在鬃后，有三孔，插翟尾其中。繁缨在马膺前，如索帬者是也。

重毂者，毂外复有一毂，施牵其外，乃复设辜，施铜金鍐形，如缇亚，飞軨以缇油，广八寸，长注地，左画苍龙右白虎，系轴头。今二千石亦然，但无画耳。

可以明显看出蔡邕的解释简直就是张衡《东京赋》中上面那段文字的注脚。

综观汉代卤簿的发展，有两个高潮，一是汉武帝时代，一是光武帝时代。这两个时代都是儒家兴盛的时代。儒家的“制礼作乐”迎合了帝王耀武扬威、好大喜功的权势欲，而民间的“夸富宴”讲排场的民俗传统又为盛世面子工程提供了社会心理基础，这二者合流推动了汉代卤簿掀起高潮。

第二十一章　卤簿的盛衰

卤簿经东汉浴火重生后，从此这个车队尽管道路坎坷，历尽艰难，但颠扑不破、风雨无阻地载着皇帝们直开进博物馆方休……即使汉末三国纷争，“白骨露于野，千里无鸡鸣。生民百遗一，念之断人肠”①，但卤簿还是照样要保持，因为他们争夺的就是卤簿这样的东西。《三国志·武帝纪》载汉献帝建安十九年，“天子命公（曹操）置旄头”。二十二年命曹操“设天子旌旗，出入称警跸……冕十有二旒，乘金根车，驾六马，设五时副车”。曹操虽然没有称帝，但已僭礼非分享受皇帝的卤簿待遇，“汉贼”“奸臣”这两项罪名怕是什么人也没法替他翻案了。

第一节　西晋“中朝大驾卤簿”

三国时期的战乱基本上没有影响到卤簿。卤簿在西晋的规模变本加厉，盛况空前。因为西晋的最高统治阶级司马氏集团也是儒家世族，儒家的制礼作乐、帝王的好大喜尊、贵族的骄奢淫逸、社会的“夸富宴”风气，加上刚刚统一的大一统专制局面能集中力量办大事，所以才打造出了“中朝大驾卤簿”那样的“盛世经典”，把卤簿推向了登峰造极的地步。

---

① 见《曹操集·蒿里》。

汉末诸家虽然对卤簿作了许多重要的介绍，但由于古籍亡佚残缺不全，都是片鳞只爪、支离破碎，难窥全豹。幸赖《晋书·舆服志》记录了西晋时“中朝大驾卤簿”车队出行的全景，可以填补这个缺憾。现择要以供快览：

先象车，鼓吹一部，十三人，中道。次静室令，驾一，中道。式道候二人，驾一，分左右也。……次洛阳亭长九人，赤车，驾一，分三道，各吹正二人引。次洛阳令，皂车，驾一，中道。次河南中部掾，中道。河桥掾在左，功曹史在右，并驾一。次河南尹，驾驷，戟吏六人。次河南主簿，驾一，中道。次河南主记，驾一，中道。次司隶部河南从事，中道。都部从事居左，别驾从事居右，并驾一。次司隶校尉，驾三，戟吏八人。次司隶主簿，驾一，中道。次司隶主记，驾一，中道。次廷尉明法掾，中道。五官掾居左，功曹史居右，并驾一。次廷尉卿，驾驷，戟吏六人。次廷尉主簿、主记，并驾一，在左。太仆引从如廷尉，在中。宗正引从如廷尉，在右。次太常，驾驷，中道，戟吏六人。太常外部掾居左，五官掾、功曹史居右，并驾一。次光禄引从，中道。太常主簿、主记居左，卫尉引从居右，并驾一。次太尉外督令史，驾一，中道。次西东贼仓户等曹属，并驾一，引从。次太尉，驾驷，中道。太尉主簿、舍人各一人，祭酒二人，并驾一，在左。次司徒引从，驾驷，中道。次司空引从，驾驷，中道。三公骑令史戟各八人，鼓吹各一部，七人。次中护军，中道，驾驷。卤簿左右各二行，戟楯在外，弓矢在内，鼓吹一部，七人。次步兵校尉在左，长水校尉在右，并驾一。各卤簿左右二行，戟楯在外，刀楯在内，鼓吹各一部，七人。次射声校尉在左，翊军校尉在右，并驾一。各卤簿左右各二行，戟楯在外，刀楯在内，鼓吹各一部，七人。次骁骑将军在左，游击将军在右，并驾一。皆卤簿左右引各二行，戟楯在外，刀楯在内，鼓吹各一部，七人。骑队，五在左，五在右，队各五十匹，命中督二人分领左右。各有戟吏二人，麾幢独揭，鼓在队前。次左将军在左，前将军在右，并驾一。皆卤簿左右各二行，戟楯盾在外，刀楯在内，鼓吹各一部，七人。次黄门麾骑，中道。次黄门前部鼓吹，左右各一部，十三人，驾驷。八校尉佐仗，左右各四行，外大戟楯，次九尺楯，次弓矢，次弩，并熊渠、佽飞督领之。次司南车，驾驷。中道。护驾御史，骑，夹左右。次谒者仆射，驾驷，中道。次御史中丞，驾一，中道。次武贲中郎将，骑，中道。次九斿车，中道，武刚车夹左右，并驾驷。次云罕车，驾驷，中道。次阘戟车，驾驷，中道，长戟邪偃向后。次皮轩车，驾驷，中道。次鸾旗车，中道，建华车分左右，并驾驷。……次五时车，左右有遮列骑。……次金根车，驾六马，中道。太仆卿御，大将军参乘。左右又各增三行，为九行。司马史九人，引大戟楯二行，九尺楯一行，刀楯一行，由基一行，细弩一行，迹禽一行，椎斧一行，力人刀楯一行。连细楯，殿中司马，殿中都尉，殿中校尉，为左右各十二行。金根车建青旗十二。左将军骑在左，右将军骑在右，殿中将军持凿脑斧夹车，车后衣书主职步从，六行，合左右三十二行。次曲华盖，中道。侍中、散骑常侍、黄门侍郎并骑，分左右。次黄钺车，驾一，在左，御麾骑在右。……次大辇，中道。太官令丞在左，太医令丞在右。次金根车，驾驷，不建旗。次青立车，次青安车，次赤立车，次赤安车，次黄立车，次黄安车，次白立车，次白安车，次黑立车，次黑安车，合十乘，并驾驷。建旗十二，如车色。立车正竖旗，安车邪拖之。次蹋猪车，驾驷，中道，无旗。次耕根车，驾驷，中道，赤旗十二，熊渠督左，佽飞督右。次御軺车，次御四望车，次御衣车，次御书车，次御药车，并驾牛，中道。次尚书令在左，尚书仆射在右，又尚书郎六人，分次左右，并驾。……次豹尾车，驾一。自豹尾车后而卤簿尽矣……

笔者之所以节录这个冗长的“大驾卤簿”，就是为了让读者亲自感受一下，仅仅文字上的阅读就让你喘不过气来，从而体会这卤簿车队在三维物理空间展开来时其场面是何等的气壮山河！“豹尾车”只是皇帝的卤簿车队的界限标志，并不是整个游行队伍的结束，在“豹尾车”的后面还有各将军的卤簿军骑车辆：

……次轻车二十乘，左右分驾。次流苏马六十匹。次金钺车，驾三，中道。左右护驾尚书郎并令史，并骑，各一人。次金钲车，驾三，中道。左右护驾侍御史并令史等，并骑，各一人。次黄门后部鼓吹，左右各十三人。次戟鼓车，驾牛，二乘，分左右。次左大鸿胪外部掾，右五官掾、功曹史，并驾。次大鸿胪，驾驷，钺吏六人……

卤簿无疑是最大规模的“夸富宴”，其宏伟壮观的气势派头令如今最牛的影视公司老板也会咋舌气短。所有大牌导演的宫廷剧、帝王戏在这卤簿面前简直形同儿戏，与戏台上皇帝出场时的“跑龙套”一样不过是五十步与一百步之差。

“大驾卤簿”的车队除了军队、地方政府和中央直属部门的官员车队之外，还有各种各样的车子：最前面的是象车开道，象车上载着乐队（主要是 打击乐与管乐）敲锣打鼓吹喇叭；然后是司南车、九游车、云罕车、皮轩车、建华车、阘戟车；“阘戟车”是天子打猎时所乘的，一说又名“蹋猪车”，魏文帝曹丕嫌它难听，将之改名为“蹋兽车”，以符合猎车的用意，驾四马，也是重轮双毂，上面画满花纹，雕饰缠绕的缪龙，并将长戟斜插在车后；在这些“前驱”车中，还有一种在五辂之前驾四匹马的“鸾旗车”，上面载着画有鸾鸟的旗帜，旗杆顶部用撕分的羽毛编作装饰；在“大辇”（皇帝乘坐的车）的前后都有金根车，前驾六马，插旗，后驾四马，不建旗帜，其上如画轮车，下犹金根之饰。后面还有我们曾经提过的“耕根车”，驾四马，建大红旗，旗上垂有十二条“旒”，车上载着耒耜等农具于轼上；还有可以坐乘的“安车”（原仅供王后乘坐，连皇帝也不能坐，东汉以后也列入卤簿之中）和站乘的“立车”（亦称“高车”或“高盖车”），“安车”和“立车”各五部，按青赤黄白黑五色名为“五时车”，共计十部都是“副车”（“正车”即五辂）；还有御轺车、御衣车、御书车、御药车，以及载有“阳遂”（即聚光镜，用于取火）的四望车……

“籍田礼”的卤簿车队　我们已经全景式地远眺了西晋时期“大驾卤簿”的壮观车队，那应该是真实的记录。因为西晋正是中国“夸富宴”的高潮时期（最典型的例子就是石崇与王恺的斗富），卤簿遂成为当时国情的真实写照，所以西晋“大驾卤簿”的记录不仅真实，且空前绝后，在这之前与之后都没有被保存得如此完整的信息。我们从潘岳的《籍田赋》也可以再一次得到印证：

> 伊晋之四年正月丁未，皇帝亲率群后藉于千亩之甸，礼也。于是乃使甸帅清畿，野庐扫路。……袭春服之萋萋兮，接游车之辚辚。微风生于轻幰兮，纤埃起于朱轮。森奉璋以阶列兮，望皇轩而肃震。若湛露之晞朝阳，似众星之拱北辰也。于是前驱鱼丽，属车鳞萃。阊阖洞启，参涂方驷。常伯陪乘，太仆执辔。后妃献穜稑之种，司农撰播殖之器。挈壶掌升降之节，宫正设门间之跸。天子乃御玉辇，荫

华盖……金根照耀以炯晃兮，龙骥腾骧而沛艾。表朱玄于离坎兮，飞青缟于震兑。中黄晔以发挥兮，方采纷其繁会。五辂鸣銮，九旗扬旆。琼钑入蕊，云罕晻蔼。箫管嘲哳以啾嘈兮，鼓鞞硡隐以砰磕。筍簴嶷以轩翥兮，洪钟越乎区外。震震填填，尘雾连天，以幸乎籍田……

中国是农业国，古代朝廷为了表示重视和提倡农业，每年春天皇帝会乘“耕根车”举行一次象征性的耕田仪式，就像今天国家领导人参加“植树节”活动一样。这种仪式就叫作“籍田礼”。潘岳这篇《籍田赋》所描写的就是当时皇帝行“籍田礼”时的情形。比“大驾卤簿”规格小了许多的“籍田礼”，其卤簿车队也是浩浩荡荡上山下乡，东风吹，战鼓擂，红旗飘飘，车轮滚滚，尽量弄得震天动地。

然而好景不长，这个泡沫繁荣的虚假盛世只持续了差不多三十年，由于极度腐败且贫富差距巨大，道德滑坡，遂爆发了争权夺利的“八王之乱”，随后引起了胡人南下入主中原。就在匈奴左贤王刘元海反于离石的那一年，西晋的第二代领导人傻瓜皇帝司马衷在兄弟内战中“单车走洛阳”，一路上“市粗米饭，盛以瓦盆，帝噉两盂”①。居然还连吃了两钵粗米饭！这时才知道真理在我的老师一边，他说的没错，吃比“车服”更重要。晋惠帝不但没了卤簿，后来连鞋子都丢了，光着脚丫子，谒陵时只好借穿随从的破鞋，直到乱军“以阳燧青盖车奉迎”，坐上原来卤簿中最末等的随从车，才稍稍有了点尊严。晋惠帝虽然傻，但要摆点“车驾”的派头也还是知道的，他看到皇后和后宫女士们都没有车坐，觉得很没面子，便要求乱军头目多派些车子来载她们，这下子乱军乘机进来掳掠宫女财宝，“分争府藏，魏晋已来之积，扫地无遗矣”②。后来不知何故，连那部“阳燧青盖车”也没了，晋惠帝只好骑马，从马上掉下来摔伤了腿骨。晋惠帝吃有毒食品中毒死后，第三代领导人晋怀帝司马炽因胡人石勒兵锋逼近，想逃出“人相食”的京城，但找不到一辆车子。晋怀帝搓着双手说：“如何曾无车舆?”只好准备改由水道坐船溜走，但终于没走成，被胡人刘曜、石勒等俘获，押到平阳，当了胡人首领刘曜的酒会服务员，最后被杀。同时被掳的还有晋怀帝的嫂嫂即晋惠

① 见《晋书·惠帝纪》。

② 见《晋书·惠帝纪》。

帝的第二任皇后羊献容,她高高兴兴地做了胡头刘曜的压寨夫人,并且当刘曜问她"吾何如司马家儿"时,这位曾经的"国母"居然回答说:怎么可以相提并论?您是开国之圣主,他是亡国之暗夫!于是她心甘情愿地为刘曜生了两个儿子。作为以礼教"母仪天下"的"国母"都这样了,可见礼教道德滑坡到何等严重地步!这位羊皇后出身于腐败集团的家族,因"屑炭和作兽形以温酒"而闻名洛下使豪门贵族竞相效仿的羊琇就是她的叔祖。他们家常常夜以继日地游宴,"中外五亲无男女之别",所以才会调教出这样毫无羞耻之心的"国母"来。晋惠帝的第一任皇后贾南风更坏,荒淫酷虐,"八王之乱"就是她惹起的,她的父亲就是面对面杀死高贵乡公的弑君之贼贾充。贾家的门风不正是出了名的,"韩掾偷香"就是偷到她们家去的(其实是贾家的二小姐贾午自己主动投怀送抱勾引韩寿的)。总之司马氏政权的核心都是一批腐败无耻、道德沦丧的权贵利益集团,这个逆取而不顺守的政权早已丧失了道义上的执政合法性,他们提倡儒家礼教,大搞卤簿建设,只是为了维护统治阶级的秩序,向人民摆摆八面威风,内心根本没有儒家的一点真精神,只能搞搞假大空的形式,表面上是庞然大物,实际上不堪一击,还没有上战场,卤簿就落花流水了。等到晋武帝司马炎的孙子晋愍帝司马邺出任西晋最后的领导人时,"朝廷无车马章服""公私有车四乘",最后落到只能乘一辆羊车出城投降于胡人,命运与其前任一样,做了酒会服务员,甚至当了刘曜的厕所服务员,即便这样忍辱偷生,一年后还是被杀。

腐败的"夸富宴"终于闹垮了西晋。想当年,"中朝大驾卤簿"如烈火烹油是何等的威风热闹,转眼间"千乘万骑"如水流云散,繁华不再,只余一部羊车供出降之用,前后盛衰对比如此强烈,真令人不得不兴"六如"之叹!(佛教世界观有如梦如幻如泡如影如露如电之喻。)

第二节　南北朝至隋唐的卤簿变化

东晋之后至宋、齐、梁、陈,皆因战乱连绵,统治者虽想尽力重建卤簿,但难以规复旧貌,卤簿仪仗仍多残缺不全。《南齐书·舆服志》曰:"江左之始,车服多阙,但有金戎,省充庭之仪。太兴中,太子临学,无高盖车,元帝诏乘安车。元

(帝)、明(帝)时,属车唯九乘。[1] 永和中,石虎死后,旧工人奔叛归国,稍造车舆。太元中,苻坚败后,又得伪车辇,于是属车增为十二乘。义熙中,宋武平关、洛,得姚兴伪车辇。[2] 宋大明改修辇辂,妙尽时华……永明中,更增藻饰,盛于前矣。"

典午南迁之后,卤簿在南朝真是一蹶不振了,终东晋一朝再也无力重铸"中朝卤簿"的辉煌,刘宋也只能靠打扫战场时缴获的一些战利品来补充车服之阙。卤簿在南朝凋零之时,倒是北朝的胡人政权反而开始大兴此风,大造车服,继承发扬汉族的卤簿传统。但北朝毕竟是胡人当局,"所制车辇虽参采古式,多违旧章"。北魏"乘舆辇辂,龙辀十六,四衡"[3]。他们"创造性"地把皇帝的车驾扩大为十六辀即十六辕,由原来的一衡也增加到四衡。这是什么概念?如果这是按矩阵排列的话,那么皇帝的一部辂车有 16 道车辕,每道车辕有 4 条衡,每条衡最少也有 2 匹马,那么一部辂车就是 128 匹马来拉;如果一衡 4 马的话,那就是 256 匹马拉一部车!即使游牧民族再怎么"不差马",但一部车怎么安置 16 辀?那需要多宽的车身?即使皇帝的辂车是"重轮双辖"多个车毂,也没有那么长的车轴。"四衡"如果是纵向排列的话,其车辕也要变得非常长(约需 12 米);如果是横向并排的话那也要四道车辕,马车的车轴和车厢也要相当宽,怎么办?或者是以衡当轴,而辀则从车厢起向外按一、二、三、四、六递增连接于每道衡上直到最前头的一衡为止,而第一道辀则是按常规方式连接在"伏兔"下的车轴上的,这样正好符合"十六辀,四衡"之数。其形从车工看去呈倒三角形之状。但史书语焉不详,其形制也不得而知。此外又有龙辀十二、四毂六衡的大楼辇车;还有驾二十四马、驾二十牛、驾十五马等辂车,皆魏天兴中所制。北齐继承北魏,并无增损。到北周时五辂明确地增加为十二辂:一曰苍辂,二曰青辂,三曰朱辂,四曰黄辂,五曰白辂,六曰玄辂,七曰玉辂,八曰碧辂,九曰金辂,十曰象辂,十一曰革辂,十二曰木辂。[4] 无论如何,数量上是扩大了。

南朝汉族是农耕民族,北朝是游牧民族,相对而言后者是落后于前者的。落后民族学习先进民族的东西时,除了往往会乱选择乱模仿外,他们又不甘于

---

① 《隋书·礼仪志》则说:"晋迁江左,唯设五乘。"

② 《宋书·武帝纪》谓为刘裕平南燕,慕容超获伪车辇、玉玺、豹尾等。

③ 见《魏书·礼志》。

④ 详见《隋书·礼仪五》。

自居学生的地位,为了避“山寨”模仿之嫌,就强调搞“特色”,而搞“特色”就需要有一点“创造性”,但这种“创造性”往往只是体现在规模的扩展,在数量上力求超过被学习的对象,以此自豪。就像我们今天学习西方的科技一样,我们的火车速度提高到时速多少百公里,达到世界第一;我们的电脑运转速度每秒达到多少多少亿次,居世界第一;我们的汽车产销量达到多少多少万辆,又是世界第一……(我曾经把这称为“吉尼斯式创造”。)但是我们就不会第一个创造火车、汽车和电脑等。统治者甚至为了标新立异搞“特色”而不惜让文化倒退,北周宣帝宇文赟“复令天下车,皆以浑成木为轮”①,回到了“大辂椎轮”的原始车文化时代。

与北朝卤簿在量上的庞大形成对比的是,南朝的卤簿在量上不成规模,于是转而在“质”上做文章。《南齐书·舆服志》说“晋、宋改革,稍与世异”,就是前面所说的“宋大明改修辇辂,妙尽时华……永明中,更增藻饰,盛于前矣”的转变。我们来看《南齐书·舆服志》中的一段记载:

> 玉辂,汉金根也。漆画轮,金涂纵容后路受福輠。两厢上望板前优游,通缘金涂镂釭,碧绞罽,凿镂金薄帖。两厢外织成衣,两厢里上施金涂镂面钉,玳瑁帖。望板厢上金薄帖,金博山,登仙纽,松精。优游上,和鸾鸟立花趺衔铃,银带玳瑁筒瓦,金涂镂鹏,刀格,织成手匡金花钿锦衣。优游下,隐膝,里施金涂镂面钉,织成衣。优游横前,施玳瑁帖,金涂花钉。优游前,金涂倒龙,后梢凿银玳瑁龟甲,金涂花沓。望板,金涂受福望龙诸校饰。轭及诸末,皆螭龙首。龙汗板,在车前,银带花兽,金涂受福,缘里边,镂釭玳瑁织成衣。里,金涂镂面花钉。外,金涂博山、辟邪虎、凤皇衔花诸校饰。斗盖,金涂镂釭,二十八爪支子花,黄锦斗衣,复碧绢柒布缘油顶,绛系络,织成颜苞赭舌孔雀毛复锦,缘绞随阴,悬珠蚌佩,金涂铃,云朱结,仙人绶,杂色真孔雀旄。一辕,漆画车衡,银花带,衡上金涂博山,四和鸾鸟立花趺衔铃,所谓“鸾鸟立衡”也。又龙首衔轭,又髦插翟尾,上下花沓,绛绿系的,望绳八枚。旂十二旒,画升龙,竿首金涂龙衔火焰幡,真旄。棨戟,织成衣,金涂沓驻及受福,金涂雁镂釭。漆案立床,在车中,锦复黄绞,为案立衣。锦复黄绞鄣泥。八幅,长九尺,缘红锦苞带,织成花苞的。

① 详见《隋书·礼仪五》。

南齐是历经南北朝数百年战乱中短暂的南方汉族朝廷之一，皇帝的玉辂只能等于汉朝的“金根车”，已经降格了，卤簿的数量规模远不能望两汉西晋之项背，只好转而重视五辂的内部精装修。《南齐书》的作者是南齐皇室成员萧子显，称得上是当时人写当时事，所以他的描述一方面具有很高的真实性，但另一方面由于用了些后人不明就里的“当时语”，也给今天的读者造成了理解上的障碍。这段文字就使用了不少当时许多行业的专业术语即“行话”，有些用语今天还在使用，有些则难索解人了。但我们正可以从中窥知五辂的内部装修涉及细木工、丝绣工、金银匠、纺织业、印染业等各个方面的精细工艺。卤簿开始由量到质、由外到内、由粗放到集约地经营，出现了工艺化迹象。五辂成了工艺品。

这个转变与中国古代诗歌由古体诗向近体诗的转变几乎是同步的。“宫体诗”与“永明体”都出现在齐梁时期，并且五辂与这二者都是崇尚绮丽淫靡、工巧雕琢风格的，这实在不能不说是文化的时代特征同时显现在物质与精神两方面中的绝佳例子，从而表明文化是互相渗透、不可分割的整体。

梁朝基本遵循齐制，但由于梁武帝自己招来侯景之乱，城陷之后车驾乘舆和后宫嫔妃悉被掳掠。侯景这个毛猴做伪皇帝时连“天子七庙”是什么都不知道，但卤簿因为彰显在外，早就被这“贼”惦记上了，看在眼里，记在心里，耳濡目染，因此在做皇帝之前却无师自通，沐猴而冠“自加冕，十有二旒，建天子旌旗，出警入跸，乘金根车，驾六马，备五时副车，置旄头云罕……”轻车熟驾起来了。不久，齐梁以来所精装修的卤簿五辂就在梁陈之际毁于战火了。

陈承梁末，天嘉元年，以反腐败自居的陈文帝一边还在批评“梁氏末运，奢丽已甚”的诏书中指责前朝“车马饰金玉之珍”①，一边仍然下“议造玉金象革木等五辂及五色副车，皆金薄交龙……”的敕令，而且是“具依梁制”，照样奢华精装修。战乱未息（那时王琳还在，北齐尚存），百废待举，而卤簿先兴，辂车先行。

隋平宇内，综合南北，斟酌取舍，损益折中。然北朝胡人政权，本不知礼，车服唯多是务，制度乖乱无章，故终无所取法，于是废之，仍参用旧典，上则汉晋。到了隋炀帝“大业初，属车备八十一乘”，终于一度恢复了“大驾卤簿”的规模，但“至三年二月，帝嫌其多”，在了解了卤簿的历史沿革后，决定“大驾宜用三十

① 见《陈书·世祖本纪》。

六,法驾宜用十二,小驾除之可也”[①]。此时大运河已开通,达于江都,大概隋炀帝的兴趣已转移到乘龙舟下江南去了。

卤簿在唐代起了个明显的转折。唐代是公认的盛世,按理来说,卤簿应该比前有更大的发展,至少也要赶上汉晋水平才是。然而事实却不是如此。虽然天子车舆也有“玉辂、金辂、象辂、革辂、木辂,是为五辂,耕根车、安车、四望车……并供服乘之用……”[②]之制,但大驾属车却只有十二乘[③]。这样小规模的卤簿,其内容还有所变化。卤簿的导驾及随从官员的车多改为骑[④]。也就是说,不但皇帝的车驾规模小了,而且车队占整个卤簿的比例也相对缩水了。卤簿不但达不到汉晋水平,连隋朝也比不上,其规模只是与分裂战乱时期的南朝不相上下。这实在与“大国崛起”的盛唐气象很不般配。这怪事的原因,我寻思了老半天,估摸大约不外乎以下三端:一、唐朝国势确实真正强大,没必要、也不在乎卤簿的虚张声势来搞表面文章;二、儒家的主流地位被佛道所分,儒家的话语权不再独霸讲坛,支持卤簿的意识形态不再强劲占上风;三、朱熹说“唐源流杂夷狄,故闺门失礼之事不以为异”[⑤],即指唐宗室的一半血统有北朝胡人的基因,而胡人是不知礼不重视礼的,所以象征中国文化的礼在唐朝统治者中也就失去了一半的号召力,而礼是卤簿的本质,本质削弱一半,现象也削减下来。这些深层次原因是与科举制度的兴起和门阀制度的衰落息息相通,卤簿现象也是这个信息的微妙反映。

五辂虽然依旧还供奉着,但“自高宗不喜乘辂,每有大礼,则御辇以来往。爰洎则天以后,遂以为常。玄宗又以辇不中礼,又废而不用。开元十一年冬,将有事于南郊,乘辂而往,礼毕,骑而还。自此行幸及郊祀等事,无远近,皆骑于仪卫之内。其五辂及腰舆之属,但陈于卤簿而已”[⑥]。《旧唐书·舆服志》又谓:“有唐已来,三公已下车辂,皆太仆官造贮掌。若受制行册命及二时巡陵、婚葬则给之。自此之后,皆骑马而已。”看来从天子到百官,卤簿车队都成了真正的摆设了。

---

① 见《隋书·礼仪志》。

② 见《旧唐书·舆服志》。

③ 《新唐书·车服志》则曰属车十乘,并且是与耕根车、四望车、安车合并计算为十乘的。

④ 详细情形可看《通典》卷一〇七的“开元礼”。

⑤ 见《朱子语类》“历代类”三。

⑥ 见《旧唐书·舆服志》。

显庆辂 但就在这个君王不喜欢乘坐辂车的时代——显庆(唐高宗李治早期的年号)年间,却创造了车史上的一个奇迹:制造出了一部历经四百多年之久,到北宋末期仍完好无损并照常使用的“显庆辂”。《宋史·舆服志》记载了这件事并详细描述了显庆辂的内部情形:

> 玉辂,自唐显庆中传之,至宋曰显庆辂,亲郊则乘之。制作精巧,行止安重,后载太常舆闟戟,分左右以均轻重,世之良工,莫能为之。其制:箱上置平盘、黄屋,四柱皆油画刻镂。左青龙,右白虎,龟文,金凤翅,杂花,龙凤,金涂银装,间以玉饰。顶轮三层,外施银耀叶,轮衣、小带、络带并青罗绣云龙,周缀緌带、罗文佩、银穗球、小铃。平盘上布黄褥,四角勾阑设圆鉴、翟羽。虚匮内贴银镂香罨,轼匮银龙二,衔香囊,银香炉,香宝,锦带,下有障尘。青画轮辕,银毂乘叶,三辕,银龙头,横木上有银凤十二。左建青旗,十有二旒,皆绣升龙;右载闟戟,绣黻文,并青绣绸杠。又设青绣门帘,银饰梯一,拓叉二,推竿一,银锴头,银装行马,青缯裹挽索。驾六青马,马有金面,插雕羽,鞶缨,攀胸铃拂,青绣屉,锦包尾。

可以看出,那精装修的风格,基本上是沿袭齐梁的奢华,但也杂染了些北朝的胡作。这部玉辂造于唐高宗显庆年间,直到北宋末期还在使用,这是不能不令人称奇的事,所以当时人沈括也把它记录在了他的《梦溪笔谈·器用》中:

> 大驾玉辂,唐高宗时造,至今进御。自唐至今,凡三至泰山登封。其他巡幸,莫记其数。至今完壮,乘之安若山岳,以措杯水其上而不摇。庆历中,尝别造玉辂,极天下良工为之,乘之动摇不安,竟废不用。元丰中,复造一辂,尤极工巧,未经进御,方陈于大庭,车屋适坏,遂压而碎,只用唐辂。其稳利坚久,历世不能窥其法。世传有神物护之,若行诸辂之后,则隐然有声。

参加过三次登泰山封禅的大典和数不清巡游的玉辂,经唐、五代至北宋依然坚固完好,不仅稳如泰山,而且杯水放在车上行驶也不摇晃。北宋朝廷两度集中天下所有最好的工匠来仿造新的辂车,但质量都不及它的稳固。北宋堪称我国木工制造业最发达的时代(著名的《营造法式》和"水运仪象台"就是出现在这个时期),从宋仁宗庆历年间到神宗元丰年间,全国最好的能工巧匠研究了几十个年头,居然还是搞不懂它的制作方法,"山寨"不成,只好把它神化了。终北宋一朝的卤簿只好仍然以这部几百年前的老辂为"核心"载着皇帝去举行郊祀等大典。显庆辂后来不知所终,估计是在"靖康之难"中被金兵掳掠到北方去了,因为连"水运仪象台"那样不易拆迁的东西都被搬到北京去了,显庆辂本身就是车子,还能不被顺手牵羊?只是被掳的徽、钦二帝是否还能乘坐这部老辂"北狩",那就只有"北方的狼"知道了。

第三节　卤簿在宋代的复兴及漫漫末路

有宋早期车服制度犹承袭唐风,神宗以后,政府设有礼文所、议礼局、礼制局等,于置局造辂卤簿车次诸事尽心尽力,虽不能尽合汉晋古制,但亦庶几无愧于前代。《宋史·舆服志》载北宋君臣于此反复讨论的过程,可以看出他们是如何地重视这件事:

神宗元丰三年,发生了关于卤簿车队中开封令、开封牧、太常卿、司徒、御史大夫、兵部尚书等应乘什么车、载什么旗的"详定"之辩,礼文所驳《卤簿记》规定开封令乘轺车、兵部尚书乘革车等为"非是"(即不对),而主张按《周礼》"孤乘夏篆,卿乘夏缦,大夫乘墨车"和"孤、卿建旃,大夫、士建物"的规定,建议改为"公卿已下奉引,先开封令,乘墨车建物;次开封牧,乘墨车建旃;太常卿、御史大夫、兵部尚书乘夏缦,司徒乘夏篆,并建旃。所以参备九旗之制。"神宗皇帝表示同意。

元丰六年,"详定官"蔡攸对大驾卤簿车队的前后次序安排与官员尊卑对应的矛盾提出了质疑:"且大驾之出,自汉光武时始有三引:先河南尹,次执金吾,次洛阳令,先尊而后卑也。后魏亦三引:先平城令,次司隶校尉,次丞相,先卑而后尊也。唐兼用六引,五代减为三,后周复增为六。本朝因之,以开封令居前,终以兵部尚书。然以前为尊,则大司乐不当次令、牧;以后为尊,则兵部尚书不当继御史大夫,此先后之序未正也。"

元丰七年,礼制局建议对大驾卤簿中天子五辂的"驾士之服"要"各随其辂之色”，并要求“六引驾士之服”也要与各自车子的颜色相称一致，如“墨车驾士衣皂，夏缦驾士皂质绣五色团花”等。神宗皇帝也照准了。

到了宋徽宗政和年间，议礼局又呈上“王公以下车制”包括卤簿车制的新规：“象辂以象饰诸末，朱班轮，八鸾在衡，左建旗，右载闟戟，驾马四，亲王昏则用之。革车，赤质，载闟戟，绯罗绣轮衣、帘、旗、韬杠、络带，驾赤马四。大驾卤簿六引，法驾卤簿三引，开封牧第乘之。王公、一品、二品、三品备卤簿，皆供革车一乘。其轮衣、帘、旗、韬杠、络带绣文：开封牧以隼，大司乐以凤，少傅以瑞马，御史大夫以獬豸，兵部尚书以虎。轺车，黑质，紫幰衣、络带并绣雉，施红锦帘，香炉、香宝结带，驾赤马二。卤簿内第一引官县令乘之，驾马皆有铜面，插羽，鞶缨，攀胸铃拂，绯绢屉，红锦包尾。”

北宋是儒学复兴的时代，重视礼制，复兴周孔之道正是“新儒家”的使命，所以卤簿的规模制度，也粲然可观。北宋的卤簿车服礼制愈到后期愈趋严密，等差愈严格，制定愈认真，上述所引可以证之。《文献通考》说“神宗熙宁以来，天子锐意稽古，礼文之事，招延群英，折衷异同，尽屏汉、唐沿袭之陋，与先儒讹舛之说”①。可见他们对于包括卤簿在内的各种制度在继承中也有所损益创新，此亦一“变”尔。但到了“宣和初，蔡攸等改修《卤簿图》，凡人物器服，尽从古制”②。又一变，变得更加复古。这与北宋的全面复古之风是和谐的，所有的“变”都要以复古的名义进行。这些变化的目的都是为了完善卤簿制度，使之更加规范，具有更加合法的权威。《明史·舆服志》谓“咸别等威”的车服制度“至宋加密”，所言不虚。

南宋卤簿 南宋初期，山河破碎，卤簿不仅不得不从简，而且尽失章法，毫无威仪可言。绍兴三十一年臣僚回忆南宋初年状况说：“自六飞南渡，务为简便，唯四孟享献，乘舆躬行，前为驾头，后止曲盖，而爪牙拱扈之士，或步或趋，错出离立，无复行列，至有酌献未毕，已舍而归，士民观者，骈肩接袂，杂沓虎士之中，而不闻有谁何之者。”③卤簿队伍纪律涣散到围观的老百姓可以随便穿插到仪仗队之中而没人制止！但稍微平安稳定后，这种现象就遭到制止，又开始恢复往日的尊严了：

① 见《文献通考·王礼考十三》。
② 见《文献通考·王礼考十三》。
③ 见《文献通考·王礼考十三》。

绍兴十二年,命工部尚书莫将等制造玉辂,以《天禧》《宣和卤簿图》及工匠省记制度参酌,取文质适中之制。玉辂,青饰。辂顶天轮三层,涂以绿,青罗为衣,绣云龙于上。上层一重,下层三重,每重缀镀金小铃三层,饰以工耀叶八十一(用青玉为之),以金镀银镂龙文置于中。两旁有金花插天轮之周回,形如蕉叶。轮旁有铁圆筒。耀叶之下,皆有二铁簪入筒中,系以青带,围以轮。又青罗两长幅表里绣云龙,自辂顶交于四角,分垂至辂台下,谓之络带。或遇雨,覆以黄绢油衣。辂之中,其顶中虚,绣宝盖,斗以八顶,饰以八金龙,用香檀木为之。御座居中,纯用香檀,不饰他物,取黄中正色也。座之左右金龙,首衔珠穗球一,中两龙,间一大火珠,乘以金莲花台。座之引手,亦饰金龙倚背,及座皆以金银丝织成纹锦。曲几(凭以为轼者),用香檀,覆以锦褥。御座后垂锦帘,驾登辂则卷之,有梯级以登,饰以金采云龙,每级皆覆以锦褥。东偏小梯级执绥官由此先登,以红绳维其前,立于东柱,以备顾问。辂身四柱,皆饰以金,前两柱各有大金龙缠于上,旁有珠穗球二。辂台中外皆设锦褥。台之外,前有横案,谓之香檀,设金炉一、金香合二、立金凤十二于前。案外有金缠龙烛台二,以金覆莲叶足。案前裙板有四金龙,间玉,方胜以明青表而出之。前有牌,篆书玉辂二字,以玉为之,有结子,系金凤之足,旁有二金丝线结八,垂牌垂之两傍,中有玉连环结子,正垂牌上,玉环碾二。龙辂之四面,周以栏而阙其中,以备登降。每面于两栏之角、用玉蹲龙一,各有金圆照二,分置左右,玉羽台一、居中,羽台插孔雀羽五枝,以辟尘,四面,其数凡八,圆照倍之。圆照名曰照焰,插以铁簪,系以绣带,如耀叶之饰。轮衣下垂緌带,间以玉珮(緌带,染犛牛尾为之,五色间焉),覆缀以镀金钹铃,每垂各六,与玉珮间设,周围数各十二。辂下有蹲龙十六,以金镀银为之。在虚盘四围之两旁,有托角云龙四,金彩为饰,前后左右各二。又有一宇小栏,饰以金,伏于辂下,有朱圆木横陈于前,在托角云龙之内。辂前有辕木,固以筋胶,饰以金碧,昂首鳞体如龙之状,皆饰以金,龙首之上,有两横竿，青丝系之。前曰凤辕，饰以青，列立凤十二，六马载以行。①

偏安一隅“直把杭州作汴州”的南宋小朝廷，其辂车的奢华一点也不比在汴州时逊色。看来事关统治者利益享受、权力威仪的地方，权贵们是绝不肯放过的，哪怕是象征性的东西，在时局艰难没法讲究计较的时候会暂时“韬光养晦”，但一有机会很快就会发扬光大起来。

漫漫末路 元、明、清三代的卤簿车队，也只能顺沿着这条轨道滑到头了。元朝蒙古人入主中原，汉人沦为末等奴隶（汉人中的南人更惨，被列为最末等的第九等），很被瞧不起，但蒙古人对汉人搞的卤簿却照样喜欢，照搬不误。《元史·舆服志》：“至治元年，英宗亲祀太庙，诏中书及太常礼仪院、礼部定拟制卤簿五辂。”那五辂造得也是与汉族皇帝一样金碧辉煌。

明代的开国之君朱元璋是农民起义军领袖。自古以来农民领袖往往都提倡节约，如穿着有许多补丁的衣服、“食不重味”等等。但他们的节约生活带有“做秀”成分，即外表朴素，内里实质享受着高级奢侈。表面同样是吃粗茶淡饭，但人家吃的是“特供”的食品。就像许多围墙里不起眼的平房式建筑物，外边看上去与普通房子没有多大区别，其实是专供高级甚至是特高级的人物住的档次超豪华的地方，但外表却其貌不扬，甚至入口处连个牌子名称也没有（但是你若贸然走近，立即会有人从不知什么地方出来拦住你不让进去），在里面可以秘密地享受真正的荣华富贵生活，不像暴发户们的居住区显赫地大书特书什么“出将入相”“富贵花园”“黄金别墅”之类的自我标榜。所以朱元璋在群臣搞五辂时会假惺惺地说：“玉辂太侈，何若祗（只）用木辂？”②

这个木辂后来造着造着便成了大辂。这个后来改称大辂的木辂实际上比玉辂一点都不节约：

大辂，高一丈三尺九寸五分，广八尺二寸五分。辂座高四尺一寸有奇，上平盘。前后车棂并雁翅及四垂如意滴珠板。辕长二丈二尺九寸有奇，红髹。镀金铜龙头、龙尾、龙鳞叶片装钉。平盘下方箱，四周红髹，匡俱十二槅。内饰绿地描金，绘兽六：麟、狻猊、犀、象、天马、天

① 见《文献通考·王礼考十二》。

② 见《明史·舆服志》。

禄;禽六:鸾、凤、孔雀、朱雀、翟、鹤。盘左右下有护泥板及车轮二,贯轴一。每轮辐十有八,其辋皆红髹,抹金铜钑花叶片装钉。轮内车心,用抹金铜钑莲花瓣轮盘装钉,轴中缠黄绒驾辕诸索。辂亭高六尺七寸九分,四柱长五尺八寸四分。槛座皆红髹。前二柱戗金,柱首宝相花,中云龙文,下龟文锦。前左右有门,高五尺一寸九分,广二尺四寸九分,四周装雕木沉香色描金香草板十二片。门旁槅各二及明栿,俱红髹,以抹金铜钑花叶片装钉,槅编以黄线条。后红髹屏风,上雕描金云龙五,红髹板戗金云龙一。屏后地沉香色,上四槅雕描金云龙四,其次云板如之。下三槅雕描金云龙三,其次云板亦如之。俱抹金铜钑花叶片装钉。亭内黄线条编红髹匡软座,下莲花坠石,上施花毯、红锦褥席、红髹坐椅。靠背上雕描金云龙一,下雕云板一,红髹福寿板一,并褥。椅中黄织金椅靠坐褥,四围椅裙,施黄绮帷幔。亭外青绮缘边红帘十扇。辂顶并圆盘,高三尺有奇,镀金铜蹲龙顶,带仰覆莲座,垂攀顶黄线圆条。盘上以红髹,其下外四面地沉香色,描金云;内四角地青,绘五彩云。以青饰辂盖,亭内贴金斗拱,承红髹匡宝盖,斗以八顶,冒以黄绮,谓之黄屋;中并四周绣五彩云龙九。天轮三层,皆红髹,上安雕木贴金边耀叶板八十一片,内绿地雕木贴金云龙文三层,间绘五彩云衬板八十一片。盘下四周,黄铜钉装,施黄绮沥水三层,每层八十一折,间绣五彩云龙文。四角垂青绮络带,各绣五彩云升龙。圆盘四角连辂坐板,用攀顶黄线圆条,并贴金木鱼。辂亭前有左右转角阑干二扇,后一字带左右转角阑干一扇,皆红髹,内嵌雕木贴金龙,间以五彩云。三扇共十二柱,柱首雕木贴金蹲龙及线金五彩莲花抱柱。阑干内四周布花毯。亭后树太常旗二,以黄线罗为之,皆十有二斿,每斿内外绣升龙一。左旗腰绣日月北斗,竿首用镀金铜龙首。右旗腰绣黻字,竿首用镀金铜戟。各缀抹金铜铃二,垂红缨十二,缨上施抹金铜宝盖,下垂青线帉錔。踏梯一,红髹,以抹金铜钑花叶片装钉。行马架二,红髹,上有黄绒匾条,用抹金铜叶片装钉。有黄绢幰衣、油绢雨衣、青毡衣及红油合扇梯、红油托叉各一。辂以二象驾之。①

① 见《明史·舆服志》。

拿这个和上面南宋绍兴十二年制造的玉辂去对比一下,看看有多少本质的区别?可见明代的名义上原来是五辂中最低一级的木辂,实际上已越等超过最高级的玉辂,成为"超级辂"。因其表里不一,名实相乖,所以《明史》讥之曰"非常制也",故而后来就把木辂改名为大辂。到了永乐三年"更定卤簿大驾,有大辂、玉辂……"大辂终于干脆排在了玉辂前面。虽然名称没有"金玉"好听,外表也不装饰金玉,但内里的装修之豪华可不是外人能想象到的,一点也不减少高质量的享受。

但明朝的卤簿毕竟因汉族做了近一个世纪的奴隶而露出了些奴气。永乐三年的"更定卤簿大驾"把"步辇、大凉步辇、板轿"等等也拉到卤簿的队伍中去充数,人力车和轿子的地位开始上升,于是便具有了鲜明的时代特色。

朝博物馆开去…… 清初"原定皇帝仪卫有大驾卤簿、行驾仪仗、行幸仪仗之别,乾隆十三年,复就原定器数增改厘订,遂更大驾卤簿为法驾卤簿,行驾仪仗为銮驾卤簿,行幸仪仗为骑驾卤簿。三者合,则为大驾卤簿"①。至于五辂,清初原亦"仍明旧,有玉辂、大辂、大马辇、小马辇之制,与香步辇并称五辇"②。后于乾隆八年,"改大辂为金辂,大马辇为象辂,小马辇为革辂,香步辇为木辂,玉辂仍旧,是为五辂"③,恢复了五辂的名称。满人比汉人更喜欢汉人的礼制,对汉人搞的这一套"车服制度"不但全盘接收,而且进一步扩大了卤簿的阵容。乾隆十三年,仿五辂而"更造玉辇,改凉步辇为金辇,是为二辇。又定大仪轿为礼舆,改折合明轿为轻步舆,定大轿为步舆,是为三舆"④。此"二辇三舆"实是五个轿子的名称而已;玉辇用三十六人抬,金辇用二十八人抬,其余"三舆"皆用十六人抬。至此,"五轿"就名正言顺地与五辂并驾齐驱于卤簿队伍中了。卤簿的结构于是发生了重大变化,车队越来越少,而轿子、骑马和徒步的越来越多,与战国时期战车逐步退出战场而骑、步兵渐次崛起有相似之处,而且都与"胡夷"有关。但卤簿还是顽强坚持到了距今整整一百多年前的辛亥革命推翻帝制时,才开进了历史博物馆。

---

① 见《清史稿·舆服志》。
② 见《清史稿·舆服志》。
③ 见《清史稿·舆服志》。
④ 见《清史稿·舆服志》。

第二十二章　另类车——指南车与记里鼓车

但是在“卤簿”的车队中，有两种特别的车子显得很另类，值得我们特别关注，那就是指南车与记里鼓车。指南车也叫“司南车”。《晋书·舆服志》曰：“司南车，一名指南车，驾四马，其下制如楼，三级；四角金龙衔羽葆；刻木为仙人，衣羽衣，立车上，车虽回运而手常南指。大驾出行，为先启之乘。”《宋书·礼志》谓指南车：“设木人于车上，举手指南。车虽回转，所指不移。大驾卤簿，最先启行。”关于记里鼓车，《晋书·舆服志》记载：“记里鼓车，驾四，形制如司南，其中有木人执棰向鼓，行一里则打一棰。”《宋书·礼志》也有：“记里车……制如指南，其上有鼓，车行一里，木人辄击一槌。大驾卤簿，以次指南。”简单说，指南车是古代的“导向车”，车上立有一个木人伸出一只手，不管车子开到哪个方向去，那只手指都像指南针一样指向南方。但“指南车”不是用磁铁制造的指南针来定向的车子，而是依靠木制或金属制造的机械运动来指南的车子。记里鼓车也是以纯机械运动来计量距离的车，车上也设一木人，手里拿着鼓槌，车每行一里，木人就会敲打一下设在车上的一面鼓。这让我们很容易想起今天的“的士”来，可以说记里鼓车是古代的“计程车”。

第一节　指南车的传说

关于指南车有种种传说，有人说是黄帝制造它来打败蚩尤的，有人说是周公创制指南车来送“越裳氏”回国的，等等，这些都是后人的传说，不是信史。首先，汉代卤簿和典籍中均未见指南车。《史记》《汉书》皆不载，蔡邕的《独断》与应劭等人的《汉官仪》也不见指南车，先秦古籍中更未见相关的记载。唯《鬼谷子》与《西京杂记》出现“司南车”之辞，但这两部书经前人考证完全是晋代以后人所作的伪书。

“司南车”即指南车的名称概念实起于三国时代。《三国志·魏书·明帝纪》“青龙三年”裴松之注引魏人鱼豢所作《魏略》：“使博士马均（应作钧——笔者）作司南车，水转百戏。”裴松之还在《杜夔传》注引了傅玄写的《马钧传》，详细介绍了马钧制造指南车等事迹。[①] 从《三国志·魏书·明帝纪》本文及裴松之注文上下语境来看，此“司南车”似仅为玩物之类，未充仪仗之用。到西晋时才将“司南车”列入卤簿，那才是真正开在路上的指南车了。

有关指南车的故事传说也是在晋代以后才开始流传。据崔豹《古今注》[②]说，指南车是黄帝与蚩尤大战于涿鹿之野时，蚩尤作法施大雾，黄帝部下皆迷失方向，黄帝为了破其迷雾之法才发明制造指南车以指示方向突出重围打败蚩尤的。这实在是很难令人相信的神话般传说。中国出土文物的马车最早也不过距今3500年左右，比一般车子复杂得多的指南车怎么可能出现于距今5000年前的黄帝时代？就连黄帝这个人物，也仍在迷雾之中[③]。胡适曾经把黄帝比作“箭垛式人物”，在他身上集中了很多的发明权，但没有详细说明其原因。我认为，这是因为中国人不知道许多物质文化和制度文化的创造起源造成的。不要说古代，就说近代的事物，如曾经在西方荣获“最重要发明物”之誉的抽水马桶，我们中国有几个人知道它的发明者是谁呢？也不说近代，就说现代的事物，虽然中国自20世纪80年代起家家户户逐渐都看上了电视，可是我们有几个人知道电视机的发明者呢？也不说现代，就说当代，对于我们今天几乎人尽皆知、中国有数亿人都在使用的电脑，如果去做问卷调查，社会上又有多少人知道第一台电子计算机的创造者呢？这些近代以来有文字记录可查的事物尚且如此，对于尚无专利登记制度的古代和前甲骨文时期无文字记录的上古，那就更不知其源了。为什么会把指南车的发明者归到黄帝身上还有一个理由，那就是黄帝是

① 《马钧传》已入中学教材，成为普及性读物，相信大家都很熟悉，这里就不引了。

② 《中华古今注》同此说。

③ 详参顾颉刚《古史辨》。

“轩辕氏”,属于“有车一族”。我不排除关于黄帝战蚩尤的传说传达了某种上古时代背景信息的可能,但如果将具体事物时空化,则按照传说,黄帝属于石器时代的人物,根本不可能拥有制造指南车所需的精密组件的工具和技术条件,这个问题看到后面就会明白。

《古今注》又说指南车是“周公所作”①。谓周公时,海外有一“越裳氏”国人来朝贡,使者回去时迷路,周公用指南车送他们经今越南、柬埔寨等地回国,并特地指出那指南车的车辖和车轴头还是铁制的:“始制车辖轊皆以铁,还至,铁亦销尽,以属巾车氏收而载之。”按周公时,中国刚进入青铜时代不久,铁器尚未出现,不存在用铁制造车辖轊之事,中国铁器的出现和广泛使用是在春秋战国以后。不但《周礼·春官宗伯·巾车》中没有提到指南车,即整部《周礼》也不见指南车的踪影。旧说《周礼》是周公所作,若是周公所作,那么同样是周公所作的指南车不可能不载入非常重视车子的《周礼》之中;不但《周礼》没有,即先秦经传群书也不见有指南车或“司南车”之名。关于“越裳氏”于周成王时来朝贡之事,《竹书纪年》《韩诗外传》《说苑》《后汉书》也皆有记载,但均没有周公赐司南车之文。《述异记》把“越裳国”来中国朝贡事往前推到比周公更早的唐尧时代;《述异记》是记怪之书,但也没有说到指南车。

《宋书·礼志》剿袭《古今注》周公创制指南车的说法,并谓:“至于秦、汉,其制无闻。后汉张衡始复创造。汉末丧乱,其器不存。”这又扯出了“张衡制造指南车”说。但《宋书·礼志》同时接着又说:“魏高堂隆、秦朗,皆博闻之士,争论于朝,云无指南车,记者虚说。”今查《后汉书·张衡列传》并无张衡制作指南车之事,张衡自己所作的“两京赋”尤其是《东京赋》中有关卤簿车队的段落,脍炙人口,但也无指南车的只言片语。所以魏晋时人博闻如高堂隆、秦朗之辈就争辩说没有指南车这回事。张衡虽然很有制造指南车的可能性,因为他具备这种条件;但是他自己的著作和他的本传中没有提到指南车,因此关于他发明指南车的说法缺乏史料证实。

综上所述,指南车之名在真正属于汉代以前的文献中未曾见到,指南车其物则是在三国时代才出现;而有关指南车的神化传说也是首次在魏晋之际出现与流传。为什么会神化指南车呢?我想这包含两方面因素:一、因为它在当时

---

① 《中华古今注》同此说。

人看起来是一个奇迹。奇迹首先表明它是与众不同的，不是平常或经常看到的现象，这也意味着人们第一次见到（以前没见到）它，所以觉得新奇。二、神化它是因为它神秘。为什么它会神秘呢？因为有人需要保密。中国是有很多东西列入“国家机密”的。统治者故意不让人民知道某些事物的来历，以神其权；工匠故神其技以保其专利。前一方面的典型例子是康熙从西方传教士那里学习了古希腊欧几里得的几何学等知识，以三角法求得了山树高度，而在实际测量中得到证实，让当时的王公大臣与士大夫们惊奇佩服得五体投地大呼“皇上真乃天纵神圣也”！但康熙就是对其法讳莫如深，试图把传教士带来的西方科技知识禁锢在紫禁城里，不让西方文化流传到民间去，以保持臣民对他的神圣感。指南车一出现就跻身于卤簿行列，也是同样原因。关于第二方面的“工匠故神其技以保其专利”不用举例，因为那是传统。为了保护饭碗，中国历来的技术（手艺）都是父传子，至多也是在亚血缘关系的师父与徒弟之间传递，对外保密，形成少数人的行业技术垄断，所以常常也因为这些少数人才的消亡而出现技术断层（这在战争年代最容易发生），指南车本身的历史就是这个现象之一。

第二节　指南车和记里鼓车的历史与做法

指南车与记里鼓车的历史　指南车在六朝以后，代有述作，但时断时续，并且也不知与马钧的指南车是否名实相符。《宋书·礼志》说，马钧制作的指南车在西晋末因战乱亡失，“五胡十六国”的后赵石虎和后秦姚兴，分别使解飞和令狐生又造指南车。但他们造的指南车，车子转弯时，车上的木人手指也跟着转弯，并不一直指着南方，“虽曰指南，多不审正。回曲步骤，犹须人功正之”。《南齐书·祖冲之传》也说：“姚兴指南车，有外形而无机巧，每行，使人于内转之。”靠人工暗箱操作，完全是徒有其名、徒有其形的假冒伪劣产品，用来忽悠老百姓。后经祖冲之改造，“车成……试之。其制甚精，百屈千回，未尝移变”①。据说当时有“北人索驭驎者，亦云能造指南车，太祖使与冲之各造，使于乐游苑对共校试，而颇有差僻，乃毁焚之”②，而“冲之改造铜机，圆转不穷，而司方如一，

① 见《宋书·礼志》。
② 见《南齐书·祖冲之传》。

马均以来未有也"[①]。似此,则指南车经祖冲之的改造始名副其实。但祖冲之的指南车似乎又失传了。[②] 隋唐时期虽然史志仍有记载,但没有特别的叙述。两《唐书》仅出现名称一忽而过,不知是否又是有名无实的蒙人东西。

记里鼓车的历史没有像指南车那样起伏沧桑,史志记载也较指南车为简略。《宋书·礼志》:"记里车,未详所由来,亦(刘宋)高祖定三秦所获。"两《唐书》也仅点名即过。历代史志记载大体如是,未见有关失传和弄虚作假之事。这大概是因为它在制作原理和技术上与指南车相比要简单容易得多,所以它的故事也就没有那么复杂曲折。即使是十分尊崇礼制的宋代,记里鼓车也没有从史家及制造者那里争取到和它的竞争者指南车同等的关注。

宋代是一个中国式"文艺复兴"的时代,各个领域复古兴趣都很浓厚,因而对于卤簿及其中的指南车也投入了极大的关心。而宋代又是一个木器制作繁荣的时代,《营造法式》和苏颂的"水钟"都产生于这个时期。这就为复兴指南车及记里鼓车提供了一个很好的外部环境和技术条件。而宋人也确实很认真地在研究制作,并且取得了令人瞩目的成就。仁宗天圣五年,工部郎中燕肃"始造指南车";同年,内侍卢道隆上记里鼓车之制;徽宗大观元年,"内侍省吴德仁又献指南车,记里鼓车之制"。尤其值得表彰的是,他们不但制作出了这两种几乎失传了的车子,而且给出了车子内部机构的详细数据,为复制这种车子提供了可操作的、量化的技术参数。这是我国技术史上一件值得特别关注的大事。从前我们有许多事物屡屡失传,如东汉张衡的"候风地动仪"、南朝陈后主时代耿询的"水运浑天仪"和"马上刻漏"等"[③]。就因为没有保留下这种详细的书面数据,使得已经获得的客观、普遍的知识又退化成为仅凭师徒之间手把手依样画葫芦的"默会知识"或"个人知识";一旦拥有这种技术的个人不再存在,就会出现后继无人的现象,而该事物因复制缺乏手段也再次消亡。这类现象史书上常常以"其法失传"一语了之。"法"就是制作的数据和方法。

指南车与记里鼓车的做法 指南车与记里鼓车的做法完整地保留在《宋史·舆服志》中。另外,它还被记载在一部很少有人提起的僻书里,那就是

---

① 见《南齐书·祖冲之传》。

② 见《宋史·舆服志》。

③ 现在人们只知道张衡和僧一行等人制作"水运浑天仪",却从未见有人提起过耿询的"水运浑天仪",故笔者特地在此提出。

著名的民族英雄岳飞的孙子岳珂所写的《愧郯录》。《愧郯录》的相关内容有缺;就保留下来的部分看,与《宋史·舆服志》大体相同,但也有一些差异。这是中国车史上的大事记,但由于篇幅关系,现在我只择录《宋史·舆服志》中的有关记载于下。

《宋史·舆服志》记仁宗天圣五年,工部郎中燕肃始造指南车:

其法:用独辕车,车箱外笼上有重构,立木仙人于上,引臂南指。用大小轮九,合齿一百二十。足轮二,高六尺,围一丈八尺。附足立子轮二,径二尺四寸,围七尺二寸,出齿各二十四,齿间相去三寸。辕端横木下立小轮二,其径三寸,铁轴贯之。左小平轮一,其径一尺二寸,出齿十二;右小平轮一,其径一尺二寸,出齿十二。中心大平轮一,其径四尺八寸,围一丈四尺四寸,出齿四十八,齿间相去三寸。中立贯心轴一,高八尺,径三寸。

上刻木为仙人,其车行,木人指南。若折而东,推辕右旋,附右足子轮顺转十二齿,击右小平轮一匝,触中心大平轮左旋四分之一,转十二齿,车东行,木人交而南指。若折而西,推辕左旋,附左足子轮随轮顺转十二齿,击左小平轮一匝,触中心大平轮右转四分之一,转十二齿,车正西行,木人交而南指。若欲北行,或东,或西,转亦如之。

仁宗天圣五年,内侍卢道隆上记里鼓车之制:"独辕双轮,箱上为两重,各刻木为人,执木槌。足轮各径六尺,围一丈八尺。足轮一周,而行地三步。以古法六尺为步,三百步为里,用较今法五尺为步,三百六十步为里。立轮一,附于左足,径一尺三寸八分,围四尺一寸四分,出齿十八,齿间相去二寸三分。下平轮一,其径四尺一寸四分,围一丈二尺四寸二分,出齿五十四,齿间相去与附立轮同。立贯心轴一,其上设铜旋风轮一,出齿三,齿间相去一寸二分。中立平轮一,其径四尺,围一丈二尺,出齿百,齿间相去与旋风等。次安小平轮一,其径三寸少半寸,围一尺,出齿十,齿间相去一寸半。上平轮一,其径三尺少半尺,围一丈,出齿百,齿间相去与小平轮同。其中平轮转一周,车行一里,下一层木人击鼓;上平轮转一周,车行十里,上一层木人击镯。凡用大小轮八,合二百八十五齿,递相钩锁,犬牙相制,周而复始。"诏以其法下有司制之。

《宋史·舆服志》记徽宗大观元年内侍省吴德仁又献指南车、记里鼓车之制：

> 其指南车身一丈一尺一寸五分，阔九尺五寸，深一丈九寸，车轮直径五尺七寸，车辕一丈五寸。车箱上下为两层，中设屏风，上安仙人一执仗，左右龟鹤各一，童子四各执缨立四角，上设关戾。卧轮一十三，各径一尺八寸五分，围五尺五寸五分，出齿三十二，齿间相去一寸八分。中心轮轴随屏风贯下，下有轮一十三，中至大平轮。其轮径三尺八寸，围一丈一尺四寸，出齿一百，齿间相去一寸二分五厘，通上左右起落。二小平轮，各有铁坠子一，皆径一尺一寸，围三尺三寸，出齿一十七，齿间相去一寸九分。又左右附轮各一，径一尺五寸五分，围四尺六寸五分，出齿二十四，齿间相去二寸一分。左右叠轮各二，下轮各径二尺一寸，围六尺三寸，出齿三十二，齿间相去二寸一分；上轮各径一尺二寸，围三尺六寸，出齿三十二，齿间相去一寸一分。左右车脚上各立轮一，径二尺二寸，围六尺六寸，出齿三十二，齿间相去二寸二分五厘。左右后辕各小轮一，无齿，系竹篾，并索在左右轴上，遇右转使右辕小轮触落右轮，若左转使左辕小轮触落左轮……

现在人们终于知道了指南车的内部“机密”，原来它是用马车本身（严格说是马）作动力驱动一组由大、小、平、竖的木齿轮组成的齿轮系（燕肃建造的指南车只含有五个齿轮，吴德仁建造的指南车含有 9 个、13 个或更多齿轮），加上具有离合功能的装置来传动和改变齿轮的运动方向，将之传递至输出轴来达到定向功能的纯机械机构。至于卢道隆的记里鼓车相对而言更简单，是一组由 8 个大小轮组成的减速齿轮系，通过输出轴转换为音响系统分阶段报里程或报时（只要将空间距离换算成时间即可）。

《宋史·舆服志》所记载的“指南车”虽然对其细部组件、尺寸以及运动方式都有相当详细的文字描述，但由于没有对整体机构作出明确的图示，所以关于它到底是“定轴轮系指南车”还是“差动轮系指南车”，至今中外专家们仍存在着不同的认识并产生两种不同的复制版本。“定轴轮系指南车”利用车身旋转时车辕带动齿轮间的自动离合来达到回馈修正以定方向的功能,但转弯时必须使其中一个轮子固定并以车轮与地面的接触点为圆心旋转。这虽然可能比较接近历史文本的所指对象和古代的技术水平,但很难在实际的路面行驶中保证一个轮子固定不滑动(只能在“乐游苑”那样的场地才有可能)。而在车辕带动齿轮作离合运动的过程中所产生的滞后性时间误差反映到空间层面就会影响到指南的精确度。这两方面的缺陷就使“定轴轮系指南车”的实际定向功能大打了折扣。而“差动轮系指南车”则将左右两车轮在转弯时的速差传递至输出轴,在确保齿轮系的运转能真实反映实际车子的两轮转向运动状态的同时,使输出轴相对于实际车身作相等角度的逆向旋转运动,从而保证指南车保持准确的指南定向。① 从这方面看,“差动轮系指南车”确实比“定轴轮系指南车”具有更精确的定向功能;但这样的指南车内部必须使用类似汽车差速器的设计,才能达到《宋书·礼志》及《南齐书·祖冲之传》所说的“百屈千回,未尝移变”“圆转不穷,而司方如一”的功能。中国古代是否有差速器的发明与应用于指南车和记里鼓车,中外学者曾经有不同看法,但指南车和记里鼓车本身就是答案。即使宋代留下的指南车和记里鼓车的数据中没有关于差速器的明确记载,但也不能据此得出祖冲之甚至马钧制作的指南车没有使用差速器的结论,更不能说没有差速器就不能制作出指南车。因为就机械传动来说,比差速器更基本和重要的是齿轮(差速器本身就是齿轮构成的)。

第三节　齿轮与指南车的首创权

齿轮被认为是机械领域不可化约的组件之一,也是指南车和记里鼓车的最重要组件。齿轮在中国的存在和使用已有两千多年的历史。在马钧所处的汉末三国时期,齿轮的运用就很广泛。《马钧传》中所叙述的“发石车”“水转百戏”“龙骨水车”等,都要使用到齿轮。西晋时水碓非常普及,水碓就是在立式水车的旋转轴上直接安装两个长方形扁木(双齿轮)利用杠杆原理来拨动工作机

① 以上参见陆敬严《八十年来指南车的研究》和陈俊玮、颜鸿森《指南车的历史发展与近代复原》以及闵峻英、林建平、谢红《指南车的新型定向机构设计及其系统误差分析》。

以舂米的(我把被拨动的水碓工作机的长杆看作是单齿轮),这是最简化或曰变相的齿轮。继水碓之后推广的水磨、水碾、水罗,那更是离不开正式的齿轮了。与《宋史·舆服志》所记载的指南车、记里鼓车一样,上述这些齿轮都是木制的。但山西侯马曾经出土过齿轮陶范,被鉴定为公元前400年至公元前200年间的遗存物,说明那时已有青铜制作的齿轮了;陕西、河南等地出土过汉代的青铜齿轮实物。但它们基本上都是棘轮,是与指南车和记里鼓车的传动齿轮相反的"止动齿轮",一般用于水井和矿井的辘轳上以防止滑动。出土文物中也有少量的直齿轮,可能是用于传动的。东汉张衡制作"水运浑天仪"不用传动齿轮就是很难理解的事,但那齿轮到底是金属还是木制品就很难说。马钧所制指南车的齿轮是否金属史无明文也难得断定,但祖冲之制作的指南车至少有一部分使用了青铜齿轮,是有明文记载的。依前引"冲之改造铜机"句,不但祖冲之制作的指南车用了青铜齿轮,"改造铜机"的词组也透露出马钧以来所制指南车的齿轮很有可能也是金属的。

中国古代存在和使用齿轮的历史可以作为中国创造指南车和记里鼓车的必要条件,但不是充分条件,因为西方与我们同时甚至可能更早的时期也有存在和使用过齿轮的记载和事实。许多西方学者指出生活在公元前384年至公元前322年的古希腊哲学家亚里士多德在他的著作中阐述了用青铜或铸铁齿轮传递旋转运动的问题。(但我在苗力田翻译的《亚里士多德全集》中没有检索到关于这个问题的叙述。)继亚里士多德之后的古希腊另一位科学家阿基米德(约公元前287年—公元前212年)不但对齿轮作理论探讨,而且扩大了齿轮的应用范围。

就齿轮的历史来看,中西双方都具备创造指南车与记里鼓车的必要条件,虽然西方的齿轮明显占有优势,但并不足以构成对指南车与记里鼓车中国起源说的直接威胁。具有更大竞争与挑战意味的是西方也有类似于指南车、记里鼓车的历史记录,而且时间比我们早1~3个世纪。据《世界机械发展史》《奥古斯都编年史》等文献资料显示,西方不但早有用于测量里程和记录时间的马车(最早应用的是装在战车上用来记录行车里程的齿轮里程计,约在公元前206年),

而且无独有偶，也有一种与指南车功能相似但方向相反的“向北车”！[1] 向北车与我们的指南车相映成趣，形成“南辕北辙”、东西对峙的紧张关系。

但我们无需担心，我们的“精英”们会以“古已有之”的聪明智慧改写历史。他们曾经以古老八卦中的“二进制”勇夺了现代电子计算机的发明权。然而幸运的是，指南车与记里鼓车并不需要“古已有之”的辩护人搬出黄帝、周公来充当中国发明权的保安，而仅凭其自身的数据和卤簿历史就完全可以确保它们是中国的专利产品。中西双方都没有指南车与记里鼓车的出土实物，而只有文献记载。但就历史文献来说，中国的记载不但较西方详备得多，而且从魏晋南北朝经隋唐直至南宋整整十个世纪史不绝书！并且人们已经根据这些记载的资料数据复制出实物来了。西方想复制，也有这个能力，但没有根据。西方现有的材料不足以颠覆这一点，将来发现的文献记载也不会构成威胁，我对此深信不疑。因为他们没有卤簿传统，没有留下详细而长期的数据清单。

指南车和记里鼓车这两个中国车文化的瑰宝能够不被历史长河浪沙淹没，应该要感谢宫廷车文化的卤簿车服制度。这是卤簿为车文化、为中国文化作出的最大贡献。但从南宋以后经元、明、清三代，指南车和记里鼓车又消失了整整八百年。端赖有了北宋时期留下来的“法”，八百年后的1937年，王振铎还能够将它还原复制出来，而刘天一于1980年又一次把它再造出来，后者的复制品曾在台湾科学教育馆长期陈列。[2] 改革开放后的中国有更多的人投入到这个复原行列，中外还有许多学者努力对指南车与记里鼓车进行了原理研究和实物复制。对于已成为世界汽车生产和消费大国的中国人来说，博物馆中复制的指南车除了能让我们发思古之幽情意趣外，还能增强我们的民族自豪感，这自然是可喜和重要的事。但在拥有卫星导航定向技术的今天，我们不能躺在老祖宗的功劳簿上沾沾自喜，而是要有改革创新精神，让停滞了两千年的中国车文化尤其是与之相合的精神文化一跃而起，开上现代化的高速公路，载着全体中国人民向前开进，这才是更重要的课题。

① 迈克尔丁·T.刘易斯著，姜洪、田丰译：《古罗马的向北车——中国与西方的齿轮装置》，见《中国文化研究》，1997年第1期。

② 刘岱主编：《格物与成器》，三联书店，1992年，第454页注。

第二十三章　花　车

在对卤簿漫长车队跟踪观察行将结束之前,现在我要介绍一种奇怪而重要的"概念车"——花车,作为卤簿特征的总结。花车虽然不是实际存在的一种车,但却是宫廷车文化的代表——卤簿车队中最普遍而集中的表现形式。花车的"花"指的是附加于车体上的外在装饰性成分。花车是笔者借用俗语来指非本质性、非实用性的一种观赏车。现在先来欣赏一番这些车身布满了各种花样的花车。

卤簿是秦汉以后君主集权专制高度发展的产物。当车文化在社会各个领域萎缩、凋敝、被边缘化时,它却进入了官方体制内开始膨胀、煊赫、壮观起来。与此同时,与车子在内在结构和使用功能上陷入长期停滞甚至倒退的状况形成鲜明对照的是,车子的外在形式却获得了空前的"繁荣",其标志就是"花车"的长盛不衰。("繁荣"一词就是花开旺盛的意思。)

花车的典型当然是皇帝、皇室成员乘坐的五辂、安车等,以及王公大臣、显贵官员们的高级车。最高级的花车,自然非帝王所乘的五辂中的玉辂莫属。我们从前面"制度篇 · 车礼"和南齐、明代所介绍的玉辂,就可以感觉到那真是花团锦簇、花枝招展,"花"得让人眼花缭乱,又如雾里看花。不仅五辂中的玉辂,其实所有的卤簿车都是很花的。

第一节　花车的具体内容

这个“花”又被称作“文”，合称就是“花纹”（纹即文）。《后汉书·舆服志》对乘舆的“诸车之文”和“诸马之文”分别作了说明：

> “诸车之文”：乘舆，倚龙伏虎，𧇖[①]文画辀，龙首鸾衡，重牙班轮，升龙飞軨。皇太子、诸侯王，倚虎伏鹿，𧇖文画辀轓，吉阳筩，朱班轮，鹿文飞軨，旂旗九斿降龙。公、列侯，倚鹿伏熊，黑轓，朱班轮，鹿文飞軨，九斿降龙。卿，朱两轓，五斿降龙。二千石以下各从科品，诸轓车以上，轭皆有吉阳筩。
>
> “诸马之文”：案乘舆，金鋄方釳，插翟象镳，龙画緫，沫升龙，赤扇汗，青两翅，燕尾。驸马，左右赤珥流苏，飞鸟节，赤膺兼。皇太子或亦如之。王、公、列侯，镂饧文髦，朱镳朱鹿，朱文，绛扇汗，青翅燕尾。卿以下有騑者，缇扇汗，青翅尾，当卢文髦，上下皆通。中二千石以上及使者，乃有騑驾云。

虽略作车马之分，但还是嫌太眼花缭乱，太杂乱。现在我要把这些眼花缭乱的“花样”按车子的结构从空间上有顺序地展开来看，以期对这种“花车”获得一个较有条理的具体印象。虽然个别材料与“制度篇”中有些重复，但分析的角度不同。我们也还是按古人说的“察车自轮始”，先从车轮看起吧。

一、轮。轮子是车子最重要的结构部分，它的使用功能和实用性是最不容许有冗余性装饰。但古代尤其是从汉代开始，上层贵族就盛行将车轮和车毂涂漆成朱红色或黑色，并且有些还要在轮毂上刻画上图案。帝车不但如此，还要双毂双辖，即毂外加毂、辖外加辖。《后汉书·舆服志》：“乘舆、金根、安车、立车，轮皆朱斑重牙，贰毂两辖。”又：“猎车，其饰皆如之。重辋缦轮，缪龙绕之。”“皇太子、皇子皆安车，朱斑轮。”《晋书·舆服志》谓“五路”“皆朱斑漆轮……重毂，贰辖”。“画轮车，驾牛，以彩漆画轮毂，故名曰画轮车。”又：“皂轮车，驾四

① 音“巨”，义在此为鹿首龙身的神兽，下同。

牛,形制犹如犊车,但皂漆轮毂,上加青油幢,朱丝绳络。诸王、三公有勋德者特加之。”《宋书·礼志五》:“猎车,辋轊,轮画缪龙绕之。一名蹋猪车。”《隋书·礼仪志》引蔡邕《独断》曰:“五色安车,皆画轮重毂。”这些还不算,还要在轴端装玉或涂金涂铜或包革作为“五末”的装饰之一。这还没完,还要在车轴两头挂上一种由粗绸做的小方旗,广八寸,长三尺到地,左画青龙,右画白虎,叫作“飞軨”。①

二、舆。装饰之“花”最有发展空间的地方就是舆即车厢。车厢上最朝外的部分作为车的障蔽,叫“轓”,“轓”亦指代车厢②。从汉代起,上层高级车的“轓”上就涂满颜色,画为文彩。《汉书·景帝纪》:“令长吏二千石车朱两轓。”《后汉书·舆服志》:“太守秩二千石,中二千石、二千石皆皂盖,朱两轓。其千石、六百石,朱左轓。”这些高级车上不但重较、重耳,而且还要在较和轼(式)上覆盖包裹以各种兽皮:“倚鹿较,伏熊轼”“文虎伏轼”③。较《晋书·舆服志》:“为舆倚较,较重,为文兽伏轼。”较、轼之外,《晋书》又谓:“两箱之后,皆玳瑁为鹍翅,加以金银雕饰,故世人亦谓之金鹍车。”《隋书·礼仪志》谓“齐永明制,玉辂上施重屋,栖宝凤皇,缀金铃,镊珠珰、玉蚌佩。四角金龙,衔五彩。”《宋史·舆服志》:“辂之中四柱,象地方也,前柱卷龙。平盘上布锦褥,前有横轼,后垂锦软帘。登车则自后卷帘梯级以登。四面周以阑而阙其中,以备登降。执绥官先自右升,立于右柱下,以备顾问。阑柱头有玉蹲龙。轼前有牌,镂曰‘玉辂’,以玉篆之,上有玉龙二。中设御坐,纯以黄香木为之,取其黄中之正色也。下有涂金蹲龙十六。在平盘四围下,又有拓角云龙,金彩饰之,前后左右各二。”对车厢的描述叙写最详细的当属《南齐书》与《明史》中的“舆服志”了。

三、盖。前面说过,盖是卿大夫以上的人所乘的车才允许有的用以表尊之物,所以也就少不了要有装饰。《后汉书·舆服志》谓乘舆、金根、安车、立车,皆“羽盖华蚤”。注引徐广曰:“翠羽盖黄里,所谓黄屋车也。金华施橑末,有二十八枚,即盖弓也。”以翠鸟的羽毛覆于车盖顶部,盖里是黄色的,又以金作花形,安装在橑末,“橑末”即盖弓(相当于雨伞的伞骨)的末端。《后汉书》又谓:“皇太子、皇子皆安车,朱班轮,青盖,金华蚤。”“蚤”即“爪”,指车盖弓末端伸出的

---

① 详见《晋书·舆服志》及《文选·东京赋》薛综注。

② 《广雅》谓轓“车厢也”。

③ 见《后汉书·舆服志》。

部分,形似爪。蔡邕《独断》论汉制度,“凡乘舆车,皆有六马,羽盖金爪,黄屋左纛”。《隋书·礼仪志》:“衣书车,十二乘,驾牛。汉皂盖朱里,过江加绿油幢。朱丝络,青交路,黄金涂五末。”又谓隋之玉辂:“龙辀之上,前设鄣尘。青盖黄里,绣游带。金博山,缀以镜子,下垂八佩。树四十葆羽。”而“今耕根车,以青为质,三重施盖,羽葆雕装,并同玉辂”。唐宋皆然,明代朱元璋提倡节俭去奢,朝廷百官车盖的装饰成分开始减少而实用成分增多,甚至为雨伞所取代。此后车盖方不像从前那样受到重视和炫耀了。

四、辕衡轭。辕衡轭都是古车的传动装置,古代统治者也不放过对它们进行雕饰。《后汉书·舆服志》:“皇太子、皇子皆安车……画轓文辀。”又:“大贵人加节画辀。”“鸾雀立衡。”《晋书·舆服志》:“龙辀华轙。”《宋书·礼志》:“汉制,太子、皇子皆安车……黑飐文画辕,金涂五末。”不但在辕身画上花纹图案,在辕首雕刻着龙头,而且将立在衡上用以穿缰绳的小圈环“轙”也做成花的模样。衡上还立着鸾雀模样的装饰物。辕末与衡末均以金玉或铜革装饰(与轴末之饰合称“五末”)。《后汉书·舆服志》说:“轭有吉阳筩。”单单一个衡上的装饰花样就可以成为一个研究生的专业方向。

五、马。由于古代车子的动力是外接的,暴露在外,所以需包装。卤簿车队中被装饰得最严重、最过度包装的莫过于马了。《晋书·舆服志》:“玉路驾六黑马,余四路皆驾四马,马并以黄金为文髦,插以翟尾。象镳而镂锡,锡在马面,所谓当颅者也。金鍐而方釳,金鍐谓以金鍐为文。釳以铁为之,其大三寸,中央两头高,如山形,贯中以翟尾而结著之也。繁缨赤罽易茸,金就十有二。繁缨,马饰缨,在马膺前,如索裙。五路皆有锡鸾之饰,和铃之响,钩膺玉瓖,钩膺,即繁缨也。瓖,马带玦名也。……硃幩。幩,饰也,人君以硃缠镳扇汗,以为饰也。”《晋书·舆服志》又谓安车之“白马则朱其鬣尾”。《后汉书·舆服志》也说:“白马者,朱其髦尾为朱鬣云。”《宋书·礼志》也谓“白马者,朱其鬣”;《南齐书·舆服志》则更详细,除了传统之外,又谓“世祖永明初,加玉辂为重盖,又作麒麟头,采画,以马首戴之”。《隋书·礼仪志》除了重复以上之外又谓隋朝玉辂为“驾苍龙,金桼方釳,插翟尾五隼,镂锡,鞶缨十有二就,皆五缯罽,以为文饰”。并谓“马珂,三品已上九子,四品七子,五品五子”。《新唐书·车服》加谓:“六品以下去通幰及珂。”据《西京杂记》卷二载:“武帝时,身毒国献连环羁,皆以白玉作之,玛瑙石为勒,白光琉璃为鞍。鞍在闇室中常照十余丈,如昼日。自是,长安始盛饰鞍马,竞加雕镂,或一马之饰直百金。皆以南海白蜃为珂，紫金为蕚，以饰其上。犹以不鸣为患，或加以铃镊，饰以流苏，走则如撞钟磬，若飞幡葆。"《宋史·舆服志》："（辂）驾青马六，马有镂锡，鞶缨，金铃，红旄绣屉，金包鬃，锦包尾，青缯裹索引之。"

综合以上各史志等所言，我们可以勾勒出马身上披挂的各种装饰情形：①马头上有马冠：用金做的，先秦的"金"其实是铜，叫作"金鋄"，其形状如玉花；在金鍐后还有"方釳"，是铁做的，中央和两头高，上有三个小孔插着野鸡的尾毛；或作麒麟头采画戴在马头上。②马鬃毛被整理染色，或红色或金色，如今天的女人染发。③马的额头上缚有黄金镂刻成的"当卢"，也叫"镂锡"，马行动时会发出响声。④用象牙做马镳，马镳上还系着红绸布"幩"。⑤马笼头用难得的贝壳"珂"做装饰。⑥马胸前或腹部系着"繁缨"，用五色的毛织品做成的大带缠扎十二道或九道。⑦马尾巴用锦（最好的丝织品）包裹起来。如是驾车的马几乎从头到尾都被装饰了起来，就差马粪没有包装了。

六、装饰在车上的还有音响。马车上装有四种音响设备：钖、鸾、和、铃。《晋书·舆服志》："五路皆有钖鸾之饰，和铃之响……"《宋书·礼志》："金根车……施十二鸾。"《隋书·礼仪志》："玉辂……金凤一，在轼前。八鸾在衡，二铃在轼。"（先秦铭文中的"金甬"和汉代以后的"吉阳筩"就是鸾。）这些车铃音响，或系在马身上，或结在车衡上，或挂在车厢上，马车行动起来，就发出互相应和而有节奏的声音。（钖在马额、鸾在车衡、和在车轼、铃在旗头。）

七、旗帜是车子的最外在的附加装饰物了，但古人对它却特别关注，因为它格外引人注目。它们或载于车厢上，或插在轭上。《后汉书·舆服志》："左纛以牦牛尾为之，在左騑马轭上，大如斗，是为德车。"《晋书·舆服志》："斜注旂旗于车之左，又加棨戟于车之右，皆櫜而施之。棨戟韬以黻绣，上为亚字，系大蛙蟆幡。轭长丈余。于戟之杪，以牦牛尾，大如斗，置左騑马轭上，是为左纛。"又："五牛旗，平吴后所造，以五牛建旗，车设五牛，青赤在左，黄在中，白黑在右。竖旗于牛背，行则使人舆之。牛之为义，盖取其负重致远而安稳也。旗常缠不舒，所谓德车结旌也。天子亲戎则舒，谓武车绥旌也。"《宋书·礼志》："建太常十二旒，画日月升龙，驾六黑马……"又谓："王公旗八旒，侯七旒，卿五旒，皆降龙。"《隋书·礼仪志》："旧有五色立车，五色安车，合十乘，名为五时车。建旗十二，各如车色。立车则正竖其旗，安车则斜注。"

车上所插旗帜有各种不同的名称、图案、长短、颜色、缘饰、形状和插法。古代有“九旗”：即常、旂、旃、物、旗、旟、旐、旞、旌。“太常”旗，画日、月、星三辰；“旂”画青龙（皇帝升龙，诸侯交龙）；“旟”画朱雀；“旌”画黄麟；“旗”画白兽；“旐”画玄武（龟蛇），皆加云形图案。通帛为“旃”，杂帛为“物”。“旌节”又画白兽，而析羽于其上。“旞”为导车所载用五彩为羽作装饰的车。旗帜有长方形、三角形，缀有不同数量、不同长度的垂饰物“旒”。

以上自然是帝王将相公卿大夫的典型“花车”，与今天民间嫁娶所临时装饰鲜花的花车不同，它们是长期的、固定的。

第二节　花车与花文化

归纳起来这些花车之“花”的特点有：①它们全是外在表面的形式装饰，没有一项是车子内部结构的必然展开，功能上无关于速度、载重、舒适、方便等改进，一句话，与车子的性能毫无关系。②这些“车花”在空间上布满了车身，全面开花，不留余地，同时并呈，互相之间没有本质联系，只是堆积，客观上最大限度地集中展示各种不同的装饰材料质地、工艺技术以达到与“夸富宴”相似的效果。③混淆实用与艺术，体现民间和宫廷艺术的俗审美的共同旨趣。

必须指出，这些混合性的“夸富宴”式工艺旨趣不仅体现在花车上，而且表现在很多其他领域方面，在我国形成了长期的“花”文化传统。与车文化中“卤簿花车”相映成趣的是服饰文化中的“华衮蟒袍”。上古三代相传的“华衮”上绣满“十二章纹样”：日、月、星辰、山、龙、华虫、黼、黻、藻、火、宗彝、粉米，并配以五色云纹，这是帝王之服。“蟒袍”则通身绣着好几头（五到八头）张牙舞爪的龙形神物，这是明清制服，遇庆典或年节，百官皆穿蟒服，谓之“花衣”。“舆”“服”因此“同志”（即“舆服志”）。至于山节藻棁雕梁画栋的“宫殿文化”、浓妆艳抹的“瓷器文化”（其中很大一部分是餐具）、精雕细刻描金绘彩的“家私文化”等，也都是这同一个“花文化”的混合性工艺旨趣表现。甚至在饮食文化方面我们也爱玩嗅觉、味觉与视觉之间的“通感”，喜欢在食品中加入对人体没有任何营养价值反而有不卫生之嫌的各种颜料（如把礼饼的馅染成红红绿绿的斑点、在荔枝肉中加红色等）。这种“花文化”饮食不是将精力用于研究有益人类健康的烹调技术，而是花不少时间制作出各种精巧造型的“花餐”。（传统的是雕刻成精巧花样的“花瓜”“花糕”等，现在则进一步把声光化电都用上了，在大型豪华酒席上,常常会在伴随着热闹的音响和奇异的香味中看到端上来第一道菜"电子烤乳猪"或"电子烤羊羔",它们的眼睛都安着小电灯泡,闪着红光……)这些"花餐"让食客忘记了这是供消化器官吸收的"可餐"食物,而将它变成了眼睛观看的"秀色"。其末流则蜕变为徒有"色香味"其表、实则诱骗坑人的有毒有害食品。

流风所及,现在还出现了"花路",即在人行道上铺设各种花砖,把原本平坦易行的水泥路换成了凹凸让人趔趄的"不平路"。最典型的莫过于横躺在一些公园门口及一些城市旅游区进出路面上的大型石雕刻"花路"了,上面雕刻着花卉动物等图案,一下雨便积水其中。走在这样的"路面"上一不小心就会被绊倒,所以一般时候人们都是绕着它走,视之为"畏途"。走在平坦的水泥路上,我们可以"趾高气扬"放心地走路,不用时时留心脚下的安稳;但走在不平的"花路"上却有磕磕绊绊的感觉,我们常常会在雨中或雨后在这样的"花路"上不幸踩着一块松动的花砖而激起其下的积水,溅得一身污泥,心情被糟蹋得一塌糊涂。所以"花路"与水泥路相比没有任何使用上的优点,反而有一些负功能,其修建的理由因而也不能成立。不但如此,"花路"还造成了极大的资金、资源、能源和人力的浪费。花砖是要动用土壤(传统的砖头是用可耕地中的黏土)制作的,并且要耗费巨大的能源燃烧烘成,然后又要使用大量人力、精力与时间一块一块地铺设在路面上。"花路"的资金总成本核算不知几倍于水泥路面,我看这才是"花路"仍然在延伸着的真正原因。但如果没有混合性的"夸富宴"式工艺的"花文化"传统为之张目开路,"花路"的立项也许不会这样容易通过审批和施行。

"花文化"常常与耗费、浪费相关,所以叫"花费"。徒有其表、名实不符、做虚假表面文章的行为叫"花拳绣腿"。意在迷人的语言叫"花言巧语",不乏掩饰、装饰意味,与"花枪""花招"等名目都含有使人眼花缭乱、迷失真实,甚至是骗人的手段等意义。

上述这些都在某些方面从旁揭示了花车之"花"的特点并使"花车"进一步在更大程度上深刻反映了"花文化"的本质特征。"花车"和"花路"等都是"花文化"的必然产物和组成部分。中国人无论古人和今人都非常认真地对待这些"花样"。观《宋史·舆服志》等可以窥见古人对花车的重视程度。朝廷君臣措心注力于此,反复研究探讨,只为了决定车子和车旗以及驾车的马用什么颜色、旗帜的长度应该下垂到车的哪里、旗上画的是升龙还是交龙、旗子边缘垂饰物的确切数目、车厢上的纹饰应该画龟虎还是蟉龙、车盖的弓数及流苏数是多少、“五末”(辕末、衡末、轴末)用金饰还是用玉饰、铃銮应该系在哪里……虽上下重视,用心良苦设计,集全国之良工巧匠实施,然只落成个花车,于车文化自身而言,不亦可悲乎?

我们从卤簿的历史中可以看出统治者重视的只是装饰性、礼仪性的外在形式,而且越到后代越严重,几乎到了斤斤计较的地步。这些外在形式有什么作用呢?其重要作用就是它的符号象征意义。由于统治阶级看中的只是这一点,所以使得车子的这种象征功能大于它的使用功能,最后把它弄得花里胡哨,花到喧宾夺主、买椟还珠的地步。

花车是卤簿车的特征总结和典型代表。由于“车变”以后历朝历代的踵事增华,中国古车身上附满了太多的非车性冗余物,太沉重的“繁文缛礼”使得车子的装饰性大于本体性,偶然性掩盖本质性。这种喧宾夺主、本末倒置、贵椟贱珠的“过度包装”的“繁荣”,终于让卤簿“花车”严重“超载”,以至于开不动了。

行文至此,一个疑问油然而生:也许我们还应该将“礼文化”列入阻碍中国车文化发展的原因之一?这种想法表面看起来似乎有理,其实是倒果为因。不错,礼文化确实是催生卤簿和花车的重要因素,但“礼文化”本身并不构成对车文化的障碍。西周和春秋时期车文化最繁荣,但同时也是礼文化最盛行的时期。后来车文化陷入低谷萧条时期,也还是靠“礼文化”撑起了车文化的门面。正因为中国的“本质车”遇到了科学这个瓶颈而无法发展,所以中国车文化的主体便只能、也很自然地将能量集中于开发最符合中国国情、也最容易“创新”的“形式车”上。中国车文化的历史表明:当文化发展遇到拦路虎而“此路不通”时,文化选择往往会驾轻就熟地折入老路,在阻力最小的地方绽出、膨胀,并被扭曲——卤簿和花车就是这种畸形“发展”和“繁荣”的结果——这同时也可以看成是文化史的一条规律。

中国古代车文化的精神影响

第二十四章　车变对后车战时代精神文化的影响

到此为止,我们考察了车战退出战场所引起的社会变动(主要是贵族与平民阶层的升降)及车文化的中心质点也即物质载体的变化。现在我们接着探讨这些变化对中国精神文化产生的某些重大影响。

车文化与大文化之间的影响关系如前所述,有些是明显的,有些是隐蔽的;有些是直接的,有些是间接的;有些是长程的,有些是短期的。这个影响也可以简化概括为三个方面的关系:文化对车的影响、车对文化的影响、文化和车的互动。这些影响关系的具体内容和特点在前面已经作了详细的叙述,这里有必要换个角度来看。车文化对宏观文化的影响可以分为两个部分来谈:一是"实作用力",一是"空作用力",也可以称之为"存在作用力"和"非存在作用力",或者还可以称为"'有'作用力"和"'无'作用力"、"明作用力"和"暗作用力"等。这些都是笔者杜撰的概念。为了简单方便起见,我们就使用"实作用力"和"空作用力"这两个概念。前者好理解,指存在物实际发挥的正面影响;后者较复杂,指某事物不存在时由于它的空缺所造成的影响即由此推测出来的与"实作用力"所产生的那个影响相反对的另一极影响。打个比方说,月球的存在引起了地球上海潮的起落和地轴的偏斜以及由此形成的季节变化,这是月球对地球施加的正面实存的影响,这是"实作用力"。假设月球不存在了,那地球上也就没有海潮和偏斜轴以及季节性了;问题还不会停止于此,当海潮和季节性消失了以后，还会出现一系列变化，诸如大气和海洋环流、动植物的生命习性、人类社会的生产生活等等都会出现反常现象。这些由于月球不存在以后所造成的直接、间接的影响，及由这些影响推测出的月球存在时的反向一极的影响，都可以称之为“空作用力”影响。当然，任何比喻都是有缺陷的。这个比喻的缺陷是我们实际上不知道月球不存在之后的影响，因而该影响只能是推测；而我们知道的是生活在这个实存的影响之中，因此这种影响属于“实作用力”。但对于古代车文化来说，情形有点不同，我们是站在全程之外，与观察对象拉开了距离，因而似乎拥有了某种全知的观点，可以同时比照前后两种影响力。但也由于距离的原因，事情的真相往往容易对我们隐蔽起来。相对而言，我们对于“空作用力”所造成的影响本应知道得更多、也更清楚一些，不仅因为距离近，而且它的一些间接影响直达今天我们的生活中，但却几乎没有被人发现。而对于“实作用力”的影响虽然我们知道它肯定存在，也确实知道一部分，但与“空作用力”相比，我们反而所知甚少，不但因为它距离我们更遥远，史籍在这方面的记载太少，而且正因为它是“实作用力”，所以当它不存在之后，就几乎永远消失在四维时空的“世界线”之外了。因此，本章论述车变对中国精神文化的影响虽然更多的是着眼于它对中国文化的“空作用力”，但我们也希望通过“空作用力”来推测和重建“实作用力”存在的影响力结果，如同天文物理学家通过宇宙背景辐射来推测宇宙大爆炸过程和结果一样。

第一节　车变对战争伦理的影响

随着车战与贵族的消亡，贵族精神也随之式微了。车战与非车战对社会伦理、政治伦理、商业伦理以及战争伦理所发生的广泛和深远的影响，这方面至今还没有人对之作过深入、全面的探讨。笔者不惜破“零度风格”之自律，痛揭其间的隐秘关系，将成名竖子绳之笔法，为天下英雄长出一气。

后车战时代的战争特点　受车变影响最直接的领域当然莫过于战争本身。随着车战退出战场，贵族不再垄断战争，这对战争造成了哪些重大的影响？

到了春秋末和战国以后，战争的性质和表现都与春秋时代的车战大不一样了。《淮南子・泛论》早已指出：“古之兵，弓剑而已矣，槽矛无击，修戟无刺。晚世之兵，隆冲以攻，渠幨以守，连弩以射，销车以斗。古之伐国，不杀黄口，不获二毛。于古为义，于今为笑。古之所以为荣者，今之所以为辱也。”《群书考索别集》“古今兵制总论”所引屏山等人的话中也有论及：“古之兵虽败而不可多杀。春秋之时诸侯相并，天下百战，其经传所见，谓之败绩者如城濮鄢陵之役，皆不过一犯其偏师而猎其游卒，敛兵而退，未有僵尸百万血流于江河如后世之战。”一些现代学者如雷海宗、王玉哲、许倬云等也都指出了这些变化现象。现综合古今诸家观点并参以己意而归纳战国以后的战争特点如下：

第一是残酷无情。春秋车战是君子之争，正如雷海宗先生所言，带点游戏性质，杀戮并不多。大概是写春秋末战国初楚国与敌国（秦国?）的一次战争的《楚辞·九歌》中的《国殇》一诗，已透露出了即将来临时代的杀机：“操吴戈兮披犀甲，车错毂兮短兵接。旌蔽日兮敌若云，矢交坠兮士争先。凌余阵兮躐余行，左骖殪兮右刃伤。霾两轮兮絷四马，援玉枹兮击鸣鼓。天时坠兮威灵怒，严杀尽兮弃原野。出不入兮往不反，平原忽兮路超远。带长剑兮挟秦弓，首身离兮心不惩。诚既勇兮又以武，终刚强兮不可凌。身既死兮神以灵，魂魄毅兮为鬼雄。”虽然还有车战，但时代精神已入战国，从中可以看出战斗的激烈程度，并且出现了“严杀尽兮弃原野”的句子，虽然对此句的解释各有不同，但其惨烈的气氛弥漫战场，笼罩全诗，则是明显的。战国时代的战争蜕变得极其野蛮，惨无人道。先秦时期“不禽二毛”“不逐奔”“不重伤”这些人道主义原则早被抛到九霄云外而代之以勇追穷寇、赶尽杀绝，甚至连不杀俘虏的普世公约也被公然践踏在地。长平一战，秦国的大将白起一次就坑杀了赵国降兵四十多万！在这样的恶劣风气下，甚至就连项羽也坑杀了二十多万秦卒，这是英雄不可原谅的唯一污点。秦国带头奖励杀人重“首功”，以杀人多为能事，按砍下的人头数目来论功行赏。据《史记·秦本纪》与《秦始皇本纪》，杀人斩首动辄数万数十万，杀人如麻，已视如家常便饭。“刳腹绝肠，折颈折颐，首身分离，暴骸骨于草泽，头颅僵仆，相望于境……”①“争城以战，杀人盈城，争地以战，杀人盈野。”②其惨酷无道大异于春秋车战时代的贵族君子之争的游戏性质了。

第二是取土并吞。春秋车战时代“五霸”领导的战争，一般不以领土要求和灭祀亡国为目的，而重在取威定霸、屈敌行成，以充当“国际”警察、维持“国际”势力平衡、维护“世界”安全为己任，只要战败方认输服从即允许其求成，与之订

---

① 见《史记·春申君列传》。

② 见《孟子·离娄上》。

立和约后即行撤军，并无占领其领土的野心。而战国时代则是志在灭国取土厉行吞并，结果是将如欧洲一样的几十个并立的国家强行吞并到仅存七国，再继续吞并最终秦灭六国一统天下。

第三是持久战。春秋车战时代最长的一次战争即“鄢陵之战”，真正交锋也不过打了一天，到夜晚见星时即停止了。其余的不过几个小时、一二时辰罢了。更多的时候是围而不打、互相对峙、虚张声势而已。而战国时的实战时间拉长了，战役从几天到十几天，战争旷日持久达数十日、数月乃至数年。如齐袭燕激战五十多天、燕攻齐长达五年之久，“秦攻邯郸十七月不下”①。

第四是搞人海战术。春秋车战最大规模的“鞌之战”不过八百乘战车，按有些学者（如许倬云）的计算（每车徒兵十人加车士三人），兵力只有一万多人；即使按每车徒兵七十二加车士三人计算，总人数也不过六万人。一般的战争则只有数千或一万多兵力而已。而战国时期的战争，动辄投入兵力十几万、数十万。燕国在长平之战后乘虚入侵赵国动用了六十万的军队。秦赵长平之战，仅赵国被坑杀的降卒就多达四十多万，那么战前投入的总兵力大大多于这个数字就是显然无疑的了。而秦国能打败这么庞大的军队也一定投入了相当的兵力，这次战争秦国甚至征调了15岁以下的青少年参战，可以说是倾全国之力大搞人海战术才取胜的。据《史记》“六国年表”和“秦本纪”及“秦始皇本纪”综合统计之，战国时期历次战争死亡人数最多的一次为45万，接着依次为24万、15万、10万、8万、8万、8万、6万、6万、5万、4万、3万、2万、1万……这些数字在今天看来已是惊人，若再参照古代小国寡民的人口基数来看，只有用“全民皆兵”和“种族灭绝”二语差堪比拟，从中可以窥见“人海战术”的惨烈规模。“一将功成万骨枯”绝非诗人的夸张，乃是中国古代步兵骑兵取代车战以后的战争实况。

第五点很重要但为诸家所忽略，即不守规则的“超限战”。春秋时期的战争“国际法”规则到了战国时已无人遵守。春秋车战时代的诸多规则如师出有名、兴师问罪、约战、挑战、应战等都被抛弃了，而代之以不宣而战的突袭、偷袭、奇袭，这正是骑兵、步兵所擅长的伎俩。车战不可能搞分散的游击战，而只能组织成方阵式作阵地战，由此形成的作战特点是列阵而战，堂堂旗正正鼓光明正大的战法，培养起来的是力量和勇气以及光明正大的性格。据宋代胡安国《春秋传》的统计，春秋时战争的形式有“伐”“战”“围”“侵”“入”“迁”“灭”“追”“袭”

① 见《战国策·秦策》。

“败师”“取师”“取国邑”等。其中大张旗鼓、公开声讨的“伐”最多,达 213 次,占总数的大半,而偷偷摸摸的“袭”只有一例。战国以后的战争主体多不愿也不敢进行公开、正面的实力较量,而崇尚搞阴谋诡计,采用欺诈行骗、设陷诱敌等战术;行为偷偷摸摸、鬼鬼祟祟,手段既卑劣又残忍。只要能达到打胜仗的目的,手段和方法可以不加限制,无所不用其极。

“三十六计”　“三十六计”大体上就是对战国以后战争的概括和那时期战争主体心理性格和价值观的反映:“瞒天过海”“暗渡陈仓”“顺手牵羊”“浑水摸鱼”“偷梁换柱”“李代桃僵”“釜底抽薪”“上屋抽梯”“趁火打劫”“借刀杀人”“笑里藏刀”“借尸还魂”“指桑骂槐”“声东击西”……最后是“走为上”。这些标题一目了然地将小偷强盗的勾当、大骗子胆小鬼的嘴脸、小人贱人的心态一丝不挂、淋漓尽致地和盘托出。

车战时代结束,“兵不厌诈”由此而起,成为中国战场的一个潜规则。战国秦汉以后的一部分军队军人受到“三十六计”小人文化的污染影响,养成了偷偷摸摸老搞阴谋诡计的习惯,形成了畸形性格和卑下素质。由这些人打江山建立的政权,小人得志,就容易把他们的价值观和作风扩散到各个领域去。在政治上肯定是不讲王道德治,甚至连霸道也望尘莫及,而只会、也只懂得搞权术,瞒上欺下,满口谎言,贪污腐败;运用到经济工商业方面,则坑蒙拐骗,欺诈弄虚,假冒伪劣商品大行其道;影响到社会上则败坏道德,危人心术,颠覆正常价值和社会各领域的秩序,不正之风弥漫神州大地。

第二节　秦汉小人队伍的价值观

这里的“小人”是与“贵族”(主要是精神贵族)相对的。这里的“小人”是指流氓、骗子、无赖、不遵守规则和法律、无道德底线的寡廉鲜耻者,是社会中的败类。这些败类虽然只是少数,但作用很大,能影响甚至改变整个社会和民族的性质,犹如有毒的食品添加剂,只要一点点就可以改变食物的性质甚至致人于死命。

经过战国时代贵族下战车与下政坛的去贵族化风潮摧折,贵族精神屈居下风,到了战国末期,几于荡然无存;而农工商贩市井平民队伍崛起成为主力军,其中寡廉鲜耻者脱颖而出,占据要津,他们的价值观也就左右了国家社会政治经济军事外交的方针。

打仗靠贿赂与策反 《左传·昭公十五年》记载了晋师围鼓的战事："鼓人或请以城叛，穆子弗许。左右曰：'师徒不勤，而可以获城，何故不为？'穆子曰：'吾闻诸叔向曰："好恶不愆，民知所适，事无不济。"或以吾城叛，吾所甚恶也。人以城来，吾独何好焉？赏所甚恶，若所好何？若其弗赏，是失信也，何以庇民？力能则进，否则退，量力而行。吾不可以欲城而迩奸，所丧滋多。'使鼓人杀叛人而缮守备。围鼓三月，鼓人或请降，使其民见，曰：'犹有食色，姑修而城。'军吏曰：'获城而弗取，勤民而顿兵，何以事君？'穆子曰：'吾以事君也。获一邑而教民怠，将焉用邑？邑以贾怠，不如完旧，贾怠无卒，弃旧不祥。鼓人能事其君，我亦能事吾君。率义不爽，好恶不愆，城可获而民知义所，有死命而无二心，不亦可乎！'鼓人告食竭力尽，而后取之。克鼓而反，不戮一人，以鼓子鸢鞮归。"

晋国军队包围了"鼓"这座敌城，城中有叛徒想献城投降，但晋军指挥官穆子不同意，反而通知敌人加强防守，要敌人量力而行尽最大力量坚持下去。晋军继续包围了三个月，城中的敌人又有出来想投降的。穆子从他们的气色判断他们的营养还可以，尚未到弹尽粮绝的地步，所以还是没有允许他们投降，叫他们继续守城。直到最后敌人真的"食竭力尽"了，才答应他们投降，"克鼓而反，不戮一人"。这就像今天的拳击比赛，对手被击倒在地时，裁判要读秒数数，在最后时刻到来之前若有余力都可以、也应该竭尽全力爬起来再战，直到真的爬不起来时才宣告胜负一样。为什么要这样呢？除了给予对手公平竞争的机会之外，就是为了激励赛手的尽力拼搏精神；而只有人人都尽力拼搏，才能发扬和实现公平竞争精神。车战时代的中国古代贵族，即使在你死我活的战争中也注意保护这种精神价值，培养阳刚正气，不要伤及、更不能摧毁民族的道德底线，在实现目的的同时也关心手段的合理、合法、合公德性。

然而后车战时代的小人集团则相反，他们到处策反，坏人名节操守，培养、制造大批贪生怕死、无耻嗜利的叛徒。秦国吸收了最多的无耻阴谋家，大搞离间策反的"统战"手段，与金钱收买相互配合，贿赂公行，谍影重重。《史记·李斯列传》谓秦听李斯之计，"阴遣谋士，赍持金玉，以游说诸侯。诸侯名士可下以财者，厚遗结之；不肯者，利剑刺之"。以贿赂开路，以武力为后继，这样剩下的就多是好利无耻之徒了。东方六国中与秦国势均力敌的齐国，其主政的宰相后胜被策反成功，其内阁幕僚多数也被秦国的金钱收买，为秦国说话；齐国派出的外交人员统统接受秦国贿赂，回国后变成了秦国的间谍："后胜相齐，多受秦间金，多使宾客入秦，秦又多予金，客皆为反间，劝王去从朝秦，不修攻战之备，不助五国攻秦，秦以故得灭五国。"[①]最后当秦军兵临齐国首都临淄时，这位宰相就劝国王投降了事。《战国策·齐策下》以及《风俗通》皆记载了这件事。其余各国也都是在类似的威胁利诱下被各个击破的，秦国终于颠覆了东方各国。

历史真是既吊诡又公正。精神污染败坏人心的结果就是自食其果。一个政权以什么样的手段和方式取得胜利上台，往往也是遵循相同之道失败垮台。不但宏观上中国数千年的王朝都是通过暴力建立起来最终也是在暴力下灭亡，就是微观上的细节也多有重复之处。魏晋南北朝的统治者接二连三地以"禅让"为名其实是刀剑逼宫的方式上下台就是最明显的"规律"。而几乎不为人察觉的是，秦朝的崛起与覆灭也与贿赂同样有着利害相关的"共轭关系"。秦末农民起义军用以对付"耕战"立国的秦军，也是以其人之道还治其人之身，同样靠实施贿赂手段瓦解了秦朝的强兵，攻入关中颠覆了秦王朝。《史记·留侯世家》记录了刘邦所部西入武关后的这个过程：

> 沛公欲以兵二万人击秦峣下军，良说曰："秦兵尚强，未可轻。臣闻其将屠者子，贾竖易动以利。……令郦食其持重宝啖秦将。"秦将果畔，欲连和俱西袭咸阳，沛公欲听之。良曰："此独其将欲叛耳，恐士卒不从。不从必危，不如因其解击之。"沛公乃引兵击秦军，大破之。逐北至蓝田，再战，秦兵竟败。遂至咸阳，秦王子婴降沛公。

这个记载揭露了两个事实。一个是刘邦的农民起义军和也是同样成分组成的秦朝军队中都杂有很多商贩，他们喜欢贿赂（一个行贿，一个受贿）。后来在对付自己的叛将陈豨部队时，刘邦"闻豨将皆故贾人也，上曰：'吾知所以与之。'乃多以金啖豨将，豨将多降者"。刘邦这次不用张良提醒，用老办法把陈豨的部将收买而打败了他。[②] 刘邦集团好行贿赂，但其高层也因受贿而入罪。集团中的主要骨干萧何丞相本是刘邦力排众议所封的第一功臣，却"多受贾人财

---

① 见《史记·田敬仲完世家》。

② 参见《史记·高祖本纪》。

物”“多受贾竖金”终被打入监牢。[1] 其原因主要是刘邦怕萧何功高盖主收买人心,并不是真想惩治腐败。刘邦集团从上到下贿赂非常普遍,如果真抓实干反腐败,像今天抓贪官一样,那是逮一个准一个,基本上没错。

不讲诚信 另一个事实是刘邦集团不讲诚信:他们既策反了秦军叛将,当双方约好了一起西袭咸阳时,刘邦等人又不顾信义地趁叛军不备时袭击他们。(这与清末李鸿章的淮军离间招降太平天国的苏州守将,待他们投降后又设计杀了他们一样,都是极其不道德的卑劣行为。李鸿章后来自责曰:“杀降不祥。”但那是因为洋人戈登——即“洋枪队”队长,对他杀降违约无信之事的愤怒责骂并声言断交不助而有所警悟惧怕。)

这支小人队伍从一开始就暴露出极其不讲诚信的流氓本质,在后来楚汉相争时刘邦集团又多次故伎重演。最大、最著名的一次不讲信义就是违背“楚河汉界”的“鸿沟”之约。项羽与刘邦约定以鸿沟(古运河名,故道在今河南省境内)为界,鸿沟以东为楚地,鸿沟以西为汉地,楚汉“中分天下”,停战媾和。这个和平条约当场就得到了“军皆呼万岁”的拥护[2],可见军民是如何地渴望和平。但是庆祝和约的欢呼声刚落地,张良、陈平和刘邦等人就开始密谋策划新一轮的战争。在项羽集团刚旋踵转身不久,刘邦集团立即撕毁了墨迹未干的协约,越过鸿沟向东尾击按约引兵东退的项羽,在其背后实施突然袭击,悍然发动了新的内战! 但是在与本集团的韩信、彭越约定会师合击项羽时,韩信、彭越也不从约前来,张良、刘邦于是也许诺与他们“共分天下”,让他们“各自为战”。韩信、彭越在这巨大的利益诱惑面前还是上了大当,在他们与刘邦合力于垓下消灭了项羽集团之后,“项羽已破,高祖袭夺齐王军”,他们的厄运也就临头了。轻信这个流氓集团作出的承诺,助纣为虐的结果就是《史记·黥布列传》所说的“往年杀彭越、前年杀韩信”,落得比项羽更不如的下场。待大局稳定时,该团伙终于进入了“兔死狗烹、鸟尽弓藏”,互相欺诈残杀的结局。

春秋车战时代以“齐桓晋文”为代表的贵族精神所坚持的诚信原则,至此已破坏殆尽。其实千里冰封不是一日之寒所能致。战国末期的法家代表韩非(其实他就是这些小人的代表。韩非和张良按阶级成分划分他们都是韩国的贵族,但他们的精神却属于小人。故这里的“贵族”与“小人”非纯以社会、经济地位

---

① 参见《史记·萧相国世家》。

② 见《史记·项羽本纪》。

分，而以"义"定。所谓"有成分论，但不唯成分论"者也）早就公开跳出来贬低诚信，为说谎张目："若夫贤良贞信之行者，必将贵不欺之士；不欺之士者，亦无不欺之术也。布衣相与交，无富厚以相利，无威势以相惧也，故求不欺之士。今人主处制人之势，有一国之厚，重赏严诛，得操其柄，以修明术之所烛，虽有田常、子罕之臣，不敢欺也，奚待于不欺之士？……故明主之道，一法而不求智，固术而不慕信……"①

物质的贵族这时在精神上已堕落为寡廉鲜耻的小人代表。两个时代的主流精神形成了多么鲜明、强烈的反差！

第三节　从楚汉相争看贵贱正邪之气的消长

除了廉洁诚信之外，"耻感文化"②也是春秋车战时代贵族精神的鲜明特色。"明耻教战"是车战时代的训条，"士可杀而不可辱"是春秋贵族的行为准则。所以晏子以二桃而杀三士，鲁庄因一语而诛双雄③。桃虽小而关乎荣辱，语虽轻而系于勇怯，故而他们都宁死也不肯忍辱偷生。《左传·襄公十七年》叙述了这样一件事：

> 齐人获臧坚。齐侯使夙沙卫唁之，且曰："无死。"坚稽首曰："拜命之辱，抑君赐不终，姑又使其刑臣礼于士。"以杙抉其伤而死。

齐国入侵鲁国，受到包括臧氏族人在内的鲁人的抵抗无功而返，但抓获了受伤的臧坚。齐侯（灵公）派了太监夙沙卫去慰问他，并传达了齐灵公叫他不要自杀的旨意。但让一个太监来向士传达命令，在当时是一种非礼的行为，臧坚觉得受辱可耻，因此便用尖木头刺破伤口自戕而亡。这种做法不但今天的人不能理解，即便是古代，也是勾践、刘邦、韩信们不敢做、也不能理解的事。

当然，这里不是鼓吹为了两个桃子而自杀，也不是对臧坚和"三士"的具体行为作出是非判断，而是说那个时代的中国人是有原则、有底线、有尊严地活着

---

① 见《韩非子·五蠹》。

② 这是美国女文化人类学家鲁思·本尼迪克特在《菊与刀》中提出的概念。

③ 见本书第十五章《车士的故事》。

的。他们的行为是有准则的，这个准则在当时就是礼。在生与死、肉体与精神问题上，他们更看重精神本质而不是肉体存在。而当涉及人格荣辱等生命的本质问题时，其自由裁量权有时是在自己而不在法官手中。贵族士人把荣辱看得比生死还严重，把精神价值看得比物质肉体更重要。这就是孟子说的："生亦我所欲，所欲有甚于生者，故不为苟得也；死亦我所恶，所恶有甚于死者，故患有所不辟也。"①

但到了后代，"好死不如赖活""留得青山在，不怕没柴烧""大丈夫能屈能伸"之类苟活偷生、忍辱伺机的信条压倒了刚烈的尊严。于是勾践尝吴王之粪、韩信受胯下之辱便成为后人学习的楷模。生命原则自有其不可让渡的优先权，但如果以取消人的本质为代价换取其外延的存在，精神价值理性也就让位于物质工具理性；阴柔战胜阳刚的同时，阴险与阴谋的阴云也遮蔽了神州大地上的灿烂阳光。

然而后代也还有些人不绝如缕地继承春秋车战时期的贵族精神传统。英雄猛将如项羽身上的豪气也还遗传了一些车士的贵族气质（毕竟他还是楚国贵族的后代），所以他终于没有在"鸿门宴"上杀了刘邦这个小人，因为这有损光明正大的贵族荣誉。项羽和他集团的英雄形象和荣誉是靠勇气和力量在正面对敌作战中树立起来的。② 该集团的信誉从其成员季布的"一诺千金"就可以看出。然而"后车战时代"的中国已不再是贵族精神生存发展的土地。项羽战败后，他本还有渡江生还、东山再起的机会，但他自刎乌江，和古希腊的苏格拉底一样，宁愿选择死，而不是逃生。逃跑偷生不是贵族英雄所为，"无面目见江东父老"说明项羽还有一颗贵族的荣誉心和羞耻感。只有同样具有贵族精神的人才会发出"至今思项羽，不肯过江东"的惺惺相惜之声。

刘邦则是小人中的无赖统帅，他那个集团不要荣誉，不要尊严，不讲信义，喜暗箱操作，怕光明正大，因而不敢与项羽正面一决雌雄。《史记·项羽本纪》云："项王谓汉王曰：'天下匈匈数岁者，徒以吾两人耳。愿与汉王挑战，决雌雄，毋徒苦天下之民父子为也。'汉王笑谢曰：'吾宁斗智，不能斗力。'"刘邦只能搞阴谋诡计，而无能力做一个战士。《左传·庄公十一年》"皆陈曰战"条，杜注曰："坚而有备，各得其所，成败决于志力者也。"《正义》孔疏亦曰："战者共斗之

① 见《孟子·告子上》。

② 观《史记·项羽本纪》诸侯军"皆从壁上观"一段可知。

辞，彼此成列，权（即“设权谲变诈以胜敌”）无所施，故为各得其所，成败决于志力者也。”刘邦根本不敢跟项羽面对面光明磊落地决战。他那个集团在正面战场上从来打不赢，整天东躲西藏，就靠施小人伎俩，尽出贿赂收买、离间反间、游击袭击等诡计。最后在占数倍兵力于敌的绝对优势下，刘邦集团仍然不敢以堂堂旗、正正鼓的方式作战，还要靠唱楚歌的损招来浑水摸鱼。为了求生，刘邦不惜将女人推到战场的第一线上去，让属下乘坐“黄屋车”代他受死，自己“金蝉脱壳”逃生①。为了逃跑或逃避责任，刘邦甚至残忍寡恩到可以分亲父一杯羹、推亲子于车下的地步，已经彻底丧失了伦理意识。② 为了逃生，他们君臣做的事，卑鄙到连密室都不敢说、史官都不敢记的程度。（《汉书》记刘邦平城之围，“用陈平之秘计得出”。郑氏注曰：“以计鄙陋，故秘不传。”）可以想见肯定是无耻之极了。扬雄《法言》李注引宋仲子法言注曰：“张良为高祖画策六，陈平出奇策四，皆权谋，非正也。”张良、陈平、萧何、韩信、吕后等人都是一丘之貉，他们师承的是勾践的传统。无耻是他们的共同特点，苟且偷生、忍辱含垢但又坚忍、残忍是他们的性格，这些都具有小人的特性。他们的那些行为是贵族性格的人绝对做不出来的。《汉书》卷四十《陈平传》，记陈平评论刘邦与项羽曰：“项王为人，恭敬爱人，士之廉节好礼者多归之。至于行功赏爵邑，重之，士亦以此不附。今大王嫚而少礼，士之廉节者不来；然大王能饶人以爵邑，士之顽顿耆利无耻者亦多归汉。”这是刘邦集团体制内的“高干”人物所说的话：廉洁之士多归项羽而不附于刘邦，只有顽顿好利无耻之徒多归汉！在刘邦这面“光棍”旗帜下，聚集了一大批流氓、地痞、奸商、小贩、罪犯、奴隶、屠夫、赌徒……

楚汉相争是仅存的贵族力量与已经强大的小人力量的总决战。项败刘胜、成王败寇奠定了中国国人不敢正视的正不敌邪的悲剧国运！之后因耻与刘邦流氓集团共事而不肯与之合作的齐国贵族后裔田横自杀，其属下的东海五百壮士也选择同时自杀，标志着宁死不屈的贵族精神对人世间的彻底悲愤与绝望！

第四节　车战与贵族精神的消亡对社会发展的重大影响

战车淡出战场意味着贵族失去政治权力与社会地位，而步兵与骑兵上升为

---

① 见《史记·项羽本纪》。

② 见《史记·项羽本纪》《史记·高祖本纪》。

战场的主角则预示着小人战争、小人政治、小人社会、小人时代的到来。但这一切都来得过早。欧洲和日本的贵族都维持到了近代并将贵族精神保持完好地延续进入近代社会。近代欧日社会也很懂得赏识和保存其精华,并在心灵上保留了这个精神女王的地位。这样,贵族精神的传统在西方和日本的现代化进程中就成了道德文化的底线守护神,保护着他们民族的羞耻心。这些由贵族精神集中体现和保留下来的特质形成了他们的核心价值观,在近现代已成了他们认可的普世价值,并进一步客观化为法律、社会、政治、经济等各种制度。这些贵族精神尤其是其中的理性精神与由它们的客观化产生的资本主义制度文化高度紧密地直接结合在一起,形成了一道双向的保护墙,既维持了现代资本主义工、农、商、金融、服务等各个行业的经济秩序和社会秩序,又有效地防止了世俗物质世界腐败气息向精神文化世界核心价值观的侵袭腐蚀,在捍卫高贵精神文化尊严的同时也保障了物质文化的正常发展。当贵族与欧洲资产阶级的界限日益模糊并消融于整个资本主义社会中并参与其文化建设时,贵族精神也在社会中扎下了根。即使经过了法国大革命也没能摧毁贵族和贵族精神。贵族文化在19—20世纪仍然具有活力,使西方文化至今都保持着倾向于贵族传统的特色,这不能不说是后来居上了。

中国社会变迁的方向与西方恰恰相反,贵族阶层向下流动,向平民、农民、贱民底层转变,贵族精神逐渐为小人文化所取代。中国农业文化也曾自发地兴起过地主庄园经济,这些地主很少与外界进行物质交换,甚至抵制或厌恶商业经济生活,而仅仅依靠其土地就能满足其几乎全部的生活需要。这一点与欧洲中世纪的贵族城堡经济也很相似。但为什么中国的地主缺乏贵族精神而欧洲的城堡主人却拥有呢?因为欧洲的城堡主人与骑士直接继承了贵族传统精神,而中国的地主只是农民,他们没有继承到贵族的文化遗产。中国的贵族和贵族精神过早地灭亡了。从汉代至今,中间横亘着两千多年的小人文化,所以后代的中国人无论是生活在什么社会都根本接不上贵族气了。虽然其间有汉儒与新儒家的重建努力,但汉儒只是强化了以三纲五常为核心的政治关系和家庭伦理的礼制体系;宋儒也只是在读书人中提倡做做修身养性、变化气质(去除小人文化所形成的陋习)的消极功夫,只是在历史典籍中寻找榜样力量,发挥的主要是意识形态上的作用,影响也主要是通过书面形式进行。这些都未能直接对农民文化产生实质性的巨大影响,只能在上层社会中引起一点理想性、理念性的怀旧("回向三代")心情。由于没有贵族阶层的实体作为文化载体在社会内部对整个社会发挥言传身教、血肉相连的感性的直接的影响,便很难收到"桃李不言,下自成蹊"的效果,所以实际对社会发生主导影响的仍然是小人文化。贵族文化的所有毛病包括其残暴性、虚荣性,甚至等级性、剥削性等,小人文化也都有,而贵族文化的所有优点如珍视并崇尚荣誉、信誉、公平、公正、正义、真诚(不说谎)、忠诚、友爱、人道等原则以及勇敢坚贞、明礼知耻、正直不邪、光明磊落、慷慨大方、举止优雅、疏于算计等高贵品质,小人文化却都不具备。而工于心计、阴谋暗算、谎话连篇、弄虚作假、吝啬贪鄙、苟且偷生、不讲信义、不要荣誉、残忍不仁、缺乏公平公正公开的办事原则和勇气,等等,是小人文化的一贯表现。只要对己有利可图,一切道德底线都可以突破,一切公共秩序都可以破坏,一切公共原则、规则都可以践踏,一切公共利益都可以巧取豪夺……一句话,缺乏公共理性、公共道德,不关心公共领域的公共事务,只看重私人领域的私利,这些小人文化的共同特点,造成了严重的社会信任危机,使人们回到了霍布斯笔下的"一切人与一切人的战争"的丛林时代。这一切都是农民文化和商业文化中的糟粕结合而成的小人文化的表达,是贵族阶层随着战车和车战退出战争而崩溃,贵族精神丧失之后的"空作用力"影响所造成的结果。

战车包括车与马。"胡服骑射"以后只要马不要车了。就这么一件简单加减的变化,关系到整个贵族的存亡,从而关系到社会的变迁,关系到历史的转折,关系到民族的兴衰,关系到国运的转化,关系到精神文化的质变……

第二十五章　中国古代的车士精神

现在我们可以经由“空作用力”进而重建“实作用力”了。

我们先从“贵族精神”与“车士精神”的概念及其关系说起。

车战时代是贵族垄断了战争，那时的战争是贵族精英战，战争也从而产生了许多反映贵族道德原则和精神气质的某些特点，并扩散影响到社会各个领域的主流价值观念，甚至成为国际社会的普世价值。所谓贵族，从本质上说并不是单指物质生活和权势地位的富贵，更重要的是指一种高贵的精神，它包含各种崇高的美德、光辉的理性、高雅的气质、丰富的情感、坚定的意志等，是完整健全的人格精神。

这些贵族精神就是“车士精神”（这是笔者首撰的概念）。这个车士精神的主体就是贵族，因为车士基本上是只有贵族阶层男性成员才有资格充当的（当然都要学习“射御”并通过考试之后）。而这样的贵族从天子公卿诸侯大夫到士也基本上确实是亲自上战车当过车士，只不过位尊者为车左（车主），位卑者为车右或车御而已。因此一般而言，成年男性贵族即车士，车士即贵族。广义的“贵族精神”不仅仅指狭义的战车上的贵族车士，而是包括了所有具有贵族精神的人，上至王公诸侯卿大夫，下至士农工商。从这个意义上说，中国贵族精神是“车士精神”（无论狭义与广义）的核心和基础，“车士精神”是贵族精神的集中体现和优秀代表。

“车士精神”是以道德原则为主要内容、以绅士（君子）风度为重要特征、以侠士风格为基本形式、以贵族气质为本质内涵的一种独特而优秀的中华精神文化。

第一节 车士精神与骑士精神

西方中世纪有骑士精神，古代中国有车士精神，两者同样都体现了贵族精神。除此之外，中国古代的车士精神与西方的骑士精神具体说来还有许多共通相似之处，如都崇尚荣誉、勇敢、牺牲、忠诚、守信、正义等品质，都有遵守规则法度，恪守公平、公正、公开的竞争规则，按照明规则行事的光明磊落作风，以及注重礼仪和自尊，既独立又爱群，既谦卑又骄傲，既坚忍自强又不乏同情弱者的怜悯心，等等。如西方骑士的行为准则是：不伤害俘虏；不攻击未披挂整齐的骑士；不攻击非战斗人员，如妇女、儿童、农工商贩等。[①] 这与宋襄公的“不重伤、不禽二毛、不以阻隘、不鼓不成列”的“四不原则”何其相似乃尔。人们耳熟能详的孔子学生子路在战斗中临死前坚持正冠结缨而死之事，与众所周知的法国大革命中路易十六皇后上断头台时，不小心踩到了刽子手的脚而不忘道歉说“对不起，先生”一样，同样是表现了在死亡面前从容不迫的优雅风度，是贵族教养、贵族精神内在化后的一种习惯性反应。我们再看《左传·昭公二十一年》宋国华、向两个大贵族与最大贵族宋君王族之间惊心动魄的生死车战：

> 十一月癸未，公子城以晋师至。……与华氏战于赭丘。……子禄御公子城，庄堇为右。干犨御吕封人华豹，张匄为右。相遇，城还。华豹曰：“城也！”城怒而反之。将注，豹则关矣。曰：“平公之灵，尚辅相余。”豹射，出其间。将注，则又关矣。曰：“不狎，鄙！”抽矢。城射之，殪。张匄抽殳而下，射之，折股。扶伏而击之，折轸。又射之，死。干犨请一矢。城曰：“余言汝于君。”对曰：“不死伍乘，军之大刑也。干刑而从子，君焉用之？子速诸！”乃射之，殪。……

这是发生在宋襄公祖国的一场贵族间的战斗，所以车战很讲规则。公子城

---

① 参见（法）马克·布洛赫著，张绪山、李增洪、侯树栋译：《封建社会》下卷，商务印书馆，2004 年。

是前国君宋平公的儿子，应华豹等车士的挑战与之决斗。华豹先张弓搭箭射了公子城一箭，但箭从公子城与御者之间穿过，没有击中。轮到公子城发射时，发现华豹又张弓搭箭，公子城说了句："不遵守轮流更替发箭的规则，卑鄙！"华豹服这话，于是抽下箭不发，等待敌人射击，被公子城一箭击毙。华豹的车右张匄持殳下车欲战，大腿上也受了一箭而骨折，但他仍然匍匐前进，奋力打断了公子城的车轸，又被公子城补了一箭而死。为华豹驾车的御者干犨向公子城请死，希望他也给自己一箭。公子城本无意杀他，想在国君面前为他说话放过他。但干犨说，（作为军人）应该服从军法死于战场，不应该服从你的恩惠为自己免死而干扰破坏军法。于是公子城应他所求给了他一箭，干犨死去。

人们知道西方贵族骑士有决斗的传统，却很少有人知道中国古代贵族车士也有这种现象。这场赭丘战斗不但具体说明了车士决斗的规则，而且体现了车士遵守这规则的精神和勇气。无论胜败，双方都是令人肃然起敬的英雄。中国春秋车战时代的车士精神与欧洲中世纪的骑士精神确有相通之处。他们同样既具有遵守维护规则的传统，又有在生死存亡面前视死如归的勇气，也不乏尊重人道人权和遵纪守法的自尊和荣誉感。

但车士精神也有区别于骑士精神的地方，如：两者同样关爱弱者，西方的骑士精神表现在尊重女人，而中国的车士精神则更尊敬老人；同样都是从战争中发展起来的，但骑士精神注重马术，车士精神娴于驾车和车战；此外，骑士有一定的授封确认仪式，西方骑士有些是来自平民阶层，而中国车士全是贵族，车士有明确的录取标准等。但最重要的区别是：骑士精神信仰基督教，车士精神则包孕儒法墨之魂。这最后一个区别是本质的不同，由此产生了车士精神在一些重要内容上的特点。譬如荣誉精神，古今中外的贵族都以荣誉治身治国，视荣誉为生命，但荣誉精神的具体表现可以有诸多形式。车士精神的荣誉观除了崇尚勇敢、牺牲精神等共同品质之外，还特别体现在注重廉耻上，因为中国是一个"耻感"文化浓厚的民族（先秦中国人比日本人有过之而无不及），与信仰基督教的"罪感"国家不同，包括鄙视贪墨腐败和苟且偷生，提倡"士可杀不可辱"等。其"耻辱"的涵义，依具体的情况、境遇而不同，主要以礼为准则。同样重视诚信，西方基督教文化下的骑士更看重文本契约与誓言，而中国古代车士除了同样重视盟书契券之外，还强调口头然诺甚至是"心许"（如季札之于徐君）。同样是勇敢精神，骑士精神的勇气是荣誉概念的自然外延或必要元素，而对于车士精神来说,勇气更多的是来自于“义”或“义”的集合;它与牺牲精神中所强烈表现的“舍生取义”的“义”一样,纯粹是一种道德原则,它与骑士精神中所体现的基督教的“义人”之“义”有重要的不同,基督教的“义”是以对上帝的信仰为标准的一种宗教原则。必须指出的是,正是由于没有超越性终极关怀的支持,完全生长在贵族精神上的车士精神,在其赖以存在的世俗载体——贵族以及贵族精神消失之后,这些美好的车士精神很快也烟消云散了。

从前面的“车士”和“车战”章节的叙述,我们已经了解了不少车士精神的具体表现,包括人道精神,表现在战争中不残酷、不滥杀、不屠城、不逐北、不杀俘虏、诛不加服等;重视礼德(当然这其中有许多是“仪”,但也反映了礼的一些精神实质),即使在战争中也重视君子礼争、兵不废礼、先礼后兵的谦卑精神;至于勇敢、忠诚、正义等精神,则在“车战”“车士”等章节中随处都有表现,可以复按。这里仅是对之重新加以归纳概括,使之条理化,并说明车士精神与贵族精神的关系以及与骑士精神的异同。但是现在特在前文所述历史事实的基础上根据现实社会的时代精神状况,有针对性地重寻车战时代的精神文化古战场,为贵族精神的优秀代表——“车士精神”招魂。

第二节　诚信原则

诚信是与中国古代道德关系很密切的德目,“信”被列入“五常”之一。它也是当今最有现实意义的论题,中国的许多经济、社会、政治问题都与诚信的缺乏有关。然而在中国古代的车士精神中,诚信却是精神之车所载的一颗最耀眼的珍宝。现在专辟一节突出强调之。

与后代“兵不厌诈”相反,春秋车战时代,即使在战争中也有不少军事精英遵守诚信原则,这是后人尤其是现在某些提倡“超限战”的人很难理解的事。当时虽然也有不同的声音和做法,但标榜“诚信”的呼声更高,占据上风,更具影响力。关于这一点,除了前面提到的宋襄公这个典型之外,尚有许多事例未及细说,需毛举一二,以窥全豹。

信服　晋文公因平王子带之乱勤王有功,周襄王赐给他许多原属周领地的土地田邑,其中包括了“原”这个地方。但“原”地(还有其他地方)的军民不服,于是晋文公调动军队试图用武力解决这起事件:“晋侯围原,命三日之粮。原不降，命去之。谍出，曰：‘原将降矣。’军吏曰：‘请待之。’公曰：‘信，国之宝也，民之所庇也，得原失信，何以庇之？所亡滋多。’退一舍而原降。”[①]晋文公事先约好了围城三天，让城里人投降。到了第三天“原”人仍不降服。晋文公命令军队撤退。这时情报人员出城报告说“原”人很快就要投降了。下层军官便提议继续围城再等等看。但晋文公说：“信用是一国之宝，人民的保障。如果得到了‘原’却失掉了信，那么将拿什么来保护人民和国家呢？这样做只会失去更多东西。”于是下令撤军。结果兵退三十里而“原”人反而心甘情愿地降服了。这就是晋文公“信服”原人的故事。

“我无尔诈，尔无我虞” 下面这个“华元夜登子反之床”的故事是笔者糅合宣公十五年《左传》与《公羊传》之文而成的一个典型的两国交兵讲诚信的例子。

楚军攻宋，围城数月不下。宋楚双方都撑不下去了。宋军粮尽柴绝，楚军也仅有七日的粮草。但楚庄王仍“筑室反耕”，做出准备长期驻守下去的样子。宋国君臣急了，派大夫华元夜入楚军，登上楚军将领公子子反之床，把他叫起来说：“老实告诉你，我们已经疲惫不堪了，饿得快到了人吃人的地步。虽然如此，也不能接受城下之盟，即使亡国，也不会投降。若你能劝楚王退兵三十里，那我们就听你们的。”子反因不速之客夜闯其床，吃了一惊，但见他说的是真话，便也吐露实情说：“你们再坚持努力一下吧，我们也只剩下七天的粮食了；七天粮尽还不能取胜，我们也就回去了。”二人私下盟誓而别。但这等于双方发表了公开透明的军力报告白皮书。事后子反把这两份“国防白皮书”放在了楚庄王的办公桌上。楚庄王生气地大声责备子反说：你怎么能将我们只有七天粮食的事情告诉他们呢！子反回答说：区区宋国，都能有不欺骗人、敢说真话的君子，难道堂堂的楚国反而不应该有吗？楚王一听，立即退兵三十里。宋国也很快与楚国达成和平条约，两国在联合公报上盟誓说：“我无尔诈，尔无我虞。”（即“我不诈骗你，你也不欺瞒我”。）

齐桓晋文视“信”为“国宝民本” 后人常说政治是最肮脏的东西，但春秋时期受这种“信”心的影响，连政治也没有后代那么肮脏，而是提倡取信于民，以信树威。齐桓公在“柯”之盟上，因鲁国曹沫以刃相逼，而答应退还齐鲁边境的一小块失地。这本来是在暴力威胁之下的承诺，可视为无效的协议，因而齐桓

① 见《左传·僖公二十五年》。

公事后完全有理由反悔。但管仲却认为这样做会失信于诸侯和天下人,得不偿失,因此建议齐桓公坚持履行承诺,严守信义。齐桓公兑现了诺言,这不但获得了与会诸侯的拥戴,而且一些未参加盟会的国家也闻讯前来谢罪,就连鲁、宋敌国也心悦诚服地共尊齐桓公为霸主。这是以信取威定霸的一个成功正例,也说明当时崇尚守信是各国的普遍社会风气,"信"已成为深入人心的普世价值。因此孔子赞许地评论齐桓公是"正而不谲"。而被孔子批评为"谲而不正"的晋文公,在城濮之战中听从了咎犯之言,使用了"诈术",虽然赢得了胜利,但不能彻底一致地贯彻诚信原则,所以最终孔子给了他这样的讥评。但晋文公也知道"信"是"国之宝,民之本"的长治久安之道,在处理国内饥荒和检阅军民时也能实行臣下所提出的以信治军安民的主张,在城濮之战后论功行赏时,还是先给劝他不要行"诈伪之道"的雍季以上赏,而后才给了导君以诈谋的"军师"咎犯以下赏。左右有人认为:"城濮之功,咎犯之谋也。君用其言而赏后其身,或者不可乎?"晋文公说:"雍季之言,百世之利也;咎犯之言,一时之务也。焉有以一时之务先百世之利者乎?"孔子正是针对晋文公后来更看重信义、贬低诈谋的这一点表现,而欣赏地说:"文公之霸也,宜哉!既知一时之权,又知万世之利。"[①] 但孔子还是遗憾于晋文公的"不终始",所以只能给他一个"谲而不正"的盖棺定论。只有连战争也守信,才能证明、也才能保证诚信的真实度。连战争都能守信,平时还能做不到吗?孔子本人也说过宁可"去兵""去食",承受军事失败和饿死的危险,也不能丢掉"信",因为"自古皆有死,民无信不立"[②]。这样看来,战争就成了考验"信"本身真伪的试金石了。只有车战或车战时代的战争才有可能实现这个"绝对诚信主义"的理想。

忠信两全　战国前期贵族精神的传统原则也还在一些政治家身上发挥着影响力。著名的"商鞅立木表信"的故事就说明了这一点:

> 令既具,未布。恐民之不信己,乃立三丈之木于国都市南门,募民有能徙置北门者,予十金。民怪之,莫敢徙。复曰:"能徙者,予五十金。"有一人徙之。辄予五十金,以明不欺。卒下令。[③]

---

① 见《吕氏春秋》与《韩非子·难一》,二者文字略有出入。

② 见《论语·颜渊》。

③ 见《史记·商君列传》。

商鞅的这个故事应该是人人能言无需解释了，而商鞅的老领导公孙痤的故事更离奇，但也更具启发性。商鞅在未入秦前曾仕于魏国随事魏相公孙痤，公孙痤知道他是个奇才，病重时便将他推荐给魏王，要魏王将国家大事托付给商鞅，并且说，如果魏王不用商鞅，就应杀死他，免得为他国所用。随后公孙痤又对商鞅说："我已经向魏王举荐你了，并且对魏王说，如果不用你，就杀死你。你赶快逃跑吧！"这么矛盾荒唐的事，今人一定以为公孙痤不是神经病就是老糊涂了！其实这个矛盾现象是由"忠""信"两条原则相互竞争形成的张力造成的。对国君要忠，对友人要信。公孙痤对这两者都爱，想要两全其美，所以就做出了在今人看来荒唐可笑的事来了。但外国人也做过类似的事，并且这几年也被我们模仿了。四十年前改革开放之初，我们常常看到香港出产的香烟盒上印着一句话："香港政府敬告市民：吸烟有害健康！"这也是忠信两全，并且还是义利兼收的事。既从香烟中收了税，又对市民说了真话，尽了义务。那时我们看了觉得很奇怪，近些年我们也学着这样做，就见怪不怪了。其实公孙痤早在两千多年前就做着同样的事了。

连商业也体现了车士精神　诚信精神影响所及，连商人也把诚信视作处世乃至立国之本。

郑国的商人弦高在经商的途中不期而遇潜师袭郑的秦军，急中生智用自己商队中的四张熟皮革和十二头牛（是商品牛还是拉货车的服役牛就不得而知了）先行献送秦军，并谎称自己是奉了郑国国君的命令特来犒劳慰问秦师的。弦高的举动使秦军误认为此行已泄密而郑国有备，因此立即退兵。这个"爱国商人"的故事几乎众所周知，但是弦高后来发生的更难能可贵的"辞赏远徙"的故事，知道的人可能就不多了。《淮南子·人间训》载："郑伯乃以存国之功赏弦高。弦高辞之曰：'诞而得赏，则郑国之信废矣。为国而无信，是俗败也。赏一人而败国俗，仁者弗为也。以不信得厚赏，义者弗为也。'遂以其属徙东夷，终身不返。"弦高认识到，诚信是商业社会最重要的道德原则，也是立国的根本。所以他智退秦军返回郑国后，当郑国国君要为他的爱国功劳给予赏赐时，弦高谢绝了。他说："因撒谎欺骗而得赏，那么郑国的信誉就遭废弃；一个国家政府没有了信誉，风俗也就败坏了。赏赐一个人而败坏了整个国家的风俗，这不是仁人所应该做的事；因违背诚信原则反而得大赏，有信义的人不会做这样的事。"

于是弦高带着他的人离开了郑国，迁徙到遥远的东夷去了，再也没有回来。弦高在更高的层次上否定了自己的“爱国”举动；但从另一个方面来说，又是更广大、更普遍、更深刻、更长远的意义上的爱国行为，亦即晋文公所言的“万世之利”。这个“弦高问题”是一个伦理学上的“道德悖论”。差不多所有的伦理学名著都讨论过类似的两难问题。正是这个难题使人类追求绝对道德几近绝望，而所有的伦理学都陷入相对主义。我认为弦高的解决办法不但符合“生命优先”道德原则（孟子的“权”），而且通过自贬几乎完美地解决了这个两难问题，使之成为“两全其美”的伦理学个案，可以作为典型的道德判例。

郑国商人重信尊诚的伦理风气培养了普遍的商业道德，商人中有特立独行高风亮节的奇人不止弦高一个。《左传·成公三年》记载了一件以今天中国商人的观点来看是绝对不可理喻的奇事：

> 荀罃之在楚也，郑贾人有将置诸褚中以出。既谋之，未行，而楚人归之。贾人如晋，荀罃善视之，如实出己，贾人曰：“吾无其功，敢有其实乎？吾小人，不可以厚诬君子。”遂适齐。

晋国人荀罃在“邲之战”中被楚国俘虏。郑国的一个商人正在楚国做生意，他计划营救出荀罃，想将他装进布袋混在货堆中偷运出境。但是还没等到实施这项计划，晋国与楚国已经达成换俘协议，荀罃被释放回国。荀罃是晋国大贵族，他的父亲是当时的晋军元帅，掌握着晋国的军政大权，是名副其实的“官二代”“太子党”。这位郑国商人到了晋国，荀罃待他很好，把他当作是救出自己的大恩人。那位商人说：“我没有救他的功劳，怎敢坐享这种报恩的果实？我是个微不足道的下民，不应该冒充有功的恩人，自欺欺人地对待君子。”于是便离开晋国而到齐国去。这个不知名的普通商人是一位自觉维护市场秩序，身体力行抵制歪风邪气、不走歪门邪道的诚信商人的典范。相形之下，今天的商人应该羞愧！在今天的中国商人看来，这个几乎高不可及的典范是那样令人不可思议，不可理解。今天的中国商业存在着“关系经济”（笔者临时杜撰的概念，不知经济学中有无这种概念），一些商人热衷于官商勾结权钱交易，四下寻找门路，投机钻营，建立“关系网”，投资“关系人”，招聘“关系员”，出售“关系录”，甚至不乏假冒谎称是某高官的亲戚铁哥之类的骗子。而这个“郑贾人”却放着现成的大好关系不用，反而要远远地躲开。天底下居然有这样傻的商人！在今天的中国商场，“关系经济”规律（如果有规律的话），会像“劣币驱逐良币”一样把他逐出商界。今天这种人无论在什么“场”，都无立足之地，一定会被“逆淘汰”掉的。战国以后直至今天的商人老板们与弦高、“郑贾人”之间有着深不可测、不可逾越的“代沟”，是不同时代、不同世界的人，他们是无法理解弦高与“郑贾人”等的贵族化精神的，犹如《庄子·秋水》篇中惯食腐鼠的鸱无法理解“非捂桐不止，非练实不食、非醴泉不饮”的鹓鶵一样。

这个不知名的郑国普通商人的诚实品德和弦高的崇信抑谎价值观都可以看成是一种“泛车士精神”。

第三节　法治精神

“法”是明规则、硬规则，是最平等、最公开、最不能变通的规则。中国历来是以礼治国治军治民治政的。礼是一种原则性和规则性相混杂的规范体系。对于军队和军事这种要求高度统一性、协调性、组织性的领域，需要一种比礼更硬性的规范，即概括性命令形式的规则来调整行为，那就是军令或军法。军法，春秋时期亦谓军礼。我认为国法应该是从军法发展而来的。春秋时期晋国将范宣子所作的该国第一部成文法“刑书”铸在刑鼎上的就是赵鞅和荀寅率兵攻打陆浑时所为的。[①] 而从孔子批评这个做法的话中透露的信息，这个“刑书”，也是“夷之搜也”。[②] 我们已经在论述《周礼》等章中知道，“搜”是古代军队借打猎而进行的一种阅兵、练兵的军事行动。“夷之搜”发生在鲁文公六年，其目的和结果正是“制事典、正法罪、辟狱刑、董逋逃、由质要、治旧污、本秩礼、续常职、出滞淹……使行诸晋国，以为常法”。内容基本上都是关于刑法和民法的。如果我的这个推测（即“国法应该是从军法发展而来的”）没错的话，那么“车士”应该在这两者之间的联系上有特殊的地位和作用，因为在军政一体化的封建（先秦是真正的“封建”）时代，由贵族组成的“车士”既是军队和战争的主力，也是行政系统的统治者，那么“车士精神”和“法治精神”就具有内在的必然联系。车士精神包含了法治精神，法治精神也体现了车士精神。

① 见《左传·昭公二十九年》。

② 见《左传·昭公二十九年》。

法治精神包括两个方面,一个是执法,一个是守法。我们先来看车士执行军法的几个例子。

军法如山不留情 《左传·襄公三年》载:

> 晋侯之弟扬干乱行于曲梁,魏绛戮其仆。晋侯怒,谓羊舌赤曰:"合诸侯,以为荣也。扬干为戮,何辱如之?必杀魏绛,无失也!"对曰:"绛无贰志,事君不辟难,有罪不逃刑。其将来辞,何辱命焉?"言终,魏绛至。授仆人书,将伏剑。……止之……公跣而出,曰:"寡人之言,亲爱也;吾子之讨,军礼也。寡人有弟,弗能教训,使干大命,寡人之过也。子无重寡人之过,敢以为请。"……反役,与之礼食,使佐新军。

魏绛为晋国的司马,是军中的执法官。晋国国君的弟弟扬干驾车不守规则,扰乱了行军的秩序,被"事君不辟难,有罪不逃刑"的魏绛按军法杀了扬干的驾驶员,这等于戮(辱)了御弟扬干,而间接地辱及国君晋悼公。晋悼公大怒,宣称一定要抓住魏绛杀了他,不要让他逃跑了。但是晋悼公的话音刚落,魏绛就主动前来准备伏罪于国法,"归死于司寇"了。晋悼公看了魏绛关于此事件的报告之后,赶快光着脚丫子跑出来承认错误,并且称赞魏绛是个有能力"以刑佐民"的人才,不但没有惩罚魏绛,而且还将他升级了。

无独有偶,《说苑·至公》也记载了一个类似的故事:

> 赵宣子言韩献子于晋侯曰:"其为人不党,治众不乱,临死不恐。"晋侯以为中军尉。河曲之役,赵宣子之车干行,韩献子戮其仆。人皆曰:"韩献子必死矣,其主朝升之,而暮戮其仆,谁能待之?"役罢,赵宣子觞大夫,爵三行,曰:"二三子可以贺我。"二三子曰:"不知所贺。"宣子曰:"我言韩厥于君,言之而不当,必受其刑。今吾车失次而戮吾仆,可谓不党矣。是吾言当也。"二三子再拜稽首曰:"不惟晋国适享之,乃唐叔是赖之,敢不再拜稽首乎!"

这个案子中的主人公就是前面车战章节中所述的"鞌之战"和"鄢陵之战"中的著名车士韩厥,也是后来为"赵氏孤儿"事件翻案的同一个人。这与上个案例十分相似，同样是因为权贵要人的车子“干行”扰乱了部队的行军秩序，而导致执法者韩厥对违规车辆的驾驶员执行了戮刑的军法处置。但两者又有所不同。魏绛的执法对象涉及皇亲国戚，韩厥的执法对象是自己的顶头上司。虽然前者的绝对权力比后者更大，但客观上后者对执法者的主观精神压力更大。因为韩厥的执法对象涉及赵盾，而赵盾是自己的大恩人。韩厥幼小时就是由赵氏抚养长大的，并且现在他这个执法官又是刚刚由赵盾推荐做的。这个感情、恩情和法理之间的张力比法权和君权之间的张力要大得多，韩厥内心的压力也肯定比魏绛更大。但是韩厥的法律意识和公共精神战胜了私人的感情。幸而赵盾也是个通情达理，法律意识和公共精神极强的车士。看赵盾在这事件前后的言论，我甚至怀疑他是不是故意以身试法来考验韩厥的法治精神的。

接下来的这个案例“钓鱼执法”的嫌疑很大。齐景公召穰苴为将军。穰苴说：“臣素卑贱，君擢之闾伍之中，加之大夫之上，士卒未附，百姓不信，人微权轻，愿得君之宠臣，国之所尊，以监军，乃可。”于是景公许之，使庄贾往。穰苴既辞，与庄贾约：“旦日日中会于军门。”穰苴先驰至军，立表下漏待贾。贾素骄贵，以为将已之军而已为监，不甚急；亲戚左右送之，留饮。日中而贾不至。穰苴则仆表决漏，入，行军勒兵，申明约束。约束既定，夕时庄贾乃至。穰苴曰：“何后期为？”贾谢曰：“不佞大夫亲戚送之，故留。”穰苴曰：“……将受命之日则忘其家，临军约束则忘其亲，援枹鼓之急则忘其身。今敌国深侵，邦内骚动，士卒暴露于境，君寝不安席，食不甘味，百姓之命皆悬于君，何谓相送乎！”召军正问曰：“军法期而后至者云何？”对曰：“当斩。”庄贾惧，使人驰报景公请救。既往，未及反，于是遂斩庄贾以徇三军。三军之士皆振栗。久之，景公遣使者持节赦贾，驰入军中。穰苴曰：“将在军，君令有所不受。”问军正曰：“驰三军法何？”正曰：“当斩。”使者大惧。穰苴曰：“君之使不可杀之。”乃斩其仆，车之左驸，马之左骖，以徇三军。遣使者还报，然后行。士卒……病者皆求行，争奋出为之赴战。晋师闻之，为罢去。燕师闻之，度水而解。[①]

司马穰苴是陈国贵族移民到齐国的后裔，到自己这一代时已没有贵族的身份，只是个血统上的准贵族。他自认为“人微权轻”，当齐国的将军怕难以服众，所以要求齐景公派一个“政委”来帮他压阵。齐景公给他派了个“素骄贵”的宠臣庄贾来当监军。庄贾因为与送行的人喝酒而错过了与司马穰苴所约定的军

① 见《史记·司马穰苴列传》。

期，被司马穰苴按军法就地处决。而齐景公应庄贾求救所派去的使者也因为在军中驰车而遭到比上两个案例更严厉的执法："斩其仆，车之左驸，马之左骖，以徇三军。"司马穰苴故意拿自己的搭档"钓鱼执法"以立威，与吴子杀宫女以习军法，商鞅立木以表信，同属法家手段。故我怀疑法家思想也是产生于军旅生涯，与军法有直接关系。法家思想在用意与手段程度（严厉与残酷）上与法治精神只有毫厘之别。虽然如此，法家对于强化人人平等的法律意识和推广法治精神还是具有推动作用的。

国王违法打屁股　法治之风在楚国也非常盛行。被法家韩非采录进他的《外储说右上》中的著名的楚庄王"茅门之法"规定："群臣大夫诸公子入朝，马蹄践溜者，廷理斩其辀，戮其御。"结果"太子入朝，马蹄践溜，廷理斩其辀，戮其御。太子怒，入为王泣曰：'为我戮廷理。'王曰：'法者，所以敬宗庙，尊社稷。故能立法从令尊敬社稷者，社稷之臣也，焉可诛也？……于是太子乃还走，避舍露宿三日，北面再拜请死罪。"

这就是民意拥护的"王子犯法与民同罪"。一般执法对象也就到此为止了，只反贪官不反皇帝是中国的潜共识。但是《说苑·正谏》所记载的故事甚至将执法对象直接指向了国王本身！

> 荆文王得如黄之狗，箘簬之矰，以畋于云梦，三月不反；得舟[①]之姬，淫期年不听朝。保申谏曰："先王卜以臣为保吉。今王得如黄之狗，箘簬之矰，畋于云泽，三月不反；及得舟之姬，淫，期年不听朝，王之罪当笞。"匍伏将笞王，王曰："不谷免于襁褓，托于诸侯矣，愿请变更而无笞。"保申曰："臣承先王之命不敢废，王不受笞，是废先王之命也；臣宁得罪于王，无负于先王。"王曰："敬诺。"乃席王，王伏，保申束细箭五十，跪而加之王背，如此者再，谓王起矣。

楚文王犯了玩忽职守罪，为了声色狗马而擅自脱离岗位达一年多。保申作为"纪检老干部"要对他执行打屁股的"双规"。楚文王请求说，传到诸侯间不好听，能不能变通一下不打呀。保申不肯妥协，并为楚文王准备好了席子。楚文王只好趴在席上接受鞭笞之刑。敢打国王的屁股，这本身可也是大罪啊！但

① 一作"丹"。

是楚文王也没有怪罪这位“大法官”，而是改正自己的错误，使国家得到了大发展。可见楚国君臣上下的法律觉悟都非常高。

上述案例的执法对象从宠臣到当朝执政，到皇弟，到太子，最后到国王本人，都是权贵集团中人。为什么？执法者向下层民众执法较容易，不需要下很大的决心；而敢不敢向违法的权贵进行执法，需要执法者付出很大的决心，冒很大的风险。所以法治的成败关键在执法者。执法者敢于向权贵开刀也就是敢于向自己开刀。上述的执法者都具有真正的“公共精神”和“法治精神”。

父子执法大义存 古今中外的执法者都会遇到执法对象是自己亲人的情况。据说美国的一个警察曾经拼命追一部违规超速的车子，追上后发现驾驶员竟然是自己的父亲。这个警察二话不说开出了罚单，他的父亲也一声不响地接过了罚单。中国古代也有一个同样的执法故事，只是结局不同：

> 楚昭王有士曰石奢，其为人也，公正而好义，王使为理，于是廷有杀人者，石奢追之，则其父也，遂反于廷曰：“杀人者，仆之父也，以父成政，不孝，不行君法，不忠。弛罪废法而伏其辜，仆之所守也。伏斧锧命在君。”君曰：“追而不及，庸有罪乎？子其治事矣。”石奢曰：“不私其父，非孝也；不行君法，非忠也；以死罪生，非廉也。君赦之，上之惠也，臣不敢失法，下之行也。”遂不离鈇锧。刎头而死于廷中。①

这个故事在《史记·循吏列传》、《韩诗外传》卷二第十四章中都有大同小异的记载。

中国是以孝治世的国家，当忠孝不能两全时，结局往往是儿子自杀。石奢与前面“车士的故事”中所说的楚国车士弃疾与申鸣的故事就都是这样。至于《吕氏春秋·去私》中所述的秦国墨者巨子腹䵍的子犯法而父执法，虽国君赦之而父坚持杀之的大义灭亲故事，则是“行墨者之法”。“大义灭亲”之举和这个成语更早见于《左传·隐公四年》的卫国大夫石碏下令杀其子石厚。《左传》是儒家典籍，“义”尤其是君国“大义”更是儒者强调的价值观。可见儒墨法三家在法治精神上是有相通相同之处的。现代法律回避制度的设立，既维护了法律的正义，又避免直面伦理亲情的冲突，是比较好的办法。

---

① 见《新序·节士》。

权贵家人犯法时　但不是所有的执法者都有坚强的"公共精神"和"法治精神"的。这时法和法治精神的存亡兴衰就看权贵阶层自己公共精神和法治精神的自觉程度了。《说苑·至公》载：

> 楚令尹子文之族有干法者，廷理拘之，闻其令尹之族也而释之。子文召廷理而责之曰："凡立廷理者将以司犯王令而察触国法也。夫直士持法，柔而不挠，刚而不折。今弃法而背令而释犯法者，是为理不端，怀心不公也。岂吾营私之意也，何廷理之驳于法也！吾在上位以率士民，士民或怨，而吾不能免之于法。今吾族犯法甚明，而使廷理因缘吾心而释之，是吾不公之心，明着于国也。执一国之柄而以私闻，与吾生不以义，不若吾死也。"遂致其族人于廷理曰："不是刑也，吾将死！"廷理惧，遂刑其族人。成王闻之，不及履而至于子文之室曰："寡人幼少，置理失其人，以违夫子之意。"于是黜廷理而尊子文，使及内政。国人闻之，曰："若令尹之公也，吾党何忧乎？"乃相与作歌曰："子文之族，犯国法程，廷理释之，子文不听，恤顾怨萌，方正公平。"

楚国的最高执政令尹子文的家族有人犯法被法官抓了，但这位法官听说罪犯是令尹子文的族人就把他放了。令尹子文知道后对这个法官进行了严厉的批评教育，并将他的族人送至法庭坚决要求法官对他的族人依法处理。这个法官完全没有公共精神和法治意识，后来被楚王开除了公职。而令尹子文在这件事中表现了很高的守法自觉性，赢得了老百姓"方正公平"的美誉和热情歌颂，全国人民对法律的信心大幅度提升，令尹子文的公共精神和法治精神在其中起了很大的关键作用。

晋国的叔向也是有名的贤贵族。他的同父异母弟弟叔鱼在代理法官期间徇私舞弊，枉法断案，被冤屈方邢侯将叔鱼和被叔鱼曲护的雍子杀害。韩宣子(起)征求叔向对这个案子的看法。叔向曰："三人同罪，施生戮死可也。雍子自知其罪而赂以买直，鲋也鬻狱，刑侯专杀，其罪一也。已恶而掠美为昏，贪以败官为墨，杀人不忌为贼。《夏书》曰：'昏、墨、贼，杀。'皋陶之刑也。请从之。"[①]孔子说："叔向，古之遗直也。治国制刑，不隐于亲，三数叔鱼之恶，不为末减。

① 见《左传·昭公十四年》。

曰义也夫,可谓直矣。”叔向并没有因为弟弟犯罪而想方设法为之开脱罪名,而是引经据典地承认自己的弟弟与其他二人同样有罪。叔鱼成为中国封建时代被钉在贪腐耻辱柱上的第一个贪官。以致一向主张“子为父隐、父为子隐”的孔子也称赞叔向为“义也夫,可谓直矣”。

是否具有普遍性和可逆性,是检验真假法律、是纸上的法律还是实践中的法律、是只约束他人的法律还是也约束自己的法律、是只对下的法律还是也对上的法律……一句话,是不是在它面前可以“人人平等”的法律的试金石。而这在封建社会的人治时代,是全靠执法者和贵族统治者的法治意识和公共精神之有无强弱而定的。

道德法律同庭判　与他律的法律不同,道德是自己审判自己。然而,在中国古代,竟然出现了自己审判自己并对自己进行最严格执法的法官。

> 李离者,晋文公之理也。过听杀人,自拘当死。文公曰:“官有贵贱,罚有轻重。下吏有过,非子之罪也。”李离曰:“臣居官为长,不与吏让位;受禄为多,不与下分利。今过听杀人,傅其罪下吏,非所闻也。”辞不受令。文公曰:“子则自以为有罪,寡人亦有罪耶?”李离曰:“理有法,失刑则刑,失死则死。公以臣能听微决疑,故使为理。今过听杀人,罪当死。”遂不受令,伏剑而死。”①

这里面蕴含着法治精神的全部精髓,这是真正懂得法治精神的最高尚殉法者!任何试图要尽情赞美他的言辞,都不可避免地要演绎成一部“律法大全”之类的鸿篇巨著。这是执法者法治精神所能达到的极点。与之相对的另一极点是在受罚者一边:

> 子羔为卫政,刖人之足。卫之君臣乱,子羔走郭门,郭门闭,刖者守门,曰:“于彼有缺!”子羔曰:“君子不踰。”曰:“于彼有窦。”子羔曰:“君子不遂。”曰:“于此有室。”子羔入,追者罢。子羔将去,谓刖者曰:“吾不能亏损主之法令而亲刖子之足,吾在难中,此乃子之报怨时也,何故逃我?”刖者曰:“断足固我罪也,无可奈何。君之治臣也,倾侧法

① 见《史记·循吏列传》。

令,先后臣以法,欲臣之免于法也,臣知之。狱决罪定,临当论刑,君愀然不乐,见于颜色,臣又知之。君岂私臣哉?天生仁人之心,其固然也。此臣之所以脱君也。”孔子闻之,曰:“善为吏者,树德;不善为吏者,树怨。公行之也,其子羔之谓欤?”①

在具有公平、公正的强烈正义感的精神照耀下,就连接受法律处罚的罪犯不但心甘情愿伏法,而且也被激发出可贵的公共精神和法律意识。孔子的学生子羔做过卫国的法官,在一次国乱中逃亡时,一个看门人掩护了他。这个看门人就是曾经被子羔依法判为刖刑的罪犯。子羔问他:“我曾经判你刖刑,现在我正在逃难,这是你报复我的最好时机,为什么还要救我呢?”那个看门人说:“被判刖刑是我无可奈何但罪有应得的惩罚。我知道,您当时在断案时反复地研究法令,几次想从法典中找出可以赦免我的法律根据。甚至在定案量刑时,您的脸上又表现出愀然不乐的神色,我因此知道您是个公正无私且天性仁慈的人,这就是我救您的原因。”孔子听说此事后感叹道:“善为吏者树德,不善为吏者树怨。公行之也,其子羔之谓欤?”其实孔子的这番评论,还不如他的弟子曾子在告诫即将上任的“士师”(古代的公检法官员)时所说的话:“即使你能公正地断案审讯出实情,也要‘哀矜而勿喜’。”②如果我们的公检法部门都能将“哀矜勿喜”作为座右铭,则多一份“哀矜勿喜”之情,当能少许多冤假错案。

子羔是孔子的学生。孔子自己也做过“公安部长”(司寇)。儒家精神使得儒门弟子在担任司法工作时可以兼法官与律师于一身,而合道德与法律于一庭。但只有当且仅当仁爱精神是“法治精神”的谓语,而“法治精神”是“车士精神”的主语时才能出现上述的至治现象。

第四节　拒腐倡廉的自律精神

车士精神所带来的法治精神的表现在封建时代其例数不胜数,但我们不能在此停留太久,还要去看看车士精神所代表的贵族精神的其他方面。

官商勾结,贪污腐败横行肆虐,其权力寻租与商业贿赂可以上溯至源远流

---

① 见《说苑·至公》。

② 见《论语·子张》。

长的先秦“礼文化”。古觐礼（诸侯朝见天子礼）、聘礼（诸侯相见礼）等都规定在地方与中央之间、诸侯国与国之间、贵族统治者之间的礼节性交往时要赠送财物即“贿”或“赂”。因此这些“贿”或“赂”基本上在外交空间中普遍流行，但还属于比较正常的“礼物”性质，与个人因私请托的“贿赂”不同。贵族在国内社会的公共领域活动中还是很少见到权力寻租和私人请托的贿赂现象。在外交和内政活动上，贵族基本上是公私分明的。

行贿受贿皆拒绝 《国语·鲁语下》记载了一个贵族拒绝行贿的事：鲁昭公元年，代表各诸侯国的大夫们在虢地寻盟开会（不知是“乘车之会”还是“兵车之会”），其间发生了鲁国主政者季武子发动的攻打莒国的战事。莒国虽小但与鲁国曾经在搴之战中加入对齐作战成为同盟国，并且在第二年（鲁襄公十九年春），“诸侯还自沂上，盟于督扬，曰：‘大毋侵小。’”现在出现了破坏国际关系新秩序的事件，而且是发生在同盟国之间的“大侵小”，这是直接违反了同盟国成员各国互不侵犯的条约精神。莒人将这事告到会上，于是主持会议的楚国令尹围（即后来的楚灵王）说：“寻盟未退，而鲁伐莒。渎齐盟，请戮其使。”便将鲁国的与会代表叔孙穆子抓起来要杀掉。这个叔孙穆子即持“三不朽”说的叔孙豹，他差不多总是代表鲁国参加会盟的各种外交事务，也曾亲率鲁军参加过晋国主持的诸侯联军对秦作战。晋国的乐王鲋见情势危急便劝说叔孙穆子拿出货财去贿赂楚国以消灾，但穆子不答应。穆子的家奴梁其胫对穆子说：“有货，以卫身也。出货而可以免，子何爱（惜）焉？”穆子曰：“非女（汝）所知也。承君命以会大事，而国有罪，我以货私免，是我会吾私也。苟如是，则又可以出货而成私欲乎？虽可以免，吾其若诸侯之事何？夫必将或循之，曰：‘诸侯之卿有然者故也。’则我求安身而为诸侯法矣。君子是以患作。作而不衷，将或道之，是昭其不衷也。余非爱货，恶不衷也。”可见那时虽然在社会下层有贿赂行为，但在上层贵族社会还是持守廉洁无私者为主流的，所以穆子宁愿死也不愿意自己成为诸侯各国效法这种为了私人利害而实行贿赂的不正派做法的第一个坏榜样。楚国和其他各国知道后为这种高尚的品德所感动，于是放了叔孙穆子。抵制贿赂腐败不仅体现了贵族的廉洁奉公精神，而且也表现了自觉遵守国际普遍规则的自律精神。

但是由于礼制也在贵族个人之间的礼节性交往中推行物质的“见面礼”：大者贶车马，小者执羔雁；贵者献珠玉，常者遗布币；艺术赠女乐，实用贡百工……

因此礼物和今天意义上的贿赂之间的边界就变得模糊不清，其界线很容易被不知不觉地跨越，这就在客观上为行贿和受贿打开了不易防范的大门。即使像魏子那样被孔子称赞为"以为忠""以为义"的公正廉洁的贵族统治者，也差点陷入"女乐门"而毁了一世清誉：

> 梗阳人有狱，魏戊不能断，以狱上。其大宗赂以女乐，魏子将受之。魏戊谓阎没、女宽曰："主以不贿闻于诸侯，若受梗阳人，贿莫甚焉。吾子必谏。"皆许诺。退朝，待于庭。馈入，召之。比置，三叹。既食，使坐。魏子曰："吾闻诸伯叔，谚曰：'唯食忘忧。'吾子置食之间三叹，何也？"同辞而对曰："或赐二小人酒，不夕食。馈之始至，恐其不足，是以叹。中置，自咎曰；'岂将军食之，而有不足？'是以再叹。及馈之毕，愿以小人之腹为君子之心，属厌而已。"献子辞梗阳人。①

晋国执政的国卿魏子接手了由他当梗阳县令的儿子魏戊转来的一宗断不了的案件。这个魏子就是在鲁昭公元年与"无终"大战于大原时"乃毁车以为行"的魏舒，他后来当了晋国的执政国卿。案件当事人"梗阳人"的宗主向魏舒赠送了一个小型歌舞团。不知是老糊涂了，还是受"礼文化"的影响，魏舒准备受纳。这时他儿子魏戊对魏舒属下的干部阎没、女宽二人说："我们的领导从来就是以拒贿反腐闻名于世的，现在如果接受了梗阳人的礼物，就是极大的受贿行为，你们必须马上设法劝止！"二人终于"以小人之腹为君子之心"的办法使献子辞掉了梗阳人的贿赂。

《左传·襄公十五年》则记载了一个宋国贵族执政者拒绝受贿的故事：

> 宋人或得玉，献诸子罕。子罕弗受。献玉者曰："以示玉人，玉人以为宝也，故敢献之。"子罕曰："我以不贪为宝，尔以玉为宝。若以与我，皆丧宝也。不若人有其实。"稽首而告曰："小人怀璧，不可以越乡，纳此以请死也。"子罕置诸其里，使玉人为之攻之，富而后使复其所。

子罕是宋国的国卿，主管工程匠作等事业的"司城"（本是"司空"，宋国因

---

① 见《左传·昭公二十八年》。

为国君宋武公名司空，所以司空改为“司城”）一职。有人给他进贡宝玉，他说“我以不贪为宝”。这与世俗的以金玉为宝的价值观显然大异其趣，但对于掌权者而言，子罕的话不啻是金玉良言。在献玉者说明献玉是合法的以后，子罕于是将献玉人安置在自己的社区，把玉送到工厂叫工人加工以提升它的附加值，然后将玉还给献玉人，等它卖个好价钱之后再把那个献玉人送回家。子罕的言行闪烁着远超于金玉之上的高贵精神价值。

从上述“穆子拒贿”“魏献子辞女乐”“子罕弗受玉”等几个事件可以看出，行贿腐蚀基本上总是自下而上进行，由社会下层主动发起进攻，但均被贵族精英抵抗住了。这一方面显示了贵族反腐拒贪廉洁自律精神的自我纠正能力和自然与文化、落后与文明之间斗争的巨大张力；另一方面也说明了制度问题，因为社会底层相对于上层是弱势群体，二者权力不平等，导致下层社会要维护和争取权利，为达目的而使用了种种不道德的或非法的手段。然而，手段的不道德或非法比起目的的恶，会带来同样甚至是更广大、更长久的坏结果。这正是晋文公、弦高、叔孙穆子和中行穆子等贵族精英所担忧的。车士精神所代表的贵族精神在与落后的“红包文化”的斗争中，后来成了弱者。今天中国官员腐败现象难以根治，下层社会喜欢且惯于行贿谋利有以启之。自食其果者难辞其咎。当然，这也与现在的官员主观上“贵族-车士精神”的遗传基因缺失有关。所以今天我们既要建立反腐败制度，也亟需呼唤贵族精神和车士精神的归来。

朴素节俭生活的廉洁作风 拒腐的另一面一般总是与朴素节俭的廉洁生活作风连在一起。《新序·刺奢》篇说，鲁国的国卿孟献子（名蔑，曾经率军队参加过多次“国际维和部队”战役），于出访晋国期间，晋国的韩宣子（即见叔向而诉苦忧贫、贪欲心很强的韩起，其家马食菽粟但“人贪马臞”）设宴招待他。宴会换了三个场地，每个地方都各有常设的钟磬乐器悬挂着而不必移动。孟献子看了不禁称赞道：“富哉家！”韩宣子说：“子之家孰与我家富？”献子曰：“吾家甚贫，惟有二士，曰颜回、兹无灵者，使我邦家安平，百姓和协。唯此二者耳，我尽于此矣。”客出，宣子曰：“彼，君子也，以养贤为富。我，鄙人也，以钟石金玉为富。”孔子曰：“孟献子之富可著于春秋。”孟献子并不嫉富仇富，他安贫而好贤，拥有的是精神财富。韩宣子虽然好财，但也能承认孟献子是君子而自己是鄙人，这也相当不容易了。

鲁国的清廉之官绝非孟献子一人。《国语·鲁语上》记载了季文子（名行父,曾率军参加“鞌”之战,“初税亩”的推行人)家“无衣帛之妾,无食粟之马”的清贫事迹。仲孙它(孟献子的儿子)劝说季文子道:“子为鲁上卿,相二君矣。妾不衣帛,马不食粟,人其以子为爱,且不华国乎?”——您是连任宣公、成公两朝国相的鲁国上卿,妻妾不穿丝绸衣服,喂马不用粮食而只用草料,人们都以为您太吝惜财物,难道就不想为国增光吗?文子曰:“吾亦愿之。然吾观国人,其父兄之食粗而衣恶者犹多矣,吾是以不敢。人之父兄食粗衣恶而我美妾与马,无乃非相人者乎!且吾闻以德荣焉国华,不闻以妾与马。”——我也愿意华贵一些啊。但是我看国人中,父兄吃粗粮、穿陋衣的还很多,所以我不敢。别人的父兄衣食不丰,而我却优待妻妾和马匹,这难道是辅佐国君的人该做的吗?况且我只听说高尚的德行可以为国增光,没有听说过以妻妾和马匹来夸耀的。这就不仅是“安贫好贤”了,而是爱民爱国的清廉贤相了,境界更高一层。仲孙它把这番对话告诉了他父亲孟献子,孟献子把他关闭了七天让他反省。仲孙它出来之后也像季文子一样“无衣帛之妾,无食粟之马”,季文子称赞他能改过自新,升他为上大夫。

《国语》的“晋语八”还记录了晋国的一件事:

> 赵文子为室,斫其椽而砻之。张老夕焉而见之,不谒而归。文子闻之,驾而往,曰:“吾不善,子亦告我,何其速也?”对曰:“天子之室,斫其椽而砻之,加石焉;诸侯砻之,大夫斫之,士首之,备其物,义也;从其等,礼也;今子贵而忘义,富而忘礼,吾惧不免,何敢以告?”文子归,令之勿砻也。匠人请皆斫之,文子曰:“止!为后世之见之也。其斫者,仁者之为也;其砻者,不仁者之为也。”

这件事较复杂,也很重要,我需细译并阐述一下:赵文子(赵国的国卿,名武,即“赵氏孤儿”)建自住房,“斫其椽而砻之”。张老晚朝时看见后不打招呼立刻就走人。赵文子敏感地觉得有什么不对的地方了,马上驾车去求问张老:为什么这么快就走,我有什么不好的地方请您告诉我。张老说:“天子的宫室,其椽子用刀斧砍斫之后再磨砻它,最后还要以专用的砥石细磨一遍;诸侯宫室的椽子砍斫之后磨砻一遍就行了,没有加用砥石细磨;大夫宫室的椽子只用刀斧砍斫,连粗磨也没有;士的房屋只用刀斧砍斫椽子的头部。这是让人按照礼制的不同等级来拥有相宜的事物。现在你身为国家领导人,贵而忘义,富而忘礼,在这种情况下我怕自身难保,怎么敢说呢?”赵文子回来立即叫停搞精装修的砻椽子匠人。匠人说,那么就全部统一改用砍斫的椽子吧。赵文子说,不,就这么保持原样,让后代看看,那砍斫的椽子是仁人所为(克己复礼为仁),那经过磨砻的椽子是不仁人所为。

这个故事说明,中国古代的“反腐倡廉”不单靠个人的道德自觉,还有制度(礼)上的约束保证。但制度还得有人监督执行才能发挥作用。张老就是这样的人。他是晋大夫张孟,晋悼公时曾为中军司马,是军中司令部的执法官,转业到行政部门后,朝廷曾经数次任命他为国卿,都被他推辞了。据《礼记·檀弓下》记载,在赵文子房屋落成后,晋国朝廷君臣都前往礼贺,张老的贺辞是:“美哉,轮焉!美哉,奂焉!歌于斯,哭于斯,聚国族于斯!”成语“美轮美奂”即出于此。但张老的贺词在赞美的同时,还包含有讽刺奢侈的意味。赵文子的答辞是:“歌于斯,哭于斯,聚国族于斯,是全要领以从先大夫于九京也。”赵文子领会并发挥了张老贺词的下半段意义:房子不过是养生送死的地方,与坟墓没有什么差别,装修再华美也没有多少重要意义。答辞带有知过战兢、低调收敛、不敢为富不仁的意思。大家都认为贺辞与答辞是“善颂”“善祷”。这个故事也反映了车士精神在“反腐倡廉”中的重要作用。

第五节　勇敢牺牲精神

奋力拼搏的英勇牺牲精神是车士精神的题中应有之义,这在“车战”“车士”章节中已有不少表现。现在不妨再补充几个例子以增加勇气。

齐鲁慷慨悲歌壮　说到英勇牺牲精神,齐国的壮烈之风是历来有名的。且不说流传广泛、悲怆感人的隰侯重卧火炭以济杞殖、华还进攻莒国的杞梁故事;也不消下追至汉初仍遗风不息的田横五百壮士一齐举刀自杀的悲壮场面……单说《左传·哀公十一年》所叙述的一段齐国在面临吴、鲁两国联军杀气腾腾进攻时慷慨赴死的战前气氛:

> 齐国书将中军,高无丕将上军,宗楼将下军。陈僖子谓其弟书:“尔死,我必得志。”宗子阳与闾丘明相厉也。桑掩胥御国子,公孙夏

曰:“二子必死。”将战,公孙夏命其徒歌《虞殡》。陈子行命其徒具含玉。公孙挥命其徒曰:“人寻约,吴发短。”东郭书曰:“三战必死,于此三矣。”使问弦多以琴,曰:“吾不复见子矣。”陈书曰:“此行也,吾闻鼓而已,不闻金矣。”

陈僖子对他当统帅的弟弟国书说:“你死了,我一定会实现你的遗志。”(就像侯氏相声说的“死了侯某某还有侯某某”一样兄弟前赴后继。)下军将军宗楼(宗子阳)与闾丘明也以死相互勉励。桑掩胥为统帅国子御车,公孙夏看出二人已下定了必死的信心。有的团队高唱挽歌,有的团队口中含玉做好了死亡的准备(古代贵族死人有被“含玉”的习俗)。有的人向朋友分赠遗物,有的人抱定有进无退的决心,也有的人吩咐准备长绳捆绑俘虏,怀有必胜的信念。但从统帅、将军到驾驶员和下层官兵,大多数人都笼罩在一片必死、赴死的激昂慷慨气氛中。虽然明知最后是必死必败(事实证明是这样的结果),但仍义无反顾地投入战场,如飞蛾赴火般地燃烧起战斗的火花……

齐国的勇敢牺牲精神是有传统的。《说苑·立节》说了一个故事:

越甲至齐,雍门子狄请死之。齐王曰:“鼓铎之声未闻,矢石未交,长兵未接,子何务死之?为人臣之礼邪?”雍门子狄对曰:“臣闻之,昔者王田于囿,左毂鸣,车右请死之,而王曰:‘子何为死?’车右对曰:‘为其鸣吾君也。’王曰:‘左毂鸣者工师之罪也,子何事之有焉?’车右曰:‘臣不见工师之乘而见其鸣吾君也。’遂刎颈而死,知有之乎?”齐王曰:“有之。”雍门子狄曰:“今越甲至,其鸣吾君也,岂左毂之下哉?车右可以死左毂,而臣独不可以死越甲也?”遂刎颈而死。是日越人引甲而退七十里,曰:“齐王有臣,钧如雍门子狄,拟使越社稷不血食。”遂引甲而归,齐王葬雍门子狄以上卿之礼。

这就是齐国流传的“左毂鸣、车右请死”的故事。齐王打猎时所乘车子的左边车毂发出异响,于是车右认为是自己的责任请求自杀。齐王说:“左边车毂发出异响是负责监制车子的工师之罪,你为什么要自杀呢?”车右说:“我现在没有看到工师的车子,却亲自听到左边车毂对着吾王发出异响。”于是那个车右自杀了。后来越国的军队（即“越甲”）侵入齐国，雍门子狄也援引“左毂鸣、车右请死”的故事请求自杀，认为“车右可以死左毂”，而他怎么不可以为比“左毂鸣”严重得多的“越甲”而死呢？于是也自杀了。这个车右忠君尽责得过分的故事听起来似乎有些耸人听闻，但它被转化为爱国、自我牺牲的精神后却激励鼓舞了全体齐国人，以至于最终吓退了来犯的敌军。

如果说第一个称霸的齐国其飞蛾赴火般的英勇牺牲精神是具有价值理性的壮烈色彩的话，那么笑到最后的秦国其勇敢精神则是依靠利益与恐惧的工具理性来激发的；而晋、楚两国的英雄主义精神是在长期争霸的竞争过程中形成的。既是竞争，就要有规则，这种规则就是礼，是在礼的规范文化中进行的竞争，甚至有时规则本身也成为竞争的目标，因而这两国的英勇精神带有很鲜明的规则性，是一种义勇精神。鲁国不大不小，长期以“软实力”（“周礼尽在于鲁”，所以它有真正的“软实力”）立足于国际间，但正因为这样，所以鲁国更注重硬实力，强调物质性力量。因此其勇敢精神的提倡和培养实际上是建立在现实力量基础上的勇力兼备的实力主义精神。

《左传·襄公十年》生动地描述了鲁国军队的这种勇敢精神在偪阳之战中的表现：

> 晋荀偃、士匄请伐偪阳，而封宋向戌焉。荀罃曰：“城小而固，胜之不武，弗胜为笑。”固请。丙寅，围之，弗克。孟氏之臣秦堇父辇重如役。偪阳人启门，诸侯之士门焉。县门发，郰人纥抉之以出门者。狄虒弥建大车之轮而蒙之以甲以为橹，左执之，右拔戟，以成一队。孟献子曰：“《诗》所谓‘有力如虎’者也。”主人县布，堇父登之，及堞而绝之。队则又县之，苏而复上者三。主人辞焉乃退，带其断以徇于军三日……师归，孟献子以秦堇父为车右。

秦堇父在攻城时所表现出的非凡勇敢更是常人的体力所无法支持的。当偪阳守城者从城头上抛下布带以挑战攻城者的勇气时，秦堇父抓住布带顺着城墙往上攀登。当他的手触及城堞的一刹那，敌人砍断了布带，秦堇父从城头摔了下来……居然没死！只是昏了过去。他醒来后，又接着抓住敌人第二次扔下的布带继续往上攀登，快到城头时，又被敌方砍断布带坠了下去。第三次他又抓住新扔下的布带拼命往上努力攀登，这一次守城人不知是出于对秦堇父惊人勇气的敬佩之情，还是按照当时的战争规则，不再砍断布带，而让秦堇父登上了城头，并向攻城的秦堇父致辞后撤退了……

被守城人砍断的两条布带被巡回展示于各部队三天以掀起全军学习秦堇父勇敢精神的高潮，秦堇父本人也被提拔为鲁军统帅孟献子所乘战车的车右。

孔子的父亲叔梁纥参加了这场战役，他就是一个像鲁迅所说的“肩起黑暗闸门”的勇士。当偪阳守城人故意开门诱敌引鲁军进城而后突然放下了“悬门”（即暗中悬吊在城门上实以重土的闸门，其制参见《墨子·备城门》），在这千钧一发的时刻，孔子的父亲叔梁纥勇敢地扛住了突然落下的“悬门”，让已经进入城门的鲁国军人从“悬门”下退出城外。叔梁纥的过人勇力使鲁军避免了被“瓮中捉鳖”（古城墙后有“瓮城”）的命运。

至于个人的勇敢牺牲精神，如依据自己内心道德标准不忍心加害赵盾而触槐自杀的刺客勇士鉏麑；临难毋苟免、临死记结缨的孔门烈士子路；忠心耿耿、认真负责、最终为了“晋国宁，赵氏定”而献身的董安于……这样的例子数不胜数。上述这些仁人志士杀身成仁舍生取义的勇敢牺牲精神都是价值理性主导下的仁义之勇。

第六节　谦虚退让与举贤援能精神

子曰“勇而无礼则乱”。所以车士精神在表现积极进取的勇敢精神时，也不忘强调谦虚礼让精神的另一面。

靡笄之役大捷之后，主帅郤献子和上军将军范文子、下军将军栾武子朝见晋景公。《国语·晋语五》记录了君臣之间的对话：

> 靡笄之役，郤献子见，公曰：“子之力也夫！”对曰：“克也以君命命三军之士，三军之士用命，克也何力之有焉？”范文子见，公曰：“子之力也夫！”对曰：“燮也受命于中军，以命上军之士，上军之士用命，燮也何力之有焉？”栾武子见，公曰：“子之力也夫！”对曰：“书也受命于上军，以命下军之士，下军之士用命，书也何力之有焉？”

这三个功臣在国君的“子之力也夫”的褒扬下都是互相推功于人，一片彬彬君子的谦让气氛。就连后来被单襄公称为是“求掩人、盖人”的郤克也不居功自傲，而表现得相当谦虚。

这其中，范文子除了语言的谦虚之外，还在行为上表现出了谦让精神。《左传·成公二年》记：“晋师归，范文子后入。武子曰：‘无为吾望尔也乎？’对曰：‘师有功，国人喜以逆之，先入，必属耳目焉，是代帅受名也，故不敢。’武子曰：‘吾知免矣。’”晋国人民搭起凯旋门兴高采烈地迎接胜利归来的英雄，而范文子却退居队伍的后面，让他的老父亲范武子在欢迎的人群中等了很久。范武子责怪范文子为何不早些满足自己盼望见到儿子的心情。范文子说，如果先入，肯定会成为万众瞩目的英雄，那样就有取代主帅接受荣誉的嫌疑，所以退在后面。范武子听后说，“我知道我们安全了”。范文子在凯旋门前的退让肯定是与谦虚谨慎的老传统教育有关。我们来看《国语·晋语五》所记的下面这段话就可以明白中西精神文化在这点上的不同了：“范文子暮退于朝。武子曰：‘何暮也？’对曰；‘有秦客廋辞于朝，大夫莫之能对也，吾知三焉。’武子怒曰：‘大夫非不能也，让父兄也。尔童子，而三掩人于朝。吾不在晋国，亡无日矣。’击之以杖，折委笄。”范文子夜幕降临才退朝，其父范武子问他为什么这么晚才下班？他得意地说：“秦国的来宾出了几个谜语，满朝的大夫都猜不出来，我猜中了三个。”范武子一听就大发火说：“大夫们不是不懂，而是在父兄长辈面前谦让。你一个乳臭未干的毛头小伙子居然在朝堂上三次出风头盖过别人，如果不是我在晋国，你死定了！”说着就用拐杖把范文子的冠笄打断在地。

这种与勇敢精神相反的“不敢”精神，与今天在西方的竞争精神影响下成长起来的年轻人找工作时的毛遂自荐、自我宣传的行为大相径庭，其得失虽然各有利弊，但谦虚退让精神所包含的举贤让能之风无论在古代的君主制度社会还是现代的民主国家，都是一种不可或缺的美德，它与“内举不避亲、外举不避仇”，唯贤是举、唯能是用的公共精神是相通的。

举贤援能 举贤任能的实现在隋唐科举制度建立以前，基本上是靠熟人朋友圈的介绍。汉魏六朝的办法是熟人社会的“月旦评”及结合宗族门阀势力的推荐与郡县察举的“九品中正法”。先秦以前的封建社会则基本靠朋友的引荐推举。在春秋时期就有很多这方面的事迹，兹录三条于下：

《吕氏春秋·赞能》说了一个沈尹茎荐孙叔敖的故事。沈尹茎与孙叔敖是好朋友。孙叔敖游于楚国首都三年，仍然没有名声。沈尹茎对孙叔敖说：当一个称职的最高级智囊，能让国君成王霸之业，我不如你；但搞世俗人际关系那一套你不如我。咱俩来个分工，你暂时回老家，我留在这里替你游说。五年以后，楚王要沈尹茎当全国的最高行政长官令尹。沈尹茎果然向楚王推荐孙叔敖说，他是个圣人级的人物，我不如他多了。“荆王于是使人以王舆迎叔敖，以为令尹，十二年而庄王霸，此沈尹茎之力也。功无大乎进贤。”

《史记·秦本纪》载：百里奚与秦穆公连谈三日，得到秦穆公的大信任，被授以国政，号曰“五羖大夫”。第二天秦国的上卿公孙支就要把自己的职位让给百里奚，说要“进贤而退不肖”[①]。但“五羖大夫”百里奚也向秦穆公辞让说：“臣不及臣友蹇叔。蹇叔贤而世莫知。”于是秦穆公用大礼迎来蹇叔，让他做了大夫。

最难能可贵的莫过于管鲍之交的感人故事。《吕氏春秋》和《国语》都记载了管鲍之交的一些事迹，《国语》还详细介绍了鲍叔辞让国相时所说的自己治国不如管仲的五个地方，但都不如司马迁《史记·管晏列传》所叙述的详略得当。我也曾多次向学生说起过这个故事，但也都不如《史记》中管仲自己的话来得简明扼要并饱含深情：

> 管仲曰：“吾始困时，尝与鲍叔贾，分财利多自与，鲍叔不以我为贪，知我贫也。吾尝为鲍叔谋事而更穷困，鲍叔不以我为愚，知时有利不利也。吾尝三仕三见逐于君，鲍叔不以我为不肖，知我不遇时也。吾尝三战三走，鲍叔不以我怯，知我有老母也。公子纠败，召忽死之，吾幽囚受辱，鲍叔不以我为无耻，知我不羞小节而耻功名不显于天下也。生我者父母，知我者鲍子也。”

这就是鲁迅为什么会感叹说“人生得一知己足矣”的来由，我想他一定是针对这个故事而发的读后感。司马公用极简练的笔法说了两件事：一、管鲍是知心朋友。管仲贫困，和鲍叔牙合伙做生意时，管仲常多拿利润。鲍叔牙知其贤而贫，且家有老母，所以不认为他是贪心，始终对管仲很好并且从不提这件事。

---

① 此据《说苑》。

这是真正的知心。后面所说管仲几次失败之事而鲍叔牙理解为那些都是客观条件造成的,虽然也说明了鲍叔牙对管仲的知心和信任,但那是鲍叔牙关于管仲与他人关系所作的客观判断;合伙做生意时,管仲常多拿利润这件事却涉及鲍叔牙自身的利益,而鲍叔牙却能那样理解,而管仲也能理解鲍叔牙的理解,即管仲知道鲍叔牙知道管仲贫困且有老母待养,所以不认为管仲是贪心,鲍叔牙也知道管仲知道鲍叔牙知道管仲贫困且有老母待养,所以不认为管仲是贪心,双方仍然保持很好的关系并且从不提这些事。二人的默契知心达到了同心的地步!二、举贤让能。两人后来一起从政,但各事其主。鲍叔牙为齐公子小白(即后来的齐桓公)做事,管仲当公子纠的智囊。两公子争夺王位继承人,小白立为桓公,公子纠死,管仲成为阶下囚。这时鲍叔牙不但伸出援手救了管仲,而且向齐桓公推荐管仲主政齐国,自己以身下之,甘居其后,终于使齐桓公"九合诸侯,一匡天下"。

知心知贤是智,举贤援能是德。知心知贤是举贤让能的必要条件,但是即使有知心知贤之智,如果没有举贤援能之德,能成就管仲与齐桓公的霸业吗?战国时期的庞涓与孙膑、韩非与李斯,他们难道不知道彼此的才能吗?但他们用自己的才能互相倾轧,结果两败俱伤,其原因就在于不能举贤援能,而是妒贤嫉能。

举贤让能虽然在实践中不容易人人都做得到(譬如《三国演义》中的徐庶推荐诸葛亮,也只是在自己离任时才向刘备提起),但却是除了法家之外的中国主流思想理论派别儒、墨、道都提倡推崇的价值观。儒家不用说了,《墨子》有《尚贤》上、中、下三篇,道家思想举贤让能的代表人物是季札。据高士奇《左传记事本末·吴通上国》说:"札盖旷达而远于情理者也。从来旷达之士,视万物如刍狗,齐得丧于一致。"所以这位能把国君之位都让出去的"翩翩浊世之贤公子",是代表道家让贤思想的最大实践行动者。但季札又很欣赏儒家的礼乐,儒家经典《礼记》中有一篇论及"选贤与能"的《礼运》,至今学者还在争论到底是儒家思想还是道家思想。可见儒道两家在这个问题上几乎是混同的。"举贤"是墨家提倡最力,而为儒家的最高社会政治理想(儒家理想中的黄金时代是尧舜时代的禅让制度),"礼让"毕竟还是儒家的本职。因此,本质上最崇尚"举贤让能"的还是儒家。

第七节　泛车士精神

我们一直从事实出发以事例来阐明车士精神的内涵，同时也以车士精神之光来照亮这些事实。现在我们也可以直接从价值观来看车士精神的延伸——泛车士精神。这方面的最佳代表就是儒家经典《礼记》中的“儒行”：

儒有席上之珍以待聘，夙夜强学以待问，怀忠信以待举，力行以待取，其自立有如此者。

儒有衣冠中，动作慎，其大让如慢，小让如伪，大则如威，小则如愧。其难进而易退也。粥粥若无能也，其容貌有如此者。

儒有居处齐难，其坐起恭敬，言必先信，行必中正。道途不争险易之利，冬夏不争阴阳之和。爱其死以有待也，养其身以有为也。其备豫有如此者。

儒有不宝金玉，而忠信以为宝；不祈土地，立义以为土地；不祈多积，多文以为富。难得而易禄也，易禄而难畜也。非时不见，不亦难得乎？非义不合，不亦难畜乎？先劳而后禄，不亦易禄乎？其近人有如此者。

儒有委之以货财，淹之以乐好，见利不亏其义；劫之以众，沮之以兵，见死不更其守；鸷虫攫搏不程勇者，引重鼎不程其力；往者不悔，来者不豫；过言不再，流言不极；不断其威，不习其谋。其特立有如此者。

儒有可亲而不可劫也，可近而不可迫也，可杀而不可辱也。其居处不淫，其饮食不溽；其过失可微辨而不可面数也。其刚毅有如此者。

儒有忠信以为甲胄，礼义以为干橹；戴仁而行，抱义而处；虽有暴政，不更其所。其自立有如此者。

儒有一亩之宫，环堵之室，筚门圭窬，蓬户瓮牖；易衣而出，并日而食，上答之不敢以疑，上不答不敢以谄。其仕有如此者。

儒有今人与居，古人与稽；今世行之，后世以为楷；适弗逢世，上弗援，下弗推，谗谄之民有比党而危之者，身可危也，而志不可夺也，虽危起居，竟信其志，犹将不忘百姓之病也。其忧思有如此者。

儒有博学而不穷。笃行而不倦；幽居而不淫，上通而不困。礼之以和为贵,忠信之美,优游之法,慕贤而容众,毁方而瓦合。其宽裕有如此者。

儒有内称不辟亲,外举不辟怨。程功积事,推贤而进达之,不望其报。君得其志,苟利国家,不求富贵。其举贤援能有如此者。

儒有闻善以相告也,见善以相示也;爵位相先也,患难相死也;久相待也,远相致也。其任举有如此者。

儒有澡身而浴德,陈言而伏,静而正之,上弗知也;粗而翘之,又不急为也;不临深而为高,不加少而为多;世治不轻,世乱不沮;同弗与,异弗非也。其特立独行有如此者。

儒有上不臣天子,下不事诸侯;慎静而尚宽,强毅以与人,博学以知服,近文章砥厉廉隅,虽分国如锱铢,不臣不仕。其规为有如此者。

儒有合志同方,营道同术;并立则乐,相下不厌;久不相见,闻流言不信;其行本方立义,同而进,不同而退。其交友有如此者。

…… ……

从儒家经典《礼记》"儒行"中可以看到的不仅有"慕贤""举贤援能""推贤而进达之"的"举贤让能"的谦虚退让精神,还有另外一种精神的存在,这不正是本章刚刚介绍过的车士精神或泛车士精神吗?

仅从上述"儒行"所列,不难看出,儒家强调的价值观与车士精神就有许多相近或兼容者,其大要有以下数端:①"非时不见""非义不合""见利不亏其义"的坚持原则精神;②"言必先信,行必中正"的诚信精神;③"不宝金玉,而忠信以为宝;不祈土地,立义以为土地""忠信以为甲胄,礼义以为干橹;戴仁而行,抱义而处"的价值取向;④"可杀而不可辱""身可危也,而志不可夺"的耻感文化和刚毅精神;⑤"苟利国家,不求富贵",身陷危境而仍"不忘百姓之病"的忧国忧民之心;⑥尤其是强调"自立""特立""特立独行"的独立自主精神——"委之以货财,淹之以乐好……劫之以众,沮之以兵,见死不更其守","难进"而易"退","易禄"而"难畜","虽有暴政,不更其所","澡身而浴德,世治不轻,世乱不沮;同弗与,异弗非也"……把这些"儒行"的主语"儒"改为"车士",在精神上同样适用。

相对于"三十六计"的小人精神文化来说,车士精神或泛车士精神确实代表了中国古代文化中最重要的优秀部分——贵族精神文化或精神贵族文化,那么主流思想价值观与车士精神有所重叠就不是什么奇怪的事了。我们可以说儒家精神就是在泛车士精神的文化基础上形成发展起来的，也可以说是儒家认同或选择了车士精神所代表的文化基础作为自己精神文化的核心。

当然，车士精神也有一些需要扬弃的复杂因素，比如一些固执甚至偏执到迷信的价值观（如“左毂鸣、车右请死”）、非理性的行为（如动不动就实行“自杀式雪耻”的手段）等，虽然其勇气可嘉，但也导致了一些无谓的牺牲，令人感佩之余也着实为之可惜。最重要的是这些观念和行为有违尊重生命的原则（包括对他人和自己的生命），这是车士精神最大的缺陷。后来以孔子为代表的儒家价值观“仁爱”原则崛起，填补了这方面的空白，在使“仁者有勇”的同时，也使“勇者有仁”，二者互补，相得益彰。孟子高扬“义”旗，规定只有在“所欲有甚于生”“所恶有甚于死”而“鱼与熊掌不可兼得”的两难伦理境遇下，才必须“舍生取义”①，使车士精神在这方面的缺陷进一步得到了修正与限定。

车士精神在先秦儒家那里获得了重大发展，在被儒家注入新的生命的同时也被逐渐同化消解于儒家的庞大机体中。另一方面。车士精神也分流于墨家，墨家衰亡之后，以“侠”的形式残存了一段时间。秦汉以后儒法叠用或兼用于统治阶级。法家认为“侠以武乱法”（韩非语），主张取缔侠士。由于长期儒墨相争相排的历史原因，儒家也排摒侠士。统治阶级更忌讳“侠”为民伸张正义，分德于“皇恩”，分力于“皇威”，于是在汉景帝时便扑灭了仅存的零星“侠士”。②车士精神的一线载体于焉而斩。原始儒法所禀具的一些车士精神也因秦汉以后儒法服务于统治阶级而被强烈异化，成为碎片化的个人品德和个性特征，失去了独立自主的整全人格精神和“前意识形态”的普世价值，因而缺乏文化的意义。至于道家、杂家等流，则“自郐以下”矣。

车战时代车文化主体所取向和践行的以诚信原则、人道精神、珍惜荣誉、尚勇好礼、舍生取义、捍卫人格尊严、拒腐倡廉、遵规护法等积极价值观为核心的车士精神，虽屡遭破坏，但毕竟邪不压正，在千百年的较量与选择中，这些优秀的精神仍然是我们民族传统文化摧毁不尽的中流砥柱。承认这些精神价值为宝贵的正能量永远是文明社会的主流共识，今天我们亟需继承和发扬车士精神中的优秀价值，以起衰救弊，重建复兴中华精神文化。

---

① 参见《孟子·告子上》。

② 参见《史记·游侠列传》。

第二十六章　车文化对中国古代文学的影响

文学是精神升华的结果,诗是这个果实酿的美酒。车文化首先对诗产生了直接而重大的影响。这里的“诗”专指我国最早的诗歌总集《诗经》,简称曰《诗》。《诗经》本是属于礼乐文化的一个重要组成部分。所谓“诗亡而后春秋作”的“诗亡”就等于“礼崩乐坏”;“春秋”正是“礼崩乐坏”的时代。所以“诗亡而后春秋作”一语道破的正是这两个历史时期交替现象的内在关系。可以说,没有车文化就没有流传至今的《诗经》,中国古典文学也就要改写。《诗经》中明显涉及车马的诗句比比皆是。《诗经》产生的年代恰好是中国古代车文化的发展繁荣时期——商末西周至春秋时期。这其中有一个车文化与《诗经》之间在发生学上的关系问题。但这个问题需要另外专文研究,现在只能简单地说车文化的繁荣促进了《诗经》的兴起,《诗经》也反映了车文化的繁荣。

第一节　车文化与《诗经》

今人结婚,无论贫富文野,一般都未能免俗地要“香车迎淑女”。古人也一样,只不过更认真更讲究。成为制度性的“六礼”中的“婚礼”规定,新郎去女家接新娘时要“降出御妇车,而婿授绥,御轮三周;先俟于门外,妇至,婿揖妇以人"[1]。新郎要亲自为新娘授绥并驾车,但只是象征性地使车轮滚动三圈就可以将马缰绳交给女家的驾驶员了,然后新郎要乘自己的车子在前面带路,先一步到家门口等待新娘,把她领入家门……

《周易》爻辞有"乘马班如,匪(非)寇昏媾""白马翰如,匪寇昏媾""先张之弧,后说(脱)之弧,匪寇昏媾"的记载。近代解经者多说这些爻辞证明了周初尚有"抢婚"遗制的存在。我认为,这也说明娶妻迎亲时是驾着马车去的,而且有的是四匹马拉的马车。

"香车迎淑女"的习俗在我国由来已久,《诗经·召南·鹊巢》里就有这样的热闹场面:

维鹊有巢,维鸠居之。之子于归,百两御之。
维鹊有巢,维鸠方之。之子于归,百两将之。
维鹊有巢,维鸠盈之。之子于归,百两成之。

"两"就是"辆"。朱熹注:"两,一车也。一车两轮,故谓之两。"[2]这也是以轮代车之又一证。"之子于归",就是这个女孩子出嫁时,男方不但像鸟鹊筑巢一样布置好了新房(朱熹谓"维鹊有巢"句为"兴也",我则视为"兴兼比"),而且派出了一百辆的车子来迎接新娘(御读迓,迎之意);而女方也派出了一百辆的车子送新娘(将,送也)。房子、车子、娘子都有了,婚礼也就成了。接送共计二百辆车子,这阵容多气派!今天再牛的小伙子看了恐怕也要上火。但切勿跟古人较劲,模仿,乱攀比。也许这含有诗人的夸张,但人家那是贵族的排场。朱熹注曰:诸侯之女嫁于诸侯,迎送皆百两。而且女方送出的一百辆车子可能一半是陪嫁。春秋战国时,大夫以上贵族婚嫁,有"反马"之俗。女家在结婚时用车送女到夫家,三个月后,婿家表示夫妻可以偕老,把车留下,把马送回,叫作"反马"。《春秋左传·宣公五年》"齐高固及子叔姬来",杜注孔疏皆云是来"反马"。古人婚姻有三个月的"试婚"过渡期。在这三个月内,女子随时存在被"出"的可能,所以必须做好回娘家的准备,马车因此得留着。三个月后,如果夫家满意这桩婚姻,就必须把车留下,把马返还女家,表示从此白头偕老之意。如

① 见《礼记·昏义》。
② 见《诗集传》。

果这百辆的车子被退还女家，这场婚姻就告吹了。所以车子的去留就关系到婚姻的命运。

另外一首确定无疑也是描写贵族女子出嫁的诗就是有名的《硕人》。这也是诸侯间的婚姻，齐国的公主嫁给卫国的国君。由于新娘子太漂亮、太艳丽、太光彩夺目了，以至于谁也没有看到那些一路而来的豪华壮观的车队。齐卫两国的山水草木也喜气洋洋，甚至河中的大小鱼儿也都为之欢呼跳跃，而忘记了渔人设置在身边的渔网。诗人也只顾倾全力、几乎全方位地捕捉和铺陈她的美貌："手如柔荑，肤如凝脂。领如蝤蛴，齿如瓠犀。螓首蛾眉，巧笑倩兮，美目盼兮。"①但诗人还是在观看新娘的热烈场面中，忙里偷闲地腾出眼来为我们一瞥那华丽的香车宝马："硕人敖敖，说于农郊。四牡有骄，朱幩镳镳，翟茀以朝。大夫夙退，无使君劳。"迎亲的车队已停在城郊，那驾车的四匹公马大而高；结在马镳上的红绸布迎风飘扬，遮车的帘子上装饰着美丽的羽毛……新娘那么漂亮，她乘的彩车能不华丽吗？真是名车宝马配美人，相得益彰！从此朝廷上的君臣也都无心办公，找了个借口说是为了让国君好好休息，君臣便都提前下班了。后来白居易《长恨歌》的"从此君王不早朝"命意与此相似，一迟到一早退，异曲同工。

《诗经》中有很多首内容与车有关的诗，甚至诗的题目(《诗经》的标题是后人所加)直接体现这一点的就有不少。其中有一首诗的诗题很奇怪，叫作"车舝"②。其内容如下：

间关车之舝兮，思娈季女逝兮。匪饥匪渴，德音来括。虽无好友，式燕且喜。

依彼平林，有集维鷮。辰彼硕女，令德来教。式燕且誉，好尔无射。

虽无旨酒，式饮庶几。虽无嘉肴，式食庶几。虽无德与女，式歌且舞。

陟彼高冈，析其柞薪。析其柞薪，其叶湑兮。鲜我觏尔，我心写兮。

① 这几句脍炙人口的诗千万不要翻译成白话文，否则就是点金成铁、化玉为石了。
② 即"车辖"，"舝"的音义都与"辖"同。

高山仰止，景行行止。四牡騑騑，六辔如琴。觏尔新婚，以慰我心。

大概是一个实际生活早已沦为普通农民的破落贵族的“士”，不知何故娶了一个有名望的贵族小姐为妻，这可把他给乐坏了。一大早他就起来把车辖给安上（车辖无事则脱下，出行时再安设），独自驾上马车就赶去迎接他的新娘子了。一路上一想起自己娶得这么美丽的姑娘，他就心满意足地觉得不吃不喝都可以了；甚至想到，即使没有好朋友来祝贺，也值得设喜宴大大地高兴一场！大家一定以为他肯定是一个重色轻友的家伙。且慢！我们这个结论下得太早了点，冤枉了这个小伙子。其实他不仅仅是为新娘子的美貌而高兴，更看重的是她的内在品德。她的德音令名早就传到他的耳里。大贵族家调教出来的女孩一定错不了。他为自己能娶得一位具有这么美好品德声誉的妻子并有望能得到她的教导和帮助而感到幸福和满足。遗憾的是自己穷了点，既没有美酒佳肴可招待，也没有美好物品相赠与。这真是“唯有香车迎淑女，愧无美酒宴嘉宾”。虽然如此，我们还是应该饮食歌舞相互欢乐庆祝一番吧。他这样一边想着一边驾车载着新妇驶上了一座高山。忽然间他看到了一片柞树林，这可是上好的木柴呀，劈了它放到车上带回家给媳妇烧火做饭多好啊！小伙子来劲了，忘了新郎的身份，竟想当起樵夫来了。新娘知道了，一定既好奇又好笑。但她也会想，嫁了个这么实在而又勤劳的丈夫，将来的小日子准红火。诗人的这一神来之笔，活脱脱描绘出了一个憨厚朴实的农民本色！这个类农家子弟仰头望了一眼那座高山，抖动起手中那六根琴弦般的缰绳①，高山和树林开始朝后缓缓移动，车子继续向着大道前方越来越快地前进，新郎、新娘心中的琴弦也随着车舝的间关声而响起了欢乐幸福的婚礼进行曲……

有结婚，就会有离婚。离婚可没有结婚那么热闹了，感受也大不一样。《氓》这首诗就是抒写一个遭遗弃的妇女孤单一人乘车回娘家时的心情。她埋怨、悔恨、慨叹，甚至诅咒，但更多的是回忆。她回想起了当初出嫁时的情形。但她回忆起的不是结婚时的热闹场面，也不是乘坐迎亲彩车的快乐感觉，这些都由于她现在的恶劣心情而被排斥在了意识阈之外；闯进她意识中的是这样一

---

① 四马缰绳共八根，其中服马的内侧两根缰绳系在车轼上，操于御者手中的只有六根，即“六辔”。

幅画面和奇怪的念头："以尔车来，以我贿迁。"赶着你的马车来，把我的嫁妆全拉走！画面中出现在迎亲车上的不是新娘子，而是被切换成了一车满满的财物！在这个鲜明画面的冲击之下，她忽然明白了：原来那个家伙当初爱的不是我，而是看上了我的那份财产！……就在一路这么想的时候，回娘家的车已经蹚过了一条河流。"淇水汤汤，渐车帷裳。女也不爽，士贰其行。士也罔极，二三其德。"结过婚的女人就像这经过了一条河的车，车帷布也已被水溅湿了。今后可再也不能相信这些靠不住的男人了，男人太会变了！

题曰《大车》的一首诗，据高亨说，也是写离婚的妇女坐车回娘家的事。不过这个女人要比《氓》中的那位弃妇幸运得多，因为她是"被迫离婚"的，所以她的丈夫还陪同她一起乘车送她回娘家。一路上她随着"槛槛"的车声在反复埋怨男的没勇气和她一起远走高飞，但同时也流露出了对他一往情深的爱恋："大车槛槛，毳衣如菼。岂不尔思？畏子不敢。大车啍啍，毳衣如璊，岂不尔思？畏子不奔。谷则异室，死则同穴。谓予不信，有如皦日。"最后，他们在"啍啍"颠簸的车中还是对着永恒的太阳起誓："生虽异室，死则同穴！"表达了对爱情生死不渝的信念。如果高亨的说法成立，那么这首诗就是《孔雀东南飞》的先声了。但朱熹说这是一首"淫奔者相命之辞"的诗。[1] 这样说来，这一对红男绿女[2]最终会"奔"往何方，就不得而知了。但不管怎么说，毫无疑义的是，这是一首爱情诗。

孔疏说此"大车"是"大夫之车"，朱注亦承之。大夫应乘墨车，"大车"在先秦一般是指货车。但不管是什么人乘坐，车总是婚姻的忠实仆人，也是爱情的殷勤媒蘖。

车与出行几乎就是捆绑在一起的概念。出行多是旅游。旅游无目的，就是为了玩乐。而乘车出游也常常会有一些赏心乐事。不信你看《有女同车》这首诗：

> 有女同车，颜如舜华。将翱将翔，佩玉琼琚。彼美孟姜，洵美且都。
>
> 有女同行，颜如舜英。将翱将翔，佩玉将将。彼美孟姜，德音

① 见《诗集传》。

② 古人流行男穿红、女穿绿。"毳衣如菼"指绿衣，"毳衣如璊"指红衣。

不忘。

原来我总以为只有外国男人才会当面奉承女人,没想到我们的古人对这一套一点也不落后。出门旅游,能够邂逅到一位美女和自己乘车同行,确实是一件令人开心的事。于是这个男人便乐不可支地开始大加赞美起她那如花似玉的美貌和高雅的服饰与气质来了。这固然能解除行车途中的寂寞,增加旅游的愉快,但那位同车的女孩经得起这样甜言蜜语的诱惑吗?看来这位美女[①]经受住了考验,意志坚强,德性贞定。这让那位男士更加耿耿于怀忘不了。接下去还会发生什么故事,只有拉车的老马才知道。

出国旅游,而且是乘着马车,可以悠闲自在地沿途观赏异国风景,是另一种新鲜的享受。《载驱》一诗带给我们的就是这样的感受:

载驱薄薄,簟茀朱鞹。鲁道有荡,齐子发夕。
四骊济济,垂辔沵沵。鲁道有荡,齐子岂弟。
汶水汤汤,行人彭彭。鲁道有荡,齐子翱翔。
汶水滔滔,行人儦儦。鲁道有荡,齐子游遨。

春秋战国时期的人们可以免签证在国际间自由来往,驱车周游列国是家常便饭。诗歌中的这位主人公就是乘车从齐国出发到鲁国去旅游的。马蹄声有节奏地“薄薄”地响,驾车的四匹黑马整齐而漂亮;车子沿着“汤汤”“滔滔”的汶水顺着坦荡的鲁国大道而行,且将辔绳低垂放软信马由缰;掀开车帘子尽情地观赏路边两岸的人物风光,自由的心情就像鸟儿一样无拘无束地在天空中翱翔……

向来说诗者都把这首诗中的主人公“齐子”指定为齐姜,这是囿于传统的“比兴寄托”的窠臼,滥用了“讽刺”的解诗研究法所致。其实这首诗就是赋体诗,描述出行旅游的情景和心情。把它说成是讥刺齐姜,那又变成了“淫奔之诗”,这不但把风景全杀光了,而且改变了车主的身份。以鲁庄公夫人的身份来

---

① 孟姜是美女的泛称,犹如后人以西子代美人。

说，齐姜应该具备乘坐翟车的条件①，而此车不具备那种档次车的特征。从“簟茀朱鞹”“四骊济济”的车况看，车主的身份地位只是属于中等贵族的大夫级别。

至于下层破落贵族与庶民驾着牛车出门搞运输做买卖的，心情也永远是愁的时候多而乐的时候少。那主旋律就像这首《无将大车》咏叹调一样低沉：

> 无将大车，祇自尘兮。无思百忧，祇自疷兮。
> 无将大车，维尘冥冥。无思百忧，不出于颎。
> 无将大车，维尘雍兮。无思百忧，祇自重兮。

这首诗的“大车”无疑是货车了。朱注也说是“任载之车”“驾牛者”。生意人心里只有利益金钱，患得患失是其心理特征。车货物流在半途，钱还没赚到手，心情也没法高兴，总是忧心忡忡的样子。一旦生意亏本，负债累累，心情就更加沉重了。这个快要得精神分裂症的赔了钱的“投机倒把”分子久病成医，是个过来人，因此成天总是劝人不要去赶大车：不要赶大车啊，那只会让自己灰头土脸一身尘；不要费尽心机百般忧愁啦，那只会惹得百病缠身。不要赶大车啊，一路尘埃灰蒙蒙；不要绞尽脑汁百感交集啦，那只会使人陷于烦热彻夜耿耿。不要赶大车啊，扬起万丈红尘蔽日遮天；不要财迷心窍愁肠百结啦，那只会使你的负担更加沉甸甸！

俗话说，一朝被蛇咬，十年怕草绳。吾乡俚语亦云，做荔枝生意亏了本，从此看见松毛果都害怕。除了搞运输做生意亏得倾家荡产的农民小贩二盘商，有谁还会一提起大车就吓成这个样子呢？须知大车就是牛拉的货车，先秦时期那是只有下等人才使用的，而贵族根本不会去碰它。并且中国古代的贵族也和古希腊的城邦公民一样，从不做生意，他们认为生意是下等人和奴隶做的事（所以许多古希腊的奴隶比他们的主人更有钱）。但这首诗又是在“小雅”里面的，或许是哪一个没落贵族生计无着落，偷偷地混迹于下层社会赶着牛车做买卖赚点钱开销（这样他就实际上下降为下层平民了）。偏偏又是一次亏本生意，不但没赚着钱，而且觉得还把自己的人格给玷污了，羊肉没吃着，却惹了一身骚。所以他的内心羞愧难当，悔恨交加，便出现了“大车敏感症”，不厌其烦地把这个情结

① 这从同样是描写嫁给卫国国君做夫人的《硕人》一诗中可以看出：那里是“翟茀”，这里只是“朱鞹”。

抒发出来并告诫其他那些同样陷入经济困境的人不要下海赶大车。这可能就是这首诗的创作动机。还有比这种解释更好的选择吗?

车有各种档次,驾车出行的动因也各不相同,心情自然也大不一样,有人欢喜有人愁。无功利目的、纯粹为了游玩的旅行自然是愉快的,但如果是有目的的出差办事就没那么轻松了,甚至有时会叫苦不迭地抱怨了,哪怕是乘着专车。《皇皇者华》这首诗描写一个征夫(使者或从役人员)为了某事驾着车子到处征求意见、收集信息、四处访问的情形。

皇皇者华,于彼原隰。駪駪征夫,每怀靡及。
我马维驹,六辔如濡。载驰载驱,周爰咨诹。
我马维骐,六辔如丝。载驰载驱,周爰咨谋。
我马维骆,六辔沃若。载驰载驱,周爰咨度。
我马维骃,六辔既均。载驰载驱,周爰咨询。

这个征夫车驾的马是杂色的:有青色带棋纹的骐、白色而黑尾黑鬃的骆、浅黑与白色相杂的骃和一匹身高六尺年仅两岁的驹马。马的颜色不相同、大小高低也不整齐,说明这辆车的质量层次是较低级的,同时也就表明车主的身份地位不高。开着一辆“杂牌车”在长满花花草草的高原和低地间高高低低“载驰载驱”地穿行着,这位行色匆匆、急急忙忙的人(“駪駪征夫”)似乎没能完成任务(“每怀靡及”),他的心里肯定也是心事重重,开心不起来。但他的心事还没有表达出来。让我们来听一听从另一辆车上《四牡》发出来的声音吧:

四牡騑騑,周道倭迟。岂不怀归?王事靡盬,我心伤悲。
四牡騑騑,啴啴骆马。岂不怀归?王事靡盬,不遑启处。
翩翩者鵻,载飞载下,集于苞栩。王事靡盬,不遑将父。
翩翩者鵻,载飞载止,集于苞杞。王事靡盬,不遑将母。
驾彼四骆,载骤骎骎。岂不怀归?是用作歌,将母来谂。[①]

这个公务人员的情况与上一位“征夫”差不多,也是驾车到处办事。但诗人

① 见《诗经·小雅·四牡》。

让他公开表达不满情绪，开始埋怨发牢骚了：谁不想回家？但公务这么繁重，没完没了永远有做不完的事（“王事靡盬”），以至于没办法将养父母，甚至连小鸟都不如，得不到休息。马车在奔行不息，望着逶迤遥远无穷无尽的周道，他不禁伤心悲哀了起来……

贵族的政治生活是离不开车的。一般的“上班族”都是乘车上下班的。孔子最得意的弟子颜渊死了，颜渊的父亲颜路（也是孔子的弟子）请求孔子把车卖了给颜渊做椁下葬。孔子不肯，说“以吾从大夫之后，不可徒行也”①。孔子是下大夫，属于贵族阶级，上朝出行赴会周游等等都不能步行。诸侯更是如此。鲁国与楚国会盟，赴会的还有齐、秦、宋、陈、卫、郑、蔡、许等国的代表，但蔡国和许国的国君没有乘自己的专车而搭乘楚国的便车前往，等于为楚国的车左右，因此被认为“失位”，即失去了诸侯应有的身份地位，结果他们的姓名从与会国的名单上划掉了。《左传・成公二年》特地记载了此事，以儆效尤。统治者间的朝聘、盟会、集会、庆典、宴会等等，都要乘车前往，这是制度性规定。所以《诗经》中有许多篇章叙写这种车马盛会。

写“君子来朝”的《采菽》一诗，来朝君子的车队阵容已够壮观了：“其旂淠淠，鸾声嘒嘒。载骖载驷，君子所届。”而周王又赐以“路车乘马”以及“玄衮及黼”，可谓锦上添花了，所以诗人用“觱沸槛泉”来形容这种烈火烹油式的热闹场面。《韩奕》一诗也是写诸侯朝觐周王的：“韩侯入觐，以其介圭，入觐于王。”但此诗对韩侯的车马只是简洁地勾勒一笔“四牡奕奕，孔脩且张”之后，便转而极力铺张周王赏赐车服的豪华：“王锡韩侯，淑旂绥章，簟茀错衡，玄衮赤舄，钩膺镂锡，鞹鞃浅幭，鞗革金厄。”车上插着画有蛟龙的美丽的旗帜，旗杆头上装饰以染色的牦牛尾或羽毛；竹帘子遮蔽着车厢；车衡雕刻了花纹；马的前胸颈上套着饰带，额头上的当卢是镂金的；车前的轼上覆盖着虎皮兽革；以金为环缠轭辔首……诗人通过描写车马的华贵喜庆场面来烘托出韩侯的尊荣与喜悦心情。

车马融入了贵族的社交和政治生活之中，成为贵族活动的身份名片。《诗经》中许多描述重大集会或具有重要社会意义主题的诗篇，都离不开对车马的关注流连，如《泮水》《閟宫》《正月》《烝民》等。每逢这样的场合，都是如《卷阿》一诗所云：“君子之车，既庶且多。君子之马，既闲且驰。”

贵族生活还有另一项重要的内容——狩猎，那是比今天有钱人打高尔夫球

① 见《论语・先进》。

要牛得多的活动了。先秦时期中国贵族是驾着马车去狩猎的。《诗经》中对此有很精彩的描写。

《叔于田》与《大叔于田》这两首诗都是写郑国国君的弟弟共叔段打猎的情形。这两首诗在《诗经》中是前后相邻的,我们也必须联合对照起来阅读欣赏它们。前者是从旁虚写"万人空巷"的场面,来渲染这次打猎活动的轰动效应:"叔于田,巷无居人。岂无居人?不如叔也,洵美且仁。叔于狩,巷无饮酒。岂无饮酒?不如叔也,洵美且好。叔适野,巷无服马。岂无服马?不如叔也,洵美且武。""叔于田"的"田"通"畋",即打猎。"叔于狩"则说明这次的打猎是在冬季。平日里熙熙攘攘的街道上现在空无一人,酒店也无人饮酒关门大吉,甚至连马也不见一匹,车自然更不用说了。这些人都到哪里去了?诗人告诉我们,他们都是到野外看"叔"(共叔段)打猎去了。即使是北京奥运会都还没有达到这样的效果,能够把全城的人都吸引过去,倾城而出观看比赛。这当然是诗人的艺术夸张,但可以帮助我们想见这场狩猎活动的壮观场面。这一整首诗都没有正面描写打猎的场面,但我们已于无声处预感到这场狩猎是如何的激动人心了。那究竟是一场什么样的狩猎如此引人入胜呢?还是到《大叔于田》中的现场去看看吧。

> 叔于田,乘乘马。执辔如组,两骖如舞。叔在薮,火烈具举。袒裼暴虎,献于公所。将叔勿狃,戒其伤女。
>
> 叔于田,乘乘黄。两服上襄,两骖雁行。叔在薮,火烈具扬。叔善射忌,又良御忌。抑罄控忌,抑纵送忌。
>
> 叔于田,乘乘鸨。两服齐首,两骖如手。叔在薮,火烈具阜。叔马慢忌,叔发罕忌,抑释掤忌,抑鬯弓忌。

原来他们是来看一场体育明星的车技表演。诗人和全城的人都是共叔段的粉丝,对他们的偶像投入了极大的热情。与其说这是狩猎诗,不如说是一首关于猎手驾车技巧的颂歌。整首诗主要是形容共叔段娴熟驾驭马车的高超本领。驾车的马仿佛也受到这热烈气氛场面的感染,完全进入了角色,随着主人手中的缰绳的挥动而"如舞"起来。一会儿中间的两匹服马高昂起头来,而两旁的两匹骖马与之配合排成一字雁行;一会儿两服马齐头并进向前,而两骖马在旁稍后呈八字行……[①]骋止如意，纵控由心，进退自如，迟速合节。主人与马车融为一体，达到随心所欲的自由境界。这是驾车技术，也是表演艺术，是技进于道的艺术境界。当表演达到高潮时，草地里放起火来，把野兽驱赶出来。烈焰冲天，火光照人。猎手赤膊上阵与虎豹猛兽展开了惊心动魄的搏斗。诗人和粉丝们都禁不住替他们的明星捏一把汗，担心地大声喊叫："小心！别让虎伤着你！"当野兽开始向外逃跑时，猎手的箭便开始急雨般地发射出去。共叔段不但是优秀驾驶员，也是一个善射的好猎手。当猎事接近尾声时，诗人给我们放送了一组慢镜头："叔马慢忌，叔发罕忌，抑释掤忌，抑鬯弓忌。"主人公的车马速度逐渐慢了下来，发出的箭也越来越稀少；最后是特写镜头，箭筒的盖子缓缓地合了下来，弓也慢慢地放进了弓袋中……诗境从万马奔腾汹涌澎湃的高潮慢慢地降下来、静下来，人群的情绪也由兴奋紧张转入了放心松弛。全诗跌宕起伏，节奏感极强。诗作全程再现了这场激动人心的车马表演和狩猎画面，完美地表现了观看者身历其境的真实体验，并将这体验通过艺术形式传达给我们，使我们也身临其境地领略到公元前七百多年的一场出色的马车狩猎情景，获得了一次充分满足的审美享受。

《诗经》中关于车马狩猎的诗篇还有《吉日》《驷驖》等，但为篇幅所限而不再一一介绍了。

一年四季的打猎活动分别有不同的名称："春蒐""夏苗""秋狝""冬狩"。[②]其实古代诸侯国君发起"春蒐""夏苗""秋狝""冬狩"的目的主要是为了军事演习。《管子·小匡》说得很明白："乡有行伍卒长，则其制令。且以田猎，因以赏罚，则百姓通于军事矣。"《穀梁传·昭公八年》有一段话对此说得很详细："因蒐狩以习用武事，礼之大者也。艾兰以为防，置旃以为辕门，以葛覆质以为槷。流旁握，御轚者不得入。车轨尘，马候蹄。掩禽旅，御者不失其驰，然后射者能中；过防弗逐，不从奔之道也；面伤不献，不成禽不献。禽虽多，天子取三十焉，其余与士众……。"通过狩猎来演习军事是一项重大礼仪。在猎场周围除草为界，插旗为辕门。门两旁的旗杆离车轴末端只有一拳头宽。这是用来检验驾驶员驾车技术的设置，就像今天的驾照考试一样，凡是车子碰着旗杆的就不许进

① "雁行"用高亨说，"如手"取朱熹意。

② 此据《周礼》《尔雅》及《左传》记臧僖伯之言。《公羊传》曰"春苗""秋蒐""冬狩"；《穀梁传》则谓"春田""夏苗""秋蒐""冬狩"。诸家所言互异，唯"冬狩"同。

入猎场。演习开始时，车子要一辆跟着一辆，后车要接着前车碾起的尘埃和轨迹前进，就像海军战舰列队跟着前面船尾掀起的波浪前进一样；马匹的步伐节奏要相互协调一致；驱赶追逐禽兽的时候，驾驶员要按照规则正确地驾车，以便射手能射中目标。野兽跑出了所标的界线就不要再追赶，这是练习养成遵守不追击逃亡者的战争规则的习惯。面部受伤和幼小的禽兽不献给君王。猎得的禽兽即使再多，天子也只取三十只，其余的都归将士和众人。这正是《诗经·小雅·车攻》（见后）一诗中"徒御不惊，大庖不盈"诗句的注解。

《周礼·夏官司马》中对于春蒐、夏苗、秋狝、冬狩"因蒐狩以习用武事"有更为详细的介绍。一年四季的狩猎军事演习各有重点：春蒐重在辨金鼓号令，明进退之节；夏苗重在"辨号名之用，以辨军之夜事"，记住各自的番号、暗号等；秋狝主要强调"辨旗物之用"，看懂各种旗帜标志……这些都是军事的基本常识；到冬狩之时，才开始进入实战军训。从布置演习场地上的标志、报到、颁布纪律，到人员车马按旗鼓指挥进退坐立行止迟疾等等细节都一一作了描述和规定。总之，先秦时期的贵族车马狩猎，都带有练兵、阅兵式的军事演习的性质，如晋文公欲与楚国争雄图霸，"于是乎蒐于被庐，作三军，谋元帅"[①]。鲁昭公八年之"大蒐于红"传称"革车千乘"，是一次全国性的大阅兵。高士奇谓"蒐为春事，而红则非时，并非所……故先儒以此为季氏履霜之渐也"[②]。昭公十一年"大蒐于比蒲"，《公羊传》曰"大蒐者何？简车徒也"。昭公二十二年又大蒐于昌间；定公十三、十四年连续大蒐于比蒲……都是为了"简兵蒐乘""赋车籍马"扩张军备而发动的。即使像《大叔于田》中的共叔段田猎，也是为了同他哥哥郑庄公打内战而准备的一次试探士气民心的军事检阅，只不过他没有国君的名分，只能看作贵族私人的行猎罢了。

夏天打猎曰"苗"。《诗经·小雅·车攻》一诗虽然也是写周王的部队夏苗行猎时的情形，但却在文学史上占有重要位置：

我车既攻，我马既同。四牡庞庞，驾言徂东。
田车既好，田牡孔阜。东有甫草，驾言行狩。
之子于苗，选徒嚣嚣。建旐设旄，搏兽于敖。

---

① 见《左传·僖公二十七年》。
② 见《左传记事本末》。

驾彼四牡，四牡奕奕。赤芾金舄，会同有绎。
决拾既佽，弓矢既调。射夫既同，助我举柴。
四黄既驾，两骖不猗。不失其驰，舍矢如破。
萧萧马鸣，悠悠旆旌。徒御不惊，大庖不盈。
之子于征，有闻无声。允矣君子，展也大成。

诗一开始就把重点落在田车即猎车上。车马都是上乘的。车攻的"攻"是坚固的意思；"马同"即不但指马的毛色和大小高低都一样，而且驾车的四匹马都是公的——这些都是高级马车的重要标志。"庞庞""孔阜""奕奕"都是形容四匹公马高大壮实的样子。这是叙写王师所具有的雄厚的装备实力，是王师的一个特点。写王师的另一个特点，也是此诗最大的特色，就是状写军容的整肃和军纪的严明。不但人员"赤芾金舄，会同有绎"，军服鲜美风纪整洁，集合有序行动不乱；"决拾既佽，弓矢既调"，装备准备得有条不紊，武器检验得一丝不苟；而且驾车的马也被调教得规规矩矩，就连在两旁较为自由的骖马也服服帖帖地不偏不倚。驾驶员按行车规则"不失其驰"地驾车。当然，前面的对"车攻""马同"的强调，也包含有这个意思。但是最为军容整肃军纪严明传神写照的是"萧萧马鸣，悠悠旆旌"两句，而堪称点睛之笔的是"有闻无声"这一浑括大句。所有车队都安静无哗不乱，只听到萧萧的马鸣声，只看到插在车上的旌旗随风舒展飘动。毛传曰"言不喧哗也"。陆象山《语录》谓"萧萧马鸣，悠悠旆旌"，前句"静中有动"，后句"动中有静"。此实为摹写严整听命、肃静不喧的军容阵纪的千古典型。此诗风格是堂堂旗、正正鼓，平铺直叙，但潜气内运，力能扛鼎，却不喘不汗，看似平淡却蕴藏有极高妙的意境和手法，为历代诗家开无数法门，沾溉后人不少。颜之推谓王籍《入若耶溪》的"蝉噪林逾静，鸟鸣山更幽"诗句即"生于此意"；杜甫《出塞》诗句"落日照大旗，马鸣风萧萧"为此诗之演化；苏轼《宿海会寺》"倒床鼻息四邻惊，紞如五鼓天未明。木鱼呼粥亮且清，不闻人声闻履声"诗句、欧阳修《秋声赋》意境皆从此出；谢贞、陆游等亦有相似诗句。钱锺书先生将这些诗句捉置一处，并谓这些诗意皆心理学的"同时反衬现象"[1]。然愚意以为"有闻无声"句尚有一表层之浅解，为历来说诗者所忽略或有意漏掉：即只许耳闻，不许口说（闻、声皆作动词用），只许用耳朵这个听觉器官，不许有嘴

① 详参《管锥编·毛诗正义》。

巴这个讲话功能,只有听的份,没有说的理。如果需要,比如为了某种"机密",连马鸣也不允许的话,就在马嘴里塞进一根木头或铁棒之类称为"枚"的东西,用绳子系住枚的两端再缠结在马项上,让它发不出声来,所谓"衔枚疾走"者是也,这样它就"萧萧"不起来了,也就达到了"万马齐喑"的效果。甚至也用这个对待牲口的办法来对待人①,结果什么声音也听不到,能听到的自然只有上头的命令,其他什么不同的声音都没有了。这种只许听不许说的"有闻无声",自古迄今,应用之广,大大超出了军容军纪整肃的意境,也大大超出了诗人的想象力。流行于家庭,则要求小孩要乖乖听话;对于国家大事,孔圣人也教导民众"庶人不议",以至鲁迅时代还有茶楼酒馆敬告"莫谈国事"。这些都是对"有闻无声"意境的推广普及。中国真不愧为一个诗的国度,这大概也算是对诗"比兴"手法的一个灵活运用吧!

既然"狩猎只为练兵忙",《诗经》中关于驾车作战的诗自然也就不少了。如载有名句"昔我往矣,杨柳依依。今我来思,雨雪霏霏"的《采薇》一诗,就是描写西周时的"君子"们驾着战车出征并打败獫狁②的艰苦历程:"彼路斯何?君子之车。戎车既驾,四牡业业。岂敢定居?一月三捷。驾彼四牡,四牡骙骙。君子所依,小人所腓。四牡翼翼,象弭鱼服。岂不日戒?獫狁孔棘!"《出车》的"我出我车""出车彭彭,旂旐央央"的战车也是开赴征讨獫狁的战场的。《六月》一诗不但写出军情紧急:"六月栖栖,戎车既饬。四牡骙骙,载是常服。獫狁孔炽,我是用急。王于出征,以匡王国。"保家卫国,刻不容缓,"元戎十乘,以先启行"。而且明确指出征伐獫狁的地点和带兵的元帅:"戎车既安,如轾如轩。四牡既佶,既佶且闲。薄伐獫狁,至于大原。文武吉甫,万邦为宪。"其中"如轾如轩"句写战车赴敌逐寇如波涛奔腾起伏,动态尤为壮观。《采芑》一诗所征伐的对象则是南方的"蛮荆",出动了"其车三千"的庞大军力。《小戎》一诗较特别,专门对兵车及其装备作了细致的刻画铺写,盛夸战车之美:"小戎俴收,五楘梁辀。游环胁驱,阴靷鋈续。文茵畅毂,驾我骐馵。言念君子,温其如玉。在其板屋,乱我心曲。四牡孔阜,六辔在手。骐骝是中,騧骊是骖。龙盾之合,鋈以觼軜。言念君子,温其在邑。方何为期?胡然我念之!俴驷孔群,厹矛鋈錞。蒙伐有苑,虎韔镂膺。交韔二弓,竹闭绲縢。言念君子,载寝载兴。厌厌良人,

---

① 见所引《周礼·夏官司马》的"徒衔枚而进"与《周礼·秋官司寇》的"衔枚氏"。

② 中国古代北方的一个民族。

秩秩德音。”持此诗与荷马史诗《伊利亚特》中叙写跛足神赫菲斯托斯为阿基琉斯制造的盾牌一段文字相较，虽大小长短不同，但在化空间为时间上手法各有千秋。荷翁将同时并呈之物转换为先后相承之外在动作链，此诗将异质组合之体变化入此起彼伏之内在意识流，二者皆堪称化板滞为灵动之妙手。①

第二节　车文化与《楚辞》

《楚辞》的代表是《离骚》。《离骚》是继《诗经》之后中国最伟大的诗歌作品，故“诗骚”并举成为我国诗歌的典范和源泉。《离骚》与《楚辞》的关系是：前者是后者的代表，后者包括前者但不止于前者。车文化与《楚辞》的关系，简单说，即车文化影响了《离骚》的结构和除《离骚》之外的《楚辞》的重要内容。

“哀怨起骚人”（李白《古风》），人们读《离骚》最大的感受就是它那缠绵往复、徘徊不去的情感形式。这按通俗生活中的说法叫“纠结”，按古典的说法则接近于“回肠荡气”。其情感的自发奔突加上香草美人以配忠贞、恶禽秽物以譬邪佞等各种纷至沓来的比兴意象，使它无意识地取得了意识流式的表现方法。这些情感形式和表现方法形成了《离骚》的主要特色，但也遮蔽了其结构上的真相。

这个真相是什么呢？就是车符号在《离骚》的结构中具有构建性的地位。这一点从未有人发现并提起，因为车文化的影响力在《离骚》和《楚辞》的研究中从未被强调。

《离骚》的结构客观上是以“车符号”来起讫首尾的。虽然诗人没有今天影视戏剧布局中的“未下笔先想结局”的结构安排意识，也没有一千多年后“笔所未到气已吞”（苏轼语）的诗书画构思运作，但正是由于无意识，使《离骚》的结构被遮蔽在有机整体中。现在我以“解构主义”来“建构”《离骚》中的车文化结构。

《离骚》结尾是结束在忽然而来的山洪暴发式的高潮中的：

陟升皇之赫戏兮，忽临睨夫旧乡。

① 吾师李联明先生尝作此解，以为《伊利亚特》是化板滞的先驱。

仆夫悲余马怀兮，蜷局顾而不行。
乱曰：已矣哉！
国无人莫我知兮，又何怀乎故都！
既莫足与为美政兮，吾将从彭咸之所居！

这戏剧性的转折是诗歌主人公（实即诗人自己）的车马刹车造成的："仆夫悲余马怀兮，蜷局顾而不行。"这个车马符码制动了诗人奔腾不息的诗潮，启动了怀疑和否定的转向："国无人莫我知兮，又何怀乎故都！"并在进退维谷、徘徊不定中迅速地作出了判断："既莫足与为美政兮，吾将从彭咸之所居！"为全诗悲剧画上了句号。

但这结局不是平地而起、突如其来，车符号也不是横空出世、临时插入，乃是首尾相应、转接发展而来的。就在这个结尾的前面，诗人还在道路自信、旗帜招展的指引下前进："路不周以左转兮，指西海以为期。屯余车其千乘兮，齐玉轪而并驰。驾八龙之婉婉兮，载云旗之委蛇。抑志而弭节兮，神高驰之邈邈。"车队步调整齐，目的地明确，精神高昂。虽然道路曲折艰险："忽吾行此流沙兮，遵赤水而容与。麾蛟龙使梁津兮，诏西皇使涉予。"明知"路修远以多艰兮"但仍然"腾众车使径待"，困难可以在众人齐心协力的帮助下克服解决的。在这之前的文本描写是再一次让车马盘旋流转于昆仑山路上："邅吾道夫昆仑兮，路修远以周流。扬云霓之晻蔼兮，鸣玉鸾之啾啾。"并高吟"朝发轫于天津兮，夕余至乎西极。凤皇翼其承旂兮，高翱翔之翼翼。"诗人为行车速度之飞快而豪迈。这当然带有浪漫主义的想象，但浪漫主义正是《离骚》与《楚辞》的风格。虽然如此，车文化在《离骚》的结构中却是现实的线索存在。可以这样说，《离骚》的后半部分和结尾如果离开了车文化符码的运用，就无从想象它的意义了。

现在让我们回头来看车马符号在《离骚》开头部分的象征功能。在简洁介绍了诗人身世和高贵美好的品质以及时不我待的生命行将结束的预感之后，诗的意境很快进入了车文化的世界。"乘骐骥以驰骋兮，来吾道夫先路！"这个车文化符码立即使全诗不知不觉地驶上了车马符号的轨道。在接下来的文本中紧接着的是古今鲜明对照的符码："彼尧舜之耿介兮，既遵道而得路。何桀纣之昌披兮，夫惟捷径以窘步。惟夫党人之偷乐兮，路幽昧以险隘。岂余身之惮殃兮，恐皇舆之败绩！忽奔走以先后兮，及前王之踵武。"道、路、捷径、皇舆、奔走先后等符码、符号，全与车文化暗自相关。主人公从此符号开始并在这个基础上展开了漫长的心路历程，同时车马符号始终暗载着他和他的“意识流”在前进。诗人在重复对比善恶、美丑、是非的各种现实意象中错综反复地表达自己对君国的一片忠贞赤诚心志与对黑暗现实嫉恶如仇的心情。是与现实中的假丑恶现象妥协、合作，还是躲避逃亡？是继续谏诤于君王还是蜷而退之独善其身？诗人这种内在的矛盾冲突外化为《离骚》中主人公驾着一种神幻现实主义的马车上天下地四方求索的形象与情节板块。而这种车马符号正是适合意识流的流动载体（无论是工具意义上的还是象征上的）。“悔相道之不察兮，延伫乎吾将反。回朕车以复路兮，及行迷之未远。步余马于兰皋兮，驰椒丘且焉止息。进不入以离尤兮，退将复修吾初服。”这是外化的车马符号显现内心世界的动机性表达。

受到“女媭”（据说是诗人的姐妹）的“申申其詈予”之后，主人公“济沅湘以南征兮，就重华而陈词”。这里的“济沅湘以南征”也是乘车（神幻现实主义的马车），不过没有点明。在接下来的五个藕断丝连的板块中，车马符号都充当了转折、转向的道具，具有结构上的标志性意义。

在对舜“跪敷衽以陈辞兮”并得到“耿吾既得此中正”的肯定之后，又上诉于天庭。那载具便是车马。下面是从舜地山水转向上天途中这种“神幻现实主义车马”的形象描绘：

驷玉虬以椉鹥兮，溘埃风余上征。
朝发轫于苍梧兮，夕余至乎县圃。
欲少留此灵琐兮，日忽忽其将暮。
吾令羲和弭节兮，望崦嵫而勿迫。
路曼曼其修远兮，吾将上下而求索。
饮余马于咸池兮，总余辔乎扶桑。
折若木以拂日兮，聊逍遥以相羊。
前望舒使先驱兮，后飞廉使奔属。
鸾皇为余先戒兮，雷师告余以未具。
吾令凤鸟飞腾兮，继之以日夜。
飘风屯其相离兮，帅云霓而来御。

纷总总其离合兮,斑陆离其上下。
吾令帝阍开关兮,倚阊阖而望予。

天上是人间地上的反映,都是"世溷浊而不分兮,好蔽美而嫉妒"。在被受命的帝阍(守门人)拒绝之后,主人公的车驾又"朝吾将济于白水兮,登阆风而绁马",发出了"忽反顾以流涕兮,哀高丘之无女"的感叹,于是,再驾车寻求美女(《离骚》以美人香草比喻真善美的人物):"吾令丰隆乘云兮,求宓妃之所在。"但是,这美女徒有其表而无其质:"虽信美而无礼兮,来违弃而改求。"于是希望"览相观于四极兮,周流乎天余乃下"。主人公本来就有"欲远集而无所止兮,聊浮游以逍遥"的逍遥派躲避思想,但呈内心对于进退出处还不能十分肯定,于是去灵氛那里稽疑占卜,灵氛曰:"勉远逝而无狐疑兮,孰求美而释女?何所独无芳草兮,尔何怀乎故宇?"这样,逃避、逃亡的思想就占了上风。在灵氛之吉占和百神扬灵告吉之后,便开始了自我流放的大逃亡。这个"远逝以自疏"的流亡过程当然是以车马为载具进行的:"为余驾飞龙兮,杂瑶象以为车。何离心之可同兮?吾将远逝以自疏。"再往前就接上开头所分析的结局和结尾部分了。

每逢板块之间的衔接与方向的转换,都是通过车马符号来进行的。从这里我们可以看出车马符号直接承担了《离骚》结构上的作用。

屈原《离骚》之后,有宋玉的《九辩》等也收在《楚辞》中。《史记·屈原贾生列传》说,在屈原之后,楚有宋玉等人皆以好辞赋见称,"然皆祖屈原之从容辞令"。宋玉的这首诗很有名,虽然格局远不如屈原《离骚》宏丽,形象内容也比较单薄、单一,但车马符号的元素也在其中发挥着重要的支撑作用。如:"车既驾兮朅而归,不得见兮心伤悲。""倚结軨兮长太息,涕潺湲兮下沾轼。""揽騑辔而下节兮,聊逍遥以相佯。""骖白霓之习习兮,历群灵之丰丰。左朱雀之茇茇兮,右苍龙之跃跃。属雷师之阗阗兮,通飞廉之衙衙。前轻輬之锵锵兮,后辎乘之从从。载云旗之委蛇兮,扈屯骑之容容。"这些车符码都分布在诗中各处,此起彼伏,浮想联翩,潜通万里。它不是像《离骚》中那样作为结构的要素起转折与联结的作用,更多的只是单一性的符号:

郤骐骥而不乘兮,策驽骀而取路。
当世岂无骐骥兮,诚莫之能善御。
见执辔者非其人兮,故駶跳而远去。

…… ……

谓骐骥兮安归？谓凤皇兮安栖？

…… ……

骐骥伏匿而不见兮，凤皇高飞而不下。
鸟兽犹知怀德兮，何云贤士之不处？
骥不骤进而求服兮，凤亦不贪餧而妄食。

…… ……

乘骐骥之浏浏兮，驭安用夫强策？

…… ……

国有骥而不知乘兮，焉皇皇而更索？
宁戚讴于车下兮，桓公闻而知之。
无伯乐之相善兮，今谁使乎誉之？

这些车马符号的所指显然是“怀才不遇”，其意指的单一性和同质性一目了然，没有更多的剩余物。李白说“哀怨起骚人”，这“哀怨”很大部分是来自于“骐骥”与“驽骀”的错位。由此可见，车文化的影响已然在此诗及前面提到的《国殇》等楚辞中取得明显的优势姿态。

但是宋玉《九辩》的主题还有另一个重大特点，就是它的“离愁”之感和“悲秋”色彩。“悲秋”是宋玉的独创，“离愁”则在《离骚》中就有所表现，《离骚》的标题本身就是“离愁”。王逸《离骚经章句序》解释说：“‘离’，别也，‘骚’，愁也……言已放逐离别，中心愁思，犹依道径，以讽谏君者也。”韦昭注《国语·楚语》也说：“骚，愁也；离，叛也。”韦昭此注的对象是武举谏楚灵王以章华之台为美的文本，其中还注“使民蒿焉忘其安乐，而有远心”的“远心”即曰“叛离”。“叛”必包含“离”意，而“离”不必皆“叛”，但常与“远心”的“远”组合，成为“远离”。《离骚》中“何离心之可同兮，吾将远逝以自疏”就是主题的点明。没有共识，所以只好主动离开，自我流放。而《楚辞》中不少的句意包括这篇《九辩》在内的“远行”都有这种所指，《楚辞》中甚至就有三首直接以《远游》《远逝》为名的篇章。我这里所说的重点不涉及屈原是否被楚王放逐的考证，而是要指出，这“离愁”也是车文化造成的，下面我很快就会谈到这点，现在我们先来看这首《九辩》诗。诗人一开头就长叹而出：

悲哉！秋之为气也。
萧瑟兮，草木摇落而变衰。
憭栗兮，若在远行。
登山临水兮，送将归。

情调虽然悲凉，发唱却异常惊挺。首先就把离愁与悲秋锁定，把离人与“秋气”捆绑在一起，紧接着将“薄寒中人”推入天高地远、草木摇落、水气两清的廓落背景中，在勾勒一笔主体的“坎廪”状况之后，就点出了羁旅者孤独的情怀和背影。此后从“燕辞归”“蝉寂漠”“雁南游”的动物季节性周期行为，到“白露下”“严霜申”“百草凋萎”“梧楸离”的随天气而起植物变化，以及“叶菸邑而无色兮，枝烦挐而交横。颜淫溢而将罢兮，柯仿佛而萎黄。萷櫹槮之可哀兮，形销铄而瘀伤。惟其纷糅而将落兮，恨其失时而无当”的人树兼指状况，都是对“秋气”客观环境的进一步渲染。而“悲忧穷戚兮独处廓，有美一人兮心不绎。”“专思君兮不可化，君不知兮可奈何！”“重无怨而生离兮，中结轸而增伤。”“独悲愁其伤人兮”“窃独悲此凛秋”“靓杪秋之遥夜兮，心缭悷而有哀。”甚至“蓄怨兮积思，心烦憺兮忘食事”等，都是这个“去乡离家”离人的主体感受和客观“秋气”情景交融的结果。而主体这样的离愁是“悲秋”的内在部分，并往往很容易由“秋气”的客观环境所引起。由自然界动植物季节性变化的“秋气”到主体“岁忽忽而遒尽兮，老冉冉而愈弛”的感受，这种联想对于诗人来说，是很容易跨越的一步，并不需要“热力学第二定律”的证明。如果此时加上离愁别恨的重叠，这种“秋离”的主题就马上获得了放大性效应。

这种离愁别恨和悲秋的意素符码第一次以如此众多的数量分布弥漫在全诗中，为后人大开悲情闸门，沾溉之功不少。在宋玉发了“悲哉！秋之为气也”之后，所有文人骚客都像得了流感似的，一连两千年都在咳嗽这个“悲秋”之叹。这中间杜甫是最重要的标杆性继承传递者。《咏怀古迹》明称：“摇落深知宋玉悲，风流儒雅亦吾师。怅望千秋一洒泪，萧条异代不同时。”他的《登高》诗“风急天高猿啸哀，渚清沙白鸟飞回。无边落木萧萧下，不尽长江滚滚来。万里悲秋常作客，百年多病独登台。艰难苦恨繁霜鬓，潦倒新停浊酒杯”，是“愁客”与“悲秋”情景交融的典范之作。《秋兴八首》以及其他许多诗作也是在“悲秋”中隐含着“离愁”。北宋柳永《雨霖铃》的“多情自古伤离别”正是放在“寒蝉凄切”

"更那堪冷落清秋节"的背景中。其《八声甘州》上阕"对潇潇暮雨洒江天，一番洗清秋。渐霜风凄紧，关河冷落，残照当楼。是处红衰翠减，苒苒物华休"的登临名句，与下阕的离愁归思互相借力催化，显得更加悲凉苍劲。到了元曲马致远的《秋思》"古道西风瘦马，断肠人在天涯"则是穷途末日了。但这个传统仍然侵入元杂剧中，使《西厢记》第四本第三折"长亭送别"中莺莺送别张生于长亭时所唱的"碧云天，黄花地，北雁南归。晓来谁染霜林醉？总是离人泪"脍炙人口，传诵天下。

宋玉是第一个写"离人心上秋"的人，借用《文心雕龙·辨骚》中的话，"其衣被词人，非一代也"。现在我要强调说，这离情别绪，也是古代车文化造成或间接形成的结果。

车马符号是大符号，广义所指可以是全部的交通文化。正是因为车文化的普及，交通方便，所以才使社会成员的出行变得容易，这是车文化发展的必然现象。但是车文化在使出行交通变得容易的同时，也使人们的离别、离家变得普遍起来。又由于马车的动力还停留在生物能阶段，所以它的行驶速度有限，一般一天只能行驶三十至五十里之间（明代从北京到福建约需三个月左右），这样，人们一旦离别，往往就是几个月、几年、十几年、几十年才能再见面，有些甚至一辈子都不能有重见的机会，成为永别了。在这样的时代背景下，离愁别绪的产生就是普遍且自然的现象了。但在现今这个时代，有着数小时即可到达目的地的高速公路、高铁火车、飞机航空，一秒即可到达的可视电话、电邮，人们还有多少离愁别绪？以马车为主的车马符号是农业社会的标志之一，工业时代之前，它是最便捷的交通工具。那么，由这个"驷马难追"的不快不慢速度产生的离愁别绪甚至就是一种必然了。而离愁别绪与"悲秋"的捆绑重叠，只是因其技术上的放大性效应使之更易成为被选择的文化符码而成为诗歌传统。

第三节　车文化与离愁别恨诗的兴起

没有车马的原始社会，最多只是依血缘关系而聚集在一起的氏族部落，人们在一起生活，很少发生什么离别的机会。有车马的游牧民族生产生活都在马背上，逐水草而居，没有土地观念，故土情感很少，一起迁徙，也没有什么离情别绪。欧洲社会工农商业并重（虽然曾一度有人提倡重农主义或重商主义，但那都是个别、局部的现象，并且转瞬即逝），城市与农村共同发展，更重要的是自古罗马时代以来，基督教文明覆盖全欧，普遍主义兴起，四海之内皆兄弟的价值观深入人心（后来中东的伊斯兰文明也是如此），因此他们即使到达天涯海角，其离愁别恨之情也较淡薄。只有秦汉以后的中国，是一个统一的农业大国。城市也有相当程度的规模，但那只是政治文化的重心。重土难迁和重农抑商的后果是道路上奔跑的车马载着的主要是官僚和一些想成为官僚的游士，少量的商农（商业式的农民或农民性的商人）和流氓（包括但不一定指“坏分子”）是农民政治文化主流的补充和变化。但最重要的是，所有这些“有车一族”或“用车一族”都有根深蒂固的宗法观念和浓厚的特殊主义文化。所以孔儒虽然提倡“四海之内皆兄弟”，但国情却相反，喊什么就说明缺什么。当车马载着这些脱离了熟人社会的人们进入到异地陌生的社区之后，他们和他们留在原地的亲友就会产生强烈的不适应感，在相当长的一段时间甚至终身都难以消除离愁别绪。这在许多中国古代文学特别是诗歌作品中有直接或间接的表现。

魏文帝曹丕于明津作诗曰：“远望使心怀，游子恋所生。驱车出北门，遥望河阳城。”晋张协诗曰：“述职投边城，羁束戎旅间。下车如昨日，望舒三五圆。……流波恋旧浦，行云思故山。”一下车就明显表达了对“故山”的怀恋之情。《古诗十九首》中有这样的叙述：“凛凛岁云暮，蝼蛄夕鸣悲。凉风率已厉，游子寒无衣。锦衾遗洛浦，同袍与我违。独宿累长夜，梦想见容辉。良人惟古欢，枉驾惠前绥。愿得常巧笑，携手同车归。既来不须臾，又不处重闱。亮无晨风翼，焉能凌风飞。眄睐以适意，引领遥相睎。徙倚怀感伤，垂涕沾双扉。”诗中主人公面对陌生环境的艰难生活，梦想的还是希望得到“古欢”的帮助，回到过去熟悉的世界。他做梦中想着他的“古欢”驾车来接自己（“惠前绥”就是接上车），但是醒来还是一场空欢喜。鲍照的《代东门行》：“一息不相知，何况异乡别。遥遥征驾远，杳杳白日晚。……野风吹秋木，行子心肠断。……丝竹徒满座，忧人不解颜。……”即使身处欢乐的场所，也仍然格格不入，向隅而泣。这些都反映了中国人离开故土后进入陌生人社会时产生的特殊主义者情结。而“遥遥征驾远”——车文化是这离愁别恨的推动力。

南朝江淹在这方面表现得更严重，他在《待罪江南思北归赋》中有这样的话：“况北州之贱士，为炎土之流人。共魍魉而相偶，与蟏蛸而为邻。”更是把我国南方人斥之为“魍魉”和“蟏蛸”。江淹这话十有八九说的是福建人，因为他年轻时曾被贬斥到福建的建瓯一带做县令,《江文通集》中收录的作品基本上是他早年写的。文集中还有《去故乡赋》《哀千里赋》《恨赋》等,《恨赋》甚至被摆在《江文通集》的第一篇。这些都是抒发此类离愁别恨的作品。江淹继承了宋玉的传统,把离愁别恨叠加在悲秋的背景上:“于时鸿雁既鸣,秋光亦穷。水黯黯兮莲叶动,山苍苍兮树色红。思云车兮沅北,望蜺裳兮澧东……”(《哀千里赋》)而前面所说的“若乃夏后未凿,秦皇未辟”句说明了舟车未通时“徒望悲其何及,铭此恨于黄埃”的回乡绝望,而“魂终朝以三夺,心一夜而九摧”,恰恰才是舟车已通之后的心情,江淹在这里搞颠倒了。正是自秦皇开辟石牛道交通便利车文化发达之后,才可以“思云车”来载他过“故关”、返“故国”、回“故乡”(皆《去故乡赋》中语),否则他一直会活在“魂终朝以三夺,心一夜而九摧”的离愁别恨中。这说明车文化既是离人回故土、消除离愁别恨的希望,也是导致离愁别恨产生的原因。

江淹还有一篇著名的《别赋》,它本身就导致了离愁别恨的奇峰突起,至少是起了推波助澜的作用:“黯然销魂者,唯别而已矣!况秦吴兮绝国,复燕宋兮千里。或春苔兮始生,乍秋风兮暂起。是以行子肠断,百感凄恻。风萧萧而异响,云漫漫而奇色。舟凝滞于水滨,车逶迟于山侧。棹容与而讵前,马寒鸣而不息。掩金觞而谁御,横玉柱而沾轼。居人愁卧,恍若有亡。日下壁而沉彩,月上轩而飞光。见红兰之受露,望青楸之离霜。巡层楹而空掩,抚锦幕而虚凉。”并说“有别必怨,有怨必盈”,视“别”为“憎恨”,可“使人意夺神骇,心折骨惊”。(按语法,动宾结构应为“心惊骨折”,但作者为了强调离愁别恨的强烈,便故意置换之。)江淹把离愁别绪强化为离愁别恨,使离别之情深化或升华为“黯然销魂”的“别魂”,并通过衬托以“舟凝滞于水滨,车逶迟于山侧。棹容与而讵前,马寒鸣而不息”这些车马符号的背景渲染和环境描写以及“掩金觞而谁御,横玉柱而沾轼”的车主情绪化行为,表达了作者对离别现象与车文化之间密切关系的深刻(下意识)的感触。这里要再次说明“车马符号”是大符号,广义所指可以是全部的交通文化。尤其需要说明的是“车马符号”包含了舟船在内。出行交通当然不能老是坐船,总须上岸乘车,旱路总是比水路多。在水叫水路,有些地方甚至可以建桥为路。交通文化今天还包括各种飞行器,在天也叫航线,都是路线。但无论如何,乘车总是为主,所以车马符号在古代可以包括舟船。

虽然“别虽一绪,事乃万族”“别方不定,别理千名”,然而《别赋》还是连续铺陈了成人、豪侠、游宦、道士、情人等几种有代表性的离别类型来描写离愁别绪的普遍性。但如果按我这里的分类需求则还应该增加或细分为乡愁之思、羁旅之感等,其表现形式可以有送别诗、纪游诗、驿站诗(题壁诗)等。尤其是《别赋》还没有将中国人最重要的家人之别明确地单独列出。后面我们要专门补充,现在先对与车文化有关的乡愁乡情之思和羁旅之感的诗歌略作介绍。

晋潘岳《西征赋》自述"潘子凭轼西征,自京徂秦"途中,驾车"乃越平乐,过街邮,秣马皋门,税驾西周"。从"登崤坂之威夷,仰崇岭之嵯峨""蹑函谷之重阻,看天险之衿带,迹诸侯之勇怯,筭嬴氏之利害"到"轨崎岖以低仰。蹈秦郊而始辟,豁爽垲以宏壮。黄壤千里,沃野弥望,华实芬敷,桑麻条畅。邪界褒斜,右滨汧陇,宝鸡前鸣,甘泉后涌,面终南而背云阳……"的乘车经历与所思所感,进行详细描述,最后归结为"观夫汉高之兴也,非徒聪明神武、豁达大度而已。乃实慎终追远,笃诚款爱;泽靡不渐,恩无不逮。率土且犹不遗,而况于邻里乎,而况于卿士乎?于斯时也,乃摹写旧丰,制造新邑,故社易置,枌榆迁立。街衢如一,庭宇相袭,浑鸡犬而乱放,各识家而竞入……"的特殊主义文化,证明了"乾坤以有亲可久,君子以厚德载物"——还是故乡亲情好,不但打天下要依靠故旧,而且守天下还得靠亲情。中国车文化与特殊主义文化水乳交融地集中在这首诗中。

《论语·泰伯》篇曰:"故旧不遗,则民不偷。"所以汉代以孝治天下,独尊儒术。儒家是典型的特殊主义或区别主义者。由于这些人多是上层社会或接近上层社会的贵族或破落的"精神贵族",他们的敏感神经和文化素养就特别容易把中国人恋故拒生、喜旧厌新的社会观念和感受捕捉进诗中,使中华精神文化的诗国呈现出特有的、特别多的离愁别绪色彩。

相传的苏武李陵诗,以远别的黄鹄和失群的胡马来比游子的"思心常依依",其"中心怆以摧""慷慨有余哀"的"激烈长歌"正是为"念子不能归"而发。"征夫怀远路,游子恋故乡"是概括性的人之常情,"屏营衢路侧,执手野踟蹰"是送别的具体形象描写。《古诗十九首》也这样:"行行重行行,与君生别离。相去万余里,各在天一涯。道路阻且长,会面安可知。"一唱三叹,深情款款,直抒胸臆。而"相去日已远,衣带日已缓"以特写镜头淡出淡入的时间变化手法强调"思君令人老,岁月忽已晚",最后出以"努力崇明德""努力加餐饭"等这样近似常语俗语的语言告别。借用沈德潜的话说,全诗"一片化机",言远意长,淡而弥悲"。"苏武李陵诗"和《古诗十九首》非一人一时之作,但都表达了普遍存在的由车文化引起的离愁别绪。

离愁别绪是一种普遍情感,描写这种普遍情感的著名诗歌很多。《古诗十九首》中"还顾望旧乡,长路漫浩浩。同心而离居,忧伤以终老"等已抽其绪,《古诗十九首》后如谢朓《金谷聚》的"车马一东西,别后思今夕";范云《别诗》的"昔去雪如花,今来花似雪";江总《于长安归还扬州九月九日行薇山亭赋韵》"心逐南云逝,形随北雁来。故乡篱下菊,今日几花开"等已发其葩。孔绍安《落叶》"早秋惊落叶,飘零似客心。翻飞未肯下,犹言惜故林"颇能寄托恋乡之情。

唐代以后的诗,张九龄《望月怀远》:"海上生明月,天涯共此时。情人怨遥夜,竟夕起相思。"王维《渭城曲》:"渭城朝雨浥轻尘,客舍青青柳色新。劝君更进一杯酒,西出阳关无故人。"以及李白的《送友人》、杜甫的《赠卫八处士》、白居易的《赋得古原草送别》、李商隐的《夜雨寄北》和《无题 · 相见时难别亦难》、司空曙的《云阳馆与韩绅宿别》等等,都是写这种普遍的乡愁之感,这里不过是随便点了几首。但是可以看出,到了唐诗,这种离愁别绪写得愈来愈普遍,愈来愈具体,这就是黑格尔哲学说的"具体的概念",也就是文学中常说的"典型性"。我们可以举王绩《在京思故园见乡人问》为例,"旅泊多年岁,老去不知回。忽逢门前客,道发故乡来。敛眉俱握手,破涕共衔杯。殷勤访朋旧,屈曲问童孩。衰宗多弟侄,若个赏池台。旧园今在否?新树也应栽。柳行疏密布,茅斋宽窄裁。经移何处竹,别种几株梅。渠当无绝水,石计总生苔。院果谁先熟,林花那后开。羁心只欲问,为报不须猜。行当驱下泽,去剪故园菜",细致无遗地数尽了家珍,把江总篱菊之问扩充其类,道尽了晚年游宦的乡愁。后来王维的《杂诗》"君自故乡来,应知故乡事。来日绮窗前,寒梅著花未"也是这样的"问提"。宋之问《渡汉江》"岭外音书断,经冬复历春。近乡情更怯,不敢问来人"与贺知章《回乡偶书》"少小离乡老大回,乡音无改鬓毛衰。儿童相见不相识,笑问客从何处来"两绝,都是把常见且熟悉的乡愁心理现象"转熟为生"为妙诗。高适《除夜作》"旅馆寒灯独不眠,客心何事转凄然?故乡今夜思千里,霜鬓明朝又一年"也是思乡之作。李白《静夜思》"床前明月光,疑是地上霜。举头望明月,低头思故乡"真是白得通体透明,连乡愁也看得见!而他的《春夜洛城闻笛》"谁家玉笛暗飞声,散入春风满洛城。此夜曲中闻折柳,何人不起故园情"则因笛声、闻柳名而起思乡之情,就有些曲折了,但还不至于像杜甫《和裴迪登蜀州东亭送客逢早梅相忆见寄》中"幸不折来伤岁暮,若为看去乱乡愁"那样辞意两曲折。但杜甫的《闻官军收河南河北》"剑外忽传收蓟北,初闻涕泪满衣裳。却看妻子愁何在,漫卷诗书喜欲狂。白日放歌须纵酒,青春作伴好还乡。即从巴峡穿巫峡,便下襄阳向洛阳"一诗中又使急切而高兴的思乡之情与诗歌的音节调整配合得若合符节!至于张籍《蓟北旅思》"长因送人处,忆得别家时。失意还独语,多愁只自知。客亭门外柳,折尽向南枝",刘皂《旅次朔方》"客舍并州数十霜,归心日夜忆咸阳。无端又渡桑干水,却望并州似故乡"和柳宗元《与浩初上人同看山寄京华亲故》《登柳州城楼寄漳汀封连四州》等作,都是抒写乡愁的心血之作。宋人的乡情作品以黄庭坚的《过家》为代表:"络纬声转急,田车寒不运。儿时手种柳,上与云雨近。舍旁旧佣保,少换老欲尽。宰木郁苍苍,田园变畦畛。招延屈父党,劳问走婚亲。归来翻作客,顾影良自哂。一生萍托水,万事雪侵鬓。夜阑风陨霜,乾叶落成阵。灯花何故喜?大是报书信。亲年当喜惧,儿齿欲毁龀。系船三百里,去梦无一寸。"确如高步瀛所评"字字矜炼,佳处如食甘榄,味美于回"。这个方面,苏诗的《岁晚三首》有所不及。

上面所列的乡愁作品,都仅是离愁别绪的一个方面,而离愁别绪,又是在车马交通大开、驿道驿站最繁华的唐代背景下出现的(参看本书第三章"车道"中关于唐代驿道驿站部分),这不能不说中国古代车文化与特殊主义结合产生的离愁别绪之间具有间接但却是内在的关系。

至于羁旅之感的诗,我们以晋陆机《赴洛道中作》两首为代表:"总辔登长路,呜咽辞密亲。借问子何之,世网婴我身。永叹遵北渚,遗思结南津。行行遂已远,野途旷无人。山泽纷纡余,林薄杳阡眠。虎啸深谷底,鸡鸣高树巅。哀风中夜流,孤兽更我前。悲情触物感,沉思郁缠绵。伫立望故乡,顾影凄自怜。""远游越山川,山川修且广。振策陟崇丘,案辔遵平莽。夕息抱影寐,朝徂衔思往。顿辔倚嵩岩,侧听悲风响。清露坠素辉,明月一何朗。抚枕不能寐,振衣独长想。"其中的"总辔登长路"领句就是开车上路,其后面的各句都是写乘车路途的艰辛和感想。两首诗作都见车马羁旅的凄切孤独艰苦情形。张载的《叙行赋》也是:"岁大荒之孟夏,余将往征乎蜀都。脂轻车而秣马,循路轨以西徂。朝发轫于京宇兮,夕予宿于毂洛……"①前半部分在车上的感想是怀古,后半部分

① 见《全上古三代秦汉三国六朝文》卷八十五。

进入游赏山水木石之境，就没有陆机那么凄苦之状了。但与陆机《赴洛道中作》一样都是行车所作，是车文化的直接精神产品。陈张正见《关山月》诗曰："岩间度月华，流彩映山斜。晕逐连城璧，轮随出塞车。唐蓂遥合影，秦桂远分花。欲验盈虚驶，方知道路赊。"其中"轮随出塞车""秦桂远分花"已点明车符码了。徐陵的《征虏亭送新安王应令诗》"凤吹临南浦，神驾饯东平。亭迴漳水乘，旆转洛滨笙。地冻班轮响，风严羽盖轻。烧田云色暗，古树雪花明。歧路一回首，流襟动睿情"是送别诗中描写比较形象的佳作，特别是"地冻班轮响，风严羽盖轻。烧田云色暗，古树雪花明"，声色俱备，皆言乘车行役苦乐参半或分不清苦乐。像杜牧《山行》"停车坐爱枫林晚，霜叶红于二月花"那样纯粹欣赏愉悦的羁旅诗是很少的，绝大部分都是像晋陆冲诗"命驾遵长途，绵邈途难寻。我行一何艰，山川阻且深。洿泽无夷轨，重峦有层阴。零雨淹中路，玄云蔽高岑。俯悼孤行兽，仰叹偏翔禽。空谷回悲响，流风漂哀音。羁旅淹留人，怅望愁我心。"[①]，或如陈江总《并州羊肠坂》"三春别帝乡，五月度羊肠。本畏车轮折，翻嗟马骨伤。惊风起朔雁，落照尽胡桑。关山定何许，徒御惨悲凉"的车途辛苦。而如李德裕《谪岭南道中作》"岭水争分路转迷，桄榔椰叶暗蛮溪。愁冲毒雾逢蛇草，畏落沙虫避燕泥。五月畬田收火米，三更津吏报潮鸡。不堪肠断思乡处，红槿花中越鸟啼"，虽然没有像江淹的《思北归赋》那样把我国南人形容为"魍魉"与"蟏蛸"，但是转嫁到南方自然界的草木虫鸟上去了。写羁旅凄苦旁及游览山水风物的诗不少，但我尚未见及梁宗懔《和岁首寒望诗》"旅骑出平原，钲铙遍野喧。接里开都邑，连车驻小门。稻车回故坞，猎马转新村。古碑空戴石，山龛未上幡。所言春不至，未有桃花源"[②]，在喧声中竟透露着一股诡异的悲凉气息。这些都是直接的车文化描写。

羁旅诗中关于游览、纪游的作品太多，送别赠答诗几乎比比皆是，占领诗国半壁江山。我们没法一一介绍。但古代羁旅诗中有一种关于车文化的特殊的诗却少有人专门谈及，就是"驿诗"（这是我杜撰的又一个名词，即写于驿站、旅馆、旅途，包括题壁诗等），这里可以趁机一提。兹就唐宋诗词中著名者录之于右以见一斑：宋之问《题大庾岭北驿》的"阳月南飞雁，传闻至此回。我行殊未

① 见《艺文类聚》卷二十八。
② 见《艺文类聚》卷二十八。

已，何日复归来？江静潮初落，林昏瘴不开。明朝望乡处，应见陇头梅”，把江总的问菊和王维的问梅转化为自己在想象中见到了明朝故乡的梅花，并以当下环境的静谧和大庾岭的传闻暗中反衬自己思乡的情急。岑参《虢州后亭送李判官使赴晋绛得秋字》的“西原驿路挂城头”“白云犹似汉时秋”句法奇古。李涉《再宿武关》的“关门不锁寒溪水，一夜潺湲送客愁”拟人于水，情景交融。殷尧藩《旅行》的“堠长堠短逢官马”“万里关河成传舍”写驿道的繁忙。戴幼公《除夜宿石头驿》“旅馆谁相问？寒灯独可亲。一年将尽夜，万里未归人”写除夕夜驿馆的冷清。许用晦《秋日赴阙题潼关驿楼》“红叶晚萧萧，长亭酒一瓢。残云归太华，疏雨过中条。树色随关迥，河声入海遥。帝乡明日到，犹自梦渔樵”，潼关驿楼的壮色尽收眼底。刘文房《送李判官之润州行营》“万里辞家事鼓鼙，金陵驿路楚云西。江春不肯留行客，草色青青送马蹄”比兴新巧。温庭筠《商山早行》“晨起动征铎，客行悲故乡。鸡声茅店月，人迹板桥霜。槲叶落山路，枳花明驿墙。因思杜陵梦，凫雁满回塘。”，人赏其“鸡声茅店月，人迹板桥霜”一联皆名词意象组合，我兼爱其“槲叶落山路，枳花明驿墙”句醒豁提神。王安石《葛溪驿》“缺月昏昏漏未央，一灯明灭照秋床。……鸣蝉更乱行人耳，正抱疏桐叶半黄”，此诗与他的《桂枝香·金陵怀古》相比，已是老气横秋。苏轼《澄迈驿通潮阁》“杳杳天低鹘没处，青山一发是中原”，天涯海角沦落人从海南岛远眺大陆，写景逼真，情见于景。秦观《如梦令》“梦破鼠窥灯，霜送晓寒侵被。无寐，无寐，门外马嘶人起”，老鼠出没，霜寒侵被，可见宋代驿站破落，大不如唐代的豪华。至于北宋末年蒋氏女《减字木兰花·题雄州驿》“辘辘车声如水去”，已是亡国之音了。

古代驿道上及驿站里回荡着车马之声，弥漫着离愁别绪。我们之所以这样匆匆浏览“驿诗”之作并跳跃性地疾步前进，是因为前面曾答应回到“家人之别”的现场去聆听离愁别恨的诉说。现在就来兑现承诺。

我们先看蔡琰的《悲愤诗》，虽然杂有战争之痛，但其中描写母子离别的一段画面尤其令人回肠荡气：

> …… ……
>
> 感时念父母，哀叹无穷已。有客从外来，闻之常欢喜。
>
> 迎问其消息，辄复非乡里。邂逅徼时愿，骨肉来迎已。

己得自解免，当复弃儿子。天属缀人心，念别无会期。
存亡永乖隔，不忍与之辞。儿前抱我颈，问母欲何之。
人言母当去，岂复有还时！阿母常仁恻，今何更不慈？
我尚未成年，奈何不顾思？见此崩五内，恍惚生狂痴。
号泣手抚摩，当发复回疑。兼有同时辈，相送告别离。
慕我独得归，哀叫声摧裂。马为立踟蹰，车为不转辙。
…… ……

主人公因为思念父母之乡与母子生离之痛的亲情矛盾而使这种离愁别恨感情张力大增，尤其是“儿前抱我颈，问母欲何之。人言母当去，岂复有还时！阿母常仁恻，今何更不慈？我尚未成年，奈何不顾思”，高潮描写更使这种冲突走向强化，而收到摧心裂肺的效果。不要忘了，车马就在此诗的现场等着。曹植《赠白马王彪》诗在登车“揽辔止踟蹰”（“揽辔”说明就已在车上了）之前的“霖雨泥我涂，流潦浩纵横。中逵绝无轨，改辙登高冈。修坂造云日，我马玄以黄。玄黄犹能进，我思郁以纡”的车马艰苦都是对兄弟之情“别恨”的倾诉。晋陆机《于承明作与弟士龙诗》“牵世婴时网，驾言远徂征。饮饯岂异族，亲戚弟与兄”，也是强调家人亲情在离别时的重要地位，其驾车离别早已是常事，“驾言”也成为古诗句中开头的常语。此后，王维《九月九日忆山东兄弟》、李白《寄东鲁二稚子》、杜甫《月夜忆舍弟》《恨别》都是对离别家人而难舍亲情的怀念。孟郊《游子吟》“慈母手中线，游子身上衣。临行密密缝，意恐迟迟归。谁言寸草心，报得三春晖”，在老母为出行的儿子缝衣的细密针线中寄托着母子离别的深情，无言但永远感人肺腑、催人泪下。张籍《秋思》“洛阳城里见秋风，欲作家书意万重。复恐匆匆说不尽，行人临发又开封”，通过投递员（邮驿者）临行前写信者对所寄的一封家书反复开封加语的动作以见出内心深处的不尽亲情。唐人以前的这种诗一般都写得渊深朴茂含蓄，宋人有好议论兼爱泄尽的倾向，但苏轼《水调歌头》和黄庭坚《望江东》两首抒写想念亲人的离别之词，虽然词语透明，尚属言断而意未尽。车马文化所提供的方便在造成亲人离别、轻离别的同时，也提供了联系的渠道，而这种渠道的流通速度又很缓慢，所以就容易引发离愁别绪，抒发离愁别绪的诗文也就多了起来。

本来“家人”中就包含着夫妇，并且是最核心的家庭成员。但夫妇的情感又是爱情，所以我把表达夫妇离愁别绪的诗归到爱情诗来谈。正常而言，夫妇的离别之情更比一般的亲人离别难受，因而就有许多很感人的反映夫妇离愁别绪的诗。

相传的《苏武李陵诗》和《古诗十九首》中都有夫妇的哀苦之思。不施辞藻丽句却蕴藏浓厚深沉的感情是其共同的特色。到了汉末秦嘉的《留郡赠妇诗》则起了颇大的变化。虽然语言还是那么平和明白，但是抒情叙事变得较细致曲折了：

一

人生譬朝露，居世多屯蹇。忧艰常早至，欢会常苦晚。
念当奉时役，去尔日遥远。遣车迎子还，空往复空返。
省书情凄怆，临食不能饭。独坐空房中，谁与相劝勉。
长夜不能眠，伏枕独辗转。忧来如循环，匪席不可卷。

二

皇灵无私亲，为善荷天禄。伤我与尔身，少小罹茕独。
既得结大义，欢乐苦不足。念当远离别，思念叙款曲。
河广无舟梁，道近隔丘陆。临路怀惆怅，中驾正踯躅。
浮云起高山，悲风激深谷。良马不回鞍，轻车不转毂。
针药可屡进，愁思难为数。贞士笃终始，恩义不可属。

三

肃肃仆夫征，锵锵扬和铃。清晨当引迈，束带待鸡鸣。
顾看空房中，仿佛想姿形。一别怀万恨，起坐为不宁。
…………

这诗的开头有“嘉为郡上掾（计），其妻徐淑，寝疾还家，不获面别，赠诗云尔”的引语。这句话的主语不清（古代没有标点符号），但关系到作者的署名。到底是“其妻徐淑”写给其夫的赠诗呢，还是秦嘉写给其妻的“赠妇”诗？钟嵘《诗品》评：“士会夫妻事既可伤，文亦凄怨。二汉为五言者，不过数家，而妇人居二。徐淑叙别之作，亚于《团扇》矣。”这明显是说作者是秦嘉的妻子徐淑。但也有古人说是秦嘉的伤逝之作[①]。我认为是秦嘉作的，因为标题明明写着《留郡赠妇诗》。但不管是谁，写的是夫妇之别的诗则无疑。胡应麟《诗薮》说："秦嘉夫妇往还曲折，具载诗中。真事真情，千秋如在，非他托兴可以比肩。"并谓"汉人诗，质中有文，文中有质，浑然天成，绝无痕迹，所以冠绝古今"。说汉人诗难以句摘，章法浑成可（《苏武李陵诗》和《古诗十九首》皆然），而谓此诗"绝无痕迹"则不然。其实此诗还是有蹊径可寻的。首四句从逆笔开始，轻叹人生的忧愁太长（"早"实即长）欢聚太晚（"晚"实即短），是自叙兼自慰并反点题"欢会"，然后立即笔锋一转进入正题，即"欢会"的反面——离愁别绪。"念当奉时役，去尔日遥远"是其注脚；"遣车迎子还，空往复空返"正是症结所在。一方面用行动表现了思念的急切和内心的希望，另一方面也表达了对现实的失望，这就引起了主人公饭食无心、长夜不眠、辗转枕席、起居失序、伤及身心的一系列现象和结果。这都是"远别离"的思念害的。再亲自去接吧，而水远山长（秦嘉家在陇西而身曾入洛），既食君"天禄"，就得"奉时役"，而"皇灵无私亲"，不能稍假宽延。所以车马踏步不前，"临路怀惆怅，中驾正踯躅"，正是车主迟疑不决的表现。真想快马加鞭直奔而去看望，但"良马不回鞍，轻车不转毂"只是想象中，而现实却是必须出差完成公务。车马都准备好了："肃肃仆夫征，锵锵扬和铃。清晨当引迈，束带待鸡鸣。"但是回头一看人去楼空的房间，又想念起爱人的姿形来了……这诗车、情、事三者皆备，缺一不可。车载事情，情事也围着车转。

沈德潜评此诗"词气和易，感人自深"。确实如此。其实作者已生活在了汉末桓帝时代，故"去西汉浑厚之风远矣"。但到了傅玄的晋代，"群才稍入轻绮"[②]，从前那种情词平和简易的诗格一变而为辞藻繁富、情采兼赡的文风。有特别的辞采就有独到的特色，有独特的情感就需要特别的辞采。清陈沆《诗比兴笺》曰"昔人称休奕（傅玄字）刚正疾恶，而善言儿女之情……其诗尤长拟古，借他酒杯浇我块垒"，其乐府诗《杂言》"雷隐隐，感妾心。倾耳清听非车音"与《车遥遥篇》"车遥遥兮马洋洋，追思君兮不可忘。君安游兮西入秦，愿为影兮随君身。君在阴兮影不见，君依光兮妾所愿"这二篇确可当陈沆"言文声哀，情长语短""犹霜禽夜吟、哀鹤秋泪"之评。尤其是第一首的残诗孤句，细写一个妇女

① 见《诗薮》外编卷一。

② 《文心雕龙·明诗》语。

将天边隐隐的雷音错听成她的夫君归来所乘之车发出的轮声,单从听觉上写出这个思妇因长期盼望丈夫回家的异样心情。然而,她又一次失望了。这是怎样的离愁别恨啊!后来温庭筠《梦江南其二》:“梳洗罢,独倚望江楼。过尽千帆皆不是,斜晖脉脉水悠悠,肠断白蘋洲。”描写思妇望眼欲穿的著名的词意就从此出,不过把车换成了船。《车遥遥篇》也很奇警,道出了夫妇形影相随永不分离的愿望,上承曹子建《七哀诗》“愿为西南风,长逝入君怀”的古风,下启陶渊明《形影神三首》的玄言诗。傅玄此诗其情之挚诚,甚至可远比清代董以宁的《闺怨》诗“流苏空系合欢床,夫婿长征妾断肠。留得当时临别泪,经年不忍浣衣裳”[①]。这与“文革”中传说的有人与领袖握手后三年不洗手一样,都是热爱所至。

颜延之的《秋胡诗九首》则传达了夫妇之别所带来的另外的信息。这诗要和古诗《陌上桑》[②]以及石君宝元杂剧《鲁大夫秋胡戏妻》一起合看。故事并见汉刘向《列女传五·鲁秋洁妇》与刘欣《西京杂记》卷六。《陌上桑》诗和杂剧《秋胡戏妻》主要突出了故事后半部分的喜剧高潮,而颜延之的《秋胡诗九首》则重点在叙述前半部分的离愁别绪。秋胡即将离别新婚不久的妻子,进京为官,秋胡的妻子做好了长期甚至一辈子离别等待的准备:“存为久离别,没为长不归。”一边在家过着孤单凄苦的日子:“岁暮临空房,凉风起坐隅。寝兴日已寒,白露生庭芜。”一方面还在替她的丈夫着想:“严驾越风寒,解鞍犯霜露”“悲哉游宦子,劳此山川路”,担心他在外车马劳碌的辛苦。沈德潜说“一章至四章,言宦仕于外,己之靡日不思也”。但她万万没有想到她日夜思念的“驱车出郊郭,行路正威迟”的丈夫,在当上了“使君”(大约相当于现在至少地厅级的高官)之后,正在外面寻花问柳。“使君从南来,五马立踟蹰”“倾城谁不顾,弭节停中阿”;和“来归相怒怨”的农民一样,“但坐观罗敷”。唯一不同的是,他派下属官吏去打听所看中女子的年龄来了,并且以重金相引诱。他的勾引言辞很文雅:“宁可共载不?”(要不要上我的车?)但实际的潜台词很现代:我们一起搞“车震”吧。当然,他碰了一鼻子的灰。后来戏剧性地发现,那个他调戏不成的女子就是他的妻子。他的轻薄终于使他得到现世报了。

这样看来,中国的贪官自古就有玩“车震”的腐败情结。所以冯延巳《鹊踏

---

① 见《清诗选》。

② 见《乐府诗集》卷二十八“相和歌辞”。

枝》上阕:“几日行云何处去？忘却归来,不道春将暮。百草千花寒食路,香车系在谁家树?”在家的思妇难免就有这样的担心。这首词写一个女子对她丈夫连日驾车在外寻欢作乐很牵挂,但又无可奈何地只能在家里担忧等待。

直到孙光宪《临江仙》的“霜拍井梧干叶堕,翠帷雕槛初寒。薄铅残黛称花冠。含情无语,延伫倚阑干。/杳杳征轮何处去,离愁别恨千般。不堪心绪正多端。镜奁长掩,无意对孤鸾。……”,终于干脆明确地说出“离愁别恨千般”是因为“杳杳征轮何处去”,车文化造成的离愁别恨,终于由诗歌自己明白地和盘托出!

古代诗文与交通的密切联系可谓车水马龙、川流不息,中国车文化对中国文学的影响堪称源远流长!

结束语

中国车文化的复兴之路

中国古代车文化在商末周初就以完整成熟的结构面貌突然出现，在旅游、交往行为、政治、经济、战争等领域发挥了重大的功能，为国家的统一与文明的传播做出了历史性的重要贡献，特别是车士精神确是中国文化中可与西方文化相颉颃而毫不逊色的优秀文明。中国的大文化也对车文化尤其是它的制度文化打上了强烈的特征印记，使其成为礼制象征的鲜明载体；尤其是当文化主体面临科学的瓶颈无法突破时，发展出独特的卤簿形式车队。这是车变的结果。车变的结果还导致了社会变迁，并对中国精神文化的内核——价值观产生了巨大影响。

我们以宏大叙事和微观考察相结合的方式“巡视”了由逻辑进入具体时空后的中国古代车文化。在接下来的尾声中我们将重点关注中国的车文化在山穷水尽时的急转弯——现代化中国的新车文化转机。这虽然超出了中国“古代”车文化的概念范围，但也是“刹车”时的惯性力所致，属于一种“无法抗拒的力量”吧。我们姑且把它看成是卤簿车队断后的“豹尾车”，从结束语来说，它也符合文章作法的“豹尾”要求。

孤立地从个人生活来看，车可以不是必需品，但从社会角度看，车是必需的交通工具，从社会发展的眼光来看更是如此。人类活动的空间拓展越来越大、社会联系越来越紧密（全球化），车文化的发展与这个趋势与时俱进。进入现代社会的生活如果没有车，简直无法想象。所以现代社会车子与房子一样成为了人类生活的必需品。不但如此，整个国家的经济、政治、军事、国防都与车文化密切相关。中国的文化精英在清末民初与西方文化大碰撞以后开始认识到了这一点。作为“强国梦”的“洋务运动”,其重要的内容就包括了火车、铁路的大力引进与推广。

西方车文化在中国的遭遇　现在无人不晓得火车的重要性,但19世纪下半叶火车、铁路刚从西方引进中国的历史情形国人未必皆知,不妨一述。1864年,英国人史蒂文森来华倡议修筑上海到苏州的铁路,但如入聋哑之邦,竟然没有一人响应。第二年有英人杜兰德在北京宣武门外造一里多的小铁路,试行小火车,这是我国从西方输入火车之始。但因民智未开,官民上下从未见过火车,骇异不已,谣言纷起,此段铁路旋即被拆毁。1867年又有洋人要求建筑铁路,被清政府断然拒绝。

这情形在清末洋务派政论家王韬的《建铁路》一文里有详细的分析:“轮车铁路,西国以为至要之图,而中国以为不急之务,且以为中国断不能行,亦断不可行。或谓愚民惑于风水之说,强欲开辟,必致纷然不靖,是以利民者扰民也,此不宜者一也。或谓轮车之路,凿山开道,遇水填河,高者平,卑者增,其费浩繁,将何从措,即使竭蹶而为之,徒足以病民而害国,此不宜者二也。呜呼!是殆中国未之行耳,中国之民未之见耳。设使由少以成多,由近以及远,暂行试办,安见其必多窒碍乎?吴淞车路之成,英国大臣闻之,设宴相延,为中国捧觞称庆,以为此不过小试其端,而往来之盛,驰行之捷,俾民间见之,知其意美法良,所愿将来推行尽利,中国十八省中无不皆遍,则四通八达,商贾之转输无阻,信音之邮递匪遥,其为裨益于民生国计,岂浅鲜哉?盖开通铁路,既为中国之利,而通商于其地之诸国,亦无不利,岂独英一国为然哉?……十余年前,轮车铁路公司早已绘图贴说,志在必行。英国驻京公使以英商之意未免出之太骤,故未代为之请,明知请之必不能行也。……此贾生所为痛哭流涕长太息者也。”①

1874年,洋务运动开始后,“总理衙门”允许英商怡和洋行开筑淞沪铁路,但两年后的光绪二年通车时因一人不慎被火车轧死,舆论哗然,朝野反对者借此沸反盈天,于是清政府以关银二十八万两将吴淞铁路购回拆毁,据说把全路铁轨及火车由轮船运至台湾,最后被沉于打狗港下。此后刘铭传等人奏请建筑

① 见《弢园文录外编》。

铁路均遭朝廷反对而罢。1881 年,为了开采开滦煤矿,洋务派主持人李鸿章力排众议,准备在天津等处开铁路用火车运煤,终于筑成了长八十里的开平铁路唐胥路段[①]。但清政府一听到火车的巨大轰鸣声,就立刻下令切断火车头,而改用骡子来拉列车车厢,其理由是火车的轰鸣声会惊吓埋葬在京津附近地下陵寝的清朝列祖列宗,从而破坏清朝皇室的风水。于是这个"带动历史前进的火车头"就被捣毁靠边站了,腐朽的清政府想尘封它以让人们彻底遗忘进步。先进的历史车轮终以不可阻挡之势开进了这个愚顽落后的国家,清政府逆历史潮流而动的愚蠢动作屏蔽不住这个象征历史前进的火车头的汽笛声。第二年亦即 1882 年,开平铁路工程师金达利用废铁旧锅炉改装成了中国首个仿造的火车头,冒着危险行驶在唐胥铁路上。此后的二三十年间铁路火车逐渐发达起来。1887 年,唐胥铁路延展至天津,中国开平铁路公司成立;1892 年,大沽至滦州铁路修成,次年又延长到山海关;1895 年,法国人建造龙州铁路直达镇南关;1896 年,清廷复建淞沪铁路;1897 年,借外债建筑芦汉铁路[②]、中俄合办东清铁路(亦称中东铁路);1899 年,开办萍醴铁路;1902 年,道清铁路开工,中东铁路通车……以上皆为官办或外国投资兴建的铁路。1909 年后,因国人拒向外国借债筑路,商办铁路遍及全国。四川、广东、广西、山西、河南、湖北、江苏、江西、浙江、福建等省都在积极筹备兴办铁路,或发行股票集资,大江南北风起云涌,盛极一时。据《清史稿・交通志》所计,官办铁路 10069 里,商办铁路 790 里,两者相加约 10859 里。代表历史进步的火车头终于轰轰烈烈地在神州大地上风驰电掣,奔驰前进……

1902 年,上海从西方进口了两辆汽车,这是中国行驶汽车之始。据说洋人曾送给慈禧太后一辆小汽车,可是慈禧太后不喜欢它,因为每次乘坐这洋车时,慈禧太后都要坐在车后面,而驾驶员却在她的前面,这是不合"礼"的,甚至是大逆不道的,所以后来她就把它打入冷宫了。按中国的礼数,尊者居前。《左传・襄公七年》:"卫孙文子来聘……公登亦登。叔孙穆子相,趋进曰:'诸侯之会,寡君未尝后卫君;今吾子不后寡君,寡君未知所过,吾子其少安。'"卫国的使节孙文子在鲁国举行的朝聘会上,连亦步亦趋地与鲁君一起登台阶上堂都遭到司仪

① 据《清史稿・交通志》,"(光绪)三年,有商人筑唐山至胥各庄铁路八十里,是为中国自筑铁路之始",则民间已有人不顾禁令,私自开铁路了。

② 芦汉铁路借比利时法郎 120 兆 50 万,续借 125 万法郎。1906 年路成,改名"京汉铁路"。

官的斥责(虽然非常委婉,但也相当可笑尴尬)。只有国君与国君相朝才可以同时登阶,孙文子是外臣,必须落在国君后面一步,不可同时登阶,更不可超前。《三国演义》中曹操抢先一步遮在汉献帝前面接受群臣的迎贺,作者用这个细节来揭示曹操的狼子野心。迄今电视新闻上播出的中央和地方的领导人视察、参观等画面,都是第一把手在前景,而地位比较低的官员都自觉地退到他的后面,否则就可能有"不懂规矩"之嫌。从前农村的干部即使是搭乘手扶拖拉机,也要挤坐机头前面与驾驶员并列,"宁坐鸡(机)头,不为牛尾"。中国车文化在这样的地方却表现出了"先进性",他或她总要比别人先"前进"一步。但西方的车文化却是领导人和老板坐后面。慈禧不坐洋车这个故事成了中西车文化的符号性区别是小事,但直到1910年,中国汽车进口净值也才181.304两关银,是否受到意识形态方面的影响,就有捕风捉影之难。

公路与公德 如果说物质文化车在中国的命运曲折坎坷,那么西方的精神文化车在中国的遭遇就更具冲突性。为鲁迅先生所极力推崇的一个美国人明恩溥于距今一百多年前的1894年写的《中国人的素质》一书,其中有一章的题目叫"缺乏公共精神",内容主要就是写中国人对待道路的态度:

> 中国的道路是一个典型的事例,足以证明民众如何缺乏公共精神……路的荒废状况不仅可见于北京附近的省份,而且可见于湖南和四川这样遥远的省份。修筑这些道路要花很多钱,维修却相对容易得多,但人们统统忽视维修,因此,废弃的道路已经不复为必要的交通要道,相反却成了出门旅行的障碍。……有人想装卸货物,便把车停在马路当中,任何想要使用这条道路的人,只有等他干完活才能再往前走。如果一个农夫碰巧要砍倒一棵树,就会让这棵树横倒在路上,赶路的人只能等着他砍完搬走。拥挤的城市道路营造的是自由宽松的生活方式。北京宽阔的街道两旁,摆满了原本不应该摆设在那里的货摊。如果皇上恰好经过那里,那就搬开。皇上刚刚过去,货摊又回到老地方了。中国大多数城市当之为街道的狭窄通道,无不为各式各样的手工作坊所阻塞。杀猪的、剃头的、流动的食摊、木匠、箍桶匠,还有其他各种手艺人,都各自在路边安营扎寨……甚至妇女也会抱出被褥,当路摆开晾晒,因为她们的小院子哪有路边宽阔。中国人不能拿

到街上来干的事，实在是微乎其微。沿街摆设的小摊不仅妨碍交通而已。木匠会在摊前摆出一大堆木头，洗染工会挂起长长的布匹，做面条的又会当空晾起面条……属于公众的东西中国人不仅对之不感兴趣，而且若防范不严便唾手可得，很容易成为偷窃的目标。铺路的石头搬回家去了，城墙上的砖也一块一块地不见了……

这段文字所描写的情形，是近代清末的“官路”，但是即使现代的“路人”（即公众）应该也不会否定，更不会陌生，尤其是郊区和农村的“路人”必定再熟悉不过了。即使在一百多年后今天的当代公路上也还是如此：农民占道堆晒谷物、白木耳等农产品，商人占道摆摊，违章搭盖路旁店面，服务行业占道加水加油，建筑行业违规堆放沙石污染挤占公路，运营商违规超限超载损坏路面，企业擅开路口填堵边沟，擅自穿越公路空间铺设管线，甚至有人偷走路上防眩板的铁质基座和隧道边的铸铁盖板……所有这些行为都有一个共同的特征：侵权的单向性，即全是私域侵略公域，私利侵犯公利。这充分暴露了一部分“路人”严重缺乏“公德心”。

一百年前辛亥革命的爱国志士们看了明恩溥的书，虽然心里难受，但也不得不承认那的确是一个不争的事实。严复、梁启超、马君武、鲁迅等大师们更是不遗余力地揭示批判国民劣根性，集矢于国人的无“公德心”。

中国车文化无论古代、近代还是现当代都出现严重的缺陷。其原因很复杂，有历史的、社会的、经济的、生产方式的、制度的以及价值观等等。大而言之，是传统农业文化造成的。但有一点可以在这里指出的是，中国传统文化基本没有出现可资训练、培养公共精神和公共理性的“公共领域”。唯一的一个公共领域就是道路了，可是农业文化却局限了它的重要作用，也局限了包括整个车马路在内的车文化的发展。

“公共领域”的重要特点之一是它的开放性。在这一点上公路比起其他公共领域来无疑更具代表性。所有的人都要上路，所有的人都可以参与其间，它的“公”性是再明显不过了。“公”字在甲骨文和金文里是上半部作“八”、下半部作“○”的模样。据刘畅《古文〈尚书〉〈周官〉“以公灭私”辨析》一文所引日本《广汉和辞典》，这个“八”是“开放”之意，是通路的象形；“○”是个圆圈，表示封闭的场所。[①] 韩非释“公”字曰：“自环为私，背私为公。”法国卢梭的《论人类不平等的起源与基础》中有一段话恰好可以为汉字的这个造字法和韩非解释的意思作注脚：第一个骗子把一块土地圈起来，并且找来一群傻子对他们说“这是我的”，而那群傻头傻脑的人居然相信了他的话，于是“文明社会”就开始了。秦始皇和汉武帝指着驰道也对中国人说“这是我的”，中国人也就认了——还是“忍”了？恐怕是后者，因为中国人是以能忍出名的。“公”字里包含着公与私的对立矛盾，而与封闭自环的“○”（私）相对立的“八”，其形与义具有“开放”之意。古代中国也只有道路最具有公共属性，最有资格代表开放的公共领域。但同时“公”字又包含着“私”，可以看出中国的道路自古以来就是“公”与“私”对立、冲突的矛盾统一体，从一开始就透露出它是一个各种私人利益在其中角逐并充满矛盾和冲突的领域。公私领域矛盾、公私利益不断冲突的连环剧每天都在公路上演。“天下熙熙，皆为利来；天下攘攘，皆为利往”，车轮滚滚轧过路面，可是很少有人想过车道是“公路”，是人人有份的公共产品，也是人人有责要保护的“公共领域”。

现代公路是近代工业文明的产物。当它携带着西方文明的公共精神、公共理性以界限分明的“公共领域”出现在国人面前时，一场工业文明与农业文化的矛盾冲突便首当其冲地降临在了公路上。它迎头遭遇到的是中国人的国民性，挑战着中国人的公德心、公共精神。公路上“公”和“私”之间的“冤家路窄”的碰头此时此地实质上就演变为两种文化的碰撞。一场不可避免的中西文化冲突就在公路这个公共领域首先爆发，但它也终于为中国人提供了一个训练培养公德心、公共精神、公共理性的实践领域，公共理性和公共精神已开始随滚滚向前的历史车轮沿着公路播撒她的种子了。公共理性和公共精神在中国的“大道之行”虽然任重而道远，毕竟开始云程发轫了……

现代中国的车文化复兴　火车头真的扮演了将老大帝国推入现代共和国的“推动历史前进”的重要角色（辛亥革命起义的成功与四川等地的“保路运动”具有密不可分的因果关系）。推翻帝制进入民国以后，车文化便全面进入国计民生的规划蓝图和实践运行了。从此开始了中国车文化与中国文化现代化的新征程。

---

① 见刘泽华、张荣明等著：《公私观念与中国社会》，中国人民大学出版社，2003 年。

1912 年南京临时政府成立之时即设立交通部。历任交通部长皆一时之选，如南北议和后的第一任国务总理唐绍仪就兼任交通总长。之后几届交通部中也多海内精英，如朱启钤、叶恭绰、梁士诒等，皆政要人物，甚至成为一支重要的政治派别，时人称之曰“交通系”，亦可见交通之重要。孙中山先生辞去临时总统后，曾一度出任全国铁路督办一职，在他的《建国方略》的“实业计划”中，首先提到的就是交通规划，要建十万英里铁路、一百万英里碎石公路（中级公路）。1928 年交通部道路建设规划分国道、省道、县道。国道是全国各省会之间的干线；省道由省会达于县城，最宽者为 27 米以上；县道宽 5 米以上，是县城达于重要乡镇之路。修路征用的土地其所有权如属人民私有的，则一律由政府出资向业主购买，不许无偿强征私产。征收土地时，由政府与民间人士共同组成的评价委员会来进行公正估值。民国从真正的一穷二白状况开始到 1936 年就修建了 16.37 万余公里的公路。其中在民国的头十年里，全国仅修通了汽车路 1100 公里；几乎所有的公路都是在其后的短短十五年尤其是后十年里修建的，比前十年翻了 150 多倍。据 1930 年国民政府建设委员会和 1936 年全国经济委员会公路处的统计报告，仅福建省在这期间就修建了 60 多条公路，总长 6924 公里。[①] 福建属丘陵地带，开路不易，则其他北方平原地带的公路建设当比福建更容易修，也修得更快更多。这突飞猛进的时代集中在 1927 至 1937 年，即从北伐战争结束到抗日战争爆发前的十年之间。在这期间，在依靠人工的条件下，修建的铁路达 2 万余公里。其他航运、航空、邮电通信等事业也取得长足进展。

滇缅公路　然而就在抗日战争中，中华民族仍然在极端险恶的条件下依靠最原始的手段修筑了一条全长 1400 多公里、令全世界震惊的国际通道——滇缅公路。它发生在 1938 年，那时日寇封锁了中国海上和空中的所有通道，中国在国外购买的武器装备及海外华人和欧美等国的援华战略物资难以运抵中国抗战前线。为了打破封锁，国民政府决定在大后方修建一条由昆明到缅甸腊戍与其中央铁路接通的汽车路。当中国政府将工程向国际招标时，由于这条线路百分之八十处于崇山峻岭，还要跨越澜沧江、怒江等 5 条凶险的江河，国际一些筑路大公司均表示在中国能提供先进设备的条件下尚需耗时六七年，至少也要三年方可开通。为了和亡国死神赛跑，中国别无选择，只好自力更生。在缺乏

---

① 以上参见张心澂著《中国现代交通史》及金家凤著《中国交通之发展及其趋向》。

先进机械设备和技术的条件下，中国人以速成培训出来的战时知识青年为技术骨干，组成一支由老弱妇孺为主力军的20万人劳工队伍（因青壮年基本上都应征入伍了），用手搬肩挑背驮运送土石方的最原始办法开路。甚至连1.8米高、三五吨重的轧路石碾也是使用锤子从巨大的石灰石岩上手工切割雕琢制成，在荒山野林里，成百劳力拉一个石碾到公路上。滇缅公路以3000多人的牺牲和一万多人的伤残为代价，历时9个月，于当年底建成通车。这条公路建成伊始就成为在抗日烽火中为前方将士“输血”的生命线，它经受住了日寇的无数次狂轰滥炸而不溃，源源不断的车流将大批战略物资日夜奔忙分秒必争地运往前线，有力地支撑了中国的抗日持久战。中华文化主体在民族危难时刻所展现出来的艰苦卓绝精神和瞬间爆发力是如此震撼人心。英美等国新闻媒体发表大量文章和照片加以报道盛赞。当时的美国驻华大使约翰逊受总统罗斯福之命前往滇缅公路考察后，誉之为“世界之奇迹”。

1941年12月，太平洋战争爆发，《中美共同防御滇缅路协定》签署。当1942年日军全面占领东南亚各国，对滇缅公路实行毁灭性打击时，美国军队和中国军队联合起来又开辟了一条从印度雷多经缅甸北部至中国昆明全长1800多公里的中印公路（亦称“史迪威公路”）以继续向中国运输补给品。美国先后派出了多个工兵团营共一万多人的部队；中国出动的是驻印度军队第10、第12工兵团；加上印度、尼泊尔、中国等国家的劳工7000多人。这次开路虽然有美国提供的开山机、推土机、碎石机、空气压缩机、抽水机等先进的机械设备，但是要在十几座海拔2000米以上的高山原始丛林地带（包括500公里的“野人山”）开路，还要面对日军的空袭和地面进攻的威胁，困难无比巨大。中美工兵在接二连三地发生推土机施工时从悬崖绝壁坠落机毁人亡的惨剧后，仍然前仆后继、二十四小时轮班、机声不停、挖山不止地向前开路。至1945年1月通车时，有一千多名美军人员牺牲在这条血线上。为开拓和保卫这条车道，中国则付出了一万多军人的生命。他们与各国包括中国在内的许多劳工和南洋机工一起长眠在了这条公路两旁的原始森林里。他们为中国抗日战争的胜利做出了默默无声的奉献，我们没有任何理由不将他们铭刻在心，以永远纪念这段中美两军并“车”作战、中外人民合作共建公路的车文化史上的光辉历程！①

① 以上关于“滇缅公路”的叙述综合参考谭伯英著《血路》和（美）多诺万·韦伯斯特著《滇缅公路》及时广东、冀伯祥著《中国远征军史》等有关内容编撰。

中国车文化浴火重生，绝处安行，在经过清末、民国时期的大转折之后又一次表现出顽强的生命力，从边缘重新回到了中心，与民族的命运、国家的存亡、文化的兴衰共起伏、齐脉动、同方向。历史的车轮在华夏大地上转动了三千五百多个春秋后，从此载领中国融入了滚滚向前的国际车队，加入浩浩荡荡的世界文化潮流……

但是中国车文化大规模的兴起和发展还是在战争硝烟散去的20世纪下半叶特别是改革开放以后。本书作者曾经亲自参加了改革开放前的铁路、公路建设并目睹了改革开放之后的车文化发展状况："三十年前改革开放之初和之前的那三十年，除了公家有一些车外，中国内地的私家车是零，与今天相比真有沧桑巨变不胜今昔之感了。随着汽车如蟑螂般地"繁殖"，道路建设也突飞猛进地发展：高速公路纵横交错，每天都在向前延伸；城市的街道天天在拓宽；农村的村际公路也基本上做到了'村村通'（而且还是水泥路，不是从前的泥泞路），更不用说乡镇和县道、省道了。造车与修建道路的技术也今非昔比。20世纪50年代初第一辆中国制造的汽车外壳是用手工锤打出来的，与现在的自动化流水线生产相比，可以说那是汽车史上的石器时代。现在修建一条高速公路只要几个人和几台挖掘机、装载机就行了，在施工现场，你再也见不到从前那人山人海、热火朝天、'天连五岭银锄落，地动三河铁臂摇'（毛主席诗句）的挖山开路的愚公精神和劳动场面了……（改革开放之前）修建铁路也是以人工为主，辅以风枪之类的简单工具，打隧道、运石渣、架桥梁、铺铁轨、搅拌水泥、安设枕木……都是靠人力完成，不但劳动量大，而且效率低、进度慢。如今鸟枪换炮，全部机械化了。"①到了今天，中国已一跃成为汽车产销量居世界第一的大国，中国车文化完成了她的华丽转身！新的车文化正方兴未艾，但愿它不再重蹈中国古代车文化高开低走、大起大落、一路颠簸、开开停停甚至开倒车的旧辙老路，而是一路顺风、畅通无阻、前程似锦、满载而归！我们衷心希望在中国物质车文化繁荣发展的同时，也能振兴中国古代车文化的车士精神；我们祈祷中国文化之车安全顺利到达理想的目的地，但是也应关注过程——无论是在路上驾车行驶的过程还是人生旅程——安全、愉快、美好的过程就是目的。

---

① 见拙文《从道路交通看中西精神文化》，载《安全与健康》2011年第1期。

参考文献

[1]郑玄. 周礼注[M]//四部备要. 据吴县吴氏仿宋本校刊. 上海:中华书局,出版时间不详.

[2]郑玄. 仪礼注[M]//四部备要. 据永怀堂原刻本校刊. 上海:中华书局,出版时间不详.

[3]郑玄,贾公彦. 仪礼注疏[M]. 黄侃,经文句读. 上海:上海古籍出版社,1990.

[4]陈澔. 礼记集说注[M]. 刻本. 杭州:浙江抚署,1864(同治三年).

[5]魏了翁. 礼记要义[M]//《四部丛刊》续编. 影印本. 上海:涵芬楼,出版时间不详.

[6]王聘珍. 大戴礼记解诂[M]. 北京:中华书局,1983.

[7]黄以周. 礼书通故[M]. 北京:中华书局,2007.

[8]蔡沈. 书经集传[M]. 影印本. 上海:扫叶山房,1928(民国十七年).

[9]朱熹. 周易本义注[M]. 上海:上海古籍出版社,1986.

[10]毛亨. 毛诗正义[M]//四部备要. 郑玄,笺. 孔颖达,疏. 据阮刻本校刊. 上海:中华书局,出版时间不详.

[11]朱熹. 诗集传[M]. 上海:上海古籍出版社,1979.

[12]朱熹. 朱子语类[M]. 上海:上海古籍出版社,1992.

[13]韩婴,许维遹. 韩诗外传集释[M]. 北京:中华书局,1980.

[14]高亨. 诗经今注[M]. 上海:上海古籍出版社,1984.
[15]朱谦之. 老子校释[M]. 北京:中华书局,1984.
[16]孔颖达. 春秋左传正义[M]//十三经注疏本. 北京:中华书局,1983.
[17]杜预. 春秋左传集解[M]. 上海:上海人民出版社,1977.
[18]洪亮吉. 春秋左传诂[M]//四部备要. 据南菁书院经解本校刊. 上海:中华书局,出版时间不详.
[19]杨伯峻. 春秋左传注[M]. 北京:中华书局,1981.
[20]何休. 春秋公羊解诂[M]//四部备要. 据永怀堂原刻本校刊. 上海:中华书局,出版时间不详.
[21]范宁,杨士勋. 春秋穀梁传注疏[M]. 重刊宋本. 南昌:江西南昌府学,1815(嘉庆二十年开雕).
[22]胡安国. 春秋传[M]. 文渊阁《四库全书》影印本. 上海:上海古籍出版社,1989.
[23]高士奇. 左传记事本末[M]. 北京:中华书局,1979.
[24]上海师范学院古籍整理组. 国语[M]. 上海:上海古籍出版社,1982.
[25]刘宝楠. 论语正义[M]//诸子集成. 影印本. 上海:上海书店出版社,1986.
[26]程树德. 论语集释[M]. 北京:中华书局,1990.
[27]焦循. 孟子正义[M]//诸子集成. 影印本. 上海:上海书店出版社,1986.
[28]郭庆藩. 庄子集释[M]. 北京:中华书局,1961.
[29]阮元. 十三经注疏[M]. 北京:中华书局,1979.
[30]司马迁. 史记[M]. 北京:中华书局,1982.
[31]班固. 汉书[M]. 北京:中华书局,1962.
[32]陈寿. 三国志[M]. 北京:中华书局,1992.
[33]范晔. 后汉书[M]. 北京:中华书局,1965.
[34]房玄龄,等. 晋书[M]. 北京:中华书局,1974.
[35]沈约. 宋书[M]. 北京:中华书局,1974.
[36]萧子显. 南齐书[M]. 北京:中华书局,1992.
[37]姚思廉. 梁书[M]. 北京:中华书局,1992.
[38]姚思廉. 陈书[M]. 北京:中华书局,1992.

[39]李百药. 北齐书[M]. 北京:中华书局,1992.
[40]魏收. 魏书[M]. 北京:中华书局,1974.
[41]令狐德棻,等. 周书[M]. 北京:中华书局,1992.
[42]魏徵,等. 隋书[M]. 北京:中华书局,1991.
[43]李延寿. 北史[M]. 北京:中华书局,1991.
[44]李延寿. 南史[M]. 北京:中华书局,1992.
[45]刘昫. 旧唐书[M]. 北京:中华书局,1973.
[46]欧阳修,等. 新唐书[M]. 北京:中华书局,1975.
[47]脱脱,等. 宋史[M]. 北京:中华书局,1985.
[48]宋濂,等. 元史[M]. 北京:中华书局,1976.
[49]张廷玉,等. 明史[M]. 北京:中华书局,1974.
[50]赵尔巽,等. 清史稿[M]. 北京:中华书局,1994.
[51]司马光. 资治通鉴[M]. 影印本. 上海:上海古籍出版社,1997.
[52]岳珂. 愧郯录[M]. 北京:中华书局,1985.
[53]房玄龄. 管子注[M]//四部备要. 据明吴郡赵氏本校刊. 上海:中华书局,出版时间不详.
[54]戴望. 管子校正[M]//诸子集成. 影印本. 上海:上海书店出版社,1986.
[55]孙诒让. 墨子间诂[M]//诸子集成. 影印本. 上海:上海书店出版社,1986.
[56]张纯一. 晏子春秋校注[M]//诸子集成. 影印本. 上海:上海书店出版社,1986.
[57]鲍彪、吴师道. 战国策校注[M]//四部丛刊. 元至正十五年刊本影印本. 上海:涵芬楼,出版时间不详.
[58]王先谦. 荀子集解[M]//诸子集成. 影印本. 上海:上海书店出版社,1986.
[59]王先慎. 韩非子集解[M]//诸子集成. 影印本. 上海:上海书店出版社,1986.
[60]高诱. 吕氏春秋注[M]//诸子集成. 影印本. 上海:上海书店出版社,1986.
[61]王肃. 孔子家语注[M]. 内府藏本. 石印本. 上海:同文书局,出版时间

不详.

[62]宋咸. 孔丛子注[M]//四部丛刊. 借杭州叶氏藏明翻宋本影印. 上海:涵芳楼,出版时间不详.

[63]董仲舒. 春秋繁露[M]. 据卢氏抱经堂本刻印. 杭州:浙江书局,1876(光绪二年).

[64]王利器. 盐铁论校注[M]. 上海:古典文学出版社,1958.

[65]应劭. 风俗通义[M]. 武汉:湖北崇文书局,1875(光绪纪元夏月开雕).

[66]刘安. 淮南子[M]//诸子集成. 高诱注. 影印本. 上海:上海书店出版社,1986.

[67]王充. 论衡[M]//诸子集成. 影印本. 上海:上海书店出版社,1986.

[68]王符. 潜夫论[M]//四部备要. 汪继培,笺. 据海湖楼陈氏本校刊. 北京:中华书局,1979.

[69]刘向. 说苑[M]//四部备要. 据明刻本校刊. 北京:中华书局,1987.

[70]列御寇. 列子[M]//诸子集成. 张湛,注. 影印本. 上海:上海书店出版社,1986.

[71]陈立. 白虎通疏证[M]. 北京:中华书局,1994.

[72]孙星衍,等. 汉官六种[M]. 北京:中华书局,1990.

[73]蔡邕. 独断[M]. 武汉:湖北崇文书局,1875(光绪纪元夏月开雕).

[74]宋衷,秦嘉谟,等. 世本八种[M]. 北京:商务印书馆,1957.

[75]皇甫谧. 帝王世纪[M]. 沈阳:辽宁教育出版社,1997.

[76]佚名. 山海经[M]//二十二子. 郭璞,注. 影印本. 上海:上海古籍出版社,1986.

[77]郝懿行. 山海经笺疏[M]//四部备要. 据郝氏遗书校刊. 上海:中华书局,出版时间不详.

[78]罗泌. 路史[M]//四部备要. 据原刻本校刊. 上海:中华书局,出版时间不详.

[79]萧统. 文选[M]//四部备要. 李善,注. 据鄱阳胡氏校刻本校刊. 上海:中华书局,出版时间不详.

[80]章如愚. 群书考索[M]. 台湾文渊阁《四库全书》影印本. 上海:上海古籍出版社,1987.

[81]郭茂倩. 乐府诗集[M]. 上海:上海古籍出版社,1998.
[82]沈德潜. 古诗源[M]. 影印聚珍版. 上海:中华书局,出版时间不详.
[83]汪绍楹. 艺文类聚[M]. 上海:上海古籍出版社,1982.
[84]徐坚,等. 初学记[M]. 北京:中华书局,1962.
[85]钱谦益. 钱注杜诗[M]. 上海:上海古籍出版社,1979.
[86]浦起龙. 读杜心解[M]. 北京:中华书局,1961.
[87]瞿蜕园,朱金城. 李白集校注[M]. 上海:上海古籍出版社,1980.
[88]赵殿成. 王右丞集笺注[M]. 上海:上海古籍出版社,1984.
[89]柳宗元. 柳宗元集[M]. 北京:中华书局,1979.
[90]冯浩. 玉豁生诗集笺注[M]. 上海:上海古籍出版社,1979.
[91]曾益,等. 温飞卿诗集笺注[M]. 上海:上海古籍出版社,1980.
[92]胡之骥. 江文通集汇注[M]. 北京:中华书局,1984.
[93]陈沆. 诗比兴笺[M]. 上海:上海古籍出版社,1981.
[94]王瑶. 陶渊明集编注[M]. 北京:作家出版社,1957.
[95]唐圭璋. 全宋词[M]. 北京:中华书局,1992.
[96]胡应麟. 诗薮[M]. 上海:上海古籍出版社,1979.
[97]周振甫. 文心雕龙注释[M]. 北京:人民文学出版社,1981.
[98]洪兴祖. 楚辞补注[M]. 北京:中华书局,1983.
[99]黄凤显. 楚辞注[M]. 北京:华夏出版社,1998.
[100]赵崇祚. 花间集[M]. 北京:华夏出版社,1998.
[101]唐圭璋. 宋词三百首笺注[M]. 上海:上海古籍出版社,1979.
[102]龙榆生. 唐宋名家词选[M]. 上海:上海古籍出版社,1982.
[103]中国社会科学院文学研究所. 唐宋词选[M]. 北京:人民文学出版社,1981.
[104]陈延杰. 诗品注[M]. 北京:人民文学出版社,1980.
[105]吴树平. 东观汉记校注[M]. 北京:中华书局,2008.
[106]俞正燮. 癸巳类稿[M]. 沈阳:辽宁教育出版社,2001.
[107]顾栋高. 春秋大事表[M]. 北京:中华书局,1993.
[108]范祥雍. 古本竹书纪年辑校订补[M]. 上海:上海人民出版社,1957.
[109]王国维. 今本竹书纪年疏证[M]. 沈阳:辽宁教育出版社,1997.

[110]王国维. 观堂集林[M]. 北京:中华书局,1959.
[111]黄怀信,等. 逸周书汇校集注[M]. 上海:上海古籍出版社,1995.
[112]曹操,等. 孙子十家注[M]//诸子集成. 影印本. 上海:上海书店出版社,1986.
[113]杨炳安. 孙子集校[M]. 北京:中华书局,1959.
[114]孙武,等. 武经七书[M]. 北京:军事科学出版社,2004.
[115]林尹. 周礼今注今译[M]. 北京:书目文献出版社,1985.
[116]邹经. 纪效新书、练兵实纪总说[M]. 北京:解放军出版社,1987.
[117]陈秉才. 阵纪注释[M]. 北京:军事科学出版社,1984.
[118]孔德骐. 车营叩答合编浅说[M]. 北京:解放军出版社,1994.
[119]黄汝成. 日知录集释[M]. 长沙:岳麓书社,1994.
[120]杜佑. 通典[M]. 长沙:岳麓书社,1995.
[121]郑樵. 通志[M]. 杭州:浙江古籍出版社,2000.
[122]马端临. 文献通考[M]. 杭州:浙江古籍出版社,2000.
[123]高明. 古文字类编[M]. 北京:中华书局,1980.
[124]张星烺. 中西交通史料汇编[M]. 北京:中华书局,1977.
[125]丁谦. 穆天子传地理考证[M]. 杭州:浙江图书馆,1915(民国四年).
[126]丁谦. 中国人种从来考[M]. 杭州:浙江图书馆,1915(民国四年).
[127]方豪. 中西交通史[M]. 长沙:岳麓书社,1987.
[128]丁山. 古代神话与民族[M]. 北京:商务印书馆,2005.
[129]顾实. 穆天子传西征讲疏[M]. “民国丛书”本. 据商务印书馆 1934 年版影印. 上海:上海书店出版社,1990.
[130]蒋智由. 中国人种考[M]. 上海:华通书局,1929.
[131]吕思勉. 中国民族史[M]. 北京:东方出版社,1987.
[132]张心澂. 中国现代交通史[M]. “民国丛书”本. 据良友印刷公司 1931 年版影印. 上海:上海书店出版社,1992.
[133]张心澂. 伪书通考[M]. 上海:上海书店出版社,1998.
[134]金家凤. 中国交通之发展及其趋向[M]. “民国丛书”本. 据正中书局 1937 年版影印. 上海:上海书店出版社,1992.
[135]岑仲勉. 中外史地考证[M]. 北京:中华书局,1962.

[136]杨树达．汉代婚丧礼俗考[M]．上海:上海古籍出版社,2000.
[137]杨树达．春秋大义述[M]．上海:上海古籍出版社,2007.
[138]傅斯年．民族与古代中国史[M]．石家庄:河北教育出版社,2002.
[139]钱穆．先秦诸子系年[M]．北京:商务印书馆,2001.
[140]钱锺书．管锥篇[M]．北京:中华书局,1979.
[141]福建师大中文系古典文学教研室．清诗选[M]．北京:人民文学出版社,1984.
[142]陈祥耀．喆盦文存[M]．福州:福建教育出版社,2002.
[143]陈祥耀．五大诗人评述[M]．福州:福建人民出版社,1982.
[144]王孝通．中国商业史[M]．北京:商务印书馆,1998.
[145]白寿彝．中国交通史[M]．北京:团结出版社,2007.
[146]尚秉和．历代社会风俗事物考[M]．北京:中华书局,2001.
[147]王玉哲．中国上古史纲[M]．上海:上海人民出版社,1959.
[148]张荫麟．中国史纲[M]．上海:上海古籍出版社,1999.
[149]雷海宗．中国的文化与中国的兵[M]．北京:商务印书馆,2001.
[150]钱玄．三礼通论[M]．南京:南京师范大学出版社,1996.
[151]杨宽．先秦史十讲[M]．上海:复旦大学出版社,2006.
[152]童书业．春秋史料集[M]．北京:中华书局,2008.
[153]杨泓．中国古兵器论丛[M]．北京:中国社会科学出版社,2007.
[154]傅筑夫．中国封建社会经济史[M]．北京:人民出版社,1982.
[155]余英时．汉代贸易与扩张[M]．上海:上海古籍出版社,2005.
[156]许倬云．中国文化与世界文化[M]．桂林:广西师范大学出版社,2006.
[157]许倬云．中国古代社会史论[M]．桂林:广西师范大学出版社,2006.
[158]许倬云．汉代农业:早期中国农业经济的形成[M]．南京:江苏人民出版社,1998.
[159]许倬云．西周史[M]．北京:生活·读书·新知三联书店,1995.
[160]张光直．中国青铜时代[M]．北京:生活·读书·新知三联书店,1999.
[161]刘广生．中国古代邮驿史[M]．北京:人民邮电出版社,1986.
[162]刘盼遂．刘盼遂文集[M]．北京:北京师范大学出版社,2002.
[163]中国社会科学院考古研究所．张家坡西周墓地[M]．北京:中国大百科全

书出版社,1999.

[164]柳诒徵. 中国文化史[M]. 上海:东方出版中心,1988.

[165]郭沫若. 郭沫若全集:考古编[M]. 北京:科学出版社,1982.

[166]沈福伟. 中西文化交流史[M]. 上海:上海人民出版社,2006.

[167]费振刚,胡双宝,宗明华. 全汉赋辑校[M]. 北京:北京大学出版社,1993.

[168]黄庭坚. 全宋诗:黄庭坚卷九十九[M]. 北京:北京大学出版社,1995.

[169]陈永正. 黄庭坚诗选[M]. 香港:香港三联书店,1980.

[170]闻人军. 考工记导读[M]. 成都:巴蜀书社,1988.

[171]时广东,冀伯祥. 中国远征军史[M]. 重庆:重庆出版社,1994.

[172]佚名. 中国大百科全书:世界军事史[M]. 内部本. 北京:军事科学出版社,1987.

[173]山西省文物工作委员会. 侯马盟书[M]. 北京:文物出版社,1976.

[174]谭其骧. 中国历史地图集[M]. 北京:地图出版社,1982.

[175]张传玺,杨济安. 中国古代史教学参考地图集[M]. 北京:北京大学出版社,1984.

[176]李学勤. 缀古集[M]. 上海:上海古籍出版社,1998.

[177]马承源. 商周青铜器铭文选[M]. 北京:文物出版社,1988.

[178]郭物. 国之大事:中国古代战车战马[M]. 成都:四川人民出版社,2004.

[179]吴晓筠. 商周时期车马埋葬研究[M]. 北京:科学出版社,2009.

[180]刘克明. 中国技术思想研究:古代机械设计与方法[M]. 成都:巴蜀书社,2004.

[181]陆敬严. 八十年来指南车的研究[J]. 自然辩证法通讯, 1984(1):53-58.

[182]闵峻英, 林建平, 谢红. 指南车的新型定向机构设计及其系统误差分析[J]. 浙江工业大学学报, 2008, 36(5):565-567.

[183]谭伯英,等. 血路[M]. 昆明:云南人民出版社,2002.

[184]刘泽华,张荣明,等. 公私观念与中国社会[M]. 北京:中国人民大学出版社,2003.

[185]刘岱. 格物与成器[M]. 北京:生活·读书·新知三联书店,1992.

[186]陈俊玮,颜鸿森. 指南车的历史发展与近代复原[J]. 历史月刊, 2007,

236：102-112.

[187]卫聚贤. 中国考古学史[M]. 北京:商务印书馆,1998.

[188]卫聚贤. 古史研究[M]. 上海:商务印书馆, 1934(民国二十三年).

[189]辞海编辑委员会. 辞海:历史地理分册[M]. 上海:上海辞书出版社,1982.

[190]赵荣. 中国古代地理学[M]. 济南:山东教育出版社,1991.

[191]睡虎地秦墓竹简整理小组. 睡虎地秦墓竹简[M]. 北京:文物出版社,1998.

[192]宋应星. 天工开物[M]. 扬州:江苏广陵古籍刻印社,1997.

[193]陈顾远. 中国国际法溯源[M]. 上海:商务印书馆,1933.

[194]严耕望. 唐代交通图考[M]. 上海:上海古籍出版社,2007.

[195]徐传保. 先秦国际法之遗迹[M]. "民国丛书"本. 据中国科学公司 1936 年版影印. 上海:上海书店 ,1991.

[196]《泰晤士世界历史地图集》中文版翻译组. 世界史便览[M]. 北京:生活·读书·新知三联书店,1984.

[197]姜洪,田丰. 古罗马的向北车:中国与西方的齿轮装置[J]. 中国文化研究, 1997 (1):55-63.

[198]波兰尼. 个人知识:迈向后批判哲学[M]. 许泽民,译. 贵阳:贵州人民出版社, 2000.

[199]奥尔森. 人类基因的历史地图[M]. 霍达文,译. 北京:生活·读书·新知三联书店,2008.

[200]巴萨拉. 技术发展简史[M]. 周光发,译. 上海:复旦大学出版社,2000.

[201]李约瑟. 中国科学技术史[M]. 北京:科学出版社/上海:上海古籍出版社,1990.

[202]沃尔夫. 十六、十七世纪科学、技术和哲学史[M]. 周昌忠,苗以顺,毛运远,等译. 北京:商务印书馆,1984.

[203]沃尔夫. 十八世纪科学、技术和哲学史[M]. 周昌忠,苗以顺,毛运远,译. 北京:商务印书馆,1991.

[204]默顿. 十七世纪英格兰的科学、技术与社会[M]. 范岱年,等译. 北京:商务印书馆,2000.

[205]德博诺. 发明的故事[M]. 蒋太培,译. 李融,校. 北京:生活·读书·新知三联书店,1986.

[206]巴尔特. 符号学原理[M]. 李幼蒸,译. 北京:生活·读书·新知三联书店,1999.

[207]巴尔特. 流行体系:符号学与服饰符码[M]. 敖军,译. 上海:上海人民出版社,2000.

[208]夏含夷. 古史异观[M]. 上海:上海古籍出版社,2005.

[209]斯蒂格勒. 技术与时间:爱比米修斯的过失[M]. 裴程,译. 南京:译林出版社,2000.

[210]利普斯. 事物的起源[M]. 王宁生,译. 兰州:敦煌文艺出版社,2000.

[211]波普尔. 客观知识:一个进化论的研究[M]. 上海:上海译文出版社,1987.

[212]明恩溥. 中国人的素质[M]. 秦悦,译. 上海:学林出版社,2001.

[213]巴沙姆. 印度文化史[M]. 闽光沛,陶笑虹,庄万友,等译. 涂厚善,校. 北京:商务印书馆,1997.

[214]默顿. 科学社会学[M]. 鲁旭东,林聚任,译. 北京:商务印书馆,2003.

[215]李凯尔特. 文化科学和自然科学[M]. 涂纪亮,译. 北京:商务印书馆,1986.

[216]芬伯格. 技术批判理论[M]. 韩连庆,曹观法,译. 北京:北京大学出版社,2005.

[217]韦伯. 儒教与道教[M]. 王容芬,译. 北京:商务印书馆,1995.

[218]哈贝马斯. 作为"意识形态"的技术与科学[M]. 李黎,郭官义,译. 上海:学林出版社,1999.

[219]韦伯斯特. 滇缅公路:第二次世界大战中国缅甸印度战场的壮丽史诗[M]. 朱靖江,译. 北京:作家出版社,2006.

[220]哈耶克. 法律、立法与自由[M]. 邓正来,张守东,李静冰,译. 北京:中国大百科全书出版社,2000.

[221]布洛赫. 封建社会[M]. 张绪山,李增洪,侯树栋,译. 北京:商务印书馆,2004.